新理念历史教学论（第二版）

New Concept on History Teaching Theory

主　编　杜　芳

编写者（按姓氏笔画排序）

朱移德　杜　芳　李　莉

张　雪　贺承奎　程晓波

韩　飞

图书在版编目(CIP)数据

新理念历史教学论/杜芳主编. —2 版. —北京：北京大学出版社,2013.10
(21 世纪教师教育系列教材·学科教学论系列)
ISBN 978-7-301-23318-4

Ⅰ. ①新… Ⅱ. ①杜… Ⅲ. ①历史课－教学研究－师范大学－教材②历史课－教学研究－中学 Ⅳ. ①G633.512

中国版本图书馆 CIP 数据核字(2013)第 236700 号

书　　　名：	新理念历史教学论(第二版)
著作责任者：	杜　芳　主编
丛 书 主 持：	陈　静　郭　莉
责 任 编 辑：	郭　莉
标 准 书 号：	ISBN 978-7-301-23318-4/G · 3720
出 版 发 行：	北京大学出版社
地　　　址：	北京市海淀区成府路 205 号　100871
网　　　站：	http://www.jycb.org　http://www.pup.cn　新浪官方微博：@北京大学出版社
电 子 信 箱：	zyl@pup.pku.edu.cn
电　　　话：	邮购部 62752015　发行部 62750672　编辑部 62767857　出版部 62754962
印　　　刷：	北京鑫海金澳胶印有限公司
经 销 者：	新华书店
	787 毫米×1092 毫米　16 开本　16.25 印张　436 千字
	2009 年 3 月第 1 版
	2013 年 10 月第 2 版　2022 年 12 月第 4 次印刷
定　　　价：	52.00 元

未经许可,不得以任何方式复制或抄袭本书之部分或全部内容。
版权所有,侵权必究
举报电话：010-62752024　电子信箱：fd@pup.pku.edu.cn

内容简介

本书继承了长期以来我国历史教育教学研究的成果,并立足于我国基础教育改革与发展的时代要求以及中学历史课程教学改革的新进展,对中学历史教育教学中的重要问题进行了系统的研究。主要有以下两个特点:一是重视继承、借鉴与创新。本书介绍和借鉴了国内外许多历史教育教学研究成果,并结合中学历史课程改革的实际,针对本学科领域研究的前沿问题展开了探讨,力图有所创见。二是强调实用性和可操作性。本书分"学习目标""基本理论概述""案例研究""思考与讨论"等多个板块,每章开篇设置问题情景,导入学习内容,在相关基本理论的基础上,突出了案例的作用及学习应用,以利于学习者理解和掌握本书内容。

本书可作高等师范院校历史教育专业的教学用书,也可作历史新课程教师培训和继续教育教材。

主编简介

杜芳,华中师范大学历史文化学院教授,湖北省中学历史教学研究会会长。

前　言

新一轮基础教育课程改革是中国教育为适应时代发展的需要、社会变化的要求而采取的重大举措。基础教育课程改革是一个系统工程，新一轮课改以其全新的课程理念，从优化课程结构、调整课程门类、更新课程内容、变革教学方式等方面，规划了新课程未来发展的美好愿景。作为这个系统工程重要组成部分的中学历史课程改革，也必将经历一个脱胎换骨的过程，才能紧跟当代中国教育发展的步伐。应该说，自新一轮基础教育中学历史课程改革开展以来，中学历史教育教学改革取得了一些显著的成果，首先是在进一步明确历史学科在基础教育中的地位的前提下，历史课程的设计由传统的关注知识传递转向关注学生发展，历史新课程从初中到高中，都渗透着新的教育理念、新的教育功能、新的框架结构、新的内容体系、新的教与学方式、新的评价方式等。其次是制定了新的初中、高中历史课程标准，并在多样化方针的指导下编写了多种版本的中学历史教科书。再次是中学历史课程改革有力地促进了历史教师的教育教学观念的更新、历史课堂教与学方式的改变、历史教学研究的活跃。

中学历史教育教学的这些发展变化，对高等师范院校历史学科教学论的发展提出了新的要求，编写一部渗透历史新课程理念、适应中学历史教育教学改革发展要求的历史学科教学论教材成为当务之急。因此，我们在编写这本教材时，非常注重在继承长期以来我国历史教育教学研究成果的基础上，立足于我国基础教育改革与发展的时代要求以及中学历史课程教学改革的新进展，对中学历史教育教学的重要问题进行系统的研究。全书分别从课程、教材、教学和学习等部分，对中学历史课程、历史教育目标、历史教材、历史教学、历史学习、学生学业评价等问题进行探讨。为了体现本教材既注重理论学习，又强调实用性与可操作性的特点，各部分的学习内容又具体分为"学习目标"、"基本理论概述"、"案例研究"、"思考与讨论"等板块。每章开篇设置问题情景，导入学习内容，在相关基本理论的基础上，突出案例的作用及学习应用，从而使全书呈现出崭新的结构体系。

本书可作高等师范院校历史教育专业的教学用书，也可作历史新课程教师培训和继续教育的教材。

本书的编写提纲由杜芳拟订。第一章由杜芳、张雪执笔，第二章由李莉执笔，第三、四章由杜芳执笔，第五章由贺承奎执笔，第六章由程晓波执笔，第七章由贺承奎执笔，第八章由韩飞执笔，第九章由朱移德、韩飞、杜芳执笔。全书由杜芳负责文字修改和统稿定稿。本书在编写过程中参阅和借鉴了国内外有关的研究成果、有关专家的文章著作，在此表示衷心的感谢。

由于编者经验和水平有限，本书难免有疏漏和不当之处，欢迎读者批评指正，促使我们不断提高水平。

目　录

第一章　中学历史课程与教育目标 (1)
　　第一节　我国中学历史课程设置的变化 (1)
　　第二节　中学历史学科的教学大纲或课程标准 (7)
　　第三节　我国的中学历史教育目标 (16)
　　第四节　国外的中学历史教育目标 (21)

第二章　中学历史教科书 (28)
　　第一节　中学历史教材的概念、分类及作用 (28)
　　第二节　中学历史教科书的结构和功能 (34)
　　第三节　21世纪中学历史教科书的特点 (42)

第三章　中学历史教学方法的改革 (48)
　　第一节　传统的历史教学方法——讲授法 (48)
　　第二节　历史教学方法的改革探索 (58)
　　第三节　新理念下历史教学方法运用的思考 (73)

第四章　现代信息技术与历史课程的整合 (78)
　　第一节　现代信息技术与课程整合概述 (78)
　　第二节　信息技术与历史课程整合的目标与原则 (82)
　　第三节　信息技术与历史课程整合的层次与方法 (85)
　　第四节　信息技术与历史课程整合的问题及对策 (99)

第五章　中学历史新课程的教学设计与实施 (107)
　　第一节　教学设计的理论与历史新课程的实施 (107)
　　第二节　中学历史新课程的教学设计 (111)
　　第三节　中学历史新课程的教学实施 (118)

第六章　中学历史课程资源的利用与开发 (125)
　　第一节　中学历史课程资源的分类及作用 (125)
　　第二节　历史影视资源和图书馆资源的利用与开发 (129)
　　第三节　社区和乡土资源的利用与开发 (139)

第七章 学习理论与中学生的历史学习 (145)
   第一节 学习理论与历史学习 (145)
   第二节 现代中学生历史学习心理分析 (153)
   第三节 中学历史的学法指导 (168)

第八章 中学历史学业测试与评价的变革 (180)
   第一节 中学历史学业评价与测试 (180)
   第二节 中学历史学业评价的变迁 (195)
   第三节 21世纪中学历史学业评价的新构想 (212)

第九章 中学历史教师的专业发展 (221)
   第一节 中学历史教师的素质 (221)
   第二节 中学历史教师的备课 (226)
   第三节 历史专业师范生的教育实习 (236)
   第四节 中学历史教师的教育研究 (239)

第二版修订后记 (251)

第一章 中学历史课程与教育目标

学习目标

通过学习本章内容,你可以:
- 了解我国百余年来中学历史课程设置演变的基本脉络。
- 综述我国中学历史教育目标从教学大纲到课程标准的发展情况。
- 辨析我国中学历史教学大纲及历史课程标准中关于教育目标的变化。
- 掌握美国、英国历史教育目标的基本内容与特点。
- 归纳21世纪初高中历史课程标准的主要特点。
- 对我国21世纪历史教育目标的内容阐述个人的看法。

本章导引

某历史教师在指导学生学习有关美国独立战争的内容时,首先讲了一个历史故事。故事内容大致是这样的:美国独立战争以前,殖民地的人民已经开始以各种各样的形式反抗英国的殖民统治。有一天,波士顿的群众包围了市政府。一队英国士兵奉命去保护市政府大楼。于是,士兵们端着枪围成一个半圆形,守在大楼的外面,枪口对着愤怒的群众。双方对峙良久,忽然,随着一声"开火"的命令,英国士兵开枪向群众射击。毫无准备的群众纷纷中弹倒下,有四十多人在这次惨案中丧生。惨案震惊了各地。迫于舆论的压力,英国殖民政府不得不把英军的现场指挥官推上了审判台。最后,该指挥官因擅自下令杀人,被判处死刑。然而根据历史资料的记载,这位指挥官至死也没有承认他曾下令开枪。那么,究竟是谁下的开枪命令呢?这成了一个历史悬案。

接着老师巧妙地将故事引到了现实:"时间已经过去了许多年,事件的真相到底是怎样的呢?我想我们应该重新开庭来审判这个案子……"学生们群情激昂,全班的同学都进入了历史的角色:证人、被告、检察官、被告辩护律师、法官、陪审团……整堂课气氛热烈,学生参与积极性很高。

那么,这堂历史课到底想要完成哪些历史教育的目标呢?教学的实际效果是否有助于历史教育目标的达成?人们对此见仁见智。

第一节 我国中学历史课程设置的变化

一、清末的中学历史课程设置

中国的历史源远流长,史学传统由来已久。早在原始社会,部落的长辈向晚辈讲述部落的历史与神话就是历史教育的雏形。但是,从严格意义上讲,历史作为学校的一门课程,是清末施行新的教育制度后才开始的。

1901年清政府实行"新政","新政"中教育改革部分的主要内容为"废科举,办学校,派游学",其间,清政府决定将全国所有的书院改为各级学堂。至此,在中国延续了千年之久的书院制度画上了句点。1902年,清政府颁布了《钦定学堂章程》,当年为旧历壬寅年,故称"壬寅学制"。"壬寅学制"规定在蒙学堂、小学堂、中学堂设置历史课程。但是此学制因故未来得及实行即被废止。

1904年,清政府公布了《奏定中学堂章程》。因其时为癸卯年,故通称"癸卯学制"。"癸卯学制"是我国近代教育史上第一部由政府公布、在全国实施的比较完整的学制。"它对旧中国的学习教育制度在组织的形式上影响甚大,清末民初的新学校制度,主要都是以此为依据。"①可以说,"癸卯学制"的建立,标志着我国近代学校教育的开始。在新式学堂里,历史教育得到了应有的重视,在初等小学堂、高等小学堂、中学堂均开设了历史课程。

 资料阅读

光绪二十九年(1904年)《奏定中学堂章程》
历史学科程度及每星期教授时刻表②

学 科		程 度	每星期钟点
第一年	历 史	中国史	3
第二年	历 史	中国史及亚洲各国史	2
第三年	历 史	中国本朝史及亚洲各国史	2
第四年	历 史	东西洋各国史	2
第五年	历 史	同前学年	2

清末的中学堂和高等学堂每一学年都开设有历史课程,并对培养目标、课程设置、教学内容、教学时间等都做出了具体的规定。历史课程的内容十分重视中国史的学习,要求中国史的学习应讲"古今忠良贤哲之事迹,以及学术技艺之隆替,武备之弛张,政治之沿革,农工商业之进境,风俗之变迁等事"③。历史课程需"多多陈述本朝列圣之善政德泽"④;同时也关注世界史的学习,并要求:"亚洲各国史的学习应详于近代而略于远年;五十年以内之事尤宜加详,说近世者十之八九,说古事者十之一,并示以今日西方东侵东方诸国之危局"⑤。这时的历史课程已经作为独立学科课程而普遍开设,是12门必修课之一。

二、民国时期的中学历史课程设置

1. 1912—1928年的中学历史课程设置

辛亥革命后,民国初年的历史课程基本沿袭了清末的体系,只是有一些局部的调整。1922年,民国政府进行了学制改革,实行六、三、三学制。根据新学制,小学高年级、初中、高中都开设历史课程。1923年,又颁布了《初级中学历史课程纲要》和《高级中学公共必修的文化史学纲要》。初中的课程纲要规定历史课程每周总学时为8课时,学习内容打破了以往中国史、世界史分开设置的状况,采取中外史合编的方法,按历史发展的时间顺序分为:上古史、中古史、近古史、近世史。高中的历史课程称为文化史课,每周总学时为6课时,高中文化史也采取中外文化史合编的方法。

---

① 陈景磐.中国近代教育史[M].北京:人民教育出版社,1983:151.
② 课程教材研究所编.20世纪中国中小学课程标准·教学大纲(历史)[M].北京:人民教育出版社,2001:7—8.
③ 课程教材研究所编.20世纪中国中小学课程标准·教学大纲(历史)[M].北京:人民教育出版社,2001:7.
④ 同③.
⑤ 同③.

资料阅读

1923年《高级中学公共必修的文化史学纲要》
(二)内容"治文化史者应具之概念"①

1. 文化起于人心与自然的环境,及社会的环境之互感,其动力则出于观念之实现与开展。
2. 世界文化资料,可分为五类,研究之途径有四。

研究之途径＼史事之性质	宗教的	知识的	经济的	社会的	政治的
活　动					
状　况		生活一体			
关　系					
组　织					

3. 文化史宜用重要潮流,统率史事,无取乎博而寡要。
4. 史象有因果可寻者,以因果关系说明之。否则不牵强附会,尤宜不误认两事偶然同时并现者为因果。

1923年历史课程设置的一大亮点是初中、高中历史课程避免了简单重复,高中的历史课程在初中历史课程的基础上从文化的角度重新梳理了人类数千年的文明史,并把重点内容放在讲述世界各大文明的思想文化艺术成就上,可以说,这在初中历史课程的基础上,为学生提供了一个新的解读历史的视角。

2. 1929—1949年的中学历史课程设置

1928年国民政府成立,政局较先前有所稳定,这就为课程设置创造了有利的条件。1929年,教育部颁行了初、高中《历史课程标准》。它是我国第一套正式的历史课程标准。它的主体内容由目标、作业要项、时间及学分支配、教材大纲、教法要点、毕业最低限度等部分构成,其整体设计已经具有一个较为完整的体系,对历史课程设置的方方面面都做出了规定。此后,历史课程标准虽然在1932、1936、1940、1948年经历了四次修订,但仍基本沿袭了1929年课程标准的框架。所以说,1929年的历史课程标准,为后来我国中学历史课程标准趋向正规化、科学化和体系化奠定了基础。

从1929—1949年历史课程标准的规定来看,这一时期历史课程的设置状况是稳中求变(见表1-1、表1-2)。

表1-1　1929—1949年初中历史课程的设置②

年份	年级	每周课时	内容
1929	初一—初三	2	初一、初二中国史,初三外国史
1932	初一—初三	2	初一中国古代史,初二中国近现代史,初三外国史
1936	初一—初三	2	初一中国古代史,初二中国近现代史,初三外国史
1940	初一—初三	2	初一、初二、初三上中国史,初三下外国史
1948	初一—初三	2	中外史合编,以中国史为主

---
① 课程教材研究所编.20世纪中国中小学课程标准·教学大纲(历史)[M].北京:人民教育出版社,2001:16.
② 根据《20世纪中国中小学课程标准·教学大纲(历史)》整理。

表 1-2　1929—1949 年高中历史课程的设置①

年　份	年　级	每周课时	内　　容
1929	高一—高三	3	中国史一学年,外国史一年半
1932	高一—高三	高一上 4 课时, 其他 5 学期 2 课时	高一、高二上中国史,高二下、高三外国史
1936	高一—高三	2	高一、高二上中国史,高二下、高三外国史
1940	高一—高三	2	高一、高二中国史,高三外国史
1948	高一—高三	2	中国史占 3/5,外国史占 2/5

三、新中国成立后的中学历史课程设置

1. 1949—1957 年的中学历史课程设置

新中国成立之初,教育部颁发了《中学暂行教学计划(草案)》,规定从初一到高三,全部开设历史课,每周均为 3 学时,每周总计 18 学时。教学内容实行小循环,初中一年级开设中国古代史,初中二年级开设中国近代史,初中三年级开设外国史;高中一年级开设中国古代史,高中二年级开设中国近代史和新民主主义革命史,高中三年级开设外国史。这是新中国历史教育的起始,为后来历史教育的发展奠定了基础。

1953 年至 1957 年,是新中国历史教育发展的一个重要时期。1953 年,教育部颁发了《中学教学计划(修订草案)》,历史课程还是从初一到高三开设,每周均为 3 学时,每周总计 18 学时。但是,调整了中学历史课的教学内容:初一和初二上学期开设世界古代史,初二下学期和初三开设中国古代史,高一和高二上学期开设世界近现代史,高二下学期和高三开设中国近现代史。这个计划中,历史课程的设置有几个变化:一是先学外国史,再学中国史;二是改小循环为直线式编排,初中学习古代史,高中学习近现代史。三是世界历史的内容,基本是参照苏联的教科书编写。从这一时期历史课程设置的发展脉络可以看出,在短短的三四年时间里,历史课程的设置是在探索中不断前进的。

1956 年,教育部颁布了一套中小学历史教学大纲。这套大纲共分为小学中国史、初级中学中国史、初级中学世界史、高级中学中国史、高级中学中国史(近代史部分)和高级中学世界近现代史六个教学大纲。这是我国各套历史教学大纲中最为详备的一套。大纲规定从初一到高三都开设历史课,每周均为 3 学时,每周总计 18 学时。其中初中一年级开设中国古代史,二年级开设中国近现代史,三年级开设世界史;高中一年级开设世界近现代史,二年级开设中国古代史,三年级开设中国近现代史。这一大纲的特点表现为:一是历史课程为适应学生的需要,采用了螺旋式编排;二是课时充足;三是中国史与世界史内容的比例为 2∶1,在内容上有了自己的体系和特色。它建立了以马克思主义唯物史观为指导思想的历史课程,标志着新中国历史课程体系已经初步构建,称得上是历史课程的"黄金时期"。但是,在实际执行过程中,也存在内容艰深、学习量大等问题。

2. 1958—1976 年的中学历史课程设置

历史课程的"黄金时期"好景不长,从 1957 开始,国内政治运动不断,历史教育受到了很大的冲击。1958 年,史学界掀起了"打倒帝王将相"、"打倒王朝体系"、"厚今薄古"的极"左"思潮,对历史教学内容随意剪裁,教学时间由每周 3 学时改为 2 学时,古今中外历史知识的比例严重失调。有些学校用村史、厂史等取代中外通史,以访问、座谈、辩论等形式取代课堂教学。这些都使正规的中学历史教

---

① 根据《20 世纪中国中小学课程标准·教学大纲(历史)》整理。

育遭到一定程度的破坏。20世纪60年代的教育改革浪潮,使中学历史课被进一步简化。

"文化大革命"时期,中国教育事业遭到了空前的摧残。"文化大革命"初始,教育部党组在《关于1966—1967学年度中学政治、语文、历史教材处理意见的报告》中,提出历史教材存在着严重问题,要求停印、停发、停用,决定中学历史课停开。后来历史课虽被复课,但沦为了"影射史学"的工具,教学内容主要是农民战争史、国际共运史、儒法斗争史等,课时也没有保证。

3. 1977—2000年的中学历史课程设置

"文化大革命"结束后,中学的教学秩序得到了恢复,历史课程也得到恢复与发展。1978年教育部颁发了《全日制十年制学校中学历史教学大纲(试行草案)》,规定初二、初三和高一开设历史课,每周约6.5学时。人民教育出版社正式出版了全国通用的全日制学校中学历史课本与教学参考书,历史教育重新走上了正轨。这一大纲在1978年以后的几年,对肃清"文化大革命"期间在历史学界的"左"的流毒、恢复正常的历史教学秩序,起了良好的指导作用。

改革开放把中国历史发展带入一个新的历史阶段,中学历史课程的发展也进入了一个空前繁荣的新时期。从20世纪80年代初到90年代末,历史教学大纲历经几次修订。1986年颁布了《全日制中学历史教学大纲》。1990年,又在1986年历史教学大纲的基础上进行了修改,颁布了新修订的中学历史教学大纲,并在普通高中一直沿用到1997年。1992年国家教委制订了《九年义务教育全日制初级中学历史教学大纲(试用)》,规定了中学历史课程的设置要求。根据历史教学大纲的规定的变化,我国中学历史课程的设置在探索中不断发展,其具体情况如表1-3所示①:

表1-3 1980—1996年历史课程的设置

年份	年级	初一	初二	初三	高一	高二	高三
1980	课程内容		中国史	中国史	世界史		
	课时		2	2	3		
1986	课程内容	中国史	中国史		世界史		
			世界史				
	课时	3	2		3		
1990	课程内容	中国史	中国史		中国近现代史	世界史	中国古代史(选修)
			世界史		世界史		
	课时	3	2		2	2	6
1992	课程内容	中国史	中国史	世界史	世界近现代史	中国近现代史	中国古代史(选修)
	课时	2	3②	2	2	2	6
1996③	课程内容				中国近现代史	世界近现代史(限定选修)	中国古代史(限定选修)
	课时				3	2	3

---

① 根据《20世纪中国中小学课程标准·教学大纲(历史)》整理。
② 1994年减为2课时。
③ 1996年《全日制普通高级中学历史教学大纲》将高中历史课分作必修、限定选修和任意选修三类。任意选修课有:中国文化史,高一开设;世界文化史,高二开设。

续表

年份	年级 课程内容	初一	初二	初三	高一	高二	高三
2000	课程内容	中国古代史	中国近现代史	世界史	中国近现代史	世界近现代史（选修）	中国古代史（选修）
	课时	2	2	2	3	2	2.5

从表格中分析可知：1986年的历史课程设置较前作了比较大的调整，从初一开始就开设中国史课程的学习，并且把原来中国史的下限从1949年延至1982年，新设的世界史也从人类的出现讲到20世纪80年代。高中的历史课在课时设置上虽然没有变化，但是在内容上增加了第二次世界大战以后直至20世纪80年代的历史。这次调整最突出的特点在于强调历史教育的基础性，不再强调历史学科的系统性，不再刻意追求历史知识的完整性。这就说明了我们的历史课程设置开始关注中学生的认知水平和接受能力。

1990年的历史课程设置在课程时数上有较大增加，特别是高中历史课程时数的增加，高三都增加到了每周6个课时的数量。此外，在课程设置上还有一个明显的变化就是高一增加了中国近现代史的课程。高二也要求继续学习世界史，高三还增加了中国古代史作为选修课。可以说，1990年的中学历史教学大纲首次将历史课分为了必修课和选修课。

1992年历史课程设置的变化是：初一中国史的每周学时减至2学时，初二由中国史、世界史分学期学习合并为整学期中国史的学习，初三增开了世界史。将中国近现代史的课程开设到高二整年的学习，这就压缩了世界史的课程，增加了中国近现代史课程的分量。

1996年历史课程设置的最大变化在于：高中历史课程分为了必修、限定选修和任意选修三类。限定选修就相当于原来的只限定于参加高考的文科生的、非面向全体学生的选修。而任意选修课有中国文化史、世界文化史两门，面向全体学生。这种课程体系的设置在一定程度上修正了原有课程体系的不足，但是，这一时期的选修课是否就是真正意义上的选修课呢？在应试教育的大环境下，选修课的真正意义恐怕很难发挥出来。此外，1996年的中国近现代史的学时进一步增加到每周3个学时，中国古代史由每周6个学时减至3个学时。2000年的历史课程设置的最大特点在于：中国古代史和中国近现代史开始分科在初一、初二开设。中国古代史在高中的学时由每周3个学时减到每周2.5个学时。

还值得一提的是，在20世纪90年代，我国历史课程设置打破了之前高度统一的僵局。从与课程设置相关的教学大纲来看，20世纪90年代之前，国家颁布的教学大纲是课程编制的唯一指导。但是我国各地的经济状况不平衡，文化的差异也十分明显，再好的教学大纲也不可能适应各地课程编制的具体情况。所以，进入20世纪90年代后，国家开始允许各地根据自己的具体状况编制自己的课程。这些改变体现了我国的课程体制已经逐渐开放，机制也变得灵活了，这为各地开设具有地方特色的历史课程创造了条件。在这样一种新的环境下，我们的历史课程设置将更有活力，更能适应时代发展的要求和学生发展的需求。

4. 21世纪的中学历史课程设置

步入21世纪，人类社会进入了知识经济时代。拥有高素质的人才是一个国家能在国与国之间的竞争中立于不败之地的重要前提，这就对各国的基础教育提出了前所未有的新的要求和挑战。要应对新的挑战，教育改革势在必行。而历史课程改革作为教育改革这一大系统中的重要组成部分，同样面临着新的挑战。

2001年,随着基础教育课程改革工作的展开,初、高中历史课程改革工作也相继开展,而一个最显著的变化是,"历史课程标准"取代了原来的"历史教学大纲",成为中学历史教育教学工作的纲领性文件。它与以往的历史教学大纲不同的是,并没有对具体的教学顺序和教学时数做出明确的规定,而是更关注课程的基本理念、设计思路、课程目标、内容标准等方面,为教师更灵活地安排教学提供了空间。

总的来说,从我国中学历史课程设置的演变可以看出,自新中国成立以来,历史课程的发展存在以下几个问题:一是历史课程的设置几经调整、变动频繁、稳定期短;二是课程类型单一,结构固定;三是课时数呈现减少趋势;中学历史课程的课时数从20世纪50年代每周总计18学时,到2000年的基本恢复为每周总计13.5学时;四是课程编排呈"间断"和"跳跃"式。以高中历史课程为例,20世纪50年代高中三个年级都有历史课,而20世纪80年代高二、高三不学历史。20世纪90年代课程改革,高一学历史,高二历史是限定选修,高三是选修课,其实高二、高三的历史课程对于非文科类的学生来说,就是形同虚设。很明显,历史课程编制有其自身的规律和特点,如何设计更加科学合理的中学历史课程是有待我们今后深入探讨的课题。

第二节 中学历史学科的教学大纲或课程标准

一、历史教学大纲或课程标准的沿革

"课程标准"这个词早在20世纪初,清政府实行"新政"时就已经出现。当时,清政府的各级学堂章程中,就有《功课新法》或《学科程度及编制》,这可以说是课程标准的雏形。民国初年,1912年南京临时政府教育部公布了《普通教育暂行课程标准》,明确以"课程标准"作为教育的指导性文件。此后,"课程标准"一词沿用了40年。其中,民国时期颁发的中小学历史课程标准、纲要(含修订本等)共计18个版本。其中,影响最大的是1929年教育部颁行的初中历史、高中本国史、高中外国史的课程标准。它对历史课程设置的方方面面都做出了规定,内容由目标、作业要项、时间及学分支配、教材大纲、教法要点、毕业最低限度等六部分构成,整体已经具有一个较为完整的体系,是我国第一套正式的历史课程标准。

新中国成立后,学习苏联的做法,教育部着手制订各科教学大纲作为指导教学的纲领性文件。我国先后在1956年、1963年、1978年、1986年、1990年、1992年、1996年、2000年分别颁布了初高中的历史教学大纲。1956年教育部颁发了新中国成立后第一套完整的中小学历史教学大纲。这套大纲共分为小学中国史、初级中学中国史、初级中学世界史、高级中学中国史、高级中学中国史(近代史部分)和高级中学世界近现代史六个教学大纲。这套大纲主要分两大部分:第一部分为大纲说明;第二部分为教学大纲,即各年级历史教材的内容纲目及其课时分析。这时期的大纲没有使用教学目的要求的概念,只不过在以长篇文字说明历史教学的重要意义及其内容方法中,包含着对历史教学任务的解释。这种历史课程文件的格式一直沿用到1963年。

1963年,教育部又制定了《全日制中学历史教学大纲(草案)》,将1956年的初中、高中五个大纲合并在一个大纲里。这个大纲的特点是观点明确,编写简明。大纲改变了1956年的写法,把初中、高中内容合二为一,分为"教学目的和要求"、"教学内容"、"教学中应注意的几点"和"各年级的教学要求和教学内容"四个部分,对1956年历史教学大纲的内容作了很大的调整。

"文化大革命"结束后,1978年颁布了《全日制十年制学校中学历史教学大纲(试行草案)》,1980

年进行了修订。1978年大纲分为"教学目的和要求"、"处理教材内容的若干原则"、"教材的安排"、"教学中应注意的几点"、"中国历史教学内容"和"世界历史教学内容"等几个部分。这套历史教学大纲具有正本清源的作用,重新在历史学科中阐明马克思列宁主义的基本史学观点。"教学大纲的编者们曾以极大的胆识进行拨乱反正,力图恢复历史学科的科学面目,但是在当时的历史条件下,教学大纲的内容和学科知识体系仍然不够完善,甚至多少带有'左'的痕迹"[①],仍难免留下时代的烙印。1978年的历史教学大纲是在"文化大革命"刚刚结束时制订的,有许多原则性的问题尚未得及仔细研究,尤其在学制和教学计划方面仍有不妥当的地方,因此随着教学计划的不断更动,历史教学大纲又几次修订。1986年,国家教委制定颁布了新的《全日制中学历史教学大纲》。它在"教学目的和要求"、"处理教学内容的原则"以及具体的教学内容等方面都没有对1978年及1980年大纲作太大的变动,与之前的历史教学大纲相比,最大的变动在于改用循环式形式设置历史课程。1990年,国家教委对1986年大纲作了修订,颁发了《全日制中学历史教学大纲(修订本)》。修订大纲总体上的变化不大,其体现的历史观与以前的大纲基本上也是一致的,只是对初高中的教学内容要求都有所降低,并且在高中增加了中国近现代史内容和中国古代史选修课。

1992年,国家教委对《九年义务教育全日制初级中学历史教学大纲(初审稿)》进行了修订,颁发了《九年义务教育全日制初级中学历史教学大纲(试用)》。这套大纲是在1986年我国第六届人民代表大会第四次会议通过《中华人民共和国义务教育法》以后,根据义务教育法制订的。这一新的大纲鲜明地体现了我国当时的时代特点,明确提出历史教学的主要教育功能是"提高全民族的素质,增强民族自信心",并指出:"历史教学在社会主义精神文明建设中占有重要地位"。大纲明确提出历史教学要全面完成"在传授知识的基础上,进行思想教育和能力培养"的任务,并在具体的教学内容中,分别列出"基础知识部分"、"思想教育部分"、"能力培养部分"等,这是历史教学大纲中第一次把思想教育和能力培养的具体要求明确列入教学内容的范畴,使教学目标更加全面,也使大纲对教材编写和实际教学活动的指导作用明显加强。2000年,教育部又对试用本作了修订,颁发了试用修订版。

1996年,国家教委制定了与九年义务教育相衔接的《全日制普通高级中学历史教学大纲(供试验用)》,并于1997年起在两省一市(山西、江西、天津)试用。经过试验,2000年1月,教育部对试用历史教学大纲作了修订,颁布了《全日制普通高级中学历史教学大纲(试验修订版)》。大纲首先阐述了历史课程的重要地位及其重要作用,然后对"教学目的"、"课程、课时安排"以及"教学内容"进行了分别说明。大纲以更科学、更准确、更全面的表述在"教学目的"中阐述了历史教学在知识掌握、能力培养和思想教育等方面的目标要求,并在"教学目标和教学内容"部分另设"基础知识"、"能力培养"和"思想教育"分别阐述具体的教学目标。大纲还规定了高中历史课程与初中历史课程的安排采取"部分循环式"。

从1956年第一套历史教学大纲的编订一直到2000年,历史教学大纲虽然历经修改,但大纲的主体结构基本没有太大的变化,主要包括:教学目的和要求、处理教学内容的原则、课程课时的安排、教学内容、教学中应注意的问题、考试与评估等部分。在教学目标方面,从20世纪50年代到80年代中期的大纲主要关注的是历史基础知识和思想政治教育方面的要求;从80年代中后期开始,大纲开始增加能力培养的目标,如在大纲中明确提出要培养学生运用历史唯物主义的观点观察和分析问题的能力。在教学内容方面,主张按照历史发展的时间顺序及历史发展的阶段特征,先古后今地采用通史体例编排。在考试与评估方面,20世纪90年代中期以前,大纲对这部分有所忽略,基本结构中鲜见对考试与评估的规定。随着对教学评价认识的不断提高,人们逐步认识到考试与评估也是教学活动

---

① 陈庆军.新时期中学历史教学改革回顾与展望(上)[J].历史教学,1996(7).

中不可缺少的环节,是检查教学的重要形式,对推进教学会起到重要作用,1996年以后的教学大纲中增加了考试与评价的部分,到2000年,教学评估被专门作为一部分列出。2002年正式颁布的高中历史教学大纲不仅将教学评价专门列出,还列出了16个研究性学习课题。纵观这些变化,可见历史教学界已经越来越重视教学评价在教学中的重要作用。

我国中学历史教学长期实行全国统一的教学大纲。在我国50多年的历史教育发展过程中,历史教学大纲作为我国历史教育的指导性文件,其体例、内容不断完善,所反映的教育理论、历史观念也不断进步,对我国历史教育的发展、人才的培养发挥了至关重要的作用。有的历史教学法专家认为历史教学大纲"是指导性的文件",有的著作甚至认为,"教学大纲对教学活动的进行,起着法律条文的作用"。实际上,它的作用确实非同寻常,归纳起来,至少是我们进行中学历史教科书的编写、具体实施历史课堂教学、开展历史教育评价的重要依据。因此,它对中学历史教育教学具有一定的制约作用。

为适应21世纪人才培养的需要和国际竞争的需要,我国于世纪之交正式启动了新一轮基础教育课程改革。作为基础教育历史课程改革的重要组成部分,教育部于2001年7月颁布了《全日制义务教育历史课程标准(实验稿)》,2003年4月颁布了《普通高中历史课程标准(实验)》。历史课程标准取代了原来的历史教学大纲成为中学历史教育教学工作的指导性文件。初高中历史课程标准的基本结构是一样的,均由四个部分组成。

第一部分是前言,阐释了历史课程的性质、基本理念,并对课程设计思路作了简单的介绍。

第二部分是课程目标,从知识与能力,过程与方法,情感、态度与价值观三个方面规定了应达到的总体目标。

第三部分是内容标准,规定了初高中历史课程在"知识与能力"、"过程与方法"、"情感、态度与价值观"等三个方面应达到的具体目标。根据课程总体目标,初中内容标准分为中国古代史、中国近代史、中国现代史、世界古代史、世界近代史、世界现代史六个学习板块,每个学习板块又分为若干学习主题。高中内容标准分为历史(Ⅰ)、历史(Ⅱ)、历史(Ⅲ)三个必修学习模块和六个选修模块。三个必修学习模块包括25个古今中外学习专题,其中中国近现代史和世界近现代史各10个专题,中国古代史4个专题,世界古代史1个专题。它们分别反映人类社会政治、经济、社会生活、思想文化等领域的重要内容。六个选修模块包括了历史上重大改革回眸、近代社会的民主思想与实践、20世纪的战争与和平、中外历史人物评说、探索历史的奥秘、世界文化遗产荟萃等,共有41个专题。对每个学习专题的每一部分内容的掌握程度都有明确具体的规定和要求,而且在每个学习模块的后面都有明确具体的教学活动建议。

例如历史(Ⅱ)模块中:"列举1840年至1900年间西方列强的侵华史实,概述中国军民反抗外来侵略斗争的事迹,体会中华民族英勇不屈的斗争精神","理解全民族团结抗战的重要性,探讨抗日战争胜利在中国反抗外来侵略斗争中的历史地位","收集近代以来中华民族反抗外来侵略斗争的图片、资料,分成专题举办展览或编写纪实报道"。这里,凡在陈述中使用"列举"、"知道"、"了解"、"说出"、"讲述"、"简述"、"复述"等行为动词的,为识记层次要求。凡在陈述中使用"概述"、"理解"、"说明"、"阐明"、"归纳"等行为动词的,为理解层次要求。凡在陈述中使用"分析"、"评价"、"比较"、"探讨"、"讨论"等行为动词的,为运用层次要求。这些具体的要求与建议,使得学习目标非常清楚,学生对所学知识的目标要求一目了然,同时对于教材的编写,对于教师备课把握教学内容的深度和难度,也具有极强的指导性和可操作性。

第四部分的实施建议,包括教学建议、评价建议、教材编写建议以及课程资源的开发和利用等方面。例如:历史(Ⅰ)的学习专题7中的"知道法兰西第三共和国宪法和《德意志帝国宪法》的主要内容,比较德意志帝国君主立宪制与法国共和制的异同。分析资产阶级代议制在西方政治发展中的作用"①的内容,有利于学生了解人类历史上重要的政治制度,理解从专制到民主,从人治到法治,是人类社会一个漫长而艰难的历史过程,树立为社会主义政治文明建设而奋斗的人生理想。历史(Ⅱ)的专题 8 中的"了解世界贸易组织(WTO)的由来和发展,认识它在世界经济全球化进程中的作用。了解中国参加世界贸易组织的史实,认识其影响和作用"②,选修课程中增加的"探索历史的奥秘"专题和"世界文化遗产荟萃"专题等等,都是具有鲜明时代性的内容,对学生提高文化素养和历史学习兴趣,了解现实,终身学习很有益处。

二、历史教学大纲与历史课程标准的比较

1. 大纲与课程标准对于历史课程性质的不同阐述

历史课程性质是历史教学大纲和历史课程标准制定的基石,但是在大纲和课标中,对于历史课程性质的阐述却不尽相同。

2000 年的《全日制普通高级中学历史教学大纲(试验修订版)》中对于高中历史课程性质的阐述是:"历史学是认识和阐释人类社会发展进程及其规律的一门科学,与人类在政治、经济、文化、社会等方面的活动密切相关,具有提高国民素质的教育功能,是人文社会科学中的一门基础学科。

"历史教学在普通高中教育中占有重要地位。通过历史教学,使学生了解人类社会的发展过程,从历史的角度去认识人与人、人与社会、人与自然的关系,从历史中汲取智慧,提高人文素养,形成正确的人生观和价值观,从而更好地在德、智、体、美等方面全面发展。"③

2003 年的《普通高中历史课程标准(实验)》中对于高中历史课程性质的阐述是:"普通高中历史课程,是用历史唯物主义观点阐释人类历史发展进程和规律,进一步培养和提高学生的历史意识、文化素质和人文素养,促进学生全面发展的一门基础课程。

"普通高中历史课程从不同角度揭示人类历史发展的基本过程,通过重大历史事件、人物、现象展现人类发展进程中丰富的历史文化遗产。通过高中历史课程的学习,能使学生了解人类社会发展的基本脉络,总结历史经验教训,继承优秀的文化遗产,弘扬民族精神;学会用马克思主义科学的历史观分析问题、解决问题;学习从历史的角度去了解和思考人与人、人与社会、人与自然的关系,进而关注中华民族以及全人类的历史命运。通过高中历史课程的学习,培养学生健全的人格,促进个性的健康发展。"④

大纲和课程标准在以下两点上存在共识:一是通过历史教学,使学生了解人类社会的发展过程(基本脉络);二是要求学生从历史的角度去了解和思考人与人、人与社会、人与自然的关系。但是,对于中学历史课程的性质,两者存在一些不同的认识,教学大纲是从历史学的角度作了界定,而课程标准则是从课程论的角度作了界定。

高中历史教学大纲对课程性质的描述直接定性为"历史学",虽然认为历史课程是一门基础学科,却基本上是从历史学范畴出发,将其定位为一门人文社会科学中的历史学。在课程内容的选择上强调学科知识的系统性、完整性,大纲所规定的历史教学要点基本上是一部细致全面的中国通史与世界历史的浓缩版。它讲求历史学科体系的严谨性,要求有比较清晰的历史发展线索,有大量的历史事件、人物、概念和历史理论,但它们超越了中学生的认知和理解水平,无形中增加了中学历史教育的

---

① 中华人民共和国教育部.普通高中历史课程标准(实验)[M].北京:人民教育出版社,2003:8.
② 中华人民共和国教育部.普通高中历史课程标准(实验)[M].北京:人民教育出版社,2003:12.
③ 中华人民共和国教育部.全日制普通高级中学历史教学大纲(试验修订版)[M].北京:人民教育出版社,2000:1.
④ 中华人民共和国教育部.普通高中历史课程标准(实验)[M].北京:人民教育出版社,2003:1.

难度。

普通高中历史课程标准将历史课程的性质直接定性为一门基础课程。它认为普通高中历史课程，是用历史唯物主义观点阐释人类历史发展进程和规律，进一步培养和提高学生的历史意识、文化素质和人文素养，促进学生全面发展的一门基础课程。所以，中学历史课程是属于非专业历史教育的历史通识课程，它应明显区别于大学历史课这种专业历史教育的课程。因此，历史课程内容的选择必须符合高中学生的认知特征与兴趣爱好，能够为高中学生终身学习、毕生发展提供奠定基础的知识，不能有过多的知识，不能有空洞的概念，更不能有艰涩的理论和说教。它强调学科知识的经典性、稳定性与连续性，要求选择能够基本反映人类历史发展进程和规律性的具有恒久价值的相对稳定的历史学科知识。这些基础性的知识，最终要能够内化为学生个体的能力与经验，有助于学生的终身发展。应该说，《普通高中历史课程标准(实验)》与《普通高中历史教学大纲》相比，对于历史课程属性的界定更科学、更清晰，克服了《普通高中历史教学大纲》笼统泛化的弊端和不足，将对历史课程的研究放到了中心位置。

2. 大纲与课程标准中的内容标准比较

历史教学大纲规定的教学内容分为三个板块：中国古代史、中国近现代史、世界史。每个板块由内容概述和内容要点两部分组成，基本按历史发展的时序选择较为系统的教学内容，内容要点部分只有知识点的罗列，对知识点的掌握程度没有作出规定。而且，根据大纲的规定，长期以来，中学历史课程内容基本是以政治史为主体或基线，由政治史、经济史、文化史等构成，好似历史专业教育的浓缩版，极少涉及与学生生活经验有关联的社会史、生活史、宗教史、伦理史、科技史等内容，课程内容中抽象概念多，这无形中加大了中学历史教育的难度。

历史课程标准在内容选择方面的基本理念是，无论是初中课标还是高中课标，都不刻意追求历史学科体系的完整性，避免专业化、成人化的倾向，注意减少艰深的历史理论和概念，体现时代性的特点，增加符合学生心理特征和认知水平、贴近学生生活、贴近社会的内容，以及有助于学生终身学习的内容。此外，内容标准还对教学内容的具体要求和教学活动建议提出了一些设想。

以中国古代史为例，内容标准的概述部分涉及两方面内容：一是历史发展的基本线索，二是基本的技能、能力要求和情感态度、价值观的要求。学习主题部分共有九大主题：中华文明的起源、国家的产生和社会变革、统一国家的建立、政权分立与民族融合、繁荣与开放的社会、经济重心的南移、民族关系的发展、科学技术、思想文化。每个学习主题又分为两个部分：其一是内容标准，对历史知识的内容按识记、理解、运用三个层次提出能力要求。如对"政权分立与民族融合"这一学习主题的具体要求是：(1)了解三国鼎立形成的史实；(2)说出人口南迁和民族交往促进了江南开发的史实；(3)概述北魏孝文帝促进民族融合的措施。这里，凡在陈述中使用"列举"、"知道"、"了解"、"说出"、"讲述"、"简述"、"复述"等行为动词的，为识记层次要求。凡在陈述中使用"概述"、"理解"、"说明"、"阐明"、"归纳"等行为动词的，为理解层次要求。凡在陈述中使用"分析"、"评价"、"比较"、"探讨"、"讨论"等行为动词的，为运用层次要求。其二是教学活动建议。仍以该学习主题为例，要求：(1)观察图片和阅读材料，解释"胡人汉服"、"汉人胡食"的现象。(2)收集民族友好交往的历史小故事，编写一期板报。

3. 大纲与课程标准中课程实施与评价的比较

在课程实施方面，历史教学大纲在"教学中应注意的问题"中提出了六个方面的要求和建议。历史课程标准在课程实施建议中提出了"教材编写建议"、"教学建议"、"课程资源的开发与利用"等建议。其中"教学建议"中有七个方面的要求，它相当于大纲的"教学中应注意的问题"。两者的共同之处是，都对历史观、史论结合的原则、历史知识的联系、教学形式多样化、教学方法和教学手段多样化、以及学习方法的指导等提出了要求和建议。

除此之外,历史课程标准还要求根据内容标准对知识与能力的不同层次要求组织教学,注重拓宽历史课程的情感教育功能,充分开发和利用课程教育资源。历史课程标准特别强调"以转变学生的学习方式为核心,注重学生学习历史知识的过程和方法,使学生学会学习。鼓励学生通过独立思考和交流合作学习历史,培养发现历史问题和解决历史问题的能力,养成探究式学习的习惯",以此改变学生死记硬背和被动接受知识的学习方式。

在课程评价方面,历史教学大纲主要在"考试与评估"部分对评估的目的、原则、对象(教师、学生)以及评估的形式和手段提出了一些粗略的要求。历史课程标准则在"教学建议"中的"评价建议"部分阐明了评价的指导思想,介绍了一些评价方法,提出了评价建议。历史课程标准要求评价应以学生为中心,引导学生参与评价过程,同时要注意学生的个体差异。评价的内容应包括课程目标所规定的知识与能力、过程与方法、情感态度和价值观,防止仅仅将历史知识的掌握程度作为唯一的评价内容。评价方法应具有科学性、灵活性和实践性。评价结果应及时反馈给学生,以便及时改进学生的学习。课程标准还指出"历史考试是一种评价方式,主要形式包括笔试和口试,运用这些考试形式时,要注意其科学性、有效性和多样性的统一"。通过评价,不仅了解学生历史学习各方面的发展水平、存在问题,还要激发学生学习的主动性和创造性。

历史课程标准改变了历史教学大纲的框架体系,立足于课程建设的高度,积极渗透和运用历史课程改革的新理念,提出了历史课程的三维目标;根据学生的接受水平和发展需要来规定学习内容,内容标准的规定尊重学生的个性发展,包含了必修课和选修课等两个方面;实施建议的教材编写建议、教学建议、评价建议、课程资源的开发与利用等四个具体内容,大大拓展了历史教学大纲中对于课程研究的涉及范围,使课程研究向更中心、更全面的方向发展。这些都全面落实了《面向21世纪教育振兴行动计划》提出的要求,顺应了基础教育改革的世界潮流,为构建我国21世纪高中历史课程的体系打下了坚实的基础。从这个意义上说,从历史教学大纲到历史课程标准的发展使历史课程在改革中迈上了一个新的台阶。

三、21世纪中学历史课程标准的特点

1. 体现了时代发展的要求

世纪之交的世界与中国都发生着前所未有的变化,但是未来的发展趋势日趋明显,主要表现在以下三个方面:

第一,随着科学技术的发展,经济发展对于自然资源的依赖将会下降,知识和科学技术将成为决定未来经济发展的主要因素。同时,教育已经成为影响国家经济发展水平和国际竞争力的决定性因素。世界银行在《1991年世界发展报告》中指出:"1960—1985年期间,发展中国家产出与资本的弹性指数为0.4(即资本每增加1%,产出提高0.4%),而美国这一指数为0.6~0.75。产生差异的原因在于教育水平的差异。"[1]从这些数据中,我们可以直观地感受到教育对经济的推动作用。教育促进了经济发展,并使其他发展目标得以实现。值得注意的是,从数据的差异中我们可以看到,发展中国家在这场知识经济的竞争中将面临前所未有的严峻挑战。这就告诉我们,要想在这场竞争中立于不败之地,就必须重新思考我们的教育,必须加倍重视发展教育。我们的教育要为迎接知识经济时代做好人才和知识的准备。我们必须意识到,教育在准备知识经济发展的前提条件方面将发挥关键性的作用。从这个意义上说,教育是迎接知识经济时代的基础工程,也是增强综合国力和国际竞争力的决定性因素。

---

[1] 联合国教科文组织.学会生存[M].北京:中国人事出版社,1996:30—31.

第二,世纪之交,回顾20世纪人类发展的历史进程,总结人类发展的经验教训,我们更深刻地认识到"科学技术是一把双刃剑"的真正含义。在这个科学技术迅猛发展的时代,人类社会在科学技术的推动下,产生了巨大的变化,但是同时也面临着人文精神的缺失等问题。这就促使各国必须重新思考教育所面临的问题,逐步根据各国国情来调整教育的方向,将"科学与人文相融,科学为人与自然和谐发展服务"放到首要位置。"以人为本、尊重自然;以学生发展为本,尊重个性"已成为各国教育界的共识。①

第三,信息网络技术与经济的发展促进了人们对全球化与多元文化的认识。在这样的时代,一方面,人们寻求共识,强调全球统一的行动来避免或减轻自然给人类带来的全球性灾害,如生态保护、防止核扩散、制止恐怖主义、全球海啸预警等等;另一方面,人们更多地强调各民族文化的独特性,突出文化传承与跨文化理解是建立人类和平与未来的重要基础。对中国来说,民族振兴的重要基础是中华文明的复兴,而中华文明复兴不是古代文化的简单重复,而是古代文明在现代文明意义上的重新建构。在这一建构历程中,中国需要重新阐释与发扬中国的传统文化,并在交流中学习世界各民族的优秀文化。②

综合上述三点人类社会未来发展的趋势,我们会发现,国际竞争力、科学与人文、全球化与多元化这三个核心概念已经成为世纪之交影响中国教育与改革的关键词。我们对教育的反思离不开时代发展的要求,我们对教育的变革也无法脱离世界教育改革的潮流和趋势。

中学历史课程标准要求学生学会汲取人类创造的优秀文明成果,积极体验历史上以人为本、善待生命、关注人类命运的人文主义精神,努力追求真善美的人生境界,塑造健全的人格;了解科学技术给人类历史发展带来的巨大物质进步,崇尚科学精神,逐步树立求真、求实和创新的科学态度;了解历史上专制与民主、人治与法治的演变过程,理解民主与法制对现代社会的重要意义,强化民主与法制意识;了解人类社会历史发展的多样性,理解和尊重世界各国、各地区、各民族的文化传统,逐步形成面向世界、面向未来的开放意识;正确看待人与自然、人与社会的关系,加强环境意识,认识和平与发展这一时代主题。这些内容都呼应了时代发展对历史教育提出的新要求,课程标准所提倡的人文主义精神、科学态度、民主与法制观念、国际意识、可持续发展观点等等,都体现了时代精神。

2. 尝试构建新的中学历史课程知识体系

历史课程标准明确提出中学历史教育是属于非专业历史教育的基础教育,即国民素质教育。所以,历史课程的内容要避免专业化、成人化倾向,不要刻意追求历史学科体系的完整性和知识的专业性;内容应该以贴近中学生、贴近现代生活、利于培养中学生的人文素养为导向。内容的选取要遵循以下三个原则:一是考虑到历史学科的特点,注意历史发展的时序和学习内容的内在联系;二是考虑到基础学科的特点,强调普及性、基础性和发展性;三是考虑到初高中学生的特点,要与学生的认知程度和接受能力相适应。因此,历史课程内容不是"囊括"而是"精选",内容的选择要注重历史内容的广度而不求专业化的深度、注重历史时期的时代特征而不求面面俱到、注重历史的过程而不仅仅是结果。

初中课程在内容上不刻意追求历史学科知识体系的完整性,以学生的学习为主体,构建了时序和主题相结合的课程体系。高中历史课程在课程内容和知识体系的构建方面,突破了以往历史课程内容的编排体系,采用了模块加专题的方式。例如中国古代史中的政治制度方面的内容原来散见于不同朝代的内容中,而课程标准却将其集中在同一个学习模块的一个专题中,这样使得相关知识更具有

---

① 王雄主编.高中历史课程标准与教学大纲对比分析[M].长春:东北师范大学出版社,2005:8.
② 王雄主编.高中历史课程标准与教学大纲对比分析[M].长春:东北师范大学出版社,2005:8—9.

系统性。而且，普通高中历史课程在体系的构建上，将课程划分为"必修课程"与"选修课程"，主要选取人类历史发展的主要领域中最具有代表性的史实和环节作为全体高中学生学习的基本内容，这样，既注意了与初中课程的衔接，又避免了简单的重复，遵循高中历史教学规律。在具体的学习内容上，高中历史课程标准在教学内容的安排上比较合理，不仅能使所有的高中生都有机会学习世界近现代史和中国古代史，甚至世界古代史，而且改变了历史教学大纲以政治史为主的结构，明显加大了经济史、社会史、文化史、思想史、科技史、宗教史方面的内容，较好地体现了加强人文精神培育的新理念；既顾及了学生知识结构的完整性，同时也明确区分出必修课和选修课不同的学习内容和学习要求，充分体现了中学历史教育的基础性、多样性和选择性。

3. 突显"以学生发展为本"的基本理念

初高中历史课程标准明确规定，历史课程教育教学要"面向全体学生，使所有学生都能达到课程标准所规定的目标；高度尊重学生的个性，充分发挥学生自身的能力和特长，为其主动适应未来社会打好基础"①。也就是说，历史课程要遵循以学生发展为本的基本原则，从三个方面关注学生的发展：一是学生综合素质的和谐发展；二是学生个性的健康发展，历史教学要注意尊重学生的个性差异，并引导学生个性的成长；三是学生的终身发展，基础教育有阶段，而学生发展无期限，所以历史教育要有助于学生的终身发展。因此，以学生发展为本是历史教育最重要的课程目标之一。

4. 方便了教师的教和学生的学

与以往的历史教学大纲对比分析我们不难发现：以往历史教学大纲规定的教学内容，其每一部分在内容概述和内容要点中都缺乏对知识点掌握程度的具体要求，有的只是对知识点的罗列。而历史课程标准根据中学生的认知特点，在"内容标准"中提出了不同层次的内容目标要求。内容标准对学生学习的历史内容分别从三个层次提出了具体的要求：

第一层次为识记层次，这是学习历史课程最基本的要求，要求学生能正确写出或说出所学习的历史内容的基本史实。对这类历史内容，课程标准在陈述中使用了"列举"、"知道"、"了解"、"说出"、"讲述"、"简述"、"复述"等行为动词。这类历史内容约占全部内容的70%左右。第二层次为理解层次，它要求学生在达到第一层次要求的基础上，能对所学的历史内容进行归纳和整理，形成对历史问题的初步认识。对这类历史内容，课程标准在陈述中使用了"概述"、"理解"、"说明"、"阐明"、"归纳"等行为动词。这类历史内容约占全部内容的20%左右。第三层次为运用层次，它要求学生能运用已有的知识和技能，初步分析历史问题的因果关系、利弊得失、作用影响，并能做出自己的解释和判断。对这类历史内容，课程标准在陈述中使用了"分析"、"评价"、"比较"、"探讨"、"讨论"等行为动词。这类历史内容约占全部内容的10%左右。

 **案例研究**

历史（Ⅱ）共有8个专题。这里摘录其中一个专题的学习要点。②

在人类发展进程中，经济活动是人类赖以生存和发展的基础，它与社会生活息息相关，并在社会政治、文化的发展中起决定作用。了解自古以来中外经济的发展和社会生活的变迁，以及人类为发展社会经济、改善生活所做出的努力，进一步加深对人类社会发展进程中经济和社会生活领域的认识，是高中历史学习的基本内容之一。

---

① 中华人民共和国教育部. 初中历史课程标准（实验）[M]. 北京：人民教育出版社，2001：2.
② 中华人民共和国教育部. 普通高中历史课程标准（实验）[M]. 北京：人民教育出版社，2003：10.

> 本模块的学习要点:
> **1. 古代中国经济的基本结构与特点**
> (1) 知道古代中国农业的主要耕作方式和土地制度,了解古代中国农业经济的基本特点。
> (2) 列举古代中国手工业发展的基本史实,认识古代中国手工业发展的特点。
> (3) 概述古代中国商业发展的概貌,了解古代中国商业发展的特点。
> (4) 了解"重农抑商""海禁"等政策及其影响,分析中国资本主义萌芽发展缓慢的原因。

这些学习要点通过一些行为动词如"知道……"、"了解……"、"列举……的基本史实"、"认识……的特点"、"概述……"、"分析……的原因"等来对学习目标加以明确的规范说明,使学生不仅清楚自己所要学习的具体内容,而且对这些内容应该学到何种程度有一个清晰的认识,并具有一定的可操作性,便于学生自主学习和自我评估。

5. 倡导探究式学习

初高中历史课程标准都十分重视学生在教学过程中的参与,倡导探究式学习。提出初中要"以转变学生的学习方式为核心,注重学生学习历史知识的过程和方法,使学生学会学习。鼓励学生通过独立思考和交流合作学习历史,培养发现历史问题和解决历史问题的能力,养成探究式学习的习惯"[1],"普通高中历史课程的设计与实施有利于学生学习方式的转变,倡导学生主动学习,在多样化、开放式的学习环境中,充分发挥学生的主体性、积极性与参与性,培养探究历史问题的能力和实事求是的科学态度,提高创新意识和实践能力"[2]。可以看出,课程标准注重学生的学习过程和学习方法,强调让学生主动学习,积极鼓励学生参与教学,在亲身参与探究的过程中勇于从不同的角度提出问题,努力探索解决问题的多种途径;引导学生接受同他人合作、共同探讨解决问题的学习方法;让学生初步学会运用历史的眼光来分析问题,形成自己的知识、观点和方法,加深对历史的理解。

课程标准中还附有一些"教学案例"和形式多样的"教学活动建议",鼓励教师转变教学思想,改进教学方法和教学手段,组织丰富多彩、形式多样的教学活动。也就是说,它要求教师在实际教学过程中贯彻探究式学习的理念和方法,开展探究式教学,改变历史课程实施过程中学生过分依赖教师和教材、被动接受的学习方式,发挥探究式学习的作用,注重培养学生的创新精神和实践能力。

6. 建立科学的评价机制

与其他学科一样,过去的历史课程评价过于强调甄别与选拔功能,忽视了促进学生发展的功能。根据新的课程理念,历史教学评价是历史教学过程的重要组成部分,它贯穿于历史教学活动的全过程,对中学历史教学活动起着调控作用。这种调控作用主要表现在两个方面:一方面,历史教学评价反馈和调控历史教学,促进教学质量的提高;另一方面,历史教学评价帮助判断历史教学目标的正确性和可行性,促进学生的全面发展。

中学历史课程评价体系以评价学生的综合素质为目标,不仅关注学生学业成绩的结果,更强调对学生整个学习过程的考察,注意激发学生学习的积极性,保护学生的自尊心和自信心,使学生的身心得到健康发展。评价方法灵活多样,如学习档案、历史习作、历史制作、历史调查、考试等。在评价实施过程中,应调动学校、教师、学生、家长和社会各界的积极性,让其共同参与对有效学习评价方法的探索,以确保评价的公正性,及时提供反馈,以达到促进学生学习和教师教学的目的。

---

[1] 中华人民共和国教育部. 初中历史课程标准(实验)[M]. 北京:人民教育出版社,2001:34.
[2] 中华人民共和国教育部. 普通高中历史课程标准(实验)[M]. 北京:人民教育出版社,2003:2.

资料阅读

历史课程评价的主要对象及内容[1]

历史课程评价应以学生为中心,同时也要对教师的教学进行评价,还要对影响历史课程的各种因素进行评价。评价不但要注重知识与能力,也要注重过程与方法、情感态度与价值观;不但要注重结果,也要注重过程;不但要注重学生今天的现实,也要注重发展的可能。对教师的评价也要以学生达成课程目标的情况为依据。从学生历史学业情况的评价来看,最常用的是形成性评价、诊断性评价和终结性评价三种。对历史教师教学工作的评价,可以分为以下几个方面:第一,教学的准备情况;第二,课堂管理情况;第三,有效教学方面;第四,监测、评估和后续活动。

第三节 我国的中学历史教育目标

一切教育活动总是围绕着一定的目标进行,目标问题是具有根本性的问题。教育目标是指把学生培养成为一定社会所需要的人的总需求,是人才培养的质量规格。它包括两部分,一是教育应当培养具有何种功能的社会成员,即教育要为社会培养什么人的问题;一是在教育对象身上所要形成的人的素质及其结构。目标体现在课程计划和课程标准之中,它具体规定了教什么内容,用多少时限,并规定总目标与分目标。它是教育宗旨和培养目标进一步的具体化。它的具体表述,体现在历史教学大纲中,是通过"教学目的"部分来规定历史教育的总目标;体现在历史课程标准中,主要通过课程目标部分来阐述。

一、历史教学大纲中关于目标的要求

中学历史教学大纲一般是在总纲的"教学目的和要求"部分提出中学历史教学的目标和任务。20世纪80年代之前历史教学的"目的、要求或任务",通常概括为两项,即传授知识和进行思想教育。20世纪80年代中期之后制订的历史教学大纲,对于教学的任务通常从"基础知识"、"思想教育"、"能力培养"三方面进行概括。以2000年修订的《全日制普通高级中学历史教学大纲(试验修订版)》为例:

资料阅读

《全日制普通高级中学历史教学大纲(试验修订版)》中的"教学目的"[2]

普通高中的历史教学,要在初中教学的基础上,使学生进一步掌握重要的历史事件、历史人物、历史现象,理解重要的历史概念,把握不同历史时期的基本特征及其发展趋势,认识历史发展的基本线索和基本规律。

在历史教学的过程中,要注意培养学生的创造性学习能力,使学生进一步掌握和运用学习历史和认识历史的基本方法,增强学生自主学习和探究的能力;指导学生搜集和整理与学习相关的历史资料,培养学生解读、判断和运用历史资料的能力;通过对历史事实的分析、综合、比较、归纳、概括等认知活动,发展学生的历史思维能力;引导学生运用所学的知识和方法,对历史问题进行实事求是的阐述,提高分析问题和解决问题的能力。

---

[1] 历史课程标准研制组编写.全日制义务教育历史课程标准解读[M].北京:北京师范大学出版社,2002:165—167.
[2] 中华人民共和国教育部.全日制普通高级中学历史教学大纲(试验修订版)[M].北京:人民教育出版社,2000:1—2.

通过历史教学,使学生进一步运用唯物史观对社会历史进行观察与思考,逐步形成正确的历史意识;对学生进行国情教育和爱国主义教育、维护民族团结和祖国统一的教育,使学生继承和发扬中华民族的优秀文化传统,树立民族的自尊心和自信心,具有建设中国特色的社会主义的坚定信念和改革开放、振兴中华的使命感;引导学生形成正确的国际意识,增强积极参与国际活动和国际竞争的意识;使学生继承人类的传统美德,初步形成正确的道德观、人生观和价值观,形成健全的人格,具有符合社会发展需要的公民意识和人文素养。

大纲明确规定了中学历史基础知识的范围,即历史发展的基本线索和重要的历史事件、历史人物、历史现象、历史概念;规定了思想教育的基本内涵,即唯物史观教育、爱国主义教育、民族精神教育、国际主义教育、健全人格的培养等;规定了能力培养的基本方向,即学习和认识历史的基本方法、历史学习的运用能力以及历史思维能力等。其根本就是要求学生通过对中外历史发展的基本线索和重要的历史概念、历史事件、历史人物及历史现象的学习,确立唯物史观,逐步形成正确的道德观、人生观和价值观,以及运用历史唯物主义和辩证唯物主义的观点观察问题、分析问题的能力。但是,历史教学大纲中未能依据不同年级学生的心理特点,提出不同层次的要求。

二、历史课程标准中的课程目标

课程目标是根据教育目的和教育规律而提出的课程的具体价值和任务指标。关于课程目标的含义,尚无定论,但它通常包括三个层面:广义上的课程目标是指教育目的,狭义上的课程目标是指教学目标,描述性意义上的课程目标是指在课程计划及课程标准中的相关的文字描述。

尽管对课程目标概念的理解尚存争议,但有一个基本的观点还是得到了学界普遍认可,即课程目标是指学校课程所要达成学生身心发展的预期结果,是在课程设计与开发过程中,课程本身要实现的具体要求,它期望一定阶段的学生在发展品德、智力、体质、素养等方面所达到的程度①。由此可见,课程目标是中期教育目标,它是对学生发展目标和方向的规定,并需要根据课程改革的进程不断调整修改。

在我国以往的教学大纲中,主要使用的是教育目的、教学要求、教学任务、教学目标等术语概念。而新的课程标准中则把"课程目标"作为独立的部分列出。课程目标是课程的核心,是编撰教科书、实施有效教学、开展科学学习评价的重要参考指标。

资料阅读

《普通高中历史课程标准(实验)》中的"课程目标"②

通过普通高中历史课程学习,扩大掌握历史知识的范围,深入地了解历史发展的基本线索;对历史唯物主义的基本理论和方法有所了解,初步认识人类社会发展的基本规律,学会运用科学的理论和方法认识历史和现实问题,逐步形成科学的世界观和历史观;树立不断完善自我、为祖国社会主义现代化建设作贡献和关注民族与人类命运的人生理想。

---

① 靳玉乐.现代课程论[M].重庆:西南师范大学出版社,1995:155;钟启泉.课程与教学概论[M].上海:华东师范大学出版社,2004:59.
② 中华人民共和国教育部.普通高中历史课程标准(实验)[M].北京:人民教育出版社,2003:4—5.

一、知识与能力

在义务教育的基础上,进一步认识历史发展进程中的重大历史问题,包括重要的历史人物、历史事件、历史现象和历史发展的基本脉络。

在掌握基本历史知识的过程中,进一步提高阅读和通过多种途径获取历史信息的能力;通过对历史事实的分析、综合、比较、归纳、概括等认知活动,培养历史思维和解决问题的能力。

二、过程与方法

进一步认识历史学习的一般过程。学习历史是一个从感知历史到不断积累历史知识,进而不断加深对历史和现实的理解过程;同时也是主动参与、学会学习的过程。

掌握历史学习的基本方法。学习历史唯物主义的基本观点和方法,努力做到论从史出、史论结合;注重探究学习,善于从不同的角度发现问题,积极探索解决问题的方法;养成独立思考的学习习惯,能对所学内容进行较为全面的比较、概括和阐释;学会同他人,尤其是具有不同见解的人合作学习和交流。

三、情感态度与价值观

通过历史学习,进一步了解中国国情,热爱和继承中华民族的优秀文化传统,弘扬和培育民族精神,激发对祖国历史与文化的自豪感,逐步形成对国家、民族的历史使命感和社会责任感,培养爱国主义情感,树立为祖国现代化建设、人类和平与进步事业作贡献的人生理想。

加深对历史上以人为本、善待生命、关注人类命运的人文主义精神的理解。培养健康的审美情趣,努力追求真善美的人生境界。确立积极进取的人生态度,塑造健全的人格,培养坚强的意志和团结合作的精神,增强经受挫折、适应生存环境的能力。进一步树立崇尚科学精神,坚定求真、求实和创新的科学态度。

认识人类社会发展的统一性和多样性,理解和尊重世界各地区、各国、各民族的文化传统,汲取人类创造的优秀文明成果,进一步形成开放的世界意识。

在教学过程中,实现上述课程目标是一个不可分割、相互交融、相互渗透的连续过程和有机整体。在掌握历史知识的过程中,既有能力的训练,也有对史学方法的了解和运用,更有态度、情感和价值观的体验与培养。掌握历史知识不是历史课程学习的唯一和最终目标,而是全面提高人文素养的基础和载体。

资料阅读

《义务教育历史课程标准(2011年版)》中的"课程目标"[①]

通过义务教育阶段历史课程的教学,学生能够掌握中外历史的基本知识,初步掌握学习历史的基本方法和基本技能;对人类历史的延续与发展产生认知兴趣,感悟中华文明的历史价值和现实意义,养成爱国主义情感,开拓观察世界的视野,认识世界历史发展的总体趋势;初步形成正确的世界观、人生观和价值观,为成为拥有良好的综合素质的合格公民奠定基础。

(一)知识与能力

1. 知道重要的历史事件、历史人物及历史现象,知道人类文明的主要成果,初步掌握历史发展的基本线索。

2. 了解历史的时序,初步学会在具体的时空条件下对历史事物进行考察,从历史发展的进程中认识历史人物、历史事件的地位和作用。

---

① 中华人民共和国教育部.义务教育历史课程标准(2011年版)[M].北京:北京师范大学出版社,2011:5—8.

3. 了解多种历史呈现方式，包括文献材料、图片、图表、实物、遗址、影像、口述以及历史文学作品等，提高历史的阅读能力和观察能力，形成符合当时历史条件的一定的历史情景想象。

4. 初步学会从多种渠道获取历史信息，了解以历史材料为依据来解释历史的重要性；初步形成重证据的历史意识和处理历史信息的能力，逐步提高对历史的理解能力，初步学会分析和解决历史问题。

5. 学会用口头、书面等方式陈述历史，提高表达与交流的能力。

（二）过程与方法

1. 通过多种途径感知历史，学会从当时的历史条件理解历史上的人和事，并经过分析、综合、概括、比较等思维过程，形成历史概念，进而认识历史发展的时代特征和历史发展的基本趋势。

2. 在学习历史的过程中，逐步学会运用时序与地域、原因与结果、动机与后果、延续与变迁、联系与综合等概念，对历史事实进行理解和判断。

3. 在了解历史事实的基础上，逐步学会发现问题、提出问题，初步理解历史问题的价值和意义，并尝试体验探究历史问题的过程，通过搜集资料、掌握证据和独立思考，初步学会对历史事物进行分析和评价，并在探究历史的过程中尝试反思历史，汲取历史的经验教训。

4. 逐步掌握学习历史的一些基本方法，包括计算历史年代的方法、阅读教科书及有关历史读物的方法、识别和运用历史地图和图表的方法、查找和收集历史信息的途径和方法、运用材料具体分析历史问题的方法等。

5. 初步掌握解释历史问题的方法，力求在表达自己的见解时能够言而有据，推论得当；学会与教师、同学共同对历史问题进行探究与讨论，能够积极汲取他人的正确见解，善于与他人合作，交流学习心得和经验。

（三）情感·态度·价值观

1. 从历史的角度认识中国的具体国情，认同中华民族的优秀文化传统，尊重和热爱祖国的历史和文化；认识在漫长的历史进程中，我国各族人民密切交往、相互依存、休戚与共，形成了中华民族多元一体的格局，共同推动了国家发展和社会进步，增强民族自信心和自豪感。

2. 感悟近现代中国人民为救亡图存和实现中华民族伟大复兴而进行的英勇奋斗和艰苦探索，认识中国共产党在中国革命、建设和改革事业中的决定作用，树立中国特色社会主义理想信念；继承和弘扬以爱国主义为核心的民族精神，认识到国家统一、民族团结和社会稳定是中国强盛的重要保证，初步形成对国家、民族的认同感，增强历史责任感。

3. 了解人类社会历史发展的基本趋势及人类文化的多样性，理解和尊重世界各国、各民族的文化传统，学习汲取人类创造的优秀文明成果；认识和平与发展是当今时代的主题，逐步形成面向世界的视野和意识。

4. 认识人类历史上物质文明、精神文明发展的重要性，理解历史上的革命和改革在不同程度上促进了社会进步，认识从专制到民主、由人治到法治是历史发展的必然趋势，不断发展社会主义民主与加强社会主义法制意识。

5. 认识科学技术的发展对人类历史进步的推动作用，逐步形成尊重科学、崇尚科学的意识，树立求真、求实和创新的科学态度；从历史的演变中认识合理开发和利用资源、生态环境保护的重要性，初步形成可持续发展的观念。

6. 认识人民群众创造历史的作用以及杰出人物在历史上的重要贡献，吸取前人的经验和智慧，初步理解个人与群体、个人与社会的关系，提高对是与非、善与恶、美与丑的识别判断能力，逐步确立积极进取的人生态度，形成健全的人格和健康的个性品质。

历史课程标准在继承了大纲中提出的"三项任务"的基础上，从知识与能力、过程与方法、情感态度与价值观三个维度提出了历史教育教学的目标和要求。在知识与能力方面，要求通过掌握最基本的历史知识,使学生在基本技能和思维方式上得到训练和提高,而中学历史的基本知识主要由具体的历史史实和抽象的历史认识两方面构成,其能力的培养包括了历史技能的培养和历史认知能力的培养。历史教育的一个突出特点就是,需要学生有更多的情感体验、主观认识、独立思考与判断,因此,在历史教育中学习的过程和学习方法就显得格外重要。历史学习过程的本质是学生在教师指导下,根据历史教学目标与自己的身心发展特点,通过系统的、有计划的教学双边活动,改善学习方法,在知识、认知和情感方面发生变化,并且形成和发展个性的过程。

在情感、态度与价值观方面,从心理学角度来说,情感是与人的社会性需要相联系的一种比较复杂而又稳定的态度体验,包括道德感、美感、理智感。道德感是人们运用一定的道德标准评价自身或他人行为时产生的一种情感体验,表现形式有爱国主义情感、国际主义情感、友谊感、同情心、责任心、良心、荣誉感、自尊心等;美感是人在对外界事物的美进行评价时产生的一种肯定、满意、愉悦、爱慕的情感;理智感是在人对认识活动成就进行评价时产生的情感体验,表现为成功感、怀疑感、对成就的欢喜与自豪、对科学的热爱、对真理的追求等。正确、积极的情感体验来自于正确的价值观,价值观对人的思想、态度、行为倾向等具有统领作用和整合作用。课程目标针对历史教育的育人功能和社会功能,对学生的情感、态度与价值观的形成与升华从三个维度提出了如下的要求:一是对个人而言,历史教育要把育人、立人的目标作为基本目标,因为没有个人的人文精神、人生境界、人生态度、健全人格、坚强意志、团队精神和科学态度的形成与完善,就不会有对祖国和人类命运的真诚关注和高度的责任感。二是对国家和民族而言,它包括三个情感层次:对民族文化的认同,对祖国的热爱,对祖国和民族的责任感。三是对世界和人类而言,主要指对人类理性与情感的包容程度。

和以往教学大纲中的"教学目的"相比,课程标准中的"课程目标"有了新的突破,体现了新的教育内涵。

一是课程目标的制订体现了层次性原则。课程标准与教学大纲相比,在目标表述上层级明晰。以往的教学大纲只在"教学目的"中规定了历史教育的总目标,却未能依据不同年级学生的心理特点,提出不同层次的要求。历史教学大纲中的教学目的是与历史课程标准中的科目总体目标相对应的,而课程标准中的模块目标与专题学习目标在教学大纲的文本中是看不到的,教师在教学过程中和学生在学习过程中唯一能够依据的就是教学目的。而课程标准在制定课程目标时,从总体目标到具体专题的学习目标形成一个纵向的有内在逻辑联系、有层级性的目标体系。

二是课程目标更关注的是学习的主体——学生的表现。从历史教学大纲和历史课程标准的文本描述可以看出,大纲所描述的行为主体是教师,重视的是如何以教师的教来实现目标;而课程标准强调的行为主体是学生,关注学生的学习过程,重视的是如何以学生的学来实现目标。如课程标准关于王安石变法的知识与能力目标是:"了解(行为动词)王安石变法的历史背景(表现程度)。归纳(行为动词)王安石变法的主要内容(表现程度),评价(行为动词)其历史作用(表现程度)。"[①]

课程标准在继承了2000年版历史教学大纲中关于教学目标要注重学生的正确的历史意识、国际意识、公民意识、道德观、人生观、价值观,形成健全的人格,提高人文素养等内容的基础上,用情感态度与价值观代替思想教育,以突出体现历史课程的教育功能和社会功能。并且,在具体的内容表达方面,大纲和课标的明显差异在于:历史教学大纲首先从唯物史观出发,强调培养学生正确的历史意识,然后强调爱国主义教育功能,再强调国际意识的形成,最后强调健全人格的形成。从逻辑关系和人正常的情感升华层次来看,似乎顺序有所颠倒,这种爱国主义情怀——国际意识——健全的人格的

---

① 中华人民共和国教育部.普通高中历史课程标准(实验)[M].北京:人民教育出版社,2003:17.括号内容为本书作者所加。

发展顺序是一种由远及近的感情递进方式,不利于思想教育的落实,这种思想教育目标的设置是从学科本位出发,直接导致的后果会是使其思想教育功能与学科知识教育相隔离,最终导致思想教育的目标沦为一纸空文,变成空洞的教条和说教,难以真正落实。而历史课程标准则采取由近及远、由"小我"到"大我"的方式,形成一个具有完整逻辑体系的情感提升层次:健全的人格——爱国主义情怀——世界意识。可以说,课程标准的情感、态度与价值观,是从学生人格发展的视角提出的,而不是像以往思想教育主要是站在教育工作者的立场上提出的;情感、态度、价值观渗透在历史学习的整个过程中,而非仅仅体现在历史课程学习的结果上。

三是突出体验性目标。课程标准中的目标主要是按结果性目标和体验性目标来描述的。体验性目标的表述方式主要是描述学生自己的心理感受、体验,主要指向无需结果化的或难以结果化的课程目标,用于反映过程与方法、情感态度与价值观等目标领域的要求。标准中刻画体验性目标的行为动词主要有:经历(感受)——参与、寻找、交流、分享、访问、考察等;反映(认同)——认可、接受、欣赏、关注、拒绝、摈弃等;领悟(内化)——形成、具有、树立、热爱、坚持、追求等。如:访问当地人大代表或政协委员,了解他们是怎样履行职责的;结合生活实际,考察改革开放以来本地区经济发展某一方面的变化,并撰写调查报告;欣赏19世纪以来有代表性的美术作品,了解这些美术作品产生的时代背景及其艺术价值等。

第四节 国外的中学历史教育目标

历史作为人文学科中不可或缺的一门课程,在中学教育中发挥着不可替代的作用。而如何使历史学科的教育教学过程达到最优化是摆在我们面前一个值得深思的问题。要达到最优化教育,就需要制定一个最优化的教育目标,从而具体地指导教育过程。最优化教育目标的制定必须符合我国基本的教育国情,但同时也要把思考的视野放宽、放远,对其他国家的历史教育目标有所了解和学习,兼收并蓄,在借鉴与反思中前进。

一、美国学校的历史教育目标

美国的教育管理体制向来比较自由,美国的学校教育是地方分权制的,州和地方政府在课程的设置和处理上有很大的自主权。各州有各州的要求,各校有各校的做法。到了20世纪90年代,教育质量参差不齐已经成为美国教育的一个突出问题。于是,伴随"2000年教育目标"的出笼,美国掀起了教育改革的浪潮,其着眼点是强调教育的国家标准。

1991年和1993年布什政府和克林顿政府分别公布了指导整个美国教育改革的纲领性文件《美国2000年:教育战略》和《2000年目标:美国教育法》,这两份文件吹响了美国教育标准国家统一化的号角。历史科的国家标准正是在这种背景下应运而生。1992年"历史课程全国标准项目"开始启动。1996年,三个课程标准,即《世界史课程国家标准:探寻通往今天之路》、《美国史课程国家标准:探寻美国的历程》和《幼儿园到4年级历史课程全国标准》正式发表。这三个课程标准实际上是《2000年目标:美国教育法》中的主要教育改革目标之一,从而成为国家立法的一部分。历史作为五门核心课程之一的地位,被国家立法所认可。21世纪美国中小学历史教育的主要目标和功能就体现在这些《标准》中。

美国历史科国家课程标准特别重视学生的历史思考能力。它们强调,历史教学要着重培养学生既相对独立又互相联系的五类历史思考能力:(1)年代的思维;(2)历史的了解;(3)历史的分析和解释;(4)历史研究能力;(5)历史问题分析和决策制定。(见表1-4)

表 1-4　美国历史科国家课程标准关于历史思考能力的内容

历史思考能力(历史思维技能)的类型	具 体 要 求
年代的思维	A. 辨别过去、现在和将来的时间 B. 找出历史叙述或故事的时间结构 C. 在创作学生自己的历史作品时建立时间顺序 D. 测量和计算历法时间 E. 解释出现于历史年表中的数据 F. 制作历史年表 G. 解释变化和连续性
历史的理解	A. 找出历史文献或历史著述的作者或出处 B. 重新建构历史片段的原意 C. 找出历史作品提出的中心问题 D. 富有想象力地阅读历史作品 E. 判断历史观点的价值观 F. 利用历史地图中的数据 G. 利用直观数据和图表上出现的数字数据 H. 利用出现在照片、绘画、动画片和建筑图中的直观数据
历史的分析和解释	A. 围绕探究或分析明确表述问题 B. 知道历史文献或叙述的作者和来源 C. 比较和对比不同趋向的观点、价值观、个性、行为和制度 D. 分析历史题材的小说 E. 区别事实与文学作品 F. 比较对于同一个人物、时代或事件的不同记述 G. 分析历史故事中的图解 H. 思考多元看法 I. 在分析历史活动时解释其原因 J. 对历史必然性的论点提出质疑 K. 对过去的影响提出假设
历史研究能力	A. 明确表述历史问题 B. 获取历史数据 C. 质疑历史数据 D. 整理必需的时间和地点的知识,创作一个故事,写一个解释或一个历史叙述
历史问题分析和决策制定	A. 找出过去的难题和困境 B. 分析有关的各种人物的利益和价值观 C. 找出难题或困境的原因 D. 对出现的问题提出可供选择的建议 E. 对一个事件明确表示其地位或经过 F. 找出经选择的解决办法 G. 评价决策的影响

1. 年代的思维能力

年代的思维是展开历史学习、进行历史推理的核心能力,也是基础性的能力。学生只有建立一个对历史年代——过去、现在和未来的清晰认识,才能更有条理地认识历史现象、解决历史问题,否则学生眼中的历史问题将像一团乱麻,无从下手。时间和空间是认识历史的两个重要坐标,如果没有很强的时代感和对时间的敏感度——不知道事件发生的时间、时间的先后顺序,学生就缺乏一个对历史事件认识和思考的基点,更无从考查历史事件的关系或解释其存在的因果关系。可以说,年代的思维能力为另外的四大历史思考能力的培养提供了一个基本支架。所以,将年代的思维能力作为历史思考能力的首要能力,其基础性的作用不容忽视。

2. 历史的理解能力

美国历史科国家课程标准对"历史的理解"做了进一步的解释。它指出,历史学习所包括的内容不只是被动地搜集事实、日期、名字和地点,真正意义上的"历史理解"要求学生:(1)进行历史的思考,即能提出问题,并整理论据来回答问题;能超越课本提供的史实,自己查阅历史的记录。通过阅读历史文献、期刊、日记,研究工艺品,访问历史古迹和其他过去的证据,富有想象地考虑这些记录建立时的历史条件,并对比当时在同一问题上的不同观点。(2)为学生提供机会自己叙述历史并进行争论。叙述和争论可通过论文、辩论或社论等形式进行。

强调历史理解能力其实也就是强调培养学生对于历史的一种领悟能力。学生在年代思维能力建立的基础之上,学会了识别历史叙述展开的时间结构,并找出历史资料的出处,了解到历史事件的基本要素。但是要透彻理解历史故事、传记、自传和叙述,学生不能仅用"现在的心态"来"以今度古",不能以今日的模式和价值观来评判过去,而要切实考虑到历史事件发生的历史情境——当时和当地人们的价值观、看法、危机、面临的选择和意外事件。这就要求学生一定要富有想象力地阅读,从而唤起对过去历史事件的看法和认识,重建历史片段的原意,在形成看法的基础上进一步解释和叙述历史事件的经过,形成判断历史观点的价值观。

尤其具有新意的一点是,美国历史课程标准在培养历史理解能力的要求中,还强调了"利用历史地图中的数据"、"利用直观数据和图表上出现的数字数据",这一要求的提出不仅仅体现了一种学科间的综合,也蕴涵了人文学科中应该渗透自然科学知识、表现科学精神的理念。而且用数据化统计的研究方法来帮助学生理解历史知识,为学生探究历史知识提供了一个便于操作的方法和一个新的视角。

3. 历史的分析与解释能力

美国历史课程标准认识到了史料的研习在帮助学生形成历史的分析与解释能力方面的重要性,所以十分注重培养学生运用史料的能力。只有在史料丰富的基础上,学生才能主动地分析问题;也只有在阅读大量史料的过程中,学生才能发现多样的历史文献、照片、文物和展现不同意见、记述有关过去事件以及使学生面对不止一种解释的历史记载。当这种多样性呈现在学生面前时,学生在具备分析能力的基础上便会进一步运用自己的观点去解释历史,从而形成自己独特的历史思维能力。

美国的历史课程标准强调教师是一个引导者而非主导者,教师的重要任务之一是培养学生思考能力和智力上的独立性,帮助学生成为具有批判意识、善于分析的思考者和对历史叙述加以思考的读者。教科书和教师的权威性都让位于学生的主动性。积极鼓励学生对历史问题大胆质疑、提出假设。对历史问题提出假设有利于学生主动地创造一种历史情境,在历史情境中反思历史才能形成对历史问题的深刻认识。只有在这种主动性的探究过程中,学生的好奇心、想象力才能得到充分发挥,学生渴望超越自我的空间也就越大。

4. 历史研究能力

对历史进行直接的探究,最能够促进学生历史思维的发展。当学生接触到大量的史料时,学生将看到文献里包括许多不同的意见和多元化的看法,那么有不同背景、有对立观点或看法的人们的兴趣、信仰和关心的资料就能生动地再现给学生,这时进行有价值的探究就成为可能。历史研究能力的运用在学生历史思维的发展过程中是最能激发学生学习兴趣的,也是最有成效的。有意义的历史探究是在对问题的表述和追寻中实现的。学生在研究史料的基础上思考诸如它的真实性、可靠性的证据是什么,它的背景和观点是什么等问题,从而明确对历史问题的表述。获取、质疑历史数据离不开历史研究活动,这一过程教师也参与其中,与学生共同探寻历史的真相。可见,历史研究是一种师生共同的发现活动,是一种探索。既然是一种探索,则历史的答案不能预先获知,只有通过探究和发现,才能对历史知识进行真正建构,最终,通过"创作一个故事,写一个解释或一个历史叙述"来说明结论。

5. 历史问题分析和决策制定能力

在这五项能力中,最关键的是第五项能力。课程标准指出:"在历史更接近我们当代的时期,对某些道德的探讨直接冲击着学生们。当天报纸上的大标题促使学生参与激烈的辩论或苏格拉底式的研讨。在这种环境中,学生们可以听到不同的政策建议,判断它们的伦理含义,对别人的评价发出挑战,并进一步培养当众表达自己、为自己的论点进行辩护的能力。归根结底,这样做的目的,就是要求学生运用他们的历史知识做出有根据的和明智的决定。因此,第五项能力的培养要求达到如下目的:(1)发现历史上发生的问题,分析当事人的利益、价值观和观点;(2)找出对那些问题产生影响的历史条件和当代因素;(3)发现有关系的历史前提,并把它们与和当代问题无关的历史前提区分开;(4)从伦理的角度评价对那些问题的不同处理,分析因这些决策受到影响的那些人的利益;(5)通过发现问题的实质,分析对该问题有影响的暗含的因素,在认真评估的多种选择中拿出能够自圆其说的解决办法,形成自己的立场和行动准则;(6)通过分析某项决策对谁有益,调查决策参与者的地位、权力和倾向,评估某决策的伦理层面,从多种角度评价它的代价和收益,然后对它的实施做出评价。"

以问题为中心展开分析,以问题的解决为目的进行决策,这样的学习活动使学生站在"历史情境"中,"找出过去的难题和困境"、"提出解决问题的办法并评价其可能产生的后果",这就培养了学生对过去事件的个人参与感,也给学生提供了一些机会:思考影响人类决策的价值观和信仰,包括好的坏的;加深他们对民主的原则和价值观的理解和欣赏,像对个人责任感、权利、他人的福利、真理、正义、自由和机会平等的关心等等。学生需要学着运用他们的历史知识去进行正确的历史分析,作出适当的决定。

学者观点

> 我们的历史课程也强调历史时间的作用,把它看成是历史知识"三要素"中不可或缺的一环,甚至提高到把握历史发展规律的水平。但除去严格按照历史时间顺序排列历史事件外,在实际的教学活动中,我们不大意识到时间对历史学习还有什么意义。如果说传统的历史教育中,不乏对历史年代学的机械认识(比如在编排学习内容时),那么利用它上升历史解说能力、思辨历史联系的认识则匮乏得可怜。一句话,历史时间在传统教育中是个死东西,是不会流动的。因此我们从中很少发现"用"的方法和思想。这个标准所强调的"从时间角度来思考和把握历史事件联系"的能力,值得我们研究。[①]

二、英国学校的历史教育目标

英国在20世纪90年代(1991年、1995年、1999年)连续出台了三个历史科国家课程标准。经过了近十年的发展,英国历史科国家课程标准在递进的8级水平要求表述、严密的目标体系和简洁明了的整体结构方面形成了独特的风格。英国现行的历史学科国家课程标准是1999年在原有的国家课

---

① 赵亚夫等.美国科罗拉多州历史课程标准评介[J].中学历史教学参考,2002(8).

程标准基础上修订而成的,主要内容包括"课程大纲"、"教学基本要求"、"课程目标"三部分。在这里,主要以1999年英国颁布的历史科国家课程标准为例,对其历史教育的目标体系进行初步探讨。

资料阅读

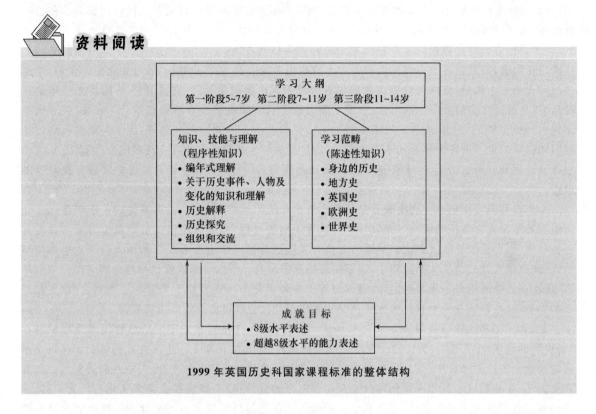

1999年英国历史科国家课程标准的整体结构

  1999年英国颁布的历史科国家课程标准主要有两个方面的改进：一是在学习大纲中对知识的分类更加科学、明确,并将陈述性知识与程序性知识相结合。二是其成就目标在递进的8级水平要求上又加上了超越8级水平的能力要求的表述。英国历史科国家课程标准,非常重视历史学习能力的培养,历来是以能力目标为主干构建其目标体系的。其课程目标的内容主要是在"知识、技能与理解"中呈现。课程目标阐述了不同能力和发育程度的学生完成每一学级后在"知识、技能与理解"方面应达到的水平。它主要由8个难度逐级提高的水平表述构成,另有一个高于8级的超水平。每一水平都从五个方面来进行水平表述。

  英国历史科教育目标是一个完整的体系,它虽然注重能力目标体系的建立,但是并没有忽视能力培养与历史知识、情感态度与价值观的结合。国家课程标准在学习范畴中明确地提出了历史知识的要求,认为向学生传授历史知识,能使他们了解英国文化起源和发展、现代世界中其他的国家和文化；同时也强调了历史的教育价值,认为历史为学生提供了一个很好的学习参考框架,通过历史学习,学生们可以在一定程度上了解他们的家庭、其他群体、社区、国家、制度、信念、价值和习俗等的起源与发展等,有利于学生从中获得许多有关社会责任和公民权利、义务等的信息,帮助他们更好地理解现在发生的任何事情,从而在一定程度上为学生转向成人生活做好了准备。

三、美、英两国历史教育目标的特点

  综观美国、英国的历史科国家课程标准中关于历史教育目标的要求,我们可以看到以下几个特点：

一是特别注重历史教育在培养学生公民意识方面的作用。美国、英国都从各自的价值观体系出发,提出了全面性的历史教育目标,并特别强调公民素质教育。美国在"课程标准编制的准则"中提出:"美国史课程标准应对公民教育有所贡献,其方式是通过发展我们共同的公民认同及共享的公民价值观,通过分析美国史的主要政策问题,以及通过发展国内众多民族之间的相互尊重来进行。"并且,关于公民意识的培养在国家课程标准中也有诸多体现:"通过政治史的学习,学生对他们自己的社区、州、国家,以及世界上不同社会中所发生的政治活动有深入的了解";"通过文化史的学习,学生学习到在历史上思想、信仰与价值观如何深远地影响到人类的生活"。英国1999年的历史科国家课程标准,从英国社会的价值体系出发,强调了能力培养与公民道德教育的紧密结合。它在"关于国家课程中的历史科"中提出,通过发展学生的关于历史的政治方面的知识和理解,为学生提供机会讨论英国和更广的世界的各种社会的本质和差异;通过发展学生的探究和相互交流的能力,尤其是批判性地评价证据和分析说明能力,来促进学生的公民教育等,从而集中阐述了通过历史促进公民教育的思想。

二是提倡多元文化观。历史教育是培养学生多种能力的根基,其中最为重要的是形成多元文化价值观及承担世界责任的能力。尤其在学习世界历史的过程中,学生不但能够欣赏世界上各种人群和各种文化,而且能够欣赏到他们共通的人性和共同的难题。学生会习惯于从他人的视角来看待事物,在研究他人与其他文化的过程中,能够更好地理解自身。学生逐渐能够批判地考察其他价值观体系,理解全人类的抱负。最重要的是,理解世界上各种文化的历史有助于培养学生的宽容、欣赏和尊重的态度,这些都是在一个日趋多元化而又相互依赖的社会获得良好发展所需要的。

美、英两国都比较强调对多元文化的认识,并进行多元文化教育。美国历史科国家课程标准在"历史科的意义"中指出:"历史给予学生全面了解世界、多元文化和不同生活方式的机会。从一个平衡的及全面的世界历史中,学生将会尊重世界上许多民族和他们共有的人性,关注共同的问题。尤其重要的是,在我们这个日趋多元化的社会及相互依存的世界中,了解世界上诸多文化与历史,可以促进培养必要的彼此之间的耐性、尊重和公民的勇气。"在美国科罗拉多州历史课程标准中有这样的要求:"理解社会的多样性,学生需要理解导致社会、家庭和种族多样性的相互作用。"学生只有在理解社会多样性的基础上,才能尊重不同民族间所形成的不同文化特征。英国的历史科国家课程标准也强调帮助学生探讨有关不同的历史诠释反映不同论点与价值观的问题,来促进学生的道德发展;确认不同的社会在过去是如何组织起来的,并重视不同的政治结构、文化观念的发展,帮助学生认识在文化和超时代文化之间的不同点和相似点等,帮助学生探究对历史的不同的诠释如何反映不同的观点和价值。

三是重视对学生能力的培养。两国的历史课程标准皆以能力目标为主干构建目标体系,同时,在一些具体的能力要求表述上各有不同的侧重。两国的标准都认为历史学习可以培养学生的各种能力,包括描述和阐述历史事件的能力、调查历史的能力、处理和评价历史信息的能力、合作交流能力、数字应用能力、信息技术运用能力、解决问题的能力、批判性思维能力等。而在这之中,格外重视的是培养学生运用史料的能力和批判性思维能力。美国国家历史课程标准提出五种思考能力的培养目标:年代的思维、历史的理解、历史的分析与解释、历史研究能力、历史问题分析和决策制定。这五个方面,几乎每一个方面都与史料的运用有关;而国家课程标准在"历史科的意义"中,更对批判性历史思维能力作了进一步的解释。英国历史科国家课程标准也十分重视史料运用在历史教育中的价值和作用,在"知识、技能与理解"的五个方面,即编年式理解,关于历史事件、人物及变化的知识和理解,历史解释,历史探究,组织和交流等的要求上都离不开史料的作用,并且"历史探究"和"组织和交流"两项更是要求学生自己运用史料来分析问题、解决问题,并进行交流。

但是,美、英两国的目标体系在一些具体能力的表述上其侧重面也有所不同。美国的标准更为关注学生通过自身实践而获得决策制定能力。标准中"历史思考"的第五项能力要求为"历史问题分析与决策制定"。美国认为:关于历史问题的调查探究可以激发学生练习问题解决和决策技能。在历史学习中,学生应认识问题及其成因,提交可选择的方法,形成自己对某一问题的立场。学生成就目标的提出正是对这一要求的充分体现。要达成这一系列的成就目标,就必然要鼓励学生通过对原始史料或其他资料的搜集阅读、图表的制作、角色扮演、分析、比较、解释、证明等方式去实现,尽量让学生置身于历史情景中,增加主动学习的机会,让学生从做中学,以增强解决历史问题的能力和决策能力。

英国重视对学生运用现代信息技术和语言表达能力的培养。应对信息社会对学校教育提出的新要求,英国历史科国家课程标准十分重视历史学习中运用现代信息技术能力的培养。如标准中多次强调使用ICT技术来展开历史研究性学习。此外,英国历史国家课程标准也十分重视语言表达能力的培养和提升。1999年的标准在"关于国家课程中的历史科"中指出,通过历史可以促进重要技能的发展,其中包括通过交流来发展学生的语言能力。课程标准的"知识、技能与理解"部分的第五项便是"组织和交流",要求通过口头与文字表达交流学习历史的心得体会,发展学生的语言能力。

本章小结

本章主要概述了我国百余年来中学历史课程设置演变的基本脉络和中学历史教育目标的发展变化情况,介绍了美国、英国中学历史教育目标的基本内容。在此基础上,归纳了我国新世纪初高中历史课程标准的主要特点,以及比较分析了美国、英国中学历史教育目标内容的特点。应该说,自1949年以来,我国的中学历史教育经历了十多次改革,课程设置不断调整,课程目标逐步完善。我国历史课程的设置,从单一的历史课程结构开始向统一性和多样性相结合的方面转变,历史课程设置呈多元化发展趋势。在中学历史教育目标方面,课程目标开始逐步改变过于注重知识传授的倾向,提出了知识与能力、过程与方法、情感态度与价值观的"三维"目标。历史课程的"三维"目标是历史课程的根本所在,是历史教学活动的出发点和归宿。而在全球化发展时代背景下,我们还应该特别关注和深入探讨不同文化土壤下中西方历史教育目标的差异及彼此的借鉴意义,洞悉其对中学历史教学活动的影响。这些都是我们学习后续内容的基础。

思考与讨论

- 思考历史教学大纲与历史课程标准的发展与我国中学历史教育的关系。
- 分析历史课程三维目标的具体内容,并阐述三者之间的关系。
- 以某一专题的具体历史教学内容为素材,拟定一个完整的教学目标。
- 讨论21世纪历史课程标准的优势与不足。
- 比较中、美、英三国的历史教育目标,谈谈你个人的观点。

参考文献

[1] 中华人民共和国教育部.全日制义务教育历史课程标准(实验稿)[M].北京:北京师范大学出版社,2001.
[2] 中华人民共和国教育部.普通高中历史课程标准(实验)[M].北京:人民教育出版社,2003.
[3] 历史课程标准研制组编写.全日制义务教育历史课程标准解读[M].北京:北京师范大学出版社,2002.
[4] 联合国教科文组织.学会生存[M].北京:中国人事出版社,1996.
[5] 王雄主编.高中历史课程标准与教学大纲对比分析[M].长春:东北师范大学出版社,2005.

第二章 中学历史教科书

学习目标

通过学习本章内容,你可以:
- 准确理解中学历史教材与中学历史教科书的区别与联系。
- 知晓中学历史教科书的基本结构与主要功能。
- 了解 21 世纪中学历史教科书的编撰情况。
- 以某一版本历史教科书的一个具体章节内容为例,尝试对其编写提出个人的修改意见。

本章导引

为了激发全班同学学习历史的兴趣,了解学生对历史课的真实想法,历史教师决定作一次问卷调查。问卷要求学生从下面三个选项中选择一项,并说明理由。问卷题目是:你喜欢或不喜欢历史课源自下面哪一项:A. 历史教科书;B. 历史教师;C. 其他原因。

调查结果出乎历史教师意外,全班 75% 以上的同学选择了 A。理由却是五花八门,有些同学认为,历史教科书"图文并茂",使他们学到了很多历史知识所以他们非常喜欢历史教科书;也有些同学持相反观点,认为历史教科书枯燥无味,学习起来没意思,他们讨厌历史教科书;还有些同学更是直截了当地说,他们喜欢历史,但不喜欢历史教科书。

其实,中学历史教科书的编写涉及方方面面。如何编写一套适合中学生特点的历史教科书,是新一轮基础教育课程改革面临的重大课题。那么,中学生到底需要什么样的历史教科书呢?

第一节 中学历史教材的概念、分类及作用

一、中学历史教材的概念

长期以来,教育理论界对教材与教科书的认识一直存在着众多的争议,学者、专家对于教材与教科书的定义和性质众说纷纭,有着不同的理解和解释。

一种观点认为,教材就是教科书。我国教育界在相当长的时期里,常常将"教材"与"教科书"、"课本"等概念通用。如从 20 世纪 50 年代到 2000 年的中学各科教学大纲都通行此用法。历史教育界亦然,如在中学历史教科书的研究中,苏寿桐的《中学历史教材三十年》一文、赵恒烈的《改革中学历史教材刍议》一文、李纯武的《世界历史教材编写的几个问题》等都持有这一认识。

一种观点认为,教科书是教材的一部分。随着教育教学理论和实践的发展,一些学者、专家逐步认识到,教材作为学校教师和学生开展教学活动的资源,其涵盖的范围要广泛得多。他们认为,教材是"根据教学大纲编选的供教学用和要求学生掌握的基本材料。有文字教材,如教科书、讲义、讲授提纲等;视听教材,如挂图、投影(幻灯)片、音带、录像等多种形式"[①]

[①] 辞海编辑委员会.辞海[M].上海:上海辞书出版社,1999.

还有一种观点认为"教材一般有两种解释：一是根据一定学科的任务，选编和组织具有一定范围和深度的知识和技能的体系。它一般以教科书的形式来具体反映。二是教师指导学生学习的一切教学材料。它包括教科书、讲义、讲授提纲、参考书刊、辅导材料以及教学辅助材料（如图表、教学影片、唱片、录音、录像磁带等）"[1]。也就是说教材有狭义和广义之分。狭义上的教材即教科书，或称课本。广义上的教材是指包括教科书在内的所有教学材料。因此，教材的含义比教科书要广泛得多。教科书是教材，而教材不一定只是教科书。

正是基于这样的认识，我们认为历史教材也有狭义和广义之分。狭义上的历史教材专指历史教科书，过去人们常称之为历史课本。广义上的历史教材，是指"在教学活动中所利用的一切素材和手段"[2]。确切地说，广义上的历史教材是指根据一定的历史教学目标、采取一定的组织形式来呈现历史教学内容的所有历史教学材料的总称。由于教学活动是教师的教和学生的学的双边活动，因而广义上的教材，既包括教师在教的活动中所使用的素材和手段，也包括学生在学的活动中所使用的素材和手段；既包括课堂教学所使用的素材和手段，也包括在教师指导下，学生课外活动所利用的与教学内容相关的素材和手段。其中，教科书、讲义、讲授提纲是教材整体中的主体部分。

二、中学历史教材的分类

现代意义上的历史教材，通常是指广义上的历史教材，它不仅包括历史教师讲解、阐述以及演示等教的活动所用材料，而且包括学生练习、阅读、视听等学的活动所使用的材料；不仅包括历史课堂教学所用材料，而且包括围绕课堂教学、巩固课堂教学效果的课外活动所用材料等。

根据历史教材内容的呈现方式，我们可以将其分为三类：

1. 文字类历史教材

文字类历史教材主要是指以文字表述的形式呈现的历史教学材料。

从我国目前中学历史教学的现状来看，文字类历史教材是历史教学活动中用得最多也最广的历史教材。它主要包括：

（1）历史教科书。

何谓教科书？据《中国大百科全书》（教育卷，1985）的解释是，根据教学大纲（或课程标准）编定的、系统地反映学科内容的教学用书。从这个定义我们可以看出教科书至少包括了以下几层内涵：一是它的编写依据是教学大纲或课程标准；二是它的内容包括一切有利于学生系统学习学科知识的重要信息；三是它属于一种具有一定体例结构的范本。这里涉及的有关教科书的概念，即采用的是这一观点。

那么，就中学历史教育而言，历史教科书是根据国家颁布的中学课程计划和中学历史课程标准（或历史教学大纲）编写而成的教学用书。历史教科书是"开展中学历史教学活动的主要依据，是中学历史教育资源的核心部分"[3]。

历史教科书是我国中学历史教学活动中最常用、也是最基本的历史教材。一方面，它是历史教师进行教学的基本凭证——"教本"，因此，历史教科书要以历史学科的基本知识为载体，必须尊重历史学科的基本特点；另一方面，它又是学生学习历史知识的主要工具——"学本"，因此，历史教科书必须融知识性、科学性和思想性于一体。历史教科书规定了历史学科教学的基本内容，无论是从历史教材

---

[1] 中国大百科全书·教育卷[M].北京：中国大百科全书出版社，1985：144.
[2] 于友西主编.中学历史教学法（第二版）[M].北京：高等教育出版社，2005：64.
[3] 中华人民共和国教育部.全日制义务教育历史课程标准（实验稿）[M].北京：北京师范大学出版社，2001：46.

编制的系统性,还是从专家或行政权力机构审查的权威性角度看,它都是我国中学历史教师和学生开展教与学活动最主要的依据。作为最基本、最常用的历史教材,历史教科书在中学历史教学中扮演着非常重要的角色,也具有其他历史教材所没有的特点。

首先,历史教科书更具科学性。历史教科书是以国家颁布的中学历史课程方案或课程计划所规定的课程结构、课程设置、课程内容和历史学科教学计划或课程标准为依据,由历史教育教学理论专家编写,由教育部门审核通过才能出版发行的。就现阶段而言,中学历史教科书是严格按照中学历史课程标准和课程计划编写的,与其他历史教材相比,历史教科书的表述必须更正确、更准确、更明确。在21世纪的基础教育历史课程改革中,历史教科书内容和设计还必须突出新一轮基础教育课程改革的基本理念和要求,所涉及的基本知识一般应为学术界已有定论或倾向于一致的认识,即基本符合历史客观事实的知识。因而,历史教科书所涉及的内容更具科学性。

案例研究

参加开国大典飞行的飞机数目

1. 参加开国大典飞行的飞机是14架①

……受检阅的部队,以人民海军的两个排为先导,步兵师、炮兵师等以整齐的步伐由东向西通过天安门主席台,人民空军的14架飞机也由东向西飞过天安门上空,接受检阅。阅兵式进行了3个小时。

2. 参加开国大典飞行的飞机不是14架,而是17架②

(人教版八年级下册)第3页在介绍开国大典的盛况时,说"人民空军的14架飞机也由东向西飞过天安门上空,接受检阅"。其实参加开国大典飞行的飞机应是17架,其中,P-51机9架,编为第一、二、三分队;蚊式机2架,编为第四分队;C-46机3架,编为第五分队;L-5通讯机1架与PT-19教练机2架,合编为第六分队。除2架蚊式机成一字横队外,其他各分队皆为三级成品字队形。……

3. 参加开国大典飞行的飞机是26架

当时的外电报道:中国空军以野马式P-51战斗机为主,一共出动了26架飞机参加大典。一夜之间,中共有了强大的空中力量。

关于同一历史事件,怎么会有三种不同的数据?历史教科书应该选择哪一种历史文献资料作为编写依据?

我们认为,对于同一历史事件出现不同的描述,主要是由于受主观认识因素的影响。因此,在编写历史教科书时,要依据最可靠的原始资料。就本案例而言,应查阅当时相关的中央文献资料。

其次,历史教科书更具系统性。历史教科书的系统性主要体现在历史知识点之间存在着逻辑联系。纵观中外历史的发展历程,在时间上都具有延续性,这就决定了作为历史知识的历史人物、历史事件以及历史现象之间,存在着错综复杂而又具有一定逻辑性的联系。这些联系既有内在的,也有外在的,其中以因果联系最为突出。因此,中学历史教科书必须体现历史知识之间的逻辑联系,让学生了解历史发展的因果联系及基本脉络,而不是将浩如烟海的历史材料堆积在一起。

再次,历史教科书更具思想性。但思想性必须建立在科学性的基础之上。自新中国成立以来,我国比较顺利地实现了向社会主义过渡,并建立了社会主义制度,以马克思主义思想为指导思想。这些

---

① 中国历史(八年级下册)[M].北京:人民教育出版社,2003:3.
② 吴志荣.人教版《中国历史》八年级下册"问题知识点"解读[J].历史教学,2007(3).

意识形态决定了中学历史教科书的编写必须以马克思主义理论,特别是辩证唯物主义和历史唯物主义理论为指导,精选的内容必须为社会主义物质文明和精神文明服务。中学历史教科书事实上已成为对中学生进行情感、态度、价值观教育,特别是爱国主义教育的最佳教材。

案例研究

人民教育出版社《历史》(必修1)关于《德意志帝国宪法》内容的修改

人民教育出版社《历史》(必修1)从2004年第1版以来已经连续改版三次,其间教科书的部分内容变化较大。以《德意志帝国宪法》为例,第1、2版关于该宪法主要内容的叙述前后近500字。相比之下第3版此处叙述则不到150字,略去了第2版中很多累赘的语言,宪法中一些具体规定的表述转移到"资料回放"栏目中。具体以该宪法中对宰相权力的规定为例,第1、2版中是这样表述的:"帝国宰相主持帝国政府工作,他由'皇帝任命',而不由议会选举。因此,帝国宰相只对皇帝负责,不对议会负责,而且任期长短完全取决于皇帝的个人意愿。因为普鲁士邦在帝国中占有统治地位,它的国王和宰相同时又是帝国的皇帝和宰相。宰相是内阁首脑,拥有绝对权力。内阁中的大臣们并非各部首脑,只是宰相的助手。"全文共146字。而第3版中仅用35字表述:"宰相主持内阁工作,由皇帝任命而不是议会选举产生,任期由皇帝决定,只对皇帝负责。"两相比较,第3版显然表述更科学、更简明。

历史教科书的编写过程实质上是编写者依据历史教学大纲或者课程标准进行再创造的过程。编写者要从浩瀚的知识海洋里,根据学生年龄和文化素质的特点,选取最基础的和比较系统的中外历史知识,经过加工后编成适合教师讲、学生读的课本。在目前我国中学历史教学活动中,历史教科书具有其他历史教材无可取代的作用,是中学历史课程教材体系中的重要组成部分,其重要性毋庸置疑。

(2)讲义、教师用书、教学参考书、练习册、学习指导书等。

讲义、教师用书、教学参考书、练习册、学习指导书等是为了配合课堂教学而编写的用于教与学的基本素材,是中学历史教学活动中不可或缺的基本教材。这些教材直接为课堂教学服务,其目的是为了讲解、阐述、巩固、深化历史教学内容,所涉及的知识点一般都是学生必须掌握的,是通过历史课堂教学学生必须达到的基本要求。

如果说历史教科书的编写主要是以历史课程标准为依据,其内容不得少于历史课程标准中"内容标准"规定的知识点,那么,讲义、教师用书、教学参考书、练习册、学习指导书等基本历史教材就有很大的不同,它们主要是围绕历史教科书展开,涉及的内容不宜面面俱到,但必须是教科书的重点或难点,是直接为课堂教学服务的。我们认为,中学历史课堂教学质量的好坏,在很大程度上取决于对基本历史教材的运用和把握是否恰当。

(3)各种历史文献资料。

历史文献资料是中学历史教学的重要材料。历史文献资料主要是指以文字的形式记载有关人类历史活动的原始资料,其种类很多,如正史类、别史类、杂史类、文件档案类、方志类、人物传记类、日记类以及报纸杂志类等等。这些都是中学历史教学的辅助性材料。

历史文献资料的功能很多,有的是帮助学生理解教学内容,有的是为了扩展学生视野,有的是为了激发学生的学习兴趣,有的是为了提高学生的历史认识,也有的是为了发展学生的思维能力等等。

(4)与历史相关的其他作品。

主要是指历史文献资料以外的历史著述(如历史通俗读物)、历史论文、历史小说、历史剧本等与历史相关的读物。一般来说,这些历史读物的可信度低于原始资料,只能作教学时参考之用,或者作扩展学生视野之用。

2. 音像类历史教材

音像类历史教材主要是指以图像、声音等形式承载历史教学内容的材料。它主要包括两种:一是以静态图像为主要特征的历史教材,如历史图片、历史地图、历史图表、历史表解等;二是以现代化视听媒体为主要特征的历史教材,如录音资料、录像资料、影视资料、投影资料、各种计算机软件资料以及网络资料等等。

音像类历史教材一般属于辅助性历史教材。使用这类历史教材通常是为了达到某一具体教学目标,或培养学生某种能力。如:历史教师在教学时,为了加强学生对某一历史事件的理解而补充的相关历史文献阅读材料;为了烘托学习历史的气氛,营造学习氛围,激发学习兴趣,帮助学生分析某一历史现象而补充的音像资料、历史图片等;为了提升学生搜集历史信息能力而让学生搜集并运用来解决问题的网络资料等。这些补充的历史材料虽然不是历史教学的主要内容,但是,对于深化学生的认识或帮助学生的理解能起到催化剂的作用。

音像类历史教材的最大优点是具有形象性特征,更符合学生的学习心理,能充分调动学生学习的积极性、主动性和创造性,因而它比一般文字类历史教材更容易为学生所接受。随着新一轮基础教育课程改革的逐步推广,音像类历史教材在中学历史教学中将会发挥越来越大的作用。

3. 实物类历史教材

实物类历史教材主要是指以历史文物、文物模型等实物形式承载历史信息的教学资料。

历史文物是历史遗存的实物资料,无论是古文字碑文、古钱币,还是历史票据、服装等历史遗物,一般都是受国家法律保护的。因此,历史文物作为历史教材用于课堂教学的几率很小。但是,组织学生去历史博物馆、纪念馆、历史名胜等场所参观考察,也不失为好的教育方式。这样,既可以让学生认识和了解更多的历史文物,将历史教学活动的范围扩大,又能使学生了解历史信息,拓宽视野,一举多得。

文物模型是历史文物的仿制品。文物模型虽然不是真正意义上的文物,但是,它有助于学生直观地获得较真实的历史信息,从而达到欣赏历史文物、发展历史思维和形成历史认识的目的。

观点思考

> **用于历史教学的黑板、粉笔、投影机等教学工具也是历史教材吗?**
>
> 目前,教学理论界关于广义上的教材有不同观点。一般认为,教材即教学材料,凡是在教学活动中供教师讲解、阐释、演示等教的活动用和供学生阅读、视听、操作等学的活动用的材料,都可以称之为教材。但是,也有人提出将"教具"也列为教材,认为它是"直观化的教材,是教材物化的部分"[①]。
>
> 如果按照这种观点,用于中学历史教学的黑板、粉笔、投影机等教学工具都属于历史教材。你同意这种观点吗?请说明理由。

除此之外,我们还可以根据历史教材在教学中的作用,将历史教材分为最主要的历史教材、基本历史教材和辅助性历史教材;根据管理者的不同,将历史教材分为供历史教师使用的历史教材、供学生使用的历史教材和由第三方管理的历史教材三种;根据利用形式的不同将历史教材分为课堂历史

---

① 中内敏夫.教材与教具的理论[A].转引自钟启泉.现代课程论[M].上海:上海教育出版社,1989:331.

教材和课外历史教材等等。在此不一一赘述。

三、中学历史教材的作用

历史教材种类繁多,它们在中学历史教学活动中所起的作用也不尽相同。但总体而言,其作用主要体现在以下几个方面:

1. 历史教材是连接教师与学生的中间桥梁

如果说历史教学活动是由历史教师、历史教材和学生组成的有机体,那么,历史教材则是联系教师与学生的桥梁和纽带,中学历史教学活动主要是围绕历史教材展开的。当然,由于历史教材的类别不同,它们在历史教学活动中所起的作用也不尽相同。历史教科书承载了该学科的基础性内容,是展开该学科教学活动的主要桥梁,但切不可将教科书这种工具当成学科及学科教学的基准,更不可将历史教科书作为历史教学的唯一工具。历史教学的各种辅助材料是直接为历史教学活动服务的,是巩固历史教学效果的重要材料。

2. 历史教材在历史教学活动中具有导向作用

中学历史教材的导向作用主要体现在两个方面:一是思想导向作用,即历史教材必须体现国家意志,必须坚持辩证唯物主义和历史唯物主义的基本观点,引导学生树立客观公正的历史观;二是理念导向作用,无论是历史教科书,还是辅助性历史教材,都必须引进现代教育教学理念,坚持以发展学生为本,尊重个性差异,关注学生情感态度和正确价值观的养成。历史教科书不仅要注重正面导向,还应坚持客观公正的态度。中学历史教科书,特别是高中历史教科书,在坚持正面导向的同时,还应注重适当编写史学界存有争议的相关内容,引导学生对历史人物、历史事件或历史现象作出自己的判断,以激发学生学史的兴趣。

总之,历史教材是中学历史教学活动不可或缺的组成部分。教师在历史教学活动中,应恰当地运用历史教材,将历史教材作为教学资源,根据自身和学生的实际,创造性地开发和利用各种历史教学资源。中学历史教学效果是否令人满意,在很大程度上取决于历史教师和学生对历史教材的运用和把握是否得当。随着新一轮基础教育课程改革的不断深入,新的课程理念将会被广大中学历史教师所接受,新的教学模式和教学方法将逐渐取代传统的教学模式和教学方法,历史教材在历史教学中的地位和作用也会发生变化。编撰高质量的中学历史教材,仍然是我国中学历史课程改革的当务之急。

学者观点

树立新的历史教材观是当务之急[①]

如今,课程改革的浪潮冲垮了旧教材观,却没有建立起新教材观。似是而非的教材观念已经成为课程改革交流与对话的严重障碍,也是造成课程改革异化的原因之一。

教材,顾名思义,是教师和学生进行教学活动的材料,是教学的主要依据。实施教学活动需要的教材有课程标准(教学大纲)、教科书、教学参考书、教学辅助书、教学挂图、录音、录像、光盘等。这些教材,按主次轻重可以划分为三个层次:课程标准(教学大纲)属于最高层次,其次是教科书,再次是教学参考书、教学辅助书等等。

---

① 根据马执斌.树立新的历史教材观是当务之急[J].历史教学,2005(6):44—47.一文整理。

课程标准的核心是课程内容。以历史课程标准来说，其课程内容就是历史学科最基本、最重要的史实、概念、原理、方法、情感态度与价值观等等。这些内容具有很强的抽象性、概括性和目的性，是由课程专家和学科专家精选出来的历史学科精华，然后经国家主管部门审批，用课程标准的文本形式确定下来。在国家课程体制下，课程标准具有相对确定性和法律约束力，是国家意志的体现。课程标准是指导教科书编写和教师授课的法规。一般来说，课程内容无论从学科角度，还是从法律角度，都不允许教材编写者和授课教师擅自变更和重新解释。

教科书是以课程标准为依据，按照教学规律，由学科专家编写，经全国中小学教材审定委员会审查通过，供学校施教使用的文本教学材料。但是，受编写人员业务水平、工作状态的限制，教科书存在着不能确切表达课程内容，影响课程目标实现的问题。正是基于这个原因，教科书不是"圣经"，可以质疑，可以批评。至于教学参考书、教学辅助材料，就更难免出错，所以，只能供参考。

正确的新教材观必须严格区分课程标准（或教学大纲）、教科书、教参教辅类的书籍，绝不能笼统地使用"教材"的概念。

思考：

① 你同意上文中按"主次轻重"将历史教材分为三个层次吗？请说明理由。

② 你赞同历史"课程标准具有相对确定性和法律约束力……课程内容无论从学科角度，还是从法律角度，都不允许教材编写者和授课教师擅自变更和重新解释"这种观点吗？为什么？

③ 你是否同意"教学参考书、教学辅导材料"因为"难免出错，所以，只能供参考"的观点？

④ 你是如何理解历史课程标准、历史教科书和历史教学辅导材料之间的关系的？

第二节 中学历史教科书的结构和功能

一、中学历史教科书的结构和功能概述

1. 历史教科书的结构

结构是系统论中的一个基本概念。所谓结构是指整体系统所包括的诸多因素中相对稳定的组织方式，或者叫系统内部的组织、机制和排列秩序。① 借鉴系统论来研究教科书结构，就是把教科书看作一个大的整体系统，对构成这个系统的不同要素和结构进行层层分析。

一般认为，中学历史教科书的结构是指从教科书的前封到后封之间的所有组成部分，主要由封面、编辑说明、目录、课文、附录以及封底等部分组成。

案例展示

四川教育出版社版《中国历史》（七年级上册）教科书结构

封面

彩图

---

① 白月桥.历史教学问题探讨[M].北京：教育科学出版社，2001：152.

写给同学们
目录

第一学习主题　中华文明的起源
　　第1课　中国境内的早期人类
　　第2课　原始农耕文化的遗存
　　第3课　远古的传说
　　主题活动一　创办"历史角"

第二学习主题　国家的产生和社会变革
　　第1课　夏朝和商朝
　　第2课　西周的兴亡
　　第3课　春秋争霸
　　第4课　战国争雄
　　第5课　商鞅变法

第三学习主题　统一国家的建立
　　第1课　秦朝的统一
　　第2课　陈胜吴广起义
　　第3课　汉武帝的文治武功
　　第4课　张骞通西域
　　第5课　两汉时期的对外交流
　　主题活动二　我评秦始皇和汉武帝

第四学习主题　政权分立与民族融合
　　第1课　三国鼎立局面的形成
　　第2课　南方的初步开发
　　第3课　北魏孝文帝的改革
　　主题活动三　三国——南北朝历史综合学习

第五学习主题　中国古代文化(上)
　　第1课　青铜工艺的杰出成就
　　第2课　卓越的工程
　　第3课　科学技术的重大成果
　　第4课　汉字的演变
　　第5课　活跃的学术思想
　　第6课　文学、史学与宗教
　　第7课　多姿多彩的艺术

附录(一)　朝代简表(上)
附录(二)　中国古代历史大事年表(上)
附录(三)　历史学习资料分类推荐(1)
后记

封底

历史教科书的结构是组成历史教科书的基本构架。以"川教版"《中国历史》(七年级上册)为例,虽然从封面到封底均为教科书的结构,但是其主体部分是从"第一学习主题"到"第五学习主题"之间的内容,它是学生学习的基本内容。而每一"学习主题"又有自己的独立结构,构成一个子系统。

作为中学历史课堂教学的基本工具,历史教科书的结构设计得好,不仅有利于内容的呈现,而且还有利于构建适合学生年龄特征的学与教的模式,从而达到事半功倍的效果。

2. 历史教科书的功能

功能是指事物或方法所发挥的作用。历史教科书的功能是指历史教科书各组成部分在历史教学过程中所发挥的作用。一般来说,历史教科书的功能主要有:

一是认知中介功能。如果说历史教学的基本任务是传递历史知识,那么,历史教科书则是传递知识的中间媒体,是联系教师的教和学生的学的主要工具,在我国中学历史教学中起着桥梁作用。历史教科书的认知中介功能不仅表现在它是教师传递知识的中介,而且表现为它是学生接受知识、形成认知、内化知识的中间媒介。历史教科书的中介功能还体现在它是学生复习、巩固和检查对所学历史知识掌握程度的中间媒介。历史教科书中的习题,是专门检查学生对知识的掌握和运用情况的。

二是教育导向功能。历史教科书的教育导向功能是指历史教科书能为学生提供正确的政治思想教育和品德教育导向。历史教科书的教育导向功能是建立在认知中介功能的基础之上的,即教育导向必须以一定的历史知识为基础。我国是社会主义国家,我国的历史教育必须坚持以辩证唯物主义和历史唯物主义理论为指导,对学生进行社会发展规律教育、爱国主义教育、社会主义教育、国情教育、革命传统教育和民族团结教育,使学生初步形成正确的国际意识,继承人类的传统美德,树立正确的世界观、人生观和价值观。在中学历史教学中,要充分发挥历史教科书的教育导向功能,要求教师必须加强对学生的耐心指导,使学生形成对历史知识的正确认识,使历史教科书的教育导向功能在潜移默化中发挥出来。

三是技能培养功能。技能指学生通过历史教育所必须具备的基本能力,如正确计算历史年代的能力,正确识读历史地图、准确指认和判断历史事物空间范围的能力,阅读古汉语文献的初步能力,收集文献资料的能力,运用逻辑方法进行判断和推理的初步能力,从整理资料、运用资料、构建论据得出结论的能力,准确表达个人观点的能力等。① 历史教科书的技能培养功能主要表现在,它为学生发展各种能力提供材料、提出问题或进行方法指导。

案例展示

岳麓出版社版《历史》(必修Ⅱ)第五单元课后思考题

① 日本贸易振兴会曾做过一项调查统计,结果表明:1996年全世界区域性经济合作和一体化组织的数量是101个,其中,欧洲39个、南北美洲总共40个、亚洲6个、非洲8个、大洋洲1个、跨地区的7个。1969年成立的6个,1970—1979年成立的6个,1980—1989年成立的20个,1990年以后成立的69个。这些数据说明了什么问题?

② 在围绕亚太经济合作的基本方针所展开的讨论中,有七个词出现的频率很高,它们是:开放、渐进、自愿、协商、发展、互利与共同利益,它们被称为反映APEC精神的七个关键词。结合课文中的相关内容,讨论一下,APEC方式在哪些方面体现了上述七个关键词的精神。

---

① 历史课程标准研究组编写.历史课程标准解读[M].北京:北京师范大学出版社,2002:28.

学生要回答案例中提出的问题,首先必须阅读并理解相关内容。因此,上述案例的作用主要表现在两个方面:一是提高学生的阅读能力和理解能力;二是让学生在此基础上,根据所提问题,对材料作进一步分析和探讨,以发展学生的历史思维能力和表达个人观点能力等。

二、历史教科书的课文系统

历史教科书课文系统是历史教科书中最重要的组成部分,它是历史教科书系统中相对完整和相对独立的子系统。长期以来,我国历史教科书的课文系统单一,只有基本课文。20 世纪 90 年代以后,随着教科书制度改革,我国历史教科书课文系统由单一走向多元,各种版本的历史教科书在课文编写上进行了不断创新,使历史教科书课文类型多种多样,历史教科书课文系统的功能更加丰富。

一般来说,历史教科书的课文系统主要包括绪论课文、基本课文、补充课文和史料课文等。

1. 绪论课文及功能

绪论课文一般位于历史教科书基本课文之前,在学生还没有接触到该课程时,让学生先对本课程有一个大致了解。从历史教科书的编写实践来看,绪论课文主要有两种类型:

一是与课文并列的绪论课文。又称独立的绪论课文,是指将绪论课文作为教科书的第一课,与其他课文并列。"人教版"1992—2000 年版的初中《中国历史》第一册第一课《历史告诉我们什么?》和《世界历史》第一册第一课《为什么要学习世界历史?》均属于绪论课文。《历史告诉我们什么?》和《为什么要学习世界历史?》这两课,无论是课文编写结构,还是版面设计结构,都与之后的课文没有什么两样,如《历史告诉我们什么?》,从整体上分为三个部分,第一部分是"导入框",第二部分是正文,有"历史告诉我们什么"、"从哪里去了解历史"和"怎样计算年代"三个子目,第三部分是"练习题",中间还配了多幅插图。这两篇绪论课文主要是让学生对中国历史和世界历史课程内容有一个大致了解,并联系学生生活实际,介绍学习历史的方法和意义,帮助学生掌握学习历史的技巧,为以后的学习打下坚实基础。

二是与目录并列的绪论课文。又称非独立的绪论课文,是指不将绪论课文作为教科书中独立的一课,而是将其编排在目录之前,使之与目录等教科书结构并列,而不是与其他课文并列。如"人教版"初中历史教科书中的"致同学们"和高中历史教科书中的"前言"、"川教版"初中历史教科书中的"写给同学们"、"岳麓版"高中历史教科书中的"导读"等等。目前的历史教科书,绝大部分采用的是这种与目录并列的、非独立的绪论课文形式。严格地说,这类绪论课文应属于课文辅助系统,但由于它与独立的绪论课文具有同样的功能,在教科书中具有同样的地位,因此,我们将两者放在一起来探讨。

绪论课文具有指导功能。这种指导不仅表现在新课程之前的内容介绍,使学生从宏观层面对新课程有一个大致的了解,懂得学习历史的意义,更重要的是在学习方法和学习途径上的指导,以激发学生学史的兴趣和热情。

总之,绪论课文是历史教科书的开宗明义篇,是历史教科书不可或缺的组成部分。历史教科书应重视绪论课文的编写,历史教育理论界应加强对绪论课文的研究,使绪论课文成为开启学生学史智慧的一课,使学生终身受益。

2. 基本课文及功能

历史教科书的基本课文,即历史教科书的正文,是组成历史教科书的核心部分。历史教科书的基本课文是按照历史教学大纲或历史课程标准编写的,它直接为历史课程的教学目标服务,历史教学大纲或历史课程标准规定的知识点必须在基本课文中得到体现。因此,同一时期不同版本历史教科书的结构也许存在较大差别,但是,基本课文内容大体一致。

案例研究

关于近代"列强的侵略与中国人民的抗争"内容的编排

"人教版"《中国历史》(八年级上册)的编写结构如下:

第一单元　侵略与反抗
　　第1课　鸦片战争
　　第2课　第二次鸦片战争期间列强侵华罪行
　　第3课　收复新疆
　　第4课　甲午中日战争
　　第5课　八国联军侵华战争

"川教版"《中国历史》(八年级上册)的编写结构如下:

第一学习主题　列强的侵略和中国人民的抗争
　　第1课　鸦片战争
　　第2课　第二次鸦片战争
　　第3课　左宗棠收复新疆和甲午中日战争
　　第4课　八国联军侵华战争

同一时期,虽然不同版本历史教科书的编写结构不尽相同,但是,关于同一主题的基本课文内容总是大体相同的。如关于中国近代"列强的侵略与中国人民的抗争"基本课文内容的编写,"人教版"共5课,"川教版"共4课,两种版本历史教科书都主要涉及五个大的方面,即鸦片战争、第二次鸦片战争、收复新疆、甲午中日战争及八国联军侵华战争。在关于鸦片战争的编写上也基本相同,主要知识点有虎门销烟、鸦片战争、中英《南京条约》等。

基本课文最主要的功能是为历史教学提供依据,它是我国中学历史课堂教学最基本的内容,是所有学生都必须达到的最低标准。因此,在一定的时期内,基本课文也是历史教科书中最稳定的部分,历史教学内容的广度主要通过基本课文来把握。由于基本课文在历史教科书中的特殊地位,因此,其撰写必须简明扼要,条理清晰,不宜作过多的阐述。从我国目前中学历史教科书的编写来看,历史教科书基本课文每课的字数一般为1000字左右,采用小四号宋体字编排。

3. 补充课文及功能

补充课文,顾名思义,是对基本课文进行补充、说明或阐述。将历史教科书的课文分为基本课文和补充课文两部分,不是我国教科书制度改革之后的创新。早在1926年,由顾颉刚先生和王钟麒先生合著的《初中本国史》,就开创了将历史教科书的课文部分分为基本课文和补充课文的先例。从编排上看,补充课文一般采取有别于基本课文的字号和字体。目前,我国中学历史教科书的补充课文一般以五号楷体字编排,有的教科书,如"人教版"初中历史教科书还给补充课文加配底色,使基本课文与补充课文泾渭分明。从字数上看,补充课文一般与基本课文的字数相当,有时甚至多于基本课文。如"人教版"初中《中国历史》教科书八年级上册第9课"新文化运动"基本课文近六百字,补充课文近四百字,基本课文字数略多于补充课文;而"川教版"的相关内容基本课文共五百多字,补充课文字数多达七百多字。

从功能上看,补充课文的功能主要有三个:其一,拓展知识,扩大学生视野。历史知识浩如烟海,受历史教科书篇幅所限,基本课文对历史人物、历史事件和历史现象的叙述只能简明扼要,而与基本课文相关的重要知识点,则通过补充课文来呈现。这样,一方面能加深学生对基本课文的理解,另一方面,又使历史教科书上下文联系紧密,便于学生形成对历史发展基本脉络的整体认识。其二,阐释史实,提高学生的阅读理解能力。历史教学大纲或历史课程标准规定的知识点中,有少数内容对于中学生来说显得艰深难懂,这时,就有必要作适当阐释,让学生在阅读的同时,理解和消化基本课文。其三,叙述史事情节,激发学生学史兴趣。历史知识是由历史人物、历史事件和历史现象组成的。历史教科书基本课文不可能、也没有必要对涉及到的每一个人物、事件或现象展开叙述,但是,必要时可以在补充课文中对学生感兴趣的内容展开叙述,以激发学生学史兴趣。总之,补充课文虽然不是学生学习的基本知识,但是,它在拓展学生视野、培养学习兴趣等方面有着特殊意义,是历史教科书不可或缺的组成部分。

案例展示

关于达尔文的补充课文①

达尔文出生在英国一个医生世家,从小喜欢动植物。1825年,达尔文进入爱丁堡大学学习医学。大学毕业后,他自费随英国皇家考察船"贝格尔"号进行科学考察。在太平洋的加拉巴哥斯群岛,达尔文发现26种陆栖鸟类中有25种是岛上特有的,有一个是新种;15种海栖鱼类全部是新种;185种显花植物中,新种多达100种。经过长达5年的科学考察,达尔文坚信任何物种都是由另一个物种进化演变而来的。于是他潜心研究,写出了《物种起源》一书。

作为世界近代生物科学的奠基人,关于达尔文的史事有很多,限于篇幅,教科书基本课文用了180多字进行介绍。但是,基本课文介绍的知识远远不能满足初中学生的需要,因此,补充课文便担当起了扩充知识的角色。可见,补充课文最主要的功能是扩大学生的视野,深化对基本课文的理解。

4. 史料课文及功能

史料课文,顾名思义,是指历史教科书中以史料作为教学内容的课文。一般来说,史料可分为两类:一类是实物资料,主要包括历史遗物、遗迹,如书画、钱币、服装、票据、建筑、碑刻等等;另一类是文字资料,主要包括历史文献资料,如诏令、档案、法律、公私文件、契约、史书等等。历史教科书所指的史料课文主要是以文字资料组成的课文。史料课文在编写上既不同于绪论课文和补充课文,也不同于基本课文,它重在保持史料的"原形",一般不加以论述或评价,让学生在结合基本课文的基础上理解,形成自己的认识,必要时对学生难以理解的地方作注解。史料承载的是历史信息,是人们认识历史的桥梁。史料课文的主要功能是培养学生的多种能力,如阅读能力、历史思维能力、批判性思考能力、比较分析能力等等。

三、历史教科书的课文辅助系统

历史教科书的课文辅助系统主要是为理解课文服务的,其涵盖范围较广,表现形式多样。按功能不同,课文辅助系统可分为两类:

---

① 龚奇柱主编.世界历史(九年级下册)[M].成都:四川教育出版社,2006:18—19.

1. 课文系统之前和之后的辅助系统

课文系统前后的辅助系统由课文系统前的封面、编辑要旨(说明)、目录,以及课文系统后的附录和封底等部分构成,其主要功能是对教科书内容作总体的、宏观上的介绍或引导。

如"人教版"初中历史教科书课文系统之前的课文辅助系统由"封面"、"说明"、"目录"、"致同学们"四部分组成。"封面"由文字和图片组成。正上方是"中国历史"或"世界历史"四个大字,并附有汉语拼音;图片由上下两部分构成,这两部分均为文物图片(如七年级上册上下两部分都是秦兵马俑;七年级下册分别是敦煌莫高窟石窟雕塑和莫高窟壁画"反弹琵琶")。教科书的封底与每一册封面下部分的图片相同,只是尺寸缩小而已。"说明"部分主要是介绍编写历史教科书的依据、全套教科书的数量和供使用情况、教科书的编写特点等,并对正文及各栏目的教学要求作了简要说明——"除正文部分(宋体字部分)为基本要求外",对"其他各部分""均不作统一要求"。"目录"部分简明扼要地介绍本教科书的学习单元、每单元的课数及每课的课题等,使学生对本教科书的学习内容有一个基本了解。"致同学们"先从宏观层面简要介绍什么是历史课以及历史课的学习内容有哪些,然后从微观层面对教科书的每一个栏目的内容和学习要求作简明的介绍,目的是激发学生研习中国历史的兴趣。课文系统之后有"附录"和"封底"两部分。"附录"部分由"中国历史大事年表"、"中国历史纪年表"、"好书推荐、历史学习网站推荐"及"后记"组成。"附录"部分的内容因每册内容的不同而有差别。

课文系统之前和之后的辅助系统是历史教科书不可或缺的组成部分。虽然该部分不是学生学习的基本内容,但是,它有助于师生领会课文内容,更好地使用教科书,为学生学好历史课提供理论和方法指导。

2. 课文系统中的辅助系统

课文系统中的辅助系统是指除课文系统之前和之后的辅助系统以外的所有其他辅助部分,主要包括穿插在课文前、中、后的各栏目,如基本课文前的提要、导语、导入框等,基本课文中的小栏目、注解、注释、插图等,基本课文之后的内容纲要、各类习题、专题活动等。

基本课文之前的辅助部分因教科书的不同而有不同的名称,有的称之为"导入框",有的称之为"提要"、"导语"、"导读"等。基本课文前的辅助部分最主要的功能是导入新课,激发学生学习本单元或本课的学习兴趣。一般来说,历史教科书中每一课都编写了"导入框"或"导语",也有的历史教科书,特别是高中历史教科书,在每一单元都编写了"导读"。由于学习对象不同,初中和高中历史教科书中的"导入框"、"导语"或"导读"、"提要"等内容编写也不完全一样。如"人教版"根据学生的年龄特征、心理特征和知识储备等实际情况,在初中历史教科书中每一课都编写了"导入框",在高中历史教科书中每一单元都编写了"提要",每一课都编写了"导读",而且在内容的编写方面也处理得恰到好处。

案例展示

"人教版"初中、高中历史教科书中的"导入框"、"提要"和"导读"

案例一 "人教版"初中历史教科书"第四课 夏、商、西周的兴亡"的"导入框"

你知道嫦娥奔月的故事吗?我国神话传说里,嫦娥是后羿的妻子,她偷吃了丈夫从西王母那里求来的长生不死药,奔向了月宫。据说嫦娥和后羿是夏朝时的著名人物。夏朝经历了多少年?夏朝以后紧接着哪两个朝代?下面你就要学到这些内容。

案例二 "人教版"高中历史 1（必修）"第一单元 古代中国的政治制度"的"提要"

中国是世界文明古国之一。早在远古时代,活跃在黄河流域的部落联盟就已初具国家规模。随着中国历史上第一个王朝夏的建立,我国开始出现了早期国家政治制度,王位世袭制、等级森严的分封制和血缘关系的宗法制,构成了古代早期政治制度的主要特点。

案例三 "人教版"高中历史 1（必修）"第一课 夏、商、西周的政治制度"的"导读"

尧舜时期,洪水泛滥。尧命令夏族首领鲧治理洪水,鲧因治水无功被杀。舜又命鲧之子禹治水。禹在外13 年,三过家门而不入,最后用疏导的方法治理了水害。因禹治水有功,舜将部落联盟首领的权位传给他。历史上把这种传位给贤能人的制度称为"禅让制"。它被认为是古代社会理想的政治模式。后来,禹在同其他部落的争斗中,又取得前所未有的胜利,在部落联盟中享有极高的威望。这就为他建立我国历史上第一个王朝和王位世袭的实行奠定了基础。

"人教版"初中历史教科书中每一课的"导入框",主要是以生动有趣的民间传说、历史故事、古迹今貌介绍、历史图片介绍等形式,引出本课学习内容,这更符合初中学生的认知心理,有助于激发初中学生学习历史的兴趣;而在高中历史教科书中,不仅每一课都编写了"导读",引入本课学习内容,而且每一单元都编写了"提要",帮助学生从宏观层面对本单元的学习内容有一个整体认识或基本了解。

课文中的辅助系统主要是指为了深化课文内容,特别是加深对基本课文理解而设计的插图（包括图片、地图和图表）、课旁批注、注释和各种小栏目。20 世纪 90 年代前编写的历史教科书中,课文辅助系统形式单一,只有插图,其中的图片均为黑白图片。教科书制度改革以后,课文中的辅助系统设计开始受到关注。20 世纪 90 年代编写的历史教科书中,不仅每一册教科书都设计了 20 幅左右的彩图,而且在课文中经常设计一些以提问形式引导学生思考的问题,如"想想看,各国为什么会把中国人称为唐人?"、"想一想,耶律阿保机在历史上有什么贡献?"等等。特别是新一轮基础教育课程改革以来,由于借鉴国外先进的教育理念,历史教科书课文辅助系统的设计更加丰富多彩。如"川教版"历史教科书课文中的辅助系统栏目设计不拘一格,根据对课文内容的不同要求,设计不同栏目,主要有"记记"、"看看"、"议议"、"说说"、"写写"、"想想"、"读读"等。"记记"和"写写"强调学生应记住的知识点,目的是提高学生的记忆力;"看看"引导学生看插图,如图片、地图等,目的是提高学生的观察力;"议议"和"说说"启发学生对课文内容自由发表议论,目的是培养学生的思维能力和口头表达能力;"想想"指导学生思考问题,主动探索解决问题的方法,目的是发展学生的历史思维能力;"读读"提供给学生阅读的史料,加深他们对课文的理解,目的是提高学生的阅读能力和理解能力。这种设计较好地照顾到了学生的个体差异。学生通过对课文内容的学习,掌握基本历史知识,通过对课文中栏目的学习,加深对课文的理解,联系自身实际,能较好地发挥自己的特长,扩大视野。

课文中的辅助系统部分通过直观、生动、形象、有趣的图文设计,直接为理解、扩充、深化课文内容服务。教科书编写质量的好坏,在很大程度上取决于该部分的编写是否生动、活泼、有趣,是否有助于发展学生的思维能力和培养学生正确的价值观。

历史教科书的结构和功能是不断变化和发展的。不同国家的历史教科书结构和功能各不相同,同一国家不同时期的历史教科书结构和功能也不尽相同,即使是在同一国家的同一时期,历史教科书的结构和功能也不完全相同。课文系统展现的是学生学习的基本内容,它决定了学习内容的广度。由于同一时期编写历史教科书的依据相同,因此,历史教科书课文系统的知识点基本相同。课文辅助系统依附并服务于课文系统,它不仅扩宽了学习内容的广度,而且还可以拓展学习内容的深度。不同版本历史教科书的课文辅助系统各具特色,历史教科书质量的高低不仅体现在课文系统的编写方面,更取决于课文辅助系统的编写质量。可见,历史教科书的课文系统和课文辅助系统既具有相对独立性,又互相联系,它们共同构成历史教科书的整体。

第三节 21世纪中学历史教科书的特点

根据新的课程理念,依据新的历史课程标准,21世纪的历史教科书编写工作逐步展开。从1992年开始,人教版、北师大版、上海版、川教版、沿海版、浙江版等多套九年制义务教育初中历史教科书陆续启用。目前,人民出版社、人民教育出版社、岳麓出版社和大象出版社分别编写了高中历史教科书,并经全国中小学教材审定委员会审定通过并陆续启用。虽然各种版本的初高中历史教科书各有所长,且各具特色,但是,与之前的历史教科书相比,21世纪的历史教科书主要体现了以下共同特点:

一、引进先进的教育理念

1. 体现了以学生为本的教育理念

21世纪历史教科书坚持新的教育理念,以学生为本是其集中体现。以学生为本,就是在教学过程中,将学生作为全部教学环节的主体,尊重学生的人格,发展学生的个性,发挥学生的主体作用,满足不同学生的需要,促进学生全面发展。只有学生的个性得到发展与完善,才能有社会的进步和发展。据此,21世纪历史教科书根据历史课程的三大目标,结合每一"主题"或"专题"的具体内容,对"知识与能力"、"过程与方法"、"情感态度与价值观"三个方面都作了具体要求。这些要求不仅体现了国家和社会的意志与要求,同时更注重结合学生的年龄特点和心理因素,较好地体现了以学生发展为本位的教育理念,把历史教育的社会功能与人的发展的功能有机结合起来。

以学生为本的教育理念,不仅强调学生对历史知识的掌握和能力的提高,而且注重人文素养的养成。历史学科已成为提高国民综合素质的重要学科。

2. 提倡参与和探究

根据新的课程理念,历史教育的目的不仅仅是让学生掌握必要的历史知识,还应让学生根据相关史料,通过独立思考,对历史人物、历史事件、历史现象或历史过程等形成个人的认识和判断,得出相关的结论,或者,在已学到的历史知识、能力和方法的基础上,进行知识迁移——对其他历史现象和现实问题进行较为正确的观察、分析、认识和判断。因此,21世纪历史教科书力图改变过去在历史课程实施过程中过于强调接受学习和机械训练等僵化模式,倡导学生积极主动地参与到教学之中,从单一的、被动的学习方式向多元的、主动的学习方式转变,更注重学生自主探究、合作交流和操作实践等学习方式。

21世纪历史教科书除了在每一课的基本课文中或基本课文后设计了引导学生探究历史的栏目外,初中历史教科书还专门设计了"活动课"或"主题活动"课,高中也专门设计了"综合探究"课等与其他课文并列,对探究式学习方式的重视程度由此可见。

探究式学习方式要求学生掌握探究式学习方法,而探究式学习方法的掌握和运用,需要教师的悉心指导,需要教师组织丰富多彩的教学实践活动,更需要历史教科书的启发。与过去历史教科书不同的是,21世纪历史教科书,无论是初中还是高中,都注意适当吸收学术研究新成果,积极倡导探究式学习方式,以开发学生的潜能。历史教科书不仅仅关注"教"和"考试"内容,更针对不同级别的中学生,通过不同观点的历史材料,让学生运用抽象思维进行加工,构建具有说服力的论证体系,最终得出自己独到的见解。然而,学生的观点往往会有过激的倾向,这就需要教师加以引导,指导学生同他人交流观点和看法,学会听取他人的不同意见,以补充自己的论据,拓展观察视野,使自己的看法更接近真理,更趋客观。

二、构建全新的内容体系

1. 别具一格的内容构架

一定的教育理念总要通过一定的内容来展现。先进的历史教育理念要求有与之相适应的历史教科书内容体系来呈现。根据历史课程标准的要求,21世纪历史教科书在内容结构上别具一格。

一是初中历史教科书以"主题"形式构建历史知识体系。21世纪各种版本的初中历史教科书都以学习"主题"的形式呈现学习内容。一般来说,21世纪初中历史教科书全套六册,其中中国历史教科书四册,世界历史教科书两册。无论是中国历史教科书还是世界历史教科书,均以学习"主题"的形式呈现课程内容。每一册历史教科书分若干"主题",每一"主题"之下有若干"课"。如人民教育出版社出版的初中《中国历史》教科书全套四册,共21个"单元",每一个"单元"即为一个学习"主题";《世界历史》教科书全套两册,共16个"单元",每一个"单元"亦即一个学习"主题"。这样,人民教育出版社出版的初中历史教科书全套六册共37个学习"主题"。以"主题"形式呈现学习内容是21世纪初中历史教科书的最大亮点。然而,主题之间的关系并不是杂乱无章的,而有一定的规律可循。一般来说,"主题"是以历史发展的时间顺序编排的,目的是让学生了解历史发展的基本线索。如人民教育出版社编写的《中国历史》七年级上册共四个学习"单元(主题)",它们分别是:第一单元"中华文明的起源"、第二单元"国家的产生和社会的变革"、第三单元"统一国家的建立"、第四单元"政权分立与民族融合"。而每一"单元(主题)"之下的若干"课"也是按时间顺序编排的。

21世纪初中历史教科书根据初中学生的知识储备、学习心理和认知特点,将历史学习内容分为若干"主题",每一"主题"的内容按照历史发展的脉络编排,这样可以让学生系统地了解历史发展的基本脉络,对历史发展形成一个整体认识。每一"主题"之下分若干"课","课"的内容既有政治史,又有经济史、文化史和生活史。值得一提的是,过去的历史教科书是以历史发展的基本脉络为顺序,将政治、经济、文化等历史知识混合编写在某些章节里,而21世纪历史教科书则将政治、经济、文化和生活史分别编写在不同的"课"中,这样更便于学生的学习和理解。

二是高中历史教科书以"专题"形式构建知识体系。按照高中历史课程标准要求,21世纪各种版本的高中历史教科书均以"专题"形式构建学习内容,这样编写的最大好处是避免了初中和高中历史课程内容的重复。

根据新一轮基础教育课程改革的要求,普通高中历史课程由必修课和选修课构成。必修课有历史Ⅰ、历史Ⅱ和历史Ⅲ三个学习模块,每一个学习模块包括多个古今贯通、中外关联的学习专题,分别反映人类社会政治、经济、思想文化和科学技术等领域的重要历史内容。必修课是全体高中学生都必须学习的基本内容。选修课包括历史上重大改革回眸、近代社会的民主思想与实践、20世纪的战争与和平、中外历史人物评说、探索历史的奥秘及世界文化遗产荟萃等六个学习模块,学生可根据自己的兴趣,任选若干模块。因此,21世纪各种版本的高中历史教科书全套共九册,其中必修课三册,选修课六册,各册都以"专题"形式构建内容体系。如人民教育出版社出版的高中历史教科书全套共九册。必修课共三册:《历史Ⅰ》为政治史,《历史Ⅱ》为经济史,《历史Ⅲ》为文化史,每一册分别有8个"专题",必修课共24个"专题"。选修课共六册,选修Ⅰ至Ⅵ分别为历史上重大改革回眸、近代社会的民主思想与实践、20世纪的战争与和平、中外历史人物评说、探索历史的奥秘及世界文化遗产荟萃,共43个"专题"。

这种以"模块"加"专题"形式构建高中历史课程体系,是我国新一轮高中历史课程改革的创新点,也是21世纪高中历史教科书内容构架的亮点。这种具有独创性的编排体系,将传统的历史知识体系进行重新整合,改变了以往中学历史教科书中初中与高中历史学习内容的简单重复,以及以知识为中心、以学科为本位的不利于学生个性发展的僵化模式,旨在拓展学生的历史视野,发展学生的历史思维能力,从而达到促进学生个性发展、提高全民族整体素质的目的。

从理论上说,以"专题"学习形式取代传统的"以时间为主线"的通史体例,按照"贯通古今,中外混编"的原则,构建高中历史必修课程和选修课程的内容,这种历史教科书编写方式更符合课程综合化的世界课程改革潮流,也符合高中学生的认知心理,便于探究式学习。

2. 突出重点,大跨度、跳跃式的内容呈现模式

历史教科书虽然不能以历史学科为本位,但是,历史教科书的编写必须依托历史知识来展开,这一点不容置疑。然而,关于人类创造物质文明和精神文明的发展过程的历史知识浩如烟海,要在有限的教学时间里如数地展现全部内容是不可能的,也是没有必要的。因此,根据新的课程理念,21世纪历史教科书在内容选择上,不是"囊括"历史知识,而是"精选"历史知识;不是"以量取胜",而是"以质取胜"。舍弃的是繁琐、艰深、庞杂、陈旧的内容,减少的是抽象、复杂的历史理论和概念,选择的是着眼于加强对学生人文精神的熏陶,促进学生全面发展和终身发展的内容,精选的内容具有重要性、代表性和典型性,是能够反映人类社会发展基本进程、基本脉络和基本规律的历史知识。突出重点,大跨度、跳跃式的内容呈现模式是其特色。如"川教版"关于两汉时期的历史虽然用了三课的篇幅,但是知识点主要集中在三个方面:一是汉武帝的文治武功,二是张骞通西域,三是两汉时期的对外关系。政治史部分主要从尊儒术兴太学、巩固国家统一和开发边疆三个方面介绍汉武帝的文治武功。与过去的历史教科书相比,"川教版"关于两汉时期的历史删除了"文景之治"、"光武中兴"等内容,特别是东汉时期的政治史,在"川教版"初中历史教科书中只字未提。

如果说过去的历史教科书主要是强调学生对历史知识的被动接受,那么,21世纪教科书则更加注重让学生主动认知知识,因而教科书的知识点明显减少,难度明显减小。这是21世纪历史教科书与过去历史教科书关于历史知识点编写的最显著区别。过去的历史教科书,由于过于强调历史学科体系和过于注重书本知识的传授,存在着"繁、难、偏、旧"现象,历史教科书知识点多,内容繁杂,理论性较强,难度偏大,学生学习压力较大。21世纪历史教科书力求改变这一现象,历史教科书强调以学生为中心,倡导学生主动参与、乐于探究、勤于动手,培养学生搜集和处理历史信息的内容、获取新知识的能力,分析和解决问题的能力以及交流与合作的能力。因此,21世纪历史教科书知识点减少了,而探究历史的内容增多了。

重点突出、历史知识之间跨度大、跳跃式的内容呈现模式等特点,在21世纪高中历史教科书中表现得尤为突出。这主要是因为高中历史教科书以"模块"加"专题"、采取中外合编的形式呈现学习内容。这种编写模式不仅避免了初中和高中学习内容的简单重复,而且有利于培养学生发散性思维能力和国际意识,养成国际合作精神。

 资料阅读

新的历史课程在内容选择上坚持的原则[①]

1. 要避免专业化、成人化倾向,不刻意追求历史学科体系的完整性。
2. 课程内容应体现时代精神,贴近社会生活,贴近学生生活。
3. 课程内容应是国家公民必须具备的基本历史知识,即人类社会发展中最具影响力的重大历史事件、历史人物、历史现象以及重要的历史概念和历史发展的基本线索。
4. 课程内容应符合学生的心理特征和认知水平,尽量减少艰深的历史理论和概念。

---

① 历史课程标准研制组编写.历史课程标准解读[M].北京:北京师范大学出版社,2002:10.

三、新颖的教科书结构

《普通高中历史课程标准(实验稿)》明确规定:"要正确处理教科书与《标准》的关系。《标准》是教科书编写的唯一依据。教科书编写者要认真研究《标准》,领会《标准》的基本精神。教科书必须完整准确地体现《标准》在知识与能力、过程与方法,以及情感态度与价值观等方面的基本要求。在此基础上,教科书可以适当增加一些'内容标准'之外的知识,并使之与'内容标准'所要求的部分在呈现方式上有所区别,但这些知识要有助于学生更好地达成课程目标,有利于学生的个性发展。"①为了落实课程标准的这一规定要求,编者们在设计教科书的整体结构和具体栏目时煞费苦心,独具创意,很新颖很巧妙地执行了新课改理念,实现了新课改的基本目标。

表 2-1 "人教版"教科书的整体结构表

板块编排	栏目设计	目的或意义
导入	1. 单元导入	1. 使学生抓准核心,有的放矢学习,构建单元知识网络
	2. 课导入框	2. 通过历史情景,让学生在探究学习中掌握重点
正文	大小子目	让学生每节课把握一个主题,了解并归纳相关知识
课文辅助部分	历史纵横、学思之窗、资料回放、图片说明	作为正文的补充、延伸、说明,有利于提高学生学习兴趣,有利于学生深化对正文的认识,有利于启迪学生思考、发现问题
测评部分	本课测评	加强对知识与文字表达能力的考查
	学习延伸	为有兴趣和学有余力的学生设计的课外研究学习活动,体现教育基础性之上的层次性
探究活动课	问卷分析研讨会、尝试自编教材	培养学生解决问题的能力,让学生掌握探究学习的过程和方法,培养学生的创新精神
附录部分	主要词汇中英文对照表	有利于学生了解某些历史概念的由来,更真实地掌握外国历史人物、事件;也是历史与英语渗透的表现

1. 图文并茂的版面设计

21世纪历史教科书结构的最大特点是图文并茂。历史教科书插图的类型很多,不仅有传统的历史地图、人物画像、图表,而且还有色彩丰富的历史照片、油画等,如历史人物照片、历史遗迹遗址图片、历史文物照片等等。文字的字体、字号、行距等也有新的变化,有的教科书甚至使用了彩色文字,整个教科书图文设计更趋合理,令人赏心悦目。如"川教版"《中国历史》八年级上册除了封面和封底各一幅油画之外,扉页部分有43幅彩色图片。目录部分每一个主题下各有一幅缩小的图片,共七幅,这种设计很有创意。此外,每一学习主题标题处都有一幅反映本主题的大版面图片,每一课的"导读"部分都设计了一幅图片,课文中根据需要设计了多幅图片,课后栏目"学习与探究"、"史海拾贝"中也根据内容设计了数量不等的图片。整册教科书版面设计合理,图文并茂。"川教版"初中历史教科书中其他五册的历史图片使用情况与该册大体相当。其他版本的初中、高中历史教科书也都使用了大量的历史图片,而且各具特色。

与文字一样,历史教科书中的插图也具有传递历史信息的功能。有研究表明,图片能够比文字更快地表达清楚一个信息,教科书中大量使用图片,可以让学生在更短的时间跨度内接触到更多的信息。图片还有利于培养学生的形象思维能力,"心理学研究表明:一个人在解决比较复杂的问题时,

---

① 中华人民共和国教育部制订. 普通高中历史课程标准(实验稿)[M]. 北京:人民教育出版社,2003:6.

鲜明生动的形象或表象更有助于思维进程的顺利进行"[①]。同时,图片还是再现生动历史画面的重要手段之一,它具有生动性、形象性、直观性和启发性等特点,在历史教科书中具有文字不可取代的作用。因此,21世纪历史教科书对图片的使用更加关注。

2. 多元化的栏目设计

与以往历史教科书不同的是,21世纪历史教科书更关注课文辅助系统的设计,尤其注重教科书栏目的设计,栏目设计形式多样,注重突出思考和探究活动,期望通过多元化的栏目设计给学生创造广阔的思维空间,刺激学生动脑、动口、动手,使学生学习思维更加活跃,将整个身心全部投入到学习之中,从而培养多种智能,提高学习效率。

21世纪历史教科书中的栏目主要分三种类型,即课前栏目、课中栏目和课后栏目。课前栏目一般是对本单元、本课内容的概要介绍,或是对本课的学习指导。课中栏目主要是加强对基本课文的理解,发展学生的各种思维能力。课后栏目是专门为每一单元或每一课内容而设计的,目的是复习巩固所学内容,或通过各种形式的探究活动,培养学生的思维能力、语言表达能力、社交能力和沟通能力等。如"人教版"初中历史教科书中的栏目有"导入框"、"动脑筋"、"练一练"、"活动与探究"、"自由阅读卡"等;高中历史教科书有"(单元)导读"、"学习建议"、"导入框"、"学思之窗"、"历史纵横"、"模块链接"、"本课要旨"、"探究学习总结"等。"川教版"初中历史教科书中的栏目有"导入框"、"记记"、"看看"、"议议"、"说说"、"写写"、"想想"、"读读"、"学习与探究"等。"岳麓版"高中历史教科书中的栏目有"导读"、"阅读与思考"、"解析与探究"等。

高质量的历史教科书应具备科学合理的教科书栏目。通过新颖独特的教科书结构,精心设计多元化栏目,充分照顾到学生的个性差异,力求调动所有学生研习历史的积极性、主动性和创造性,便于学生从多角度、全方位了解中外历史,这是所有历史教师和历史教科书编写者的共同心愿。

21世纪历史教科书还体现了新课程的教学评价体系,结果与过程并重,形成了以培养学生综合素质为目标的评价体系,全面提升了历史教学评价的功能。

总之,21世纪历史教科书引进了全新的教育教学理念,合理吸收了前沿学术成果,以新视角透射历史现象,以新史料印证历史规律,还原历史的本来面貌,激发学生的历史想象,陶冶学生的人文素养,提升学生的综合素质。如果说传统的历史教科书注重的是让学生知道结论,那么,新世纪历史教科书则更强调让学生获取信息,自己得出结论。21世纪历史教科书以其全新的内容选择、独特的版面设计和精美的印刷质量而深受教师和学生喜爱。

本章小结

课程的基本理念需要通过教科书来全面体现。中学历史教科书作为中学历史教育教学最主要、最基本和最常用的历史教材,承载着中学历史课程的基本理念,深刻影响着中学历史教育、教学质量。所以,当前中学历史教科书的改革是基础教育历史课程改革的焦点话题之一。基于此,本章首先对中学历史教材和中学历史教科书的概念进行了区分,其次是对中学历史教科书的结构和功能进行了阐释,中学历史教科书的体例结构是教科书的"经脉"和"骨骼",是支撑教科书存在的基础。再次是在介绍21世纪中学历史教科书改革发展基本状况的基础上,归纳概括了新世纪中学历史教科书的特点。一般而言,青少年学习历史主要是通过学校历史课程的开设与师生之间的教学活动来完成,而中学历史教科书既是向中学生普及历史知识的载体,也是师生双边教学活动的中介,因此,对历史教科书编撰理论的研究探讨将有助于教育教学活动效果和质量的提高。

[①] 聂幼犁主编.历史课程与教学论[M].杭州:浙江教育出版社,2003:121.

思考与讨论

- 有学者认为教科书即教材,对此观点你是赞同还是反对?说说你的理由。
- 中学历史教科书的作用主要体现在哪些方面?
- 试就中学历史教科书课文系统和课文辅助系统的关系及对教学内容处理的影响,以小组为单位展开讨论。
- 选择两个版本高中历史教科书中有关辛亥革命的内容,对具体的编撰内容进行比较后,谈谈你对历史教科书编写的认识。

学习链接

1. 人民教育出版社网站:www.pep.com.cn
2. 《历史教学》期刊网站:www.historyteaching.net

参 考 文 献

[1] 白月桥.历史教学问题探讨[M].北京:教育科学出版社,2001.
[2] 于友西主编.中学历史教学法(第二版)[M].北京:高等教育出版社,2005.
[3] 课程教材研究所历史课程教材研究开发中心编著.中国历史[M].北京:人民教育出版社,2003.
[4] 龚奇柱主编.中国历史,世界历史[M].成都:四川教育出版社,2005—2006.
[5] 人民教育出版社历史室编著.中国近代现代史(必修)[M].北京:人民教育出版社,1997.
[6] 马执斌.树立新的历史教材观是当务之急[J].历史教学,2005(6).
[7] 历史课程标准研制组编写.全日制义务教育历史课程标准解读[M].北京:北京师范大学出版社,2002.
[8] 黄显华,霍秉坤.寻找课程论和教科书设计理论基础[M].北京:人民教育出版社,2002.
[9] 王宏志.历史教材的改革与实践[M].北京:人民教育出版社,2000.

第三章　中学历史教学方法的改革

学习目标

当你了解本章内容后,你可以:
- 界定中学历史讲授教学法中叙述、描述、概述的区别。
- 综述20世纪80年代以来中学历史课堂教学方法变革的概况。
- 举例说明主要历史教学方法的各自特点。
- 对目前我国历史教学方法的改革动态提出个人的见解。

本章导引

某中学的一位30多岁的女教师丁某通过讲述、提问、板书、课堂作业等方式比较顺利地完成了"明末农民战争"内容的"传授任务"。课后交换意见时,听课者问:"你觉得这一节课上得怎样?"答:"讲得不够透彻,学生的积极性还没有调动起来……"又问:"能不能说说自己比较满意的地方?"答:"重点还是讲得比较突出的,特别是关于明末农民战争的原因、经过等,自己结合挂图,有重点地作了讲解。"听课者有意重复了一下女教师的话:"哦,你觉得重点还是讲得比较突出的。"并且把"讲"字念得特别重。说缺点也罢,谈优点也好,女教师都离不开一个"讲"字。在她看来,上课就是讲课本,讲清楚、讲明白、重点讲突出,就是成功的教学;否则就是失败。[①]

对于上述案例中的观点你同意吗?

第一节　传统的历史教学方法——讲授法

一、讲授法的基本原理

讲授法是历史教师最常采用的教学方法。讲授法是教师运用简明生动的语言,通过描述事实、解读概念、阐释规律等,系统地向学生传授历史知识和发展学生能力的一种方法。这种方法以教师为主导调控整个教学过程,是以教师为中心的教学方法。它主要由讲述法、讲解法、讲读法等方式构成。中学历史学科中存在着大量的陈述性知识,知识的系统性也强,这种学科特点是适宜于讲授法的。在教学过程中,教师通过有组织、有系统的口头讲述,有条理的解读、分析、论证、概括等,来实现预设的教学目标,使学生能够较完整地接受特定的历史学习内容,了解历史事件及其构成要素的内在关系。这样,教师可以在短时间内由易到难、由浅入深地传递大量系统性的信息,并且教师容易控制所传递的内容,从而经济而系统地传授人类文化遗产。因此,讲授法很久以来一直是历史教学最主要的教学方法。

具体来说,讲授法包含有讲述法、讲解法、讲读法等。

1. 讲述法

讲述是教师运用口头语言,对历史事件、历史人物、历史现象等进行生动的描述、系统的叙述、扼

[①] 龚奇柱.西南地区历史教育的现状与对策研究[J].西南师范大学学报,2001(3).

要的概述的一种教学方式。历史知识具有"过去性",在历史教学过程中,教师借助于生动形象的语言,讲述历史现象发生、发展和结束的过程,帮助学生建构历史表象,获得历史知识。这样,教师不仅向学生传授了历史知识,而且也向学生传输了历史观念。

讲述重在"述",具体来说,它又可以分为叙述、描述、概述三种具体的形式。

案例展示

《德意志的统一》课堂实录①

上节课我们学习了19世纪60—70年代俄国、美国的资产阶级革命或改革。革命或改革之后,这些国家国力均得到不同程度的加强,在世界上所发挥的作用也越来越明显。然而到目前为止,一个曾经为人类文明作出杰出贡献的国家还没有进入我们的视野,那就是德意志。截止到19世纪60年代,德意志还是一盘散沙。所以,德意志当时所面临的首要问题是:要实现日耳曼民族的复兴,必须首先实现国家的统一。

1. 德意志统一的背景

师:(演示软件:地图"德意志的分裂")

生:(看图,思考)

师:19世纪中期的德意志有近四十个邦和自由市,各邦在内政、外交和军事等方面仍各自为政。其中,奥地利是德意志政治领袖,普鲁士紧随其后,双方为争夺德意志领导权明争暗斗。

19世纪五六十年代,德意志的工业革命蓬勃开展起来。各邦中普鲁士的地位越来越重要,1834年,以普鲁士为主,共有十多个主要邦国成立了德意志关税同盟,该同盟免除各邦之间的内部关税。(演示软件:地图"德意志关税同盟")

生:(看图,思考)

师:通过观察以上两张史图,你可以得出什么结论?

生:(思考并回答问题)

师:德意志的经济状况与政治状况形成了鲜明的反差:政治四分五裂,经济上统一已初露端倪。这强烈呼唤着政治统一,因为分裂已成为经济进一步发展的最严重的障碍。例如:各邦之间当时迫切需要的人口和资源技术的流动被限制;资产阶级要拓展海外殖民地,缺乏强有力的国家政权保护。可见德意志统一的最根本的原因是经济上资本主义的发展受到政治分裂的严重阻碍。另外,19世纪中期欧洲民族主义方兴未艾,在德意志的四周,早已出现了一系列民族成分单一的统一国家,德意志要在未来强国林立的欧洲占有一席之地,必须以政治统一来实现民族的复兴。因此,19世纪中期德意志要进一步发展资本主义经济,要振兴德意志民族,首先都必须实现国家的统一。可见,统一已是大势所趋,越来越急迫地提到了历史发展日程上。下面,需要解决的就是统一的途径问题。

在当时,普鲁士和奥地利是仅有的两个有实力领导统一的邦国。从政治影响上说,奥地利要比普鲁士大。但此时奥地利在经济和军事实力上已被普鲁士超过,而且内部民族矛盾复杂而尖锐。统治阶级埋头于处理国内问题,并不希望德意志在其他国家领导下完成统一。因此奥地利无意领导统一,甚至会阻挠统一。而普鲁士民族成分单一,统一决心坚定,其统治阶级又野心勃勃,力图通过领导统一把自己的势力扩展到整个德意志。因此,统一任务最终落到了普鲁士身上。下面我们来看一看德意志统一的过程。

2. 德意志统一的过程

师:德意志统一的过程是和一个重要的人物、一种著名的政策紧密结合在一起的。这个人物是谁呢?(演示软件:"俾斯麦画像")

生:(看图)

---

① 根据赵利剑老师的《德意志的统一》教学录像整理。

师：这个人物就是连续担任普鲁士首相的冯·俾斯麦。这是一位德国乃至欧洲历史上非常著名的人物。他是一个性格很复杂的人。据说他在大学期间跟他的同学发生过28次斗殴，性格很粗野。但据说他在写给他妻子的信里面又有着异乎寻常的柔情蜜意。所以，他的性格是很复杂的。他自从1862年出任普鲁士首相之后，就坚定不移地推行以普鲁士为领导统一德意志的政策。俾斯麦环顾四周，他认为，德意志的统一不会是一帆风顺的，德意志统一必然会遇到阻碍。我们来判断一下，德意志统一将遇到的敌人都有谁？肯定有奥地利，这是内部敌人。有没有外部敌人呢？外部敌人是它的新邻法国。法国是不会坐视它身边出现一个强大的德意志而不管的，这会成为它将来称霸欧洲大陆的对手。法国肯定要阻挠。俾斯麦认为，要想扫除这两个障碍，别无他途，只有武力。我们来看教材89页。请同学读教材的第二段材料，分析材料提供了哪些信息。（引导学生阅读教材第89页材料②）

生：（阅读有关材料）

师：这段材料中的"自由主义"指资产阶级所追求的议会民主制度，"当代重大问题"则首推德意志的统一。其中最关键的字是哪两个？

生：（回答问题）

师：什么是"铁血政策"？

生：（思考、回答，概括出"铁血政策"的定义）

师：（在学生回答的基础上归纳）"铁血政策"即凭借普鲁士的强权武力统一德意志的政策。俾斯麦的政敌经常据此攻击他"穷兵黩武"，此评价是否准确留待以后解决，我们先来看看"铁血政策"在德意志统一中到底发挥了什么作用。（演示软件：地图"普奥对丹麦战争形势图"）

生：（看图）

师：在德意志北方有两个小邦国：石勒苏益格和荷尔斯泰因。当时受丹麦控制。1864年，普奥联合击败丹麦。普鲁士占有石勒苏益格，奥地利分得荷尔斯泰因。

这场战争留给后人一个疑问：俾斯麦为何要与奥地利共同对丹麦出兵？

生：（思考，回答问题）

师：（总结）以军事实力而言，普鲁士单独对丹麦作战稳操胜券，但会招致奥地利的猜忌干涉。为避免麻烦，俾斯麦干脆拉上奥地利一起出兵，共同瓜分战利品。但荷尔斯泰因与奥地利本土并不接壤，很难有效控制，倒是离普鲁士更近一些，北方还有刚被普鲁士吞并的石勒苏益格。可见，俾斯麦在对丹麦作战时，已经为下一步对奥地利的战争做准备了。1866年，普鲁士挑起普奥战争。（演示软件：地图"普奥战争"）

生：（看图）

师：普军获得萨多瓦战役胜利后，普鲁士国王威廉一世和参谋总长均主张乘胜进军奥地利首都维也纳。但俾斯麦又一次提出与众不同的见解：应适可而止，与奥地利讲和。他以辞职相威胁，迫使威廉一世同意了他的提议。其中奥妙何在？

生：（分组讨论，充分启发、酝酿，并由组长发言）

师：（在学生发言的基础上归纳）俾斯麦认为，萨多瓦会战已使普鲁士取得决定性胜利，排除奥地利干扰统一的目的已经达到。如穷追猛打，战争势必会扩大和拖延，可能导致法国干涉，使问题复杂化。即便奥地利被普鲁士吞并，也会给统一之后的德意志增添无穷无尽的麻烦。因此俾斯麦认为要在短时期内实现德意志的统一，特别是要保持统一后德意志的安定，必须排除奥地利。这充分体现了俾斯麦作为一个政治家的高明之处：只依据理智按照现实所提供的可能性来行事，而不掺杂感情色彩。更有甚者，俾斯麦此时已经在为对法战争考虑，如果乘胜即收，给奥地利留下颜面，就有可能使奥地利因感恩而在普法战争中保持中立。这更体现出俾斯麦的远见。

奥地利从此被排除出德意志范围。1867年，普鲁士成立了北德意志同盟。（演示软件：地图"北德意志同盟"）

生：（看图）

师：至此德意志的统一已完成大半，只有南德四邦由于受法国的干扰而分立。法国成为德意志统一的最后敌人。俾斯麦认为必须再发动一次战争打垮法国，而法皇拿破仑三世为阻止身旁出现一个强大的德意志也不惜付诸武力。双方都在求战，但俾斯麦却费尽心机挑动法国先动手，以为自己谋得政治上的主动。

1868年,西班牙王位空缺,当地议会准备推举普鲁士国王威廉一世的堂兄出任新国王。拿破仑三世大为惊恐。(演示软件"欧洲地图"并提问)如果普鲁士王室成员出任西班牙国王,对哪一国威胁最大?为什么?

生:(看图,回答问题)

师:拿破仑三世派特使埃姆斯前往普鲁士的疗养地求见正在休养的威廉一世,请他保证其家族成员永不出任西班牙国王。事后,威廉一世给在柏林的俾斯麦发电报,告知双方会谈情况。俾斯麦本能地意识到可利用这封电报做文章,他把电文进行煽动性修改后在报界公开发表。(演示软件:"埃姆斯急电摘抄")

……法国大使埃姆斯居然要求国王陛下授权给他向巴黎发电,说国王陛下承担义务在今后永远不会再赞成霍亨索伦家族的一位亲王登上西班牙的王位,假如该家族重提此事的话。接着,国王陛下拒绝再次接见法国大使,并……通知他说,国王陛下已经没有什么可说的了。

——引自迪特尔·拉夫《德意志史》

该电文发表后对普鲁士和法国分别会起到什么作用?

生:(阅读材料并回答问题)

师:这种非同寻常的外交辞令使德意志在全世界面前变成了受侮辱的无辜的一方,从而极大地唤起了德意志人的民族意识;而拿破仑三世的地位极为被动,他要么忍受失败,要么对德开战。俾斯麦估计这份急电在巴黎会起到"红布对高卢公牛的作用"。拿破仑三世果然上当,他于1870年7月对普鲁士宣战,普法战争爆发。(演示软件:地图"普法战争形势图")

生:(看图)

师:1870年9月,普鲁士军队在法国要塞色当取得大捷,拿破仑三世以及十万法国官兵成为俘虏。普鲁士军队进军巴黎,迫使法国政府签订了屈辱的和约:赔款50亿法郎并割让阿尔萨斯和洛林。

通过普法战争,普鲁士最终控制南德四邦,并获得两块新领土。在这个基础上,一个强大而统一的德意志帝国建立起来。1871年1月18日,普鲁士国王威廉一世在法国凡尔赛宫的镜厅正式加冕即德意志帝国皇位。德意志统一大功告成。

至此,我们可以解决刚才的遗留问题:关于俾斯麦及其"铁血政策"应如何恰当评价?

生:(分组讨论,充分启发、酝酿,并由组长发言)

师:(归纳总结)这种政策听起来充满血腥,但它主要是为德意志的统一服务,其矛头指向的是德意志统一的敌人奥地利、法国。而德意志的统一又是历史发展的必然要求,是历史的进步,因此"铁血政策"是积极推动德意志统一的政策。俾斯麦也充分发挥了自己杰出的政治、外交才能,为德意志的统一作出了杰出贡献。可见,具有杰出才干的人物在历史发展进程中是可以起到重要作用的。当然必须是在时代发展的需要之下起作用。

然而凡事都有两面性。当"铁血政策"为德意志统一服务时,我们应该肯定它的积极意义。一旦这种政策被用来为领土扩张和掠夺财富服务,就具有"穷兵黩武"的侵略性。(提问)在统一过程中,"铁血政策"的推行有无过头之处?

生:(回答问题)

师:如普法战争,这场战争的性质对双方来说发生过变化:色当会战之前,普鲁士是为国家统一而进行的正义战争,而法国进行的是干涉他国内政的非正义战争。色当会战后,德意志统一的最后障碍已被扫除,但普军仍不断侵占法国领土,屠杀法国人民,已变成非正义的侵略战争,而法国则进行的是自卫性的正义战争。因此,我们对历史人物和历史事件的评价不能离开特定的历史环境和条件,应该辩证地看问题。

3. 德意志统一的历史意义

德意志统一的完成,扫除了资本主义发展道路上的最大障碍,因此具有资产阶级革命的作用。德国迅速崛起成为欧洲乃至世界上真正的强国,德意志民族实现了历史复兴,因此统一又具有民族复兴意义。而在欧洲的心脏地区出现了一个充满生机的统一的德意志,也必然会改变欧洲的政治格局。(演示软件:"欧洲地图")

生:(看图)

师：此前，欧洲大陆的强国首推俄法奥，争夺主要在这三国之间展开。而在德意志统一过程中，法国和奥地利被不同程度地削弱，俄国又很落后，这就使得德国将在今后的欧洲乃至世界政治舞台上发挥日益重要的作用。然而，德意志的统一是以普鲁士为核心通过自上而下的王朝战争完成的，普鲁士的专制制度被扩大到整个德意志，特别是军国主义传统非但没有减轻，反而通过"铁血政策"的推行得以加强，这就使统一之后的德国富于侵略性，它总是把武力看作达到目的的有效手段。（演示软件：油画"德意志帝国的诞生"）

生：（看图）

师：这是1871年普鲁士国王威廉一世在法国凡尔赛宫镜厅加冕即德意志帝国皇位的情景。台阶下这些德意志各邦的君主正在向他们的新君宣誓效忠。这些君主无一例外，统一身着军服，并高举他们的佩刀。整个镜厅一片刀光剑影。这个场景似乎在向世人宣告：将来在世界战争灾难制造者的名单上，德国将占有显赫的位置。

（1）叙述。

叙述是指教师对历史事件的发展过程、历史人物的主要活动和历史现象的主要状况，按照年代的先后顺序，进行具体而完整的讲授。

叙述的主要要求是生动形象，有情节、有变化。在叙述的过程中，不仅要把历史事件的原委、发展变化和结果讲清楚，而且，其中就包含着揭示该历史事件发展趋势的主要因素。叙述有助于学生了解重要的历史事实，形成完整的历史表象，它又符合按年代顺序教授历史的原则，同时，可借助历史发展过程中的情节及教师的情感，引起学生思想上的共鸣和交流。

历史叙述的过程，大体上是依时间的顺序分为开端、发展、高潮、后续和结局几个环节。

案例研究

如在上面案例中，教师按照历史事件发生和发展的先后顺序，对德意志统一的内容做了完整的叙述。其中，主要从政治背景、经济背景和进行统一活动的领导力量这三个方面对统一的背景进行叙述；以介绍俾斯麦以及铁血政策为导引，对统一的过程进行了叙述。这样，通过老师的叙述，学生有了对德意志统一这一历史事件和在这一历史事件中发挥了重要作用的历史人物——俾斯麦的主要活动的完整认识。

要在历史教学中成功运用叙述法，合理安排好叙事结构就显得十分重要了。一般说来，讲"开端"要干净利索，决不拖泥带水，有意设悬，决不故弄玄虚；讲"情节"要尽可能生动具体，决不臃肿冗长；讲"高潮"要具有较强烈的情感渲染，决不平板干瘪；讲"结局"要尽可能富有启发多带思考，决不主观臆测，或将学生永远封死在一个概念上。总之，叙述的过程，应该是一个立体思维过程，是一个极富启发意义的情节发展过程，是一个完整的知识消化过程。

所以，历史教师在具体运用叙述时要注意：

一是要做到层次清楚、具有系统性。任何历史事件、历史现象、历史人物的活动都不是孤立存在的，都有着前后相连的各种联系和内在关系，这就要求教师在叙述时要有系统，有头有尾。但是，这种系统性叙述并不是要求对所有的内容都不分主次，面面俱到，而是要求抓住事物的主要方面，分层次有条理地讲清历史事件、历史现象、历史人物活动的来龙去脉和内在联系。

二是要注意材料选择及组织的典型性。历史知识浩如烟海，只有选择典型的材料对教学内容进行恰当的补充，才能有助于突出教学重点、突破教学难点，将历史问题讲清讲透。

案例研究

在上面的案例中,在讲述俾斯麦及其"铁血政策"时,教师补充了一则俾斯麦在大学时曾经与同学发生过28次斗殴,但是在给妻子的书信中却充满了柔情蜜意的材料。在讲述俾斯麦在三次王朝战争中的政治远见时,补充了俾斯麦修改电报以刺激法国的内容,使学生对俾斯麦这个历史人物有了全面的认识。

三是语言表达要有感染力。教师要把自己对历史事件的情感渗透到叙述中。叙述时声音要抑扬顿挫,饱含激情。要用简明扼要、生动形象、干脆利落的语言,使学生产生情感上的共鸣。

(2) 描述。

描述是对某一历史事件、历史现象的典型情景和历史人物的形象进行生动细致的语言描绘,就好像电影中的特写镜头。

历史教学中的描述,主要适用于:

① 对历史人物形象的刻画。抓住人物特征作特写是教学中最常用的人物描述手段。特征包括:外貌、长相、发式、衣着服饰,乃至内心感情和行为等。描述历史人物形象,刻画其心理状态,能够突出时代赋予人物的特点。用特征描述,可以让学生熟悉具体人物的生活和活动特点,进而认识由此而折射出的历史时代和社会环境的整个特征。

案例展示

描述秦始皇

一位教师在讲秦巩固统一的措施时,结合课本插图,对秦始皇做出如下描述:"动作傲慢威严,身穿胡服、头戴冕旒,前后挂满了珠宝,每边12排,这是当时最尊贵的标志,他手指前方,一副唯我独尊的气势。"这段描述不仅刻画了秦始皇威严、傲慢的外形,而且剖析了这位首代帝王自恃功高、唯我独尊的内心世界。

② 对历史活动场面的描绘。通过极具体的场面(或道具)布置和语言组织,用细节烘托出历史背景的特征。

案例展示

描述三级会议的开幕

三级会议很隆重地开幕了。僧侣们都穿戴得很阔气,丝织的白外套或紫外套;贵族们穿着金线绣花的外衣;第三等级的代表却穿着朴素的黑色便服。当国王坐上王座、戴上帽子的时候,贵族和僧侣们都利用旧日的特权,戴上了帽子,而第三等级的代表们,过去是光着头跪着听国王讲话的,这次也戴帽子站着听国王讲话了,这预示着革命的风暴要来临了。

③ 对历史器物特色的描述。对各个不同历史时代的器物和工艺品进行描述,以说明当时的社会生活和社会生产发展水平,如陆羽《茶经》中所形容的邢窑白瓷类银类雪、越窑青瓷类玉类冰。

④ 其他如文学作品、绘画和雕刻作品、武器装备、交通工具、住宅和环境、娱乐活动等,都可以就其特征进行描述。

描述和叙述的主要区别是:描述着重于具体对象的特点,没有情节,叙述则着重于过程和情节。在实际教学中,这两种手段可以有机结合。一般来说,精彩的叙述往往得益于恰到好处地运用描述。相应的,一段精彩的描述也往往是由精彩的叙述情节引发出来的。所以,在讲述法中把描述作为叙述的补充手段来看的观点,是比较客观实际的。

运用描述法时要注意:

一是描述一定要针对教学的重点内容,突出关键场景、关键环境、关键人物、关键器物等的特征。不要为描述而描述,否则会喧宾夺主,影响教学的效果。例如有教师描述郑和下西洋时的气氛时这样讲道:"晨风轻轻地吹,海鸥在水面上飞翔,郑和站在船头,面临着那一望无际的海洋。"这就淡化了教学的主题,实际上应描述的是郑和如何克服艰难险阻的大无畏精神。

二是描述一定要根据翔实的历史材料来刻画描述对象的典型特征,运用比较和比喻的方法要适宜。例如在讲解秦始皇修筑驰道时,一教师说:"驰道宽五十步,两边植树,像今天的马路一样。"应该说,这种描述是不真实的。因为秦驰道宽五十步,用铁椎筑土坚实,驰道中央宽三丈,是皇帝独用的专路,植树标明路线,专路两旁人们才能行走。这说明驰道带有封建专制时代的特征,是不能简单类比为今天的马路的。

案例研究

在前面的案例中,教师在讲解普法战争结束后的德皇加冕时,选用了一幅威廉一世在凡尔赛镜厅加冕的油画作品来对当时的场面进行描述。通过对油画中的加冕仪式上高举的军刀的刻画,使学生更加形象地认识到德意志军国主义的传统和威力。

三是描述要充分利用直观教学手段和现代教育技术进行辅助教学,以调动学生学习过程中的感官作用,强化教学效果。

(3) 概述。

概述是对历史内容进行简明扼要的概括性的讲述,用最精练的语言勾勒历史发展的基本线索和面貌,以保持历史知识的连贯性。

中学历史教学内容,由于教学时间的限制,不可能全部采用叙述和描述。同时对历史内容的讲述,也没有必要对所有的内容都不分主次地一律进行详细、生动的讲述。在充分强调学生自主学习的今天,更应该考虑尽可能地少讲冗长的历史发展过程,而更多地提炼些思辨的精华,让学生自觉地去认识历史、认识社会。因此,概述就显得尤为重要了。

概述特别适合下列内容:会议内容和决议、典章制度、政策措施、文化思想、疆域变迁等。

案例展示

《天朝田亩制度》的概述

太平天国定都天京以后,颁布《天朝田亩制度》,规定了按人口平均分配土地的制度和产品平均分配等改革措施,要建立"有田同耕,有饭同食,有衣同穿,有钱同使,无处不均匀,无人不饱暖"的理想社会。它是太平天国的革命纲领,具有阶级的局限性。①

概述要求教师的语言表达简明扼要、具体连贯、有条有理,用少而精的语言表达完整的意思。因此,要注意语言的组织,切忌拖泥带水或简单潦草。

叙述、描述、概述这三种方式的互相配合使用,构成了讲述法。

2. 讲解法

讲解是教师运用说明、分析、论证等方式对历史史实、历史概念进行科学阐释的一种教学方法。讲解与讲述的主要区别在于"解",即重在运用说明、分析、论证等方式对一些知识性强的历史内容,进行严密的逻辑分析和科学判断。历史教学中,适用讲解法的内容包括:政治制度、经济制度、会议与条约、民族关系、科技文化、国际关系等。讲解的具体方式主要有:

(1) 分析与综合。

分析是将构成历史现象、历史事件的背景、原因、过程、结果、作用和影响等的各个要素进行分析,找出它们的个别特征或属性,弄清楚各个部分在整体概念中的地位,给予具体的说明。综合,则是在思考过程中把历史内容的诸要素的分析结果联成一个有机整体,形成历史知识概念,得出一个整体的结论。分析与综合是相互联系、相互依存的统一体,是思维过程的两个方面,在实际运用中是不能截然分开的。没有分析就谈不上综合,要综合就必须有分析。在历史教学中,教师只有对历史内容的各个方面进行具体的分析,在分析的基础上进行综合,才能使学生形成对历史知识的整体认识。

案例展示

以鸦片战争为例:从鸦片战争爆发的背景分析可以得出英国发动战争的目的和必然性;从鸦片战争的经过分析可以看出英国发动战争的非正义性和武力性;从结果和影响分析可以看出对中国的危害及对中国社会产生的深远影响。在以上分析的基础上,综合部分要素的本质特点,概括出:鸦片战争是1840年英国资本主义为开拓世界市场、打开中国大门而蓄谋发动的一场非正义的侵略战争。他们用武力强迫清政府签订了中国近代史上第一个不平等条约——《中英南京条约》及附件,使中国的领土主权完整遭到破坏,自然经济逐渐解体,中国开始一步步沦为半殖民地半封建社会。

(2) 比较与对比。

比较是把两种或两种以上历史事件、历史现象放在一起,辨别异同的思维方法。对比是把表面相似、性质对立的历史事件、历史现象放在一起,辨析本质差异的思维方法。在历史教学过程中,学生对同类型或相类似的事件、人物往往容易混淆,用比较、对比的方法予以鉴别,对学生深入理解历史知识,然后准确地形成历史概念是极为有益的。

---

① 朱光明.中学历史课堂教学方法研究[M].上海:上海教育出版社,1998:205—206.

案例展示

德意志统一与意大利统一的比较

德意志统一。背景：① 分裂与经济发展的矛盾；② 普鲁士的优势；③ 俾斯麦"铁血政策"。经过：① 1864年普奥对丹麦战争；② 1866年普奥战争；③ 1870年普法战争。评价：① 作用；② 局限性。

意大利统一。背景：① 分裂与经济发展的矛盾；② 撒丁王国的优势；③ 加富尔的富国强兵政策。经过：① 1859年意法对奥战争；② 1861年两西西里统一，意大利王国建立；③ 70年代初最终统一。评价：① 作用；② 局限性。

相同点：① 根本原因都是由于资本主义经济的发展，要求结束分裂状态；② 都有一个核心邦国；③ 都有一个杰出人物；④ 统一都有利于资本主义的发展；⑤ 都存在封建残余。

不同点：① 德意志是完全通过王朝战争来实现统一的，而意大利除了主要由撒丁王国领导进行统一运动外，加里波第领导志愿军通过自下而上的方式，解放了两西西里，统一了意大利南部；② 德意志统一过程中的三次王朝战争，只有普法战争是法国先侵略普鲁士，普鲁士在普法战争中具有反侵略性质，而意大利统一运动的重点则是驱逐奥地利在意大利北部和中部的势力，还具有民族解放运动的特点。

在历史教学中，比较的具体方式很多。从比较对象所涉及的时空角度分类来看，有纵向比较和横向比较。从比较对象所包含的内容角度分类，有宏观比较和微观比较。从比较对象的历史真实性角度分类，有事实比较和反事实比较。一般来说，讲述法多在初中教学中运用，而讲解则多用于高中历史教学中。

3. 讲读法

讲读法是一种读书（教科书和学习资料）和教师讲解交互进行的历史教学方法。它的基本教学流程是读书、讲解、小结。运用讲读法通常是边读边讲、以讲导读、以读助讲、讲读并进。可见，阅读"教科书"和教师的"讲解"是讲读法的两个基本点。

讲读法有许多衍生的相类似的教法，比如"四字三段教学法"、"四段教学法"等。"四字三段教学法"的基本结构由读（教科书）、讲（解）、议（论）、练（习）组成，基本流程是：第一段，阅读；第二段，讲议；第三段，练习。"四段教学法"的基本流程是：第一段，阅读；第二段，小组讨论；第三段，全班讨论；第四段，教师讲解、评论、总结、布置作业。

讲读法把更多的教学时间留给了学生，将原先由教师"教"的部分改为让学生"学"的内容，课堂气氛也更为民主，学生有了更多的锻炼学习能力和思维能力的机会，充分体现了教师是教学的"主导"，学生是学习的"主体"的现代教学理念。

二、讲授法的利弊与优化运用

名师论教

著名特级教师刘宗华在谈到如何用好讲授法时，认为：

对每堂课要讲的内容，要熟练到不看课本、教案或笔记，完全脱稿，倒背如流。这是讲课的基本功。多年来我这样要求自己，也这样要求我培养的青年教师。/如果讲课内容不熟练，不能脱稿，你的精神就要集中于讲课内容，翻看课本或教案，你就顾不上学生，不能很好地组织教学、及时处理偶发事件。/倒背如流要讲，不

> 要背,要用生动活泼通俗易懂的口语,最好不用书面语言。讲起来要如行云流水,自然流露,水到渠成。/讲课脱稿是我多年养成的习惯,不但小课堂如此,就是上几百人的大课,也是如此,这也算是一条特点吧![1]

对"讲授法"历来有不同的看法。当人们批判陈旧的教学法时,首当其冲的便是讲授法。批评它的人把讲授法与"一言堂"、"满堂灌"、"填鸭式"联系在一起。人们普遍用陈旧落后、僵化的等形容词对其进行不遗余力的挞伐,认为这是一种"言者谆谆,听者昏昏"的被动学习。讲授法成了保守、僵化的教学方法的同义词。在目前课程改革的背景下,出现了历史课堂教学有意淡化讲授及在课堂教学的示范课、公开课、观摩课等对讲授法一味抛弃的现象。

持不同意见者认为这类观点和做法是不符合实际的。实际上,任何历史教学都离不开讲授法,这是因为讲授法作为和教学的历史一样悠久的教学方法,是有它存在的价值的。尤其是历史这门知识性、系统性强的人文学科,复原和分析历史的过程离不开语言的帮助,历史教育的社会功能和育人功能的发挥也离不开讲述。讲授法无论是在现在还是将来都会长期存在于中学课堂教学之中。现在,大多数国家的历史教学中采用的主要还是讲授法。这种方法是让学生获取知识最经济有效的方法。对讲授法明智的态度与做法不是抛弃,而是对之加以改造并使之趋于完善。

在目前正式出版的各种历史学科教学论著作中,讲授法仍然是首先被推荐的教学法。人们在论述讲授法的时候,认为这种方法的优势在于:

① 经济省时。历史知识有两个特点:一是它的过去性。历史是已经过去了的史实,是不可以再现或重构的。数千年数万年前的历史,后人不可能亲身去经历去体验。二是它的广博性。历史的研究领域涉及政治、经济、宗教、文化、民族、科学、地理、人口资源等等各个方面,内容丰富、包罗万象。大量的历史知识要在课堂教学的有限时间里为学生接受,就离不开教师的讲授。讲授法能使学生在教师的阐释引导下,在课堂学习的过程中,获得大量、系统的基本历史知识。并且,课堂教学的人数可多可少,亦不太受限制。

② 简单易操作。教师只要具备一定的历史学科的知识背景和教学水平,在进行适当准备的情况下,就可以按照历史教科书及教学材料来开展教学工作。讲授法的使用也可以不受教学环境和设备的影响,无论是城市中学还是农村中学,只要具备基本的教学条件就能够运用。

③ 优势互补。讲授法可以和其他教学方法优势互补,如讨论法使用时的教师阐述、活动和游戏过程中的解说、讲授法和图示法的配合使用等。

但是,课堂讲授也具有一定的局限和不足,其局限性主要表现为:一是不利于学生历史学习兴趣的激发。在历史学习过程中,由于教师主导,学生参与的机会比较少,学习的气氛相对沉闷,学习的方式比较单一,学生的学习兴趣会逐渐衰减。二是不利于学生历史思维的发展。学生在课堂学习过程中,如果大多数时候是在聆听教师讲述的内容,那么学生就只能通过教师的讲授间接地跟新知识发生联系,常常是听得多、想得少,不利于学生学习主动性的发挥和彼此间的沟通交流,长此以往,将使学生养成被动学习的方式。三是不能兼顾学生之间的差异。讲授法虽然在课堂教学中不受听课人数的限制,但教师教学只能主要面对中等程度以上的学生,对其他层级的学生就无法兼顾了。

另外,讲授法在教学过程中"不当使用"的情况也较为普遍,比如有的教师讲授时不顾及学生原有的知识基础,在过短的时间内呈现了过多的新知识。如果在一定时间内向学生讲授的知识超过了学生可能加工并理解的信息限度,学生就会变得迷惑不解,如坠云雾,对自己学习能否成功也失去信心,

---

[1] 刘宗华,孙恭恂.刘宗华历史教学艺术与研究[M].济南:山东教育出版社,2000:38.

教师随后的讲授也是徒劳无功的。有的教师认识历史和叙述历史的方式不符合学生经验认识的基础，尽管教师讲得十分精彩，学生却无动于衷。教师的讲授应在学生原有知识基础构筑的平台上进行，否则，学生的学习必然是机械学习。还有的教师在讲解的时候只是简单化地直接把历史的结论告诉学生。这些例子突显了讲授法的缺陷，对它的运用很容易滑入"满堂灌"、"填鸭式"的陷阱，这也是讲授法受到批评的原因。

虽然讲授法有利亦有弊，但它仍然是目前使用最广泛的历史教学法之一。在认识到讲授法的弊端的同时，对于讲授法的优化运用也越来越多地受到教师们的重视。我们认为，对讲授法的优化运用可以主要从下面几个方面着手：

① 合理解决有限的教学时间与丰富的历史知识间的矛盾。历史教学中，教师要精讲，有重点地讲，围绕课程的中心内容，用丰富的历史细节内容支撑讲授。

② 讲授方式应该与其他教学方式和教学活动相配合，避免"一言堂"、"满堂灌"式的讲授。讲授法伴随着其他教学法一起使用（如谈话法、讨论法、图示法等），教师在讲授的时候就能充分调动学生的思维，发挥学生的学习主动性。

③ 教师要正确认识讲授的作用，潜心研究讲授的艺术。教师在课堂上讲授历史，不一定就是"满堂灌"、"一言堂"，学生也不一定就是被动地接受，关键在于教师怎么进行讲授。如果教师的讲授内容是具体的，教师的讲解分析是深刻的，教师的教学语言是简明形象、生动幽默的，就能够调动学生的学习积极性，引发学生进行积极的思维。如果教师的讲授满足了学生的兴趣、情绪、情感、愿望等心理需求，能够使学生产生共鸣，有所领悟，就一定会受到学生的欢迎，实现师生之间真正的互动：心灵上的交流。

第二节　历史教学方法的改革探索

名师论教

> 为了达到传情、传意的目的，我会使课堂变得精彩，尝试不同形式的教学方法。……在课堂中，当我教授一些历史名词，如"连坐法"、"专卖制度"等艰涩的词汇时，我便巧用智慧，把这些名词应用在课堂内。当我教授"连坐法"这一刑罚时，如班内有一位同学忘记带书，我便"处罚"他及与他邻座的同学，此举当然只是说笑性质，但在过程中可令学生在捧腹大笑之余，亦加强对知识的感受。同时，我会把一些历史人物渗入课堂内，如褒姒、商鞅、纣王等等。课堂后，他们选举同学饰演各个历史人物，此举令课堂充满生气，学生对历史人物亦有更深刻的印象。
>
> 此外，我亦相信"授人以鱼，不如授人以渔"的道理，所以会尝试多找些机会让学生走出课室，给予他们一个更大的空间参与各式各样与中国历史有关的活动，让学生从中亲身体验。如我曾带学生到广州考察，好让他们在旅程中感受香港与内地的差别，希望学生能透过对自己国家的观察，学会珍惜和尊重自己的国家民族；每年我又会鼓励学生参加中国历史文化考察比赛，透过口述历史、发掘石碑文物、翻阅档案，让学生感受历史的趣味。[①]

---

① 杨秀珠主编.老师谈教学(历史教学篇)[M].香港：中华书局，2003：83—87.

一、历史图示教学法

历史图示教学法是指借助字母、图形、数字、词语和其他一些符号等构成的图示,来揭示历史知识的内在关系,传递历史信息的教学方法。

这种方法是教师根据教学的实际需要,对教学的重点知识内容进行简洁、直观、形象的编排构图,将历史的发展过程及趋势、历史知识的整体结构、历史现象之间的内在联系等简明扼要、提纲挈领地反映出来,以配合教师的讲解和学生的理解。其特点是能将抽象知识形象化,将零散知识系统化,将复杂知识概要化。

19世纪末20世纪初的国际关系的图示

一般在讲解"19世纪末20世纪初的国际关系"时,为了说明三国同盟和三国协约是如何形成的,就要分析帝国主义国家间错综复杂的矛盾,这些矛盾的发展、转化与两大对立军事集团建立的内在联系。这是教材的重点,也是难点。这些内容对于学生来说,理解和记忆都有不小的难度。这幅图示从帝国主义国家间矛盾的三个中心环节入手,演示了两大对立军事集团形成的过程,其外形像一个一触即发的火药桶,经裴迪南事件的点燃,第一次世界大战就爆发了。其设计非常生动形象、简明直观,学生易于掌握。

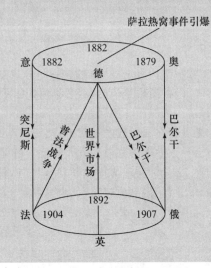

从20世纪80年代初至今,我国已有20多个省、市、自治区的历史教师开展了历史图示教学法的研究,出版了许多的文章和著作。历史图示教学法成为一项在中学历史教学中得到大范围推行的、有一定深度的、有广大教师参与的教学方法改革实践,并收到了一定的效果。

历史图示教学法之所以能在全国各地各学校大范围地得到推广,受到中学历史教师的喜爱,最主要是因为它符合国情,适应性强。历史图示教学法的实施在已有教学条件下,可以不需要增添任何教学设备,任何学校、任何课堂都可以运用。图示法在历史课堂教学过程中具体运用时,教师可以边讲边写,也可预先制作图示挂图或图示投影片,或将图示印发给学生,上课时,向学生展示图示,并围绕图示进行讲述。

 **案例研究**

中国工农红军长征的图示

初中历史关于中国工农红军长征的内容比较繁杂,学生不易理清线索,也不易分清主次,因此记忆困难。教师可根据教学需要,将长征的经过设计成一幅图示。下面的图示按照教科书关于长征内容的叙述顺序,反映了红军两万五千里长征的背景(红军第五次反围剿的失败,被迫长征)及主要过程。这一设计在全面概括红军长征的主要过程中,又以各种符号形象地再现了重要历史事件,直观、清晰、新颖、深刻,有效地配合了教师的讲述。

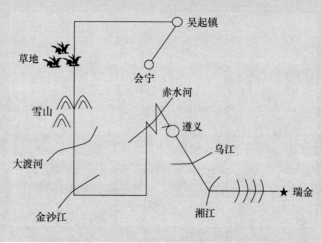

但是,在教学实践中,历史图示教学法仍有一些问题需要探讨,比如图示设计的科学性、准确性。在实际的教学中,由于教师水平不一,经常出现繁杂的、示意不清的图示,因此,解决好图示的设计,是非常迫切的问题。又如历史图示教学法的应用范围问题,它并不是任何教学内容都可以运用的,教师不能将图示教学绝对化。此外,如果教师在课堂教学过程中,花费大量的时间去绘制、展示图示,不能合理地分配课堂教学时间,反而将会导致教学的有效性大大降低。所以,在历史课堂教学中运用图示法时,一是要注重图示设计的目的性,必须为实现历史教学目标服务,针对历史教学的主要内容而进行;二是要重视图示设计的科学性、形象性,做到内容科学、构图直观、文字简要。

二、历史课堂讨论教学法

1. 讨论法的定义

讨论法是在教师指导下,全班或小组成员围绕某一具有争议性的议题,发表自己的看法,通过互相交换或审视意见,从而相互学习的一种方法。

课堂讨论这种学习方式,17世纪在西欧一些大学开始应用,到20世纪,开始在中学高年级的一些学科中得到应用。我国的大学和中学将它作为课堂教学方法,是从20世纪50年代开始的。讨论法无论在组织形式上,在对历史问题探讨的深度上,还是在师生互动层面上,都和讲授法有很大的不同。

资料阅读

讨论法的 15 点好处

(1)有助于学生思考多方面的意见。(2)增强了学生对含糊或复杂事情的关心和容忍度。(3)有助于学生承认和研究他们的假设。(4)鼓励学生学会专心地、有礼貌地倾听。(5)有助于学生对不同意见形成新的理解。(6)增加了学生思维的灵活性。(7)使学生都关心所谈的话题。(8)使学生的想法和体验得到了尊重。(9)有助于学生了解民主讨论的过程和特点。(10)使学生成为知识的共同创造者。(11)发展了学生清晰明白地交流思想和看法的能力。(12)有助于学生养成合作学习的习惯。(13)使学生变得心胸博大,并更容易理解他人。(14)有助于发展学生分析和综合的能力。(15)能够导致思想转变。①

一般来说,在历史课堂教学中运用讨论法,应该重点关注下面几个方面:

(1)具有争议性的议题的提出是开展讨论的重要基础。要使讨论取得理想的教学效果,选题十分重要。讨论的题目应抓住主要问题,表明讨论是有一定的目的性、方向性的。当学生认为讨论的是重要问题时,讨论便可能获得最大的成果。开放性的问题能有助于讨论的开始。如"欧洲在 16 世纪以后,就诞生出现代科学,这种科学已被证明是形成近代世界秩序的基本因素之一,而中国文明却没有能够在亚洲产生出与此相似的现代科学,其阻碍因素是什么?"、"讨论洋务运动各项改革的成败得失"、"评价唐玄宗"等。学生可从不同角度、不同知识点出发进行思考,发表自己的看法,探讨可能的多种答案。

(2)讨论组织中的教师指导是十分必要的。学校教育活动具有一定的教育性、目的性,体现了一定的教育目标,这些都需要通过教学过程中教师的合理引导来实现,讨论法教学也不例外。

首先,教师要做好组织准备和资料准备工作,有时甚至需要事前给学生查资料的时间,要教给学生一定的背景知识,还应向学生讲明讨论中必须遵循的程序。讨论应在学生有准备的情况下进行,即学生应有一定相关知识的储备。否则,学生便只能人云亦云;或用只言片语回答,无法进行自己的思考;或背诵教科书答案,不能发表自己的看法。北京三中的朱尔澄老师的"三国鼎立"一课之所以能成功采用讨论法,就在于学生对这段历史有特殊兴趣,平日通过各种渠道(小说、电影、电视、历史普及读物等)获得了大量相关背景知识,对三国人物、事件都能说出个子丑寅卯来,利于发表自己的看法。

其次,教师在讨论时要实施正确的指导管理。教师的作用主要体现在:根据讨论需要采取适当组织形式(或分成小组、或全班讨论),对讨论时间、能力、空间、内容材料进行合理安排;激发学生思考和集中学生注意力,收集整理讨论中出现的信息,促使学生发现信息间的关系,并以新的角度应用这些信息关系;为创造安全、挑战性的环境及时作出反应,使学生能自由表达自己的看法、思想、情感和建议;激发学生在讨论中使用准则、技能和策略的意识,并加以引导;总结讨论的经验教训,使讨论经验变成看得见摸得着的东西。

(3)讨论应是一个民主的对话互动的过程。讨论是学生参与教学的过程,强调以学生为中心,以学生为主导,推动学习。让学生"发表自己的看法"是讨论法的关键所在。讨论是通过大家对某一议题的深入探讨、发表各自不同的见解,从而形成对某一问题更深入的了解和认识。讨论的结果不一定

---

① (美)布鲁克菲尔德等.讨论式教学法[M].北京:中国轻工业出版社,2002:25.

要形成统一的结论,应让学生在自由表达观点后,通过相互倾听,相互提问,解释、争辩,相互启发,真正形成自己的看法,建构新的知识。

2. 讨论的类型

(1) 课堂辩论。

这是一种不太正式的讨论方式,先由双方的发言人重点发言,然后再由双方的其他成员轮流提出评论与问题。这种辩论适用于大多数班级,因为它可以让更多的人参加讨论。辩论的程序是:

A. 选择辩论的问题或命题。

B. 将班级分为两组,一组赞成命题,另一组反对命题。

C. 每组挑选两名主要发言人。

D. 每组有一位发言人用五分钟时间提出自己的论点。

E. 每组另一位发言人用三分钟时间提出自己的论点。

F. 两组对辩论的问题互相提出评语、问题和答案。为了做到公平合理,正反两组成员应轮流发言。

G. 每组由一名成员就本组发言作总结。作总结的一般是各组的第一发言人,但如由各组的第三主要发言人来总结,就可以让更多的人参加班级讨论。

H. 接着展开普遍讨论。

(2) 陪审团审讯。

这是一种将班级变成模拟法庭的讨论方式。

陪审团审讯技术是另一种极好的辩论技术,因为它能够让班级中的许多人积极参加活动。班级可运用模拟法庭程序来讨论某个争议或问题。程序十分简单,但必须仔细准备才能使讨论顺利进行。基本步骤有:

A. 选择辩论的争议或问题,可以由一名学生充当被告,以提高大家参与的兴趣。

B. 选出双方的律师、调查员和证人。双方人数不限,但人数不宜太多。法官可由教师担任,但最好是任命一位认真负责的学生担任这一职务。此外还要选一名学生担任法庭速记员或记录员,记载法庭上发生的事情。班级中所有不担任律师、调查员、证人以及法庭工作人员的人则组成陪审团。(如果要让模拟法庭更像真正的法庭,还可以选出法庭秘书、法警等等。)

C. 所有学生都应对问题进行调查。律师和证人则根据他们自己和班级其他成员的调查材料找出案件的事实真相。

D. 进行审讯。

- 律师提出各自的论点。
- 证人提供证据。
- 律师讯问与盘问。
- 各方律师总结。各自指出证据如何对自己这一方有利。
- 法官总结,指出辩论中的错误、谬论、与事实不符的供述等等。
- 担任陪审团的班级成员投票决定哪一方辩论得胜。

(3) 小组讨论。

小组讨论是历史课堂讨论教学最常见的一种组织形式。目前最多见的课堂小组的组织形式,一是由班级座位的竖向一排组成,一是由班级座位前后相邻的四人组成。实际上,决定小组的规模大小易,如何有效地组织他们难。经常运用小组进行讨论的教师感到困惑的一个问题就是:如何把学生合理地分配到小组中去,使讨论进行得更有效。我们认为,教师在讨论组织时,对小组成员的分配应该依据讨论的题目或活动的目的,采取学生自由组合与教师分组相结合的做法。

在小组讨论过程中,将小组讨论的成果向班级同学作汇报是必不可少的程序。报告方式决定学生的感受,学生会因报告方式的不同而产生迥然不同的做法:只是匆匆走过场还是真正投入到强有力的思想交流中。一般而言,最简便易行的就是让每个小组总结他们对设定问题的答案,进行汇报。此外,还有一些变通的办法,如每个小组从小组讨论中选出一个特别具有挑战性的问题,在全班讨论时提出来;或是要求小组向全班提出他们讨论中反复提到的一些关键概念或问题。这些都会激发学生的兴趣,活跃他们的思维。

3. 讨论法运用的反思

案例研究

关于戊戌维新运动失败原因的讨论

教师:如果没有袁世凯的告密,维新运动会成功吗?

学生1:袁世凯多少有点军权,若他站在维新派一边,维新运动有希望。

教师(表示怀疑):是吗?

学生1:至少不会失败得这么快。

教师(进一步表示否定式怀疑):是吗?

学生2:中央和地方顽固派势力太大,慈禧实际上已经在下手,没有袁世凯,荣禄也会很快参与镇压,维新运动注定要失败。

教师:对! 维新势力没有实权,怎么可能成功?

教师提出一个问题,要求学生发表自己的看法,有两位学生做了回答,形式上很像是讨论,但仔细分析起来,这种"讨论"在方法上存在着许多问题。其一,讨论应该有多种形式的互动,但这里,学生只是面向教师回答问题,没有学生之间的交流,也谈不上教师和学生之间的自由对话。其二,当一个讨论题可能包含不同观点和看法时,教师应尽量启发学生说出自己真正的想法和理由,不能轻易表明自己的看法。但在现实中,不少中小学教师立足于自己的观点,习惯于在学生发言时轻易表态或暗示,有意或无意中对学生的思维起到了"凝固"作用,扼杀了学生的观点,难以实现真正意义上的讨论。在这个实例里,当学生表示有其他可能时,教师立即表示怀疑,学生意识到教师不太赞同自己的观点,便不再进一步思考,赶紧调整自己的答案,变得不那么肯定了。教师仍不能接受,进一步表示怀疑。至此,学生已经不可能再有其他观点和看法了。其三,讨论应该有对各种证据和观点的权衡、评估、比较或争辩,在这里,没有不同观点并存的空间,没有询问和要求进一步解释和说明。这类师生问答具有很大的迷惑性,看起来,教师提出了教科书上没有现成答案的问题,学生也在用自己的语言回答,但实质上,则是不断诱导学生猜测并按教师创作的"剧本"去表演,是变相的以教师为主体。[①]

在中学历史教学实践中,讨论教学法越来越受到历史教师的重视。但就如上面案例所提到的,中学历史教师在教学中具体运用讨论教学法时,因为受到课程内容、现有教育评价机制的制约和影响,

---

① 刘立新.中学历史课堂讨论教学质量的思考[J].历史教学,2006(1):57—58.

加上教师教学认识的不足和具体教学技能、技巧经验的缺乏,以及学生因素的影响,讨论教学法在教学实施中还存在诸多问题。解决问题的关键是要加强对讨论法的研究和实践,使教师熟悉讨论法,掌握讨论法具体实施和操作的技能技巧,提高讨论法应用的效果。

三、历史问题探究教学法

历史问题探究教学法是指根据教学内容及要求,由教师创设问题情景,师生共同从背景提供、发现问题、解决问题、交流成果等方面来组织和实施教学,以期进一步激发学生的求知欲、创造欲和主体意识,培养与提高学生历史学习能力的一种教学。这是近年来较受关注的一种教学方法。

这种教学法目前还没有一个固定的教学程序,其教学进程往往围绕一个或几个核心问题来进行,并且以"问题"的驱动作为课堂教学动态发展的必要条件。它以问题解决为中心,注重学生独立探究活动,一般来讲是按照"问题—探究—新问题—再探究"的循环往复的科学研究思路展开的,体现着"提出问题—分析问题—解决问题—应用拓展"的认知过程。问题探究教学法的实质是将科学领域的探究引入课堂,学生在教师的必要指导下,以问题为载体,创设一种类似科学探究的情景与途径,通过收集、分析和处理信息来开展探究活动,从而学到知识、发展能力的一种教学方法。

这里的"问题"的提出,并不是如某些教师认为的"提几个问题让学生去讨论"那么简单。问题的数量和质量决定着教学的质量。倘若没有对问题的精心设计,教学质量就难以保证。问得太浅,学生不加思考即能回答,余下时间干什么?问得太难,学生冥思苦想不得其解,三言两语讨论不下去,冷场,岂不是白白浪费时间?因此,课堂上的问题应当是有层次的,由浅入深、连续不断的,学生由"问题"学习始,完成于更多问题的形成和探究。

什么是问题?格式塔心理学家唐克尔(Karl Dunker)在1945年提出了一个关于"问题"的至今仍然有意义的定义:"当一个有机体有个目标,但又不知道如何达到目标时,就产生了问题。"[①]而认知心理学上的所谓问题则指个人在有待追求而尚未找到适当手段时所感到的心理困境。一个设计巧妙的探究问题往往能激发学生的探究兴趣,使探究活动持续高效地进行下去,一个设计不良的探究问题则可能导致探究活动无法开展。从某种意义上讲,问题设计的好坏将直接影响学生学习的成败。

案例展示

比较下列两组问题的设计,你欣赏哪一组?谈谈你的见解。
教师针对"帝国主义的凡尔赛—华盛顿体系"一章中的"华盛顿会议"设计的问题:

设计一:
(1)华盛顿会议的背景是什么?美国为什么能在自己的首都召开这次国际会议?
(2)会议通过了哪些主要文件?对中国产生了什么影响?
(3)对华盛顿会议的评价是什么?

设计二:
(1)美国为什么要倡议召开华盛顿会议?
(2)请用具体事实说明美国在会上始终处于主导地位。

---

① 转引自辛自强.问题解决和知识建构[M].北京:教育科学出版社,2005:3.

(3) 华盛顿会议的实质是什么?这次会议是否消除了帝国主义国家之间的矛盾?为什么?

(4) 有人说华盛顿会议使中国暂时摆脱了日本独霸中国的局面,这是中国外交的重大胜利;也有人说华盛顿会议使中国回复到几个帝国主义国家共同控制的局面,这是中国外交失败的典型。请谈谈你的看法。①

历史问题探究教学法在课堂教学中运用的关键主要是一个或多个问题的提出与解决。问题的提出既可以由教师也可以由学生来实现,但问题本身必须遵循学生的认知规律,着眼于学生的年龄特点、原有的知识和能力基础、教学的目标和教材章节内容的特点等等。重点要注意:

(1) 教师要善设疑。问题的设计必须字斟句酌,在合理性、针对性、量力性和启发性上下工夫,同时还要讲究一点文句表述和数题组合的艺术性。

其一,问题的设计角度宜小,切忌宽泛。一个宽泛的问题往往涉及的知识较多,学生探究起来,一是缺乏足够的知识储备,对问题不能有效地把握,二会造成对问题的每个方面都不能深入研究,结果往往是浅尝辄止。

 案例研究

上面的案例中,设计一的问题"(2)会议通过了哪些主要文件?对中国产生了什么影响?"就存在着设问过于宽泛、表述不严密的问题。这次会议有3个主要文件和1个美、英干预下产生的中日协定,严格地说,只有《九国公约》对中国产生较大的影响。这样的设问使学生难以完整回答。而设计二的问题"(2)请用具体事实说明美国在会上始终处于主导地位。"要求学生熟悉会议上产生的文件,并从各文件的内容及其作用的分析中说明美国凭借经济、军事实力的优势外交所取得的成果,以证明美国在会上所处的主导地位。

其二,问题的结论应该具有不明确性,结论不明确,学生才会产生弄清事实真相的兴趣,继而积极开展探究问题答案的活动。结论明确的问题留给学生思维的空间狭窄,探究意义不大。因此,教师可设计一些存在争议的历史问题作为学生探究的主题,这样的问题有利于学生发散思维和探究能力的培养。

 案例研究

设计二的问题"(4)有人说华盛顿会议使中国暂时摆脱了日本独霸中国的局面,这是中国外交的重大胜利;也有人说华盛顿会议使中国回复到几个帝国主义国家共同控制的局面,这是中国外交失败的典型。请谈谈你的看法。"这是个"公说公有理,婆说婆有理"的问题,没有固定统一的结论。学生可以凭借论据进行探究,能进行充分论证就行。

其三,问题的难度要适中。探究的问题如果太过简单,则不能引起学生的兴趣,太难,则超过学生的知识和能力水平,让学生根本不知道从何做起,导致探究活动无法开展,因而问题的设计难度适宜建立在学生能力基础上,以经过教师的指导和学生积极思维能够得以解决为度。

① 朱光明.中学历史课堂教学方法研究[M].上海:上海教育出版社,1998:241—255.

案例研究

设计二的问题"(3)华盛顿会议的实质是什么?这次会议是否消除了帝国主义国家之间的矛盾?为什么?"具有一定的思维难度,但又没有脱离学生的知识水平,学生只要结合会议的实质,对帝国主义政治、经济发展不平衡的规律,帝国主义国际关系中妥协与激化交替发展的规律,战胜国与战败国、战胜国与战胜国之间矛盾发展趋向尖锐化的必然性等方面进行分析,就能说明"为什么"。

(2)鼓励学生提问。质疑是科学精神最重要的内涵之一,质疑的过程就是发现和提出问题的过程,问题的发现和提出是创造的起跑线。课堂教学中不仅要求学生思考、讨论教师提出的问题,更要积极创设民主的课堂气氛,鼓励学生敢于大胆质疑,能够从不同角度提出新的问题。教师要重视学生问题意识的培养,激发学生发现问题、大胆提出问题。由于兴趣、志向、知识储备、学习能力上的差异,学生面对同样的教材提出的问题可能五花八门,而且往往难以切中主题,这是十分正常的现象。教师不能简单地否定,而是要引导学生对提出的问题进行整理、选择,把学生的问题和有关知识点联结起来,形成与学习主题相关的有合适高度、梯度的系列问题。

(3)创设民主的环境,营造共同解决问题的良好氛围。现代心理学研究证明,轻松、乐观、愉快的良好情绪,不仅能使人产生超强的记忆力,而且能活跃人的思维,使人充分发挥内在潜力。在民主、平等、轻松、和谐的学习氛围中,师生间、生生间的对话交流研讨才能无拘无束,课堂教学才能活跃而高效。对于课堂上有关学习问题的研究,教师既不应是旁观者,也不应是裁判,而应以参与者的身份进行积极点拨、引导,晓之以理,唤起学生内在的积极性、主动性和创造性。教师要让每一个学生都有参与探究的机会,让每一个学生都能分享和承担探究的权利和义务;要设法让学生通过自己的探讨,来澄清认识,培养学生敢想敢说,甚至敢于同教师展开争论的精神,使学生不断获得成功的体验和发展动力。

四、角色扮演教学法

角色扮演源于角色理论,倡导人是精神分析学者莫雷诺(Moreno, J. L.)先生。莫雷诺相信人是行动的动物,因而提出了行动取向、自发创造、此时此刻体验的心理剧治疗方法。他认为角色是动态的,如果想要协助一个人的成长,需要通过有如戏剧情境的扮演,才能让个人真正地体验生活,以及学习解决问题。于是,角色扮演首先运用于精神治疗,由精神病研究学者用来引诱病人,通过给病人创设他所经历的情景,让病人表演过去发生的事情,从而帮助病人进行精神发泄,促进病人康复。角色扮演自20世纪60年代起在美国的社会学科中得到运用。后来美国的社会学科普遍使用这种方式。

中学教学中的角色扮演即"神入",是通过某个场面中参加者的角色扮演而使表演人自己和观众了解这一场面的未经排练的戏剧表现。

 资料阅读

美国学者 Marsha Weil, Bruce Joyce, Emily Calhoun 在 *Models of Teaching*(《教学模式》)一书中,给出了一个详细的结构图:

角色扮演活动的结构

第一阶段：小组准备活动	第二阶段：挑选扮演者
确定问题并进入情境	分析角色
明确问题	选择角色扮演者
讲解问题探究事件	
解释角色扮演	
第三阶段：布置场景	第四阶段：组织观众
确定表演程序	布置观察任务
重述角色	
进入问题情境	
第五阶段：表演	第六阶段：讨论和评价表演
开始表演	评论角色扮演（事件、地点、真实性）
继续表演	讨论要点
表演结束	决定新的表演
第七阶段：重新表演	第八阶段：讨论和评价表演
表演修改过的角色	如第六阶段
提出关于下一步或改换角色的建议	
第九阶段：总结	
把问题情境与现实和当前问题联系起来探究行为的一般原则	

"神入"(empathy)一词是近年从西方历史教学界传入我国的。在历史教学中，学生常常感到历史学习与他们的生活无任何关联，他们常被要求接受和吸收大量的信息和记忆一些琐碎的事情，因而往往对历史学习没有多大的兴趣。历史教学中"神入"的运用能够有效地激发学生的历史学习兴趣，让学生积极地参与历史的建构，并允许他们批判性地思考过去所发生的事件。

历史教学中的"神入"，意思是指"在历史教学过程中，学生应置身于历史发展的环境中去观察历史，站在历史人物的立场上去研究历史，从而把握历史人物的思想、情感、信仰、动机和意图等，并理解他们思想的发展变化，即'主体进入客体之中去想象客体'"[①]的研究活动。也就是说，历史教学中的神入强调历史时空条件，强调从历史人物的角度上去思考当时的历史情境，站在历史人物的立场上去体验历史、感受历史。它是透过历史史实和问题情景的设计，没有舞台限制、不必经过排演，让学生在设身处地的情况下尝试扮演历史中的人物，来观察历史现象，思考历史问题，以增进学生洞察历史环境、解决问题的能力。

案例展示

在学习"第一次世界大战"时的角色扮演设计

(1) 选一组男生扮演德国士兵，事先交代好角色的要求，再选一名男生作元帅。

(2) 设置三个场景：第一，德国元帅送士兵的场景，由元帅宣示出战的原因，并鼓励士兵速战速决；第二，

---

① 陈新民.运用历史神入激发学生的历史学习[M].历史教学,2001(6):49.

战争在持续的场景,请一名女生朗读远方士兵寄回的书信,信中讲述战争的艰难与伤痛;第三,战争结束的场景,出征的七名士兵只回来四名,其中两名重伤。

(3) 分组讨论各自的感受,交流对战争的认识。①

要想成功地使用角色扮演的方法,教师必须制订详尽的计划。一般来说,角色扮演的实施主要分以下九个步骤:(1) 小组准备活动;(2) 挑选扮演者;(3) 布置场景;(4) 组织观众;(5) 表演;(6) 讨论和评价表演;(7) 重新表演;(8) 讨论和评价表演;(9) 总结。在实际的课堂教学中,考虑到历史学科的特点,我们通常省略(7)和(8)。在具体开展活动时,要特别注意的是:

一是角色扮演的准备。角色扮演虽然无需排练,但还是要有准备。首先,学生必须了解要上演场面的背景。教师要指导学生了解历史背景,对历史人物的个性、背景、性格和信仰作比较全面的介绍,使学生对上演的场面和扮演的人物有清楚的认识。其次,上演的场面设计应比较简单,场面若过于复杂,演出往往可能失败;一般以包括二至五人的场面最为合宜。再次,教师还应让班上其他学生也理解角色扮演的目的以及在戏剧上演时应该注意看什么。

二是角色扮演活动评议。历史教学中运用角色扮演,重要的是要在活动之后,对这项活动进行评议和讨论。如上述案例中的活动,可以提出下列问题进行讨论和评议:每个人扮演的角色的真实性如何? 其言语和行为是否符合逻辑和历史的真实? 我们今天对所扮演的角色的感受是否会和他们当时的感受一样? 为什么? 等等。此外,教师还要对活动进行的过程给予适当的评价和总结,包括对表演或讨论给予肯定的评价,对表现突出的同学提出表扬,让同学们感到他们的付出得到了尊重和肯定,有利于下一次活动的开展。

在中学阶段尤其是初中,运用角色扮演开展历史活动时,常常会带有一些游戏的成分,学生扮演角色难免只看重游戏的一面,使演出变成滑稽剧,虽能引人发笑,对于认识和理解历史却毫无帮助。角色扮演可以给人带来很大的乐趣,但它绝不是娱乐,所以,教师应对评论总结阶段的设计给予特别的关注。正是在这一阶段,学生才能真正把握"戏说历史"与追求历史的真实的关系,了解历史学习的真谛乃在于尽可能地求真、求实,还原历史的本来面貌。历史的神入是要让学生通过对历史事件、历史人物的亲身体验和感受,使学生学会用历史的眼光正确理解和评价历史事件和人物行为,而不是简单地做出一个价值判断。这是教师在历史课堂教学中必须让学生在思想上清楚认识的。对角色扮演活动进行评议,给学生一个清晰的思路,是角色扮演活动的关键所在,这一环节可以使学生的知识和能力得到升华。

五、历史情景·实践教学法②

历史情景·实践教学是指在教师指导之下,以历史问题为主线,以师生深入历史情景为前提,以学生自主探究为中心,以师生互动、生生互动为特征的一种教学。这里的"情景",是指根据特定的课程教学内容,创设的多种形象化、具体化的历史场景;"实践"是指学生的基本学习特征及性质,即学生的整个学习是在教师指导下的自学,学习具有实践性。

历史情景·实践教学法,要求尽可能真实而全面地再现历史事件(现象)的存在和历史人物活动的场景,让学生"身临其境"地自主学习、探究,自我完成对历史知识、意义的建构。中学历史教学中这一方法的具体运用,主要关注两方面:

---

① 赵中霞."神入"在历史教学中的运用[J].皖西学院学报,2006(3):145.
② 本部分内容主要根据湖北宜昌情景·实践·创新课题组的研究成果整理而成。

1. 中学历史教学中的"情景"创设

创设情景的具体办法较多,语言、手势、图片、文物、模型、电子媒体等都能创设历史情景。历史情景创设得如何,在相当程度上取决于老师的能力。一般来说,情景创设大致可分为四类:

一是问题情景类。所谓问题情景就是疑问建立的逻辑背景。用历史教材中关于历史事件、历史现象的特征、性质、影响及历史人物的概括和评价,构成疑问原点;关于这些特征、性质、影响、结论、评价的论证材料,以及相应的教材上所没有的、因开放所得的论证材料,构成逻辑背景;这二者组合在一起,就创设出问题情景。

案例研究

将"落后就要挨打"这一中国近代史教材上的结论,放到古今中外相应的逻辑背景中就会产生这样的疑问:这一结论是关于国家关系中强与弱、先进与落后的规律性结论吗?形成这种疑问后,收集整理古今中外国家关系中的相关史实,构成多种不同的问题情景,在这些不同问题情景中进行比较分析,然后得出自己的见解:一、落后就要挨打;二、落后不会挨打;三、先进可能挨打。

二是角色情景类。所谓角色情景,即决定历史人物必然性心理活动的特定背景。学生通过这种心理活动的必然性充当历史的"当事人",去"导演"历史。如当我们将朝鲜战争的前前后后、方方面面的材料展示出来,营造了朝鲜战争的特定背景后,让学生"扮演"毛泽东,很多学生都产生了如下认识和体验:虽然我们新中国最不需要战争、虽然新中国对这场战争没有必胜的把握、不管这场战争结局如何对我们新中国可能都是弊大于利……但是,为了新中国东北大门的安全,为了打击美帝国主义的狂妄野心,为了打击蒋介石集团蠢蠢欲动的企图,为了承担"一边倒"外交的道义等,我们还是不得不接受这场战争;毛泽东决定打这场战争的过程多艰难啊……

三是事件情景类。所谓事件情景,就是利用各种媒介,模拟和再现重大历史事件的发展梗概或场景,让学生"身临其境"地观察和分析历史。如利用反映鸦片战争、太平天国的影视剧中侵略者的"船坚炮利"、清军腐败、清政府统治岌岌可危等有关材料制成关于"洋务运动"的课件,就能让学生观察和分析鸦片战争中中国失败、洋务运动发生的原因等。如利用凡尔赛—华盛顿体系、30年代大危机、30年代前后德国与希特勒的有关媒体材料制成模型、课件等,就能让学生"身临其境"地观察和分析第二次世界大战爆发的历史必然性及很多相关的问题。

四是文物情景类。这里所说的文物情景,指的是为学生展现历史文物或仿制文物。具体内容包括展示文物及相关的影视资料,根据有关资料仿制文物,参观历史遗址、博物馆等,让学生从中感知远去的历史,触摸远去的历史,以获得直接体验。如参观了秦兵马俑坑,学生在脑海中不可能不再现当年秦灭六国金戈铁马的景象,不可能不认识到秦国兵力的强大等。

2. 中学历史教学中"实践"的含义

任何实践性活动,都有相对的广度和深度。"情景·实践"教学中的实践性学习,从广度上大致可分为两方面,即课内的实践性学习和课外的实践性学习。课内的实践性学习,主要包括学生自主性地学习教材、自主性地学习教师补充的相应史料、自主性地复习测评等。课外的实践性学习,主要包括学生结合教材及某些历史专题的内容,自办墙报、辩论会、竞赛会、主题演讲会、参观考察、社会调查及自我评价等。

实践性学习从深度上大致可分为三个层次:再认再现历史的实践性学习、分析阐释历史的实践性学习和总结借鉴历史的实践性学习。再认再现历史的实践性学习,是指学生由此要知道基本史实及其规律和意义等,要解决"是什么"的问题。分析阐释历史的实践性学习,是指学生由此要理解重要的历史概念、结论和历史事象的因果关系及历史事象之间的联系等,要解决"为什么"的问题。总结借鉴历史的实践性学习,是指学生由此能提取有效信息,能在科学、合理的分析、判断、推理、归纳的基础上,总结过去,鉴往知来等,要解决"还有什么"、"我要做什么"的问题。若从学习教科书方面说,第一个层次属于读懂书,即了解了书中所讲的基本史实及结论;第二个层次属于读透书,即理解、把握了书中所讲史实、结论以及它们之间内在的、专题式的联系,理解、把握了书中所阐述的马克思主义的唯物史观等;第三个层次属于读化书,即能将书中所讲的某些史实、情感态度价值观与现实重大问题、热点问题结合起来认识,能从书中获得把握当代社会运行主脉、预测未来发展趋势、指导自己如何生活奋斗的智商和情商等。[①]

案例展示

师:老师这次到武汉希望了解一些新的知识,扩大视野。请问我们学校附近有股票交易所吗?
生:有!财大旁边的"三峡证券"。
师:我自己去找!我不太明白上市公司发行股票的目的是什么。
生:赚钱!(学生笑)
师:公司赚钱后干什么?
众:享受……(笑声)
师:公司负责人除去正常的花费、享受后剩余的钱呢?
生:投资!(异口同声)
师:说得好!投资,扩大再生产,获取更多的利润。股民如何在股市中赚钱?
生:低价买进,高价卖出!(异口同声)
师:精明!一个股民要想知道他的股票是否赚了钱,他应该如何计算呢?
生:用高价减去低价。
师:如果股票买进时的价位高,卖出时的价位低,你是亏钱还是赚钱?
生:亏钱!
师:你们刚才的计算方法是否准确呢?同学们学习过利润的计算方法,请你们用数学语言表达股票利润的计算公式。
生:股票卖出价减去股票买入价。
师:基本正确,再乘以股票数量,就得到了股市的利润情况。
屏幕出示:
股票利润=(股票卖出价-股票买入价)×股票数

[①] 李明海.简谈中学历史"情景·实践"教学法[J].学科教育,2004(2).

师：老师在你们的帮助下了解了有关股票的基本常识，获益匪浅。在我正式搏击股市之前，我想在你们的帮助下先演练一把，熟悉股市的操作，体验股市的惊险与刺激。好。我们进入模拟股市。

屏幕出示：模拟股市

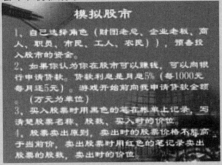

师：同学们都玩过大富翁的游戏，游戏就一定有游戏规则。我们的模拟股市也有我们的游戏规则，请看：

规则：

1）自己选择角色（财团老总、企业老板、商人、职员、市民、工人、农民），预备投入股市的资金。

2）如果你认为你在股市可以赚钱，可以向银行申请贷款。贷款利息是月息5‰（每1000元每月还利息5元）。游戏开始前向我申请贷款金额。（万元为单位）

3）买入股票时用黑色的笔在账单上记录，写清楚股票名称、股数、买入时的价位。

4）股票卖出原则：卖出时的股票价格不能高于当前价。卖出股票时用红色的笔记录卖出股票的股数，卖出时的价位。

师：在明白游戏规则后，请同学们自由组合，3至4人为一组，分工负责，各组要确定决策者、财会人员和记录员。

屏幕出示：

今日指数	5000↑			
股票代码	股票名称	昨日收盘价	今日开盘价	当前价
0001	麦道	80	84	86
0002	肯德基	10	11	12
0003	华纳	25	26	27
0004	摩托罗拉	60	61	62
0005	华中科技	30	30	31
0006	可口可乐	20	22	23

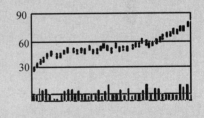

今日指数	5500↑			
股票代码	股票名称	昨日收盘价	今日开盘价	当前价
0001	麦道	80	84	90
0002	肯德基	10	11	20
0003	华纳	25	26	40
0004	摩托罗拉	60	61	70
0005	华中科技	30	30	45
0006	可口可乐	20	22	36

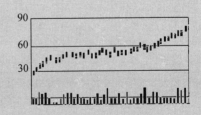

今日指数	6000↑			
股票代码	股票名称	昨日收盘价	今日开盘价	当前价
0001	麦道	90	92	100
0002	肯德基	20	21	45
0003	华纳	40	43	53
0004	摩托罗拉	70	72	80
0005	华中科技	45	48	65
0006	可口可乐	36	38	50

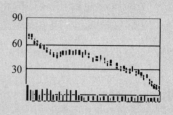

今日指数	3500↑			
股票代码	股票名称	昨日收盘价	今日开盘价	当前价
0001	麦道	80	90	60
0002	肯德基	10	13	2
0003	华纳	25	26	10
0004	摩托罗拉	60	61	35
0005	华中科技	30	30	12
0006	可口可乐	20	22	6

(学生情绪高昂,气氛热烈,分工合作,井然有序,不时听到兴奋的叫声……)

师:股市已经休市了,你们是赚还是亏了?请各组财会人员迅速统计一下本组的亏赚情况。并请告诉大家。

生1:我们组在10元买进2000股麦道,目前还未来得及卖出。

师:这只股票目前的价位是多少?按10元计算,你们组亏损多少元?

生1:我们组既未亏也未赚。

师:在股市大滑坡的情况下,你们没有亏,看来你们的操作是非常成功的。(学生鼓掌)

生2:我们组在10元价买进肯德基2000股,目前未卖出,现有价位是2元,我们亏损16000元。(学生叹息)

师:经过调查,绝大多数股民都亏损,而且亏损的幅度很大。为什么股市会在短时期内大幅度下跌?并一再跌破底线,直至全线崩盘?

生1:因为买的人多,卖的人少,所以价格就高,后来卖的人多,买的人少,所以股票就下跌。

生2:股民缺少防范股市灾害的经验。

师:你认为引起股市大幅下滑的主力是一般股民还是上市公司?

众:是上市公司。

师:那么上市公司为什么要不惜血本地抛售股票呢?原因是什么?

生1:因为上市公司已赚取高额利润。

生2:上市公司已不需要股票进行融资,他需要套现。

生3:因为出现了经济危机。

师:什么是经济危机?为什么会出现经济危机?经济危机与股市崩溃之间有什么关系?经济危机会带来哪些灾害呢?这些问题都可以在《资本主义世界经济危机》一课中找到答案。请同学们认真阅读课文72—75页"资本主义的相对稳定时期"和"1929—1933年资本主义经济危机"两个子目。①

---

① 根据王英姿老师2002年的《资本主义世界的经济危机》课堂实录整理。

应该说,在中学历史教学中实施"情景·实践"教学法,其基本环节有:引导参与、情景创设、实践探索、成果交流等。如在上述案例中,教师通过创设股市情景,让学生模拟炒股,既让学生学到了股市买卖的基本规则,也让学生感受到了股价波动起伏的惊心动魄。教师通过模拟的股市只有卖盘没有买盘使得学生全部亏损的"现实",既让学生认识到了发行股票的原因、股票的功能,又自然过渡到了本课的主题内容,引导学生进入到了对资本主义经济危机原因以及如何克服经济危机的探讨过程之中;还在随后的课堂学习时间里让学生通过实践探究,就如何避免经济危机提出个人的想法。

历史"情景·实践"教学这些环节在具体教学中往往是交叉进行或平行的。引导参与时情景创设可能就在其中,实践探索的过程可能就是成果交流的过程,一节课可能自始至终都在进行情景创设,同时也在引导参与、实践探索、成果交流等。重要的是要将这些基本的环节合理地融合,这样,学生才比较容易"身临其境"。

第三节　新理念下历史教学方法运用的思考

案例研究

在一节初中历史课上,某教师为调动学生参与教学,一上来首先放了一段视频,导入新课的学习。然后将班上的学生分为红、黄、蓝、绿四组,以竞赛的方式,让学生回答问题。第一轮为必答题;第二轮为抢答题;第三轮为抢答题,每答对一题给10分,答错一题扣掉10分。活动完毕后,评选出得分最高的一个小组。这节课结束时,教师拿出事先准备好的奖品,送给胜出的一组。

课后人们对这堂课的评价却看法不一。有的认为整节课自始至终洋溢着紧张活泼的气氛,体现了教师与学生双主体的地位;有的认为这节课在教学方法的选择与运用上存在着低龄化倾向;有的认为这种课堂看似十分热闹,实则课堂教学的质量难以保证。那么,到底应该怎么看待呢?

只要有教学活动存在,就会有教师对教学方法的选择,不同的教学方法选择体现着不同的教育价值观。

任何一种教学方法最核心的作用,就是为实现教学目标和完成教学任务服务。教学方法的实质就是把教师的教、学生的学和教材的内容有效地连接起来,使这些基本要素能够在教学过程中充分地发挥它们各自的功能和作用,实现预期的教学目标,达到预期的教学效果。因此,教学方法与教学目标、教材内容、学生特征、教师素质、教学环境之间存在着必然的内在联系,这就是教师在教学过程中选择教学方法的基本依据。中学历史教学亦是如此。

一、中学历史教学方法选择与运用的基本依据

1. 历史教学目标

教学方法的选择归根到底是为实现教学目标服务的。历史课堂教学要根据教学大纲或课程标准以及教材内容、学生的认知水平和生理心理特征、教学环境等来构建教学目标。一般来说,历史教学目标包含有知识内容目标、情感态度目标、认知策略和认知技能目标等。不同领域、不同层次的历史教育目标,要求选择相应的教学方法。

2. 历史教学内容特点

历史课堂教学方法的选择也受到教学内容的制约。"历史"这一概念至少含有这样两层意思:一

是指过去所发生的事情,二是指对过去所发生事情的了解及认识。历史学科内容主要涉及的是什么?我们认为,一是过去的事实、过程和规律(概念和术语),二是对过去发生事情的了解和认识,是对过去的阐释。历史所展现的事实,无论是久远的还是晚近的,无论是辉煌的还是暗淡的,都需要进行主观上正确的了解和认识。正是这种历史的认识,才使得历史具有借鉴的作用和教化的功能,历史学科也才具有社会意义和现实意义。一般说来,内容特点不同,具体教法也有差异。教师必须对具体的教学内容作出深思熟虑的分析,以便做到有针对地选取教学方法。

3. 学生的历史学习心理

学生学的过程是教师教的过程的出发点和归宿。教师要分析学生的年龄特征、生理与心理特点、智能水平与潜力、知识基础、生活经验、历史学习中的障碍与困难因素乃至学习风气、课堂学习表现等等。比如,学生在历史学习过程中的难点是什么?造成学习难点的原因何在?如何解决?等等。应该说,学生的心理特点与思维规律是合理设计历史课堂教学过程、恰当选择教学方法、科学组织教学活动的重要依据。

4. 教学时间、学校教学设备条件

课堂教学方法的选择还受着教学时间的制约。历史课程的总学时乃至每节课的教学时间是一个常量。要在这个时间内完成历史教学大纲或课程标准中所规定的教学任务,就必须优化教法,以最大化地提高教学效率。同样一个教学内容,采用不同方法,所花时间也不同。例如,采用探究教学法较之讲授法就需要更多时间。当受到教学时间限制时,就不得不放弃某种方法而去选用别的方法。另外,现代教育技术的发展为教学方法的进一步变革提供了可能,教师要充分利用学校现有条件,充分发挥其在教学中的积极作用。但是,教师也要认真分析一项技术对教学所产生的实际效果,考虑学校教学设备条件的具体情况来选择方法,这样才能做出正确的选择。

5. 教师的个人特长与教学艺术风格

教师是教学过程的设计者,也是教学方法的编导与执行者。教师由于个人成长经历不同,生理、心理各方面就具有了差异,思想方法、兴趣爱好、能力气质也各不相同,表现在教学工作中就有了自己擅长的教学方法和独特的教学风格。教师自身的特长与教学艺术风格特点在一定程度上影响和决定着教学方法的选择与发挥。但是,教师在方法选择与实施中要尽可能避免教学方法的单一化倾向,要在全面研究和掌握各种教学方法与教学技能技巧的基础上,注意教学方法的个性化与多样性的结合,扬长避短,合理运用。

人们常说:教学有法,但无定法。教学有法是指教学时有法可依、有法可循;教无定法是指在实际教学时,没有固定不变的教学模式,同样的教学内容和学生、不同的教师,同样的教学内容和教师、不同的学生,同样的教师和学生、不同的教学内容,所采用的教学方法都不尽相同。所以,中学历史教学方法虽然名目繁多,但各种各样的教学方法既有其优点与长处,也存在着缺陷和不足,没有一种是"万能"的、"普适"的。我国著名的教育家叶圣陶先生在他的《语文教学二十韵》中曾这样写道:"教亦多术矣,运用在乎人,熟善熟寡效,贵能验诸身。"也就是说,教学方法是多种多样的,但每种教学方法都不是十全十美的,都有各自的优点、缺陷和适用范围,超出了这个范围就不适用了。因此,教师要根据自己的具体情况选择应用,到底采用什么教学方法效果最好,这需要教师通过自身的教学实践去进行摸索、创设。

二、新理念下实现历史教学方法优化选择的思考

基础教育课程改革明确提出要"改变课程实施过于强调接受学习、死记硬背、机械训练的现状,倡导学生主动参与、乐于探究、勤于动手,培养学生搜集和处理信息的能力、获取新知识的能力、分析与

解决问题的能力以及交流和合作的能力"①。基础教育课程改革强调的基本理念是以学生发展为本，教学过程的本质是在教师指导下的学生主动学习、主动发展。

中学历史课程作为人文科学的基础学科之一，更关注对人的培养，更关注对学生创新能力的培养。为了达到这样的目标，《普通高中历史课程标准（实验）》在"基本理念"中提出"普通高中历史课程的设计与实施应有利于学生学习方式的转变，倡导学生主动学习，在多样化、开放式的学习环境中，充分发挥学生的主体性、积极性与参与性，培养探究历史问题的能力和实事求是的科学态度，提高创新意识和实践能力"，"普通高中历史课程的设计与实施有利于教师教学理念的更新，有利于教学方式的转变，倡导灵活运用多样化的教学手段和方法，为学生的自主学习创造必要的前提"②。并且，历史课程标准在教学建议部分也分别对学生的学和教师的教提出了明确要求："教学中应充分发挥学生的主动性，逐步推进教学手段、教学方法和教学形式的多样化与现代化。学生要进一步了解和掌握学习历史的方法，在探究历史问题的过程中善于独立思考和交流合作，切实提高发现问题、分析问题和解决问题的能力。"③这就要求教师根据新课程理念和历史课程标准的要求来重新确立价值坐标，对历史课堂教学的诸要素优化选择。其中，教学方法改革和创新是提高教学效果的关键。

历史课程改革提出的新理念，提供的新方法，给中学历史教学带来了更多的选择，但同时也带来了种种矛盾，教师在选择和运用这些方法时，难免会出现困惑或问题。例如：在新课程的教学中，教师们常常谈"讲"色变，一谈到讲授法教学，就和"满堂灌"、"填鸭式"联系在一起，认为课堂教学应讲得越少越好；教师们常常热衷于在课堂上开展各种活动，一会儿要学生讨论，一会儿又组织学生竞赛或模拟，认为课堂活动越丰富越好。

我们认为，多种多样的教学方法的选择和运用，其意义并不在于形式，真正的价值是让学生参与教学，使学生在了解历史的同时对历史进行认识，发展学生的思维能力。众所周知，历史学科的内容非常丰富，涵盖了政治、经济、军事、民族关系、对外关系、科技文化、社会生活、风俗民情等各个领域，具有较强的思辨性，为学生提供了宽广的思维空间。无论何种教学方法，都要在新理念的指导下，正确处理历史教学中的接受与探究、科学世界与生活世界、继承与创新等问题，应该围绕着如何帮助学生提高对历史的认识、发展学生的历史思考力而展开。教师应该结合教学的实际来优化选择最适当的教学方法，并在教学过程中创造性地运用，而不是刻意模仿和简单借用某些方法。

优化选择教学方法的前提是教师对教学方法的广泛收集、全面认识与深刻理解。搜集到的方法越多，认识越全面，理解越深刻，在具体选择与运用中就越具有科学性、主动性和灵活性。

任何一堂优秀的历史课，都不可能是从头到尾只采用一种教学方法，而往往是几种教学方法的有机组合。苏联著名教育家巴班斯基曾经指出："教学方法的最优化程序中一个最重要的，也是最困难的问题是，合理地去选择各种教学方法并使之达到这样的结合，即能在该条件下，在有限的时间内获得好的教学效果。"④因此，实际教学中，教师应在正确的教学思想指导下，根据选择教学方法的客观依据和对教学方法的掌握，按照一定程序对课堂教学方法做出恰当选择与优化组合。具体的步骤有：

① 综合规划。结合历史课程内容，针对课堂学习中的具体教学目的、教学内容、教学重难点、学生学习基础及学习心理、教学设备条件、教师个人素质及教学能力等进行全面、具体、综合的分析研究，选择能最有效地解决相应任务的组织学习、刺激学习和检查学习的方法和手段。

② 合理筛选。针对具体教学的实际与要求，在众多的教学方法中，研究哪些方法能够最好地引

---

① 中华人民共和国教育部.基础教育课程改革纲要（试行）[J].教育部政报，2001（7）.
② 中华人民共和国教育部.普通高中历史课程标准（实验）[M].北京：人民教育出版社，2003：2.
③ 中华人民共和国教育部.普通高中历史课程标准（实验）[M].北京：人民教育出版社，2003：30.
④ 唐国安.高校教学概论[M].上海：上海交通大学出版社，1991：104.

导学生主动、积极地获取知识,能够更好地发展学生各方面的能力和培养学生兴趣、情感、意志等非智力因素,能够更好地发挥教师的教学艺术风格特点。经过这样的分析、比较、研究过程,将其中最佳的方法筛选出来。

资料阅读

不同的教学方法有不同的认知贡献

教学方法	学习知识	培养能力	培养品质	参与社会活动	满足需求和兴趣
讲授					
讨论					
视听					
探索					
发现					
教学系统设计					
程序教学					
操练					
角色扮演					
模拟					
小组调查					
社区活动					
法理学探究					
独立研究					
微型课程					
"头脑风暴"					

（最有效　较有效　少有效）

表格资料来源于:www.zjedusri.com.cn/newsupfiles/8c9d08f3833cb2f54a7d95f53667960d.ppt

③ 优化组合。选择合理的教学方法和手段,使教学过程最优化,重要的不仅在于各种方法的选择,而且在于各种方法的组合运用,应在多样化的方法中体现起主要作用的方法。历史教师也不能简单地为了方法而方法,不能片面追求形式,而要讲求实效,力求在教学中,通过对教学方法的创新运用,真正形成带有自己特点的教学风格。

总之,在现代教育观念的影响下,历史教学方法的选择,要以现代教学思想为指导,从实际出发,博采众法之长,体现出以探究问题为目的、以史料运用为条件、以思维训练为核心、以学生参与为形式、以教师引导为助动的特点,以最少的时间取得最佳教学效果。

本章小结

历史教学成功与否和教学方法的选择与运用休戚相关。教学过程始终处于动态发展之中,作为它的重要组成部分的教学方法,也始终处于动态的地位。就教学方法本身来说,是没有好坏、高低、优劣之分的。每一种方法都有其所长,亦有其所短,关键看教师的应用,看哪一种方法对于教与学来说是最适用的。本章重点介绍了中学历史最常见的教学方法和历史教学方法改革的探索。开篇介绍了讲授法的利弊。历史学科的知识特点决定了历史教学最适宜使用讲授法。接下来,根据近年来中学历史教学方法改革的实践研究,有选择性地介绍了几种在中学历史实际教学中运用频率较高的教学方法,如历史图示教学法、历史课堂讨论教学法、角色扮演教学法等,并对基础教育历史课程改革以来教学方法的选用提出了思考。苏联教育学家巴班斯基指出,最有效、包罗万象的教法是根本不存在的,每种教法就其本质来说都是相对辩证的,既有优点又有缺点,都可能有效地解决某些问题,而解决另一些问题则无效,这是普遍的教学法原则。他认为,在选用教学方法上要考虑多方面的因素,包括教学任务、教学内容、教材难易程度、全班学生的程度、各种教学方法的效用和长短处、教师本人的特点和能力等。巴班斯基的这一观点,实际上是指出了运用教学方法的真谛所在。所以,"教有常法,但无定法"。优化选择、灵活运用才能使教学方法的使用效率达到最大化。

思考与讨论

- 为什么讲授法会成为历史教学最常用的主要方法?
- 讲授法为什么又会被贴上"填鸭式"、"满堂灌"的标签?
- 简述高中历史课堂实施讨论教学法的基本条件。
- 简述历史问题探究教学法的运用与学生思维能力培养的关系。
- 历史课堂教学情景的创设主要有哪几类?对学生的历史思维的发展有什么作用?
- 中学历史教学方法选择和运用的基本依据有哪些?对教师个人教学风格的形成的主要影响是什么?

学习链接

http://www.historyteaching.net/

http://www.zxls.com/

参 考 文 献

[1] 朱光明.中学历史课堂教学方法研究[M].上海:上海教育出版社,1998.

[2] 刘宗华,孙恭恂.刘宗华历史教学艺术与研究[M].济南:山东教育出版社,2000.

[3] 杨秀珠主编.老师谈教学(历史教学篇)[M].香港:中华书局,2003.

[4] 聂幼犁.中学历史教育论[M].上海:学林出版社,1999.

[5] 中华人民共和国教育部.普通高中历史课程标准(实验)[M].北京:人民教育出版社,2003.

第四章　现代信息技术与历史课程的整合

学习目标

当你了解本章内容后,你可以:
- 理解现代信息技术与课程整合的含义和意义。
- 掌握现代信息技术与历史课程整合的基本方法和类型。
- 分析现代信息技术与历史课程整合的利弊。
- 对现代信息技术与历史课程的整合提出个人的想法。

本章导引

在目前的各类历史课堂教学竞赛中,绝大多数教师喜欢使用多媒体课件来开展历史教学活动。从这些教师使用的课件的情况看,教师常常是通过网络搜寻到很多和课程相关的内容,并将它们与教科书内容进行了整合,制作成充满声光效果、信息量充分的多媒体课件。如一个教师制作的关于《甲午中日战争》的多媒体课件,其内容就包括了四段视频、十多幅图片、七段阅读史料等等,用以配合教师的45分钟课堂讲授。

这是不是就一定有利于教学活动的开展和教学效率的提高呢?

第一节　现代信息技术与课程整合概述

一、信息技术与课程整合的含义

人类已经进入信息时代,信息技术的广泛使用大大拓宽了人们获取信息的渠道和范围,极大地丰富了信息资源,并改变了社会各个领域的运作和发展模式,对人类社会生活的方方面面产生了重大的影响。在教育教学领域,以网络通信技术和多媒体技术为核心的现代信息技术的飞速发展,必然会带动教育从内容、形式、方法到组织的全面变革。2001年6月,教育部制定、颁布了《基础教育课程改革纲要(试行)》,以此作为国家基础教育改革工作的指导性文件。《纲要》明确提出,"大力推进信息技术在教学过程中的普遍应用",并对这种应用的立足点作了明确的阐述:"促进信息技术与学科课程的整合,逐步实现教学内容的呈现方式、学生的学习方式、教师的教学方式和师生互动方式的变革";"充分发挥信息技术的优势,为学生的学习和发展提供丰富多彩的教育环境和有力的学习工具"。[①]这说明,我国新一轮的基础教育课程改革,突出强调了现代信息技术与学科课程的整合。这是促进基础教育全面改革和提高教育质量的必要途径,是我国面向21世纪基础教育教学改革的新视点。

"整合"是当前教学改革中广泛应用的一个术语,其基本含义是将有联系的不同事物或学科内容综合起来,以便产生好的效果。在英文中,"整合"一词表述为"integration",最初的含义是综合、融合、

[①] 中华人民共和国教育部.基础教育课程改革纲要(试行)[J].教育部政报,2001(7).

集成、成为整体、一体化等。"整合"在系统科学的思维方法论上,表示为由两个或两个以上较小部分的事物、现象、过程,物质属性、关系,信息、能量等在符合具体客观规律或符合一定条件要求的前提下,凝聚成一个较大整体的发展过程及结果。教育界引用"整合"一词通常表示整体综合、渗透、重组、互补、凝聚等意思。实质上,整合就是指系统内各要素的整体协调、相互渗透,使系统各要素发挥最大效益。

观点讨论

在中学教师中,存在着这样几种观点:一是认为信息技术与课程整合就是要把信息技术课程与其他学科课程融合在一起(即要实现两门课程之间的融合),以便在学习其他学科课程的同时能更有效地学习信息技术;一是认为只要在课堂上运用了多媒体或是课件就是在进行信息技术与课程的整合;一是认为信息技术与课程的整合就是先从网上将教学内容"整"下来,再"合"在一起。

以上这些关于信息技术与课程整合的认识存在哪些误区?

目前国内关于信息技术与学科课程整合的说法与定义很多。主要有:

一是以教育技术专家南国农教授为代表的学者认为:信息技术与课程整合指将信息技术以工具的形式与课程融为一体,将信息技术融入课程教学体系各要素中,使之成为教师的教学工具,学生的认知工具,重要的教材形态,主要的教学媒体。[①]

一是以华南师范大学教育技术研究所李克东教授为代表,认为:信息技术与课程整合是指在课程教学过程中把信息技术、信息资源、信息方法、人力资源和课程内容有机结合,共同完成课程教学任务的一种新型的教学方式。[②]

一是以北京师范大学现代教育技术研究所何克抗教授为代表,认为:所谓信息技术与学科课程的整合,就是通过将信息技术有效地融合于各学科的教学过程来营造一种新型教学环境,实现一种既能发挥教师主导作用又能充分体现学生主体地位的以"自主、探究、合作"为特征的教与学方式,从而把学生的主动性、积极性、创造性较充分地发挥出来,使传统的以教师为中心的课堂教学结构发生根本性变革,从而使学生的创新精神与实践能力的培养真正落到实处。[③]

综观这些观点,我们发现虽然学者们对概念的表述各不相同,但是他们对于"整合"的理解基本上是一致的,即所谓"整合"并不是把单纯地将被分割的东西拼凑在一起,而是指把某些具有内在联系的内容融合为一个有机整体。整合的过程就是使分化了的教学系统中的各要素及其各成分间形成有机联系并成为整体的过程。

目前教育理论界对于信息技术与课程整合的定义的分歧主要是基于对课程概念的不同理解而产生的,主要分为"大整合论"和"小整合论"两种观点。

大整合论主要是指将信息技术融入到课程的整体中去,改变课程内容和结构,变革整个课程体系。它主要针对教育领域中信息技术与学科课程存在的割裂和对立现象,从课程整体的角度去思考信息技术的地位和作用。期望通过基于信息技术的课程研制,创立信息化课程文化。建构起整合型的信息化课程结构、课程内容、课程资源以及课程实施等,从而对课程的各个层面和维度都产生变革

---

① 南国农主编.信息化教育概论[M].北京:高等教育出版社,2004:187.
② 李克东.数字化学习——信息技术与课程整合的核心[J].电化教育研究,2001(9).
③ 何克抗.信息技术与课程深层次整合的理论与方法[J].电化教育研究,2005(1).

作用,促进课程整体的变革。

"小整合论"则将课程等同于教学。这种观点将信息技术与课程整合等同于信息技术与学科教学整合,信息技术主要作为一种工具、媒介和方法融入到教学的各个层面中,包括教学准备、课堂教学过程和教学评价等。这种观点是目前信息技术与课程整合实践中的主流观点。[①]

对信息技术与课程整合内涵上认识的分歧反映了人们看待信息技术作用的不同视角。在研究与实践中,持"大整合论"的人一般都是专家学者,而一线教师和教研人员则比较认可"小整合论"。

我们认为,所谓信息技术与课程整合(Integrating Information Technology into the Curriculum,简称:IITC),是将信息技术实际地融入到学科课程的有机整体中,使信息技术与学科课程内容、学科课程实施等融合为一体,成为与课程内容和课程实施高度和谐的有机组成部分,以更好地完成学科课程目标。信息技术与课程整合的基本思想如下:对课程教学内容进行信息化处理后,使之成为学习者的学习资源;在以多媒体和网络为基础的信息化环境中实施课程教学活动;利用信息加工工具让学生进行知识重构。[②]

也就是说,信息技术与学科课程的整合应注意,一是必须以现代教育理论为指导,变革旧的教学内容、教学方式和学生的学习方式,以培养学生的创造能力、分析解决问题的能力和探索研究问题的能力;二是信息技术与课程整合的立足点是课程,信息技术是手段,是为课程教学服务的,其根本目的是促进课程教学改革,优化教学效果;三是信息技术与课程整合既指将信息技术整合于学科课程,也指将学科课程整合于信息技术,具有双向性;四是信息技术整合于学科课程绝不是简单的纳入或功能的叠加,也不仅仅是工具或技术手段层面的应用,而是将信息技术实际地融入到学科课程中,是二者的融合与主动适应。

二、信息技术与课程整合的意义

1. 信息技术与课程整合有助于信息时代教育改革的深化

人类迎来21世纪的时候,也迎来了一个新的时代——信息时代。信息化是当今世界经济和社会发展的大趋势,以多媒体和网络技术为核心的信息技术不仅大大提高了社会生产力的发展速度,改变了社会各个领域的运作和发展模式,拓宽了人们获取信息的渠道和范围,极大地丰富了信息资源,而且对人们的社会生活方式和社会结构也产生了深远的影响。

现代信息技术的飞速发展,必然会使教育面临着有史以来的最为深刻的变革,这一变革不仅仅是教育形态和学习方式的变化,更将对教育思想、观念、模式、内容和方法产生深刻的影响。目前,信息技术在我国中小学教育中的发展已经经历了基础设施的日益完善,"校校通"工程、"班班通"工程以及校园网建设不断推进,中小学信息技术教育普遍开展,教师的信息技术培训以及相关的教学资源建设开展等阶段,取得了一定的成绩,但是也存在着投入了相当大人力、物力和财力建设的信息技术设施使用效益低下,用于支持各学科教学的现象还不普遍等问题。

为什么巨大的投入下收益并不明显?怎样才能真正促进信息技术在教育教学中的有效应用?人们把研究的视野投向了信息技术与学科课程的整合。信息技术在教育中的应用,从技术上来说具有数字化、网络化、智能化和多媒体化的特点;从功能上来说,它给教学活动增添了许多在传统教学活动中所不具有的新机制,它能够实现教学内容的多媒体化、教学传播的多样化、教学资源的共享化、教学形态的多样化、教学时空的扩大化、教学环境的虚拟化、教学反馈的及时化等。

---

① 唐文和、刘向永、徐万青.信息技术与课程整合的内涵[J].中国远程教育,2003(5).
② 徐福荫、袁锐锷主编.现代教育技术基础[M].北京:人民教育出版社,2005:245—246.

可以说,信息技术与课程整合是我国面向21世纪基础教育教学改革的新视点。信息技术与课程的有机融合,将带来教育思想、教学内容、教育教学形式与方法等多方面的变革,带来课程内容、课程实施、课程评价和课程资源的变革,推动基础教育课程改革的深化。

2. 促进教学方式和学习方式的变革

教与学的方式,是教师和学生为达到教学目标所采取的教和学的形式、步骤和技术。信息技术与课程教学的整合,极大地丰富了教学资源,把以计算机及网络为核心的信息技术作为认知工具和手段应用于教学过程中,使各种教学资源、各个教学要素和教学环节融为一体,在整合优化的基础上产生聚集效应,充分发挥设备的最大潜力,实现高效优质的教学。信息技术与课程教学的整合,能够最大限度地使学生跨越师生之间对教学内容的理解及认知过程体验上存在的鸿沟,为教师与学生、学生与学生、学校与社会之间的沟通提供了多种多样的机制,并使教师的主导地位和作用由课堂上的显性行为,逐渐转变为课堂内外教学设计中的隐性行为,从而促进了传统教学方式的根本变革。

信息技术与课程的整合使学生在足够的信息支持下学会利用学习资源,探索和发现知识的产生、发展和应用的过程,由"被动地接受知识"转向"主动构建新知识";使学生由依靠老师的学习转向自主学习。信息技术一方面为学生的自主学习提供了丰富的学习资源,另一方面也为学生的自主学习提供了演示和浏览的工具,更主要的是为学生的学习探究提供了广阔的空间。信息技术与课程的整合既可以构建个别化的学习环境,也可以营造协作式学习氛围,使每个学生都能参与到学习的全过程之中,最大限度地实现认知过程与感悟、体验过程的统一,使学生的学习由局限于校内的学习转向超越校园围墙的学习。

3. 为学生的信息能力和创新能力的培养营造理想的教育教学环境

信息能力是信息社会所需新型人才必须具备的重要的能力素质。2001年1月18日,美国高等教育研究协会(ACRL)出台了一个"美国高等教育信息素养能力标准",对大学生的信息能力进行了具体的规范。该标准主要内容有五条:第一,具有信息素养能力的学生能决定所需要信息的种类和程度;第二,具有信息素养能力的学生能有效而高效地获取所需信息;第三,具有信息素养能力的学生能批判性地评价信息及其来源,并能把所遴选出的信息与原有知识背景和评价系统结合起来;第四,具有信息素养能力的学生,无论是个体还是团体一员,能有效地利用信息达到某一特定目的;第五,具有信息素养能力的学生能懂得有关信息技术的使用所产生的经济、法律和社会问题,并能在获取和使用信息中遵守公德和法律。所以,信息能力包括了对信息的采集、分析、传输、加工、应用和评价的能力。这也是信息时代重要的生存能力。在信息时代,信息能力是整个信息素养的核心内容,是信息素养培养的关键部分。

创新能力就是人们产生新认识、新思想和创造新事物的能力。它是一个人综合能力的具体体现,是具有发展性、创见性和开拓性的能力。创新能力不是知识,而是需要不断培养和完善的一种素养。

信息技术与课程整合,不是把信息技术仅仅作为辅助教学的工具,而是强调要利用信息技术来营造一种新型的教学环境,为学生的信息能力和创新能力的培养提供特定的、满足较高要求的教学环境的支持。在信息技术与课程的整合过程中,计算机的超文本特性与网络特性相结合,就为教育教学建构了一个这样的理想的教学环境。计算机多媒体系统具有超文本特性,超文本(Hypertext)是按照人脑的联想思维方式,用网状结构非线性地组织管理信息的一种先进技术。利用多媒体的超文本特性可实现对教学信息最有效的组织与管理。而计算机的网络特性使知识突破了书本的限制,不再以"点"的形式呈现,而是以"流"的方式传递。网络不仅能通过文本、声音、图像等多维信息刺激人的感官,加深学习者对问题的理解,而且还可以通过影像、声音、三维图形模拟现实情景,使学习者在接近真实的学习情景中发现问题、分析问题、解决问题。这不仅对问题的深化理解和知识的掌握运用大有裨益,而且对高级认知能力的发展、合作精神的培养和良好人际关系的形成也有明显的促进作用。

第二节　信息技术与历史课程整合的目标与原则

一、信息技术与历史课程整合的目标

信息技术与历史课程的整合,是在新时代——信息时代和新环境——信息技术环境下进行历史教育教学改革的一个新的切入点。信息技术与历史课程的整合也是历史课程标准的理念和具体目标在历史课程改革中的具体体现。新的历史课程标准提出:"历史课程改革应有利于学生学习方式的转变,倡导学生积极主动地参与教学过程,勇于提出问题,学习分析问题和解决问题的方法,改变学生死记硬背和被动接受知识的学习方式。""历史课程改革应有利于教师教学方式的转变,树立以学生为主体的教学观念,鼓励教师创造性地探索新的教学途径,改进教学方法和教学手段,组织丰富多彩的教学实践活动,为学生学习营造一个兴趣盎然的良好环境,激发学生学习历史的兴趣。"[1]"普通高中历史课程的设计与实施有利于学生学习方式的转变,倡导学生主动学习,在多样化、开放式的学习环境中,充分发挥学生的主体性、积极性与参与性,培养探究历史问题的能力和实事求是的科学态度,提高创新意识和实践能力。""普通高中历史课程的设计与实施有利于教师教学理念的更新,有利于教学方式的转变,倡导灵活运用多样化的教学手段和方法,为学生的自主学习创造必要的前提。"[2]这里,信息技术与历史课程整合不是简单地将信息技术应用于历史教学,而是强调要利用信息技术来营造一种新型的教学环境,该环境应能支持实现情境创设、启发思考、信息获取、资源共享、多重交互、自主探究、协作学习等多方面要求的教学方式与学习方式,是高层次的融合与主动适应。它要达成的目标也是多方面的,主要有:

1. 推动历史课程数字化资源软件环境创设

课程资源是课程设计、编制、实施和评价等整个课程发展过程中可利用的一切人力、物力以及自然资源的总和。历史学科所具有的独特性质,使其拥有丰富的课程资源。历史学是一门人文社会科学,历史是根据史料来说话的,详尽地占有资料是历史研究的前提。自古以来,对于历史的研究主要依赖的是史料,丰富的历史资料不仅是历史学家研究历史的主要依据,也是历史课程的主要资源。

但是,长期以来,人们对历史课程资源的开发利用不够重视,从历史课程资源的载体上看,课程资源的开发往往偏重于纸质印刷制品,甚至把教科书作为唯一的历史课程资源加以固化。历史学科资源的建设状况不容乐观。因此,信息技术与历史课程的整合,首要的是要加强历史课程资源软件环境创设,为历史教学应用信息技术提供丰富且高质量的教学资源,如满足优化历史课程学习需求的校内资源,满足历史扩展性学习需求的校外资源,满足学生个性发展需要的网络学习资源。

2. 推动信息技术环境下历史教学活动的改革

在新一轮基础教育课程改革全面开展的今天,信息技术与历史课程整合的目标之一,是要通过历史教学活动的改革实践,使传统的以教师为中心的课堂教学结构发生根本性变革,推动新型历史教学结构的创建,进一步探索信息技术环境下历史教学活动的稳定的教学模式和有效的方法策略。

信息技术与历史课程的整合首先是可以利用信息技术的图文并茂、丰富多彩的知识表现形式,克服传统历史教学的弊端,使历史教学手段更加丰富、生动。其次是能将超文本特性与网络特性结合,为历史教学提供极丰富的信息资源,有助于历史探究情境的创设。再次,教师可根据教学需要将有关的文献资料、图表、视频等编辑在一起,依据学生学习的认知特点编制教学程序,促进学生对某些重要人物或历史事件的系统了解,从而达到教学资源的优化组合。这样的整合,将会不断推动历史教学改

---

[1] 中华人民共和国教育部.全日制义务教育历史课程标准(实验稿)[M].北京:北京师范大学出版社,2001:2.
[2] 中华人民共和国教育部.普通高中历史课程标准(实验)[M].北京:人民教育出版社,2003:2.

革活动的深化,改变传统历史教学中教师、学生、教材、教学媒体的关系,为新的历史教学模式提供多种多样的机制和可能。

学者观点

> 信息技术与课程整合的目标是要改变传统的教学结构。传统的教学系统只有教师、学生和教材三个要素。在现代化的教学系统中,多了一个要素——"教学媒体"。按照系统论的观点,这四个要素不是孤立地、简单地组合在一起,而是相互联系、相互作用的有机整体。而教学系统四个要素相互联系、相互作用的具体体现就是教学结构。
>
> 实施信息技术与课程整合正是为了有效地改变传统的教学结构,即彻底改变教学系统中四个要素的地位与作用。[1]

3. 促进学生学习方式的转变,提高学生能力素质

信息技术与历史课程的整合,最根本的目的是有效地改善学生的历史学习,促进学生学习方式的转变,提高学生能力素质。也就是说,要在信息技术的环境下,通过优化的历史教学活动,改善学生的历史学习方式,改善历史学习资源和学习环境,发展学生的历史思维能力,促进学生能力素质的提高。

信息技术与课程整合,不仅能用于呈现学习内容,帮助学生理解、掌握有关的学科内容,同时,通过整合,可帮助学生实现探究学习、发现学习,主动地建构知识。在信息技术的支持下,还可促进学生间进行充分的信息交流,实现小组协同学习。以武汉市的信息技术与历史课程整合课"世界反法西斯战争的转折和胜利"为例,其教学过程就是在网络环境下,由教师引导,创设情境,以网络课件为中心对学习资源进行搜索和选取,以一定的任务驱动学生进行自主学习,探究分析问题,展示学习成果,反馈评价。在这一过程中,旧的教学形态和教学方式势必会有所调整,学习方式也发生了变化,学生的学习环境由封闭趋向开放,学习资源由单一趋向多元,教材媒体由静态趋向动态,学习空间由实体趋向虚拟。

信息技术环境下的历史教学正由以"教"为中心向以"学"为中心转变。信息技术与历史课程的整合能为学生提供丰富生动的史实资料,让学生真正感受到历史的丰富性;能建构自由探索和自主学习的开放环境,有效地培养学生自主发现、探索学习的能力;有利于发挥学生思维主动性,发展学生的历史思维;能有效地培养学生的信息素养,培养学生用信息技术解决历史问题的能力。

二、信息技术与历史课程整合的原则

1. 灵活指导原则

信息技术与历史课程的整合必须以现代教学理论和学习理论为指导,如果没有一定的理论指导课程整合的实践,整合就失去了"灵魂"。目前,我们常常接触的现代教学理论与学习理论主要有:布鲁纳的发现学习理论、奥苏伯尔的有意义接受学习理论、维果斯基的最近发展区理论、巴班斯基教学过程最优化理论、认知主义学习理论、行为主义学习理论、建构主义学习理论、人本主义学习理论等,这些理论都对课程的整合有指导意义。应该说,在教学和学习的层面上,每一种理论都具有其特定的正确性,但是,一旦推及到实践中,却没有一种理论显现出普遍的合理性,换而言之,无论哪一种理论也不能涵盖其他理论而成为唯一的指导理论。行为主义对需要机械记忆知识或具有操练和训练教学目标的学习来说有其合理成分。认知主义的指导作用,主要体现在激发学生的学习兴趣、控制和维持学生的学习动机。建构主义提倡给学生提供建构理解所需要的环境和广阔的建构空间,让学生自主地、发现式地学习。[2] 因此,在课程整合的实践过程中,要坚持灵活性原则,根据教学目标、具体的教学内容、教

---

[1] 何克抗:《论信息技术与课程整合》。选自作者在第二届全国学科"四结合"教改试验研究经验交流会上的主题报告。
[2] 南国农主编. 信息化教育概论[M]. 北京:高等教育出版社,2004:193.

学对象、教学媒体、教学环境等因素,在兼顾各种理论的合理成分的基础上,灵活应用以指导实践。

2. 分层启发原则

在班级授课制的条件下,学生的历史学习水平是参差不齐的,主要表现在学习方法、学习水平、兴趣爱好、基础能力等方面存在的差异,这些差异使学生的历史学习处在不同的发展水平上。信息技术与历史课程的整合必须考虑学生学习的这种层次差异,在课程教学中,根据学生学习的可能性水平,将不同的学生分成若干层次,针对各层次学生的不同特点和基础开展教学活动,利用信息技术创设不同的学习环境,提出基本、较高、发展特长等几个不同层次的学习目标,提供不同的学习资源和学习策略,使每个学生能在自己的"最近发展区"里得到充分发展,进行有效成功的学习。只有开展与他们的学习可能性相适应的教学活动,才能使学生在原有基础上有所提高,并为进一步发展创造更好的条件。

案例研究

有教师在《中国古代史》的"唐朝经济发展"网络课件中,设计了基础篇和提高篇。基础篇是必学内容,学生通过基础测试后可进入提高篇学习。提高篇分若干不同层次的学习部分,学生可根据自己的兴趣和能力,自主而有选择地学习。提高篇中设计了几个不同层次的学习目标和完成作业的方式(利用计算机独立撰写论文;用简单的语言把下载的网络资料连起来,形成自己的作业;与同学合作共同完成作业),尽可能地满足个性发展的需求。①

3. 可操作性原则

信息技术与历史课程的整合必须考虑整合流程的可操作性。信息技术的使用要致力于打破传统的以教师为中心、以教科书为本的教学方式,整合后的历史课程要充分利用信息技术功能强大的优势,在充分考虑教师在历史教学过程中操作控制的难易程度的基础上,将同一内容的教学方案以多种形式表现出来,不仅使教学具有"自助餐式"的整合内容,更具有多样性实施方案,这样,能有效解决历史教学信息来源单一化和教学方式呆板的问题。此外,在传统教学方式下的历史学习,主要是知识性的记忆,学生只能被动地参与这个过程,学生参与的积极性不高。而在多媒体计算机这样的交互式学习环境中学生则可以按照自己的学习基础、学习兴趣来选择所要学习的内容和适合自己水平的练习,学生有了主动参与的可能。因此,信息技术与历史课程的整合还要顾及学生在历史教学过程中的参与程度以及在历史学习过程中的操作难易的程度。

4. 开放自主原则

所谓开放性主要是指学习内容的开放性。长期以来,在传统教育思想的指导下,历史课程的教与学的内容常常受限于历史教科书的范畴,不敢越雷池一步。而历史知识的过去性和不可再现性的特点,又往往使学生对历史学习产生畏难情绪,认为历史的内容枯燥乏味,远离社会现实生活。自历史课程改革以来,提出要"改变课程内容繁、难、偏、旧和偏重书本知识的现状,加强课程内容与学生生活以及现代社会科技发展的联系,关注学生的学习兴趣和经验,精选终身学习必备的基础知识和技能"。而信息技术环境下的历史教学与传统的历史教学的显著区别之一,就是可以向学生提供多样的、多元的学习资源,网络上的丰富的信息源,使历史学习内容更具开放性。

所谓自主性主要是指学生学习方式的自主性。信息技术与历史课程的整合必须实现学生学习方式的转变,即学生在历史学习中要充分体现在教师的指导下自主学习的过程,真正实现因材施教。在信息技术条件下,让学生围绕历史学习的主题上网搜集资料,处理信息,使每个学生都可根据自己的情况确定本人的学习活动,进行自主性学习,减少学习过程中对教师和课本的依赖。

---

① 刘学兵:《信息技术与历史课程的整合研究》,东北师范大学硕士论文,第29页。

5. 合作分享原则

信息技术与历史课程整合中的合作分享原则,主要是从教师与学生两方面来理解。从历史教师角度来说,在遵循教育规律、学生的身心发展规律和认知规律的前提下,熟练掌握了信息技术的历史教师,在开展课程整合研究的过程中,都会根据个人的实际情况,有目的地根据相关的教学内容开展工作,使自己的作品具有鲜明的个性特征。但是,并不是所有的历史教师都具备了这样的能力。况且,历史知识是一个纷繁复杂的知识体系,包含了人类社会发展过程中所有层面的内容,涉及到人类文明的各个方面,是一个跨学科、跨领域的知识的复合体,其体系广博无限,教学资源十分丰富。而作为个体的历史教师限于时间、精力、技术水平的制约,不可能在短时间内对所有的历史课程内容应用信息技术进行教学整合。那么,要使信息技术与历史课程的整合更高效,就需要教师间的共同合作,相互分享。

从学生的角度来看,信息技术与历史课程的整合能将历史学习的内容由抽象的文字,扩展为声、像、文并茂以及三维动画等近乎跨越时空的全息模式,向人们展示全新、高速的超文本感受,从而大大提高了学生历史学习的兴趣与效率。并且,学生在学习过程中熟悉了信息技术的操作,培养了获取、加工和利用信息的能力,能通过彼此间的协作学习,获得学习成果。例如,学生在进行历史学习时,往往利用他们所掌握的信息技术来搜集资料、分析资料、整理资料、加工资料、协同合作,制作出历史学习的课件、完整的课题报告、历史学习网页、历史网站等。而这些学习的成果的合作分享,能大大提升学生的综合能力。

第三节 信息技术与历史课程整合的层次与方法

一、信息技术与历史课程整合的层次

从目前全球教育发展的趋势看,信息技术的应用正在日渐深入。在信息技术与课程整合的过程中,根据目前信息技术的定位及其与课程整合的程度,一般可以将信息技术与课程整合划分为以下层次:

资料阅读

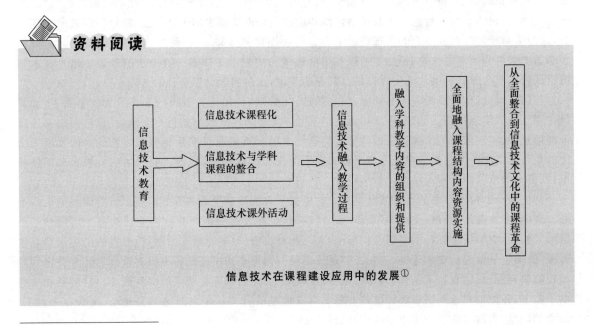

信息技术在课程建设应用中的发展[①]

---

① 谢康、陈丽.关于信息技术与学科课程整合发展的思考[J].电化教育研究,2006(4).

这里，信息技术与课程的整合应当是全方位的，涉及到教学理念、教学目标、教学内容、教学策略、教学过程、教学手段、教学评价等的革新。那么，从目前信息技术与历史课程的整合来看，主要有下面几个层次：

1. 信息技术作为历史课程的资源平台

过去，课程资源的概念常常被普遍忽视和误读，人们普遍认为它是指形成教学内容的直接物化资源，其代名词就是教科书和教参，具有非常明显的单一性特征。随着我国新一轮基础教育课程改革的开展，在已颁布的国家课程标准中，课程资源作为一个重要的概念被写入，并逐步引起课程理论界的重视。人们越来越深刻地认识到，虽然课程资源是相对于课程而言的，但任何课程必须以一定的课程资源作为基础和前提。这里提倡的课程资源的概念是指有利于实现课程目标的各种因素。而就历史课程来讲，历史课程资源是指有利于历史课程目标实现的各种资源的总和。历史学科本身拥有丰富的课程资源，包括文字资料、影视资料、历史文物、历史遗迹等，可通过多种渠道获得。这些资源一般被分成三部分：一是校内的课程资源；二是校外的课程资源；三是信息化课程资源。这其中的每一部分都包括人力的资源和物化的资源。

信息技术与历史课程的整合将带来课程资源的变化。课程资源的载体不再仅仅是书籍、教材等印刷品等。由于信息技术手段的介入，历史课程的信息资源按其表现形式主要可分为：电子图书、音像资料和网络资源。电子图书主要以光盘、网络或特殊的电子书阅读设备为载体；音像资料主要是指由电视、录音、录像、数字视频等媒体提供的历史纪录片、历史资料片、历史图像资料、历史影视剧等资源；历史网络资源包括的种类很多，除了人们已经普遍熟悉的专业网站（包括与历史学科有关的网站和各个博物馆、图书馆、历史景点的专门网站）以外，大量非专业网站中丰富的历史主页、与之有关的各种资料、远程网络教育网、各大基础教育网等等，都可以成为历史课程资源。此外，农村远程教育工程的卫星接收系统更是把最先进的教学理念、教学模式、教学方法等直观地呈现在教师面前。

实现信息技术与历史课程的整合必须要有功能强大的硬件和软件系统，离开了这些硬件和软件，要想实现真正的整合，是不可能的。近几年，随着国家综合实力的不断增强，中小学"校校通"、"班班通"工程的实施使学校的信息技术教育的硬件环境建设取得了很大的进展，相关的软件系统也在建设中，这为信息技术与课程整合的实现提供了有力的物质保障。那么，在此基础上，如何聚集起尽可能多的历史资料和信息并快速、便捷地加以利用就成了历史教学工作者一直追求的梦想。信息技术与历史课程的整合首要关注历史课程信息资源的建设，这是实现课程整合的基础。

在信息时代，信息是最重要的资源，信息的加工、处理、传播成为重要的工作。就教学而言，计算机主要是进行信息的加工处理，多媒体则使信息能以更多的形式或样式进行交流，计算机网络是连接各种信息源、实现信息的快速传递的通道。信息技术融入历史课程就是要利用信息技术的发展为历史的教与学搭建一个课程信息的资源平台。高中历史课程标准中，就提到要利用信息技术和网络技术，在更大的范围内共享高质量的教学资源。

历史是一个包罗万象的巨大信息世界。它涵盖了人类社会生活的方方面面。历史课程的内容十分丰富，它涉及政治、经济、文化、军事、外交、民族等，也涉及社会生产和社会生活的各个层面和各个角落。然而，中学历史教科书受到课程标准要求、教材篇幅、教学时数等的限制，提供的历史信息非常有限，影响了学生对历史的理解。如关于"丝绸之路"，无论是初中还是高中历史教科书的有关内容都比较简单，但是在信息技术条件下，却有很多与"丝绸之路"的内容有联系的信息资源。它包括相关的电子图书、音像资料或网络资源。这些资源里有着大量的有关丝绸之路的图文并茂、视听合一、生动形象的信息，为教与学提供了丰富的信息资源。

网络资源正在成为历史课程资源的重要组成部分。因此，我们在历史课程中利用信息技术构建历史课程的信息资源库,便于教师和学生的检索、运用,用网络信息的丰富性突破课本资源的单一性。但是,丰富的网络资源也会使教师和学生迷失方向,常常是进入网络就像进入迷宫,甚至花费很长时间也找不到自己需要的东西,往往会感到得不偿失。如有教师在进行《工业革命》一课的教学时,为防止学生在网络环境中"信息迷航"和"认知超载",给学生提供了适当的引导和帮助,诸如"请查阅http:∥www.jlhs.net/高中历史素材库/世界近代史/英国工业革命.htm,它对工业革命有全面的介绍"等。

所以,教师在利用网络建构历史课程的信息资源时,有必要对网络历史教育资源进行分类整理,以便检索、使用。

(1) 教育教学类网站或网页。

目前,在历史课程中经常使用的教育教学类网站或网页有:

K12 中国中小学教育教学网历史版　http:∥www.k12.com.cn/

中国基础教育网　http:∥www.cbe21.com/

中国园丁网　http:∥www.teacher.net.cn/

人民教育出版社——历史天地　http:∥www.pep.com.cn/lishi/index.htm

中学历史教学　http:∥www.yb2hs.com.cn/teacher/net/his/

中学历史教学资源网　http:∥lil.teacher.100point.com/

中国教育先锋网　http:∥www.ep-china.net/

教学素材网　http:∥zm.ruiwen.com/

中国教育信息网　http:∥www.chinaedu.edu.cn/

中学历史在线　http:∥fmfmfwfw.cc333.com/94/461406/

洪恩在线　http:∥www.hongen.com/default.htm

中学历史教学资源在线　http:∥hhdts.51.net/

中国历史课程网　http:∥hist.cersp.com/

历史与社会教学网　http:∥www.lsysh.com/

学术批评网　http:∥rss2.rulingcom.com/NTHU_HIST/main.php

台湾清华历史教学网　http:∥rss2.rulingcom.com/NTHU_HIST/main.php

中学历史教学园地　http:∥www.zxls.com/index.html

(2) 历史学专业类网站或网页。

目前,在历史课程中经常使用的历史学专业类网站或网页有:

史学研究网　http:∥www.3hresearch.com/

中国史学网　http:∥www.chinahis.com/

中国读史网　http:∥www.cndsw.cn/index.asp

史学评论网　http:∥www.jianwangzhan.com/cgi-bin/index.dll?index15?webid=jianwangzhan&userid=147978

历史风云网　http:∥www.lsfyw.net/Index.html

中国世界古代史研究网　http:∥www.cawhi.com/

血铸中华　http:∥xzzh.china5000.cn/

历史资源网　http:∥www.fed.cuhk.edu.hk/history/

中国历史网　http:∥www.cnhistory.cn/

历史文化遗产保护网　http:∥www.wenbao.net/

中国历史博物馆　http：//www.nmch.gov.cn/
故宫博物院　http：//www.dpm.org.cn/
牛津大学科学历史博物馆　http：//www.mhs.ox.ac.uk/
World Wide Web Virtual Library History Central Catalogue：http：//vlib.iue.it/history/index.html（网上虚拟历史图书馆）
Selected History Resources http：//www.princeton.edu/％7Epressman/history.htm（普林斯顿大学历史系主办的综合性历史网站）

（3）历史教师个人网页或学校自建的历史网站或网页。

这类网站如：史海泛舟 http：//www.laoluo.net/、衢州二中历史教学网 http：//ls.zjqzez.com/、老潘网志 http：//www.lpwz.net/、K12 历史教师个人网页、中学历史在线等。

2. 信息技术作为历史教与学的工具平台

在历史课堂教学中融入信息技术，主要是将其作为教师的备课工具、教师的教学工具、学生的认知工具（历史知识的呈现工具、历史情景的展示工具、师生通讯工具以及历史教学的测评工具）等。信息技术作为教与学的工具，将更加关注从历史课程目标出发，充分利用各种历史信息资源，发挥设备的最大潜力，合理设计历史教学流程，以实现优质高效的教学。

第一，信息技术可以作为历史教师的备课工具。历史知识浩如烟海，教师在备课的过程中，需要查阅大量的相关资料，在传统的备课模式下，常常耗时费力效率不高。而丰富的历史网络资源和便捷的使用方式则可大大提高历史教师的备课质量和节省备课的时间。历史教师可以利用网络的资源共享优势，随时从网络上充实自己的个人素材库，结合教学实际，进行筛选、整理、提炼，这就从根本上改变了过去的单纯使用教材、教参备课的老套路，实现了备课的创新。

第二，信息技术可以作为历史教师的教学演示工具。这是信息技术用于历史教学的最初表现形式，是信息技术和历史课程整合的最低层次，也是目前大多数历史教师运用信息技术整合历史课程的主要方法，即计算机辅助历史教学最常见的形式。教师可以使用现成的计算机辅助教学软件或多媒体素材库，也可以利用 Powerpoint 或者一些多媒体制作工具，将历史图片、文献资料、音频、视频、动画示意图等多种样式的历史资料用最为丰富、生动的表现形式最大限度地综合起来，由教师个人或集体根据历史教学的需要进行多媒体历史课件的开发和制作，呈现历史知识、展现历史情景，以提供多种感官的综合刺激，增强教学效果，如多媒体历史课件《丝绸之路》、《甲午中日战争》、《文艺复兴》、《第二次世界大战的转折》等。

第三，信息技术可以作为历史教师的网络教学工具。网络为教师和学生提供了极为丰富的电子化资源，如数字化图书馆、电子阅览室、数据库、电子书、视频影音资料等。在网络环境下，知识突破了书本的限制，不再以"点"的形式呈现，而是以"流"的方式传递。利用网络技术进行历史教学的方式主要有：网上参观、网上阅读、网上搜索、网上讨论、网上展示、网上答疑、网上课堂等。通过网络，师生可以访问世界各地的历史教育网站、历史资料数据库、图书馆、档案馆等，使历史课程不仅仅局限于课堂、局限于学校，而是朝着更大的空间发展。

第四，信息技术可以作为促进学生自主学习的认知工具和交流工具。信息技术与课程的整合，区别于以往的计算机辅助教学的突出特点，就是信息技术成为了学生强大的认知工具。认知工具可以包括以下几个方面：课程学习内容和学习资源的获取工具；情境探究和发现学习的工具；协作学习和交流的通讯工具；自我评测与反馈工具。这里，强调信息技术服务于具体的任务。学生以一种自然的方式对待信息技术，把信息技术作为获取信息、探索问题、协作解决问题的认知工具，并且对这种工具的使用要像使用铅笔、橡皮那样顺手、自然。

历史知识的主要特点是它的过去性和不可再现性,历史事件、历史现象无法重现,所以,学生也无法直接感知历史。而历史学习又必须是一个从感知到积累、从积累到理解的过程。在历史课程的教育教学过程中,如何尽量真实、直观地再现历史是历史学科教学要解决的重难点问题。在传统的历史教学中,历史景象的再现主要是以历史教师的课堂言语讲述为主,但由于教师个人语言表达能力的差异及历史资料的缺乏,很难给学生制造一种身临其境、感同身受的历史氛围,学生不易感知和理解历史,因此,在历史学习上,死记硬背成为很多学生的主要学习方法。

而信息技术与历史课程的整合,使得传统的认知工具得到了充实,学生可以利用信息技术作为认知工具进行更有效的历史学习。

首先,学生可以利用信息技术收集、整理、归纳史料,构建具有网状结构的历史学科课程知识库,充实、完善、拓展、提高历史课程的学习内容。其次,可以利用信息技术创设教学情境。在学习过程中,利用历史教学软件,可以生动、直观地展现历史的原貌,更为直接、更为迅速地了解历史、掌握历史,赋予历史课程新的生命。再次,教师在丰富的历史资源环境下指导学生开展探究学习、发现学习,可以帮助学生按照个人的思维方式,组织符合自己的学习基础和兴趣的课程内容,实现知识的主动建构,培养学生的历史思维和历史学习的能力,如:学生获取历史信息、分析历史信息、解决历史问题的能力,学生利用信息技术开展历史学习活动的能力,学生利用信息技术开展历史探究的能力。

3. 信息技术作为历史学习的交流平台

人与人之间的交流是教学的重要环节之一,也是影响教学成败的重要因素之一。信息技术的优越性还在于网络,网络提供了各种操作方便的交流工具,如电子邮件、校园 BBS、在线聊天系统、网络讲座、网上调查、网络辅导与答疑、个人博客、微博、微信等,这使得教师和学生、学生和学生之间的交流、讨论、沟通更加充分。

信息技术环境下的历史课程要求在教与学的过程中打破教师和学生、学生和学生之间的相对孤立状态,加强师生、生生之间的交互性。因此,将信息技术的交流功能引入历史学习,能充分发挥信息技术作为交流平台的特点。如有教师利用有关网站的聊天室,或是校园网的论坛,组织学生围绕诸如"殖民主义是'罪恶'还是'文明'"、"古埃及光辉灿烂的文化是在怎样的基础上产生的"、"孔子与新儒学的关系"等有关的历史学习主题,以发帖和跟帖的方式开展网上讨论。有教师在校园网 BBS 上设立诸如《历史评说》《留言厅》《飞扬教育论坛》等,促进学生以在线聊天、在线视频、BBS 等方式进行充分的信息交流,实现协作学习。

还有教师发挥信息技术的测试反馈功能,采用人机交互作用的方式,使计算机提供各方面的历史信息"刺激"学生,学生又把自己学习思考后的"反应"反馈给计算机。计算机可以随时了解每个学生掌握的程度,根据其历史学习的实际水平,提示学习思路,确定适宜的信息传输量,自动调整学生学习进度。在"美国独立战争"的网络软件中,有教师就设计了自我测试发生失误时的导学提示,学生作答失误后,计算机就会提示"这个问题教材讲述得不够清楚。请看本课的[基本线索讲授],要详细了解请看(超级链接2),在(超级链接2)中计算机会提示学习时应注意的难点问题"。[1]

网络是一个虚拟的空间,学习者在平等的氛围中,可以不受时空的限制,全面地探讨问题,自由地发表看法,这些都是信息技术所提供的交流分析平台较之传统的师生对话更具有优越性的体现。

---

[1] 铁铮.历史学科网络教学的现状与思考[J].新乡教育学院学报,2005(2).

二、信息技术与历史课程整合的方法

历史学科的基本特点在于它的过去性、丰富性、综合性。历史是已逝去的人和事,不可能重演,也不可能用实验的方法使之再现。历史知识自身的丰富性、综合性要求教师和学生在历史教学中注意历史知识的纵横联系,让历史横看成岭侧成峰。在历史学习中,学习者要全面地认识历史,主要凭借的是前人遗留下来的间接的历史材料(包括历史遗址、历史文物、文字记载、照片以及实录性的音像材料)来认识历史发生发展的过程。但我们都面临这样一个难题,即前人遗留下来的历史材料是极其珍贵的,并不是每个历史学习者都能够全面地进行直接接触,而且,受到时间、空间、个人精力、学习设备等的限制,对如此丰富的历史材料要想全部了解也是不可能的。

一种因素在整体中的重要性,一般是由它的不可替代性和独特性决定的。而且只有体现了独特性,才能成为"不可替代"的,因为它做的事别人做不了。信息技术在学科教学中的独特功能主要不是它的高效率,而是它的高效能。在历史教学中融入信息技术,利用信息技术的直观性强、信息量大、灵活便利的特点,可以使历史教学突破时空限制,使已逝去的历史事件、历史现象"再现",拉近了历史与现实之间的时间距离;使抽象的历史知识变得形象化,丰富而零乱的历史知识系统化;可以调动学生获取信息的各个感官去接近历史、理解历史、探索历史。因此,在历史课程的教与学的实践过程中,探寻信息技术与历史课程有效整合的方法就是我们要解决的一个主要课题。多年来,专家及教师们在这方面的探索主要表现为以下面几种形式:

1. 基于演示型课件的历史教学

多媒体计算机技术(Multimedia Computer Technology)是指把文字、图形图像、动画、音频、视频等各种媒体通过计算机进行数字化的采集、获取、加工处理、存储和传播的技术。这种技术能使多种信息建立逻辑连接,集成为一个系统并具有交互性。它以其大容量、多信息、多趣味和高效能而成为历史课堂教学现代化的不可或缺的一部分。

形象直观是认识历史、克服历史知识过去性的最好方法。历史教学中多媒体技术的运用,使教师能够根据教学目标、教学内容,制定教学策略,按照媒体的功能,将历史图片、文献资料、音频、视频、动画示意图等多种样式的历史资料有机地统一在一起,构建成操作性强、交互性好的教学课件,调动学生的各个感官去认识历史、感知历史。

这种课件以固定页面的形式呈现教学信息,是最早出现的、最简单的一种课件类型。它直接从程序教学的思想引申过来,主要有直线式和分支式程序两种。现在的这类历史教学课件主要采用Powerpoint软件、Photoshop绘图软件或Authorware编程软件制作,集动画效果、视频影像、声音等为一体,对教学内容中的重点、难点进行辅助教学。如:在《社会主义现代化建设的迅速发展》一节中,为了让静态的地图动起来,帮助学生理解社会主义现代化建设的发展过程,针对教学中的"在我国逐渐形成'经济特区—沿海开放城市—沿海经济开放区—内地'这样一个多层次有重点,点、线、面结合的全方位对外开放的新格局"这部分内容,有教师就运用多媒体来解决学生理解困难的问题,在这部分内容的课件制作时:① 先出现空白沿海图。② 出现四个经济特区符号,并让它保持闪烁效果,让学生自己把特区名称对号入座后,闪烁效果停。③ 出现14个沿海开放城市符号,保持闪烁效果,学生对号入座后,闪烁效果停。④ 出现3大开放区。⑤ 采用大块颜色闪烁展示向内地扩展的趋势。⑥ 再设置效果按次序呈现城市符号、沿海线、扩展面,体现点、线、面结合。⑦ 在一些重要城市还设置超级链接,补充一些有关当时对外开放的事例,扩充学生的知识面。[①]

[①] 黄萍.CAI历史课件在使用过程中存在的问题及对策[J].中学历史教学,2003(9).

这种课件以页为单位制作演示文稿,然后将制作好的页集成起来,形成一个完整课件。如专题课件《中国古代陶瓷器》,按时间先后的顺序,从古至今,把历朝历代各个时期的主要陶瓷器代表作品及其特点利用Powerpoint制成幻灯片展示出来,具有图文并茂、资料翔实、容量大、线索清晰、操作简便等特点。

在编制历史课件时,要确定教学课题及其重点内容,选择各种教学资料和素材,编辑课件脚本,设计界面图形、链接方式、流程控制等,还要在制作完成后进行预演操作以便验证、加以修改和补充,并熟悉课件演示的方法和过程。

案例展示

《丝绸之路》课件的设计①

A. 选题:《丝绸之路》是"人教版"初中一年级《中国历史》第八章第三节的教学内容

B. 适用对象:初中一年级学生

C. 教学目标:

知识目标:知道丝绸之路开辟的背景、时间、起止点和历史功绩。了解丝绸之路丰富的历史文物古迹和绚丽多彩的西域民族风情。

能力目标:通过本节几个问题的探讨,培养学生综合分析问题、解决问题的能力。正确理解丝绸之路在中外经济文化交流中的桥梁作用,培养辩证分析问题的能力。通过欣赏丝路沿线优美的自然风光、古代文化艺术,培养学生欣赏美、鉴赏美的能力。

情义目标:通过学习,对学生进行国情教育,培养学生的爱国主义感情。通过丝绸之路的楼兰、高昌、交城等文化名城、军事重镇被无情的沙漠吞噬的事实,引起学生强烈的震撼,增强学生的环保意识。

D. 设计思路:

本课件分为四部分。众所周知,丝绸之路是一条古代商业通道,它开辟了中外陆路交通的新纪元,成为古代中国同西亚、欧洲、非洲的经济文化交流的友谊之路,是连通东西方最长的国际商道,为中西方文化和经济交流起到不可估量的作用。设计该课件的宗旨是让学生了解丝绸之路的相关知识(不仅仅是历史知识,还包括地理、语文等知识)。结合地理、语文等课程的知识进行历史学习,培养初步的史地结合能力和学科渗透能力。

(1) 丝路示意图

在路线图中重要的地方用黄色动态小圈作标记,点击每一个黄色小圈就进入一个学习区域,可学到一些相关的知识。这些主要学习区如:长安、河西走廊(河西四郡)、玉门关、匈奴、西域都护府、葱岭、大秦、身毒(印度)等几个地方;主要学习材料有图片、文字资料等。使用者可以通过寻访这些学习区来理解丝绸之路在中外经济文化交流中的桥梁作用。

(2) 相关资料

这部分是丝绸之路扩展知识资源展示,主要介绍了丝绸之路的由来、张骞出使西域、草原丝绸之路、海上丝绸之路等,还附有相关视频资料和描写丝路沿途的诗词。

(3) 文物古迹

通过大量图片和文字让学生全面地了解巍峨的嘉峪关、中西文化融合的莫高窟、神秘的楼兰古城⋯⋯

(4) 民族风情

学生可以通过文字资料和相关图片领略西部10个少数民族的风土人情、习俗、节庆。

---

① 张立、王蕾.浅析信息技术与历史课程的整合[J].运城学院学报,2007(1).

(5) 课后自测

分为填空题、选择题、选图题和简答题四种题型，学生可以通过测试进行自我评价，发现自己的不足，进行针对性的学习。

2. 基于网络型课件的历史教学

这是一种利用计算机网络技术的课件。它是今后课件使用的主要形式，其制作软件主要有：Dreamweaver、Frontpage、Java、Golive 等。网页是 Internet 上各种信息资源的主要表现方式和交流方式。网页是网络型课件的基本组成元素，一个网络型课件是由一系列页面组合而成的，它是一个有机的整体，可以通过超级链接的方法，将大量的网页组织在一起。

这种类型的多媒体课件具有完整的知识结构、丰富的动态效果、强大的交互功能，能反映一定的教学过程和教学策略，提供相应的形成性练习供学生进行学习评价，并通过设计的界面进行人机交互活动，给教师提供教学参考，为学生自主学习带来极大的方便。

历史教学中制作网络型课件前要先确定课件的总体结构和每个网页的大致内容，尽量多渠道搜集课件制作所需要的各种素材，如历史图画、照片、相关历史内容的音频、视频文件，历史文献资料、网络历史资源，生动展示内容的 Flash 动画以及背景音乐和背景图片等等。对这些信息资源进行加工、整理、排列、组合，再运用 Frontpage、Dreamweaver 等网页制作工具，将它制作成网页，在校园网中建立站点或建立链接。网络型课件具有集成多种媒体格式的特点，模块化的结构以及采用大量的超链接方式，为学生提供一个开放性的信息平台，激发学生主动探究的兴趣，并通过对信息的处理加工实现对所学知识的意义构建。

案例展示

《世界反法西斯战争的转折和胜利》教学设计思路①

在充分了解学情的基础上，教师要求学生以小组为单位按主题阅读第二次世界大战的相关书籍，收集相关资料（按学生兴趣分为军事兴趣组和国际关系兴趣组两大组，依据学生自愿、老师协调的办法分为 8 个小组，每小组 6～7 人，并选出组长和小组长）。每个小组要利用 Powerpoint 制作主题的幻灯片（如斯大林格勒会战、诺曼底登陆战），将制作的成果发送到教师信箱中。

在给学生布置了任务后，教师仔细设计了教学流程，集体学习与自主学习交替进行：营造氛围—情境入题—探究问题——试身手—网络互动探究学习—成果展示—作业—评价。

(1) 营造学习氛围、情境入题

上课时，首先播放了一段概述第二次世界大战的影片，投影"斯大林、罗斯福、丘吉尔"三巨头的合影，引入学习课题。

(2) 落实基础学习

教师组织学生利用本模块中 Flash 课件按主题(世界反法西斯战争的转折、世界反法西斯战争的胜利、世界反法西斯战争的历史意义和启迪)学习本课的基础知识，每一个主题的学习都以多种互动方式进行：学生利用平台自主学习(人机对话)——教师引导(师生交流)——学生展示与质疑(生生互动)，在完成主题互动学习的基础上，学生利用课件中的生动有趣的"快乐学习——一试身手"，进入"智力竞技场"程序进行学习效果的

---

① 张尊健.《世界反法西斯战争的转折和胜利》教学设计[J]. 中国电化教育，2006(7).

自我检测和纠错分析。

（3）探究问题

在学生完成基础知识学习的基础上，教师引导学生进入网络论坛讨论学习。

师：回顾世界反法西斯战争，我们可以发现许多值得思考的有趣问题，你能帮助老师解答一些问题吗？你还有其他不知道的问题吗？请同学到"二战论坛"上来共同探讨。

论坛上，作为管理员的教师已经将分组名单、组长、中心发言人列出，论坛上已经有四个讨论项目列出：

项目一：为什么要在诺曼底进行登陆作战？

项目二：世界反法西斯战争胜利的启迪。

项目三：世界反法西斯战争转折和胜利的进程中最让你感动的一幕是什么？

项目四：其他需要讨论的问题。

论坛讨论以局域网为基础，以 Internet 为手段，学生在局域网的论坛上进行实名讨论，讨论记录保留在局域网上，讨论所需资料源于学习平台中的相关资源和 Internet 上的资源。讨论是在组长的引领下，以回复的方式分组跟帖讨论，这种讨论方式方便组长调控、总结本小组讨论的情况。教师以超级用户的身份参加讨论。一方面教师可以删除与所学课题无关的帖子，对精彩的原创帖子给予表扬和评论，对于学生讨论中出现的错误进行提示和修正；另一方面老师可以和学生平等的身份参与讨论，向学生提问、请教。现场配备了实物展示台，学生可以把准备的书面资料投影到大屏幕上展示，对投影内容进行口头介绍。在有学生口头发言时，教师使用广播教学命令控制整个网络教室的电脑，并提议学生："稍事休息，听听某某同学的高见！"该环节是本次研讨课的亮点，用时约 40 分钟，实践效果较好。

（4）课后探究

老师总结："9·11"事件发生后，恐怖主义威胁人类，在吸取第二次世界大战教训的基础上，一个广泛的反恐联盟正在形成，我们相信通过国际社会的团结合作，人类一定能够解决面临的共同问题。

作业：选做一题：a. 观看一部反映二战的电影，写一篇影评；b. 为你最佩服的二战人物画一幅肖像画；c. 收集一则你最感兴趣的二战故事。

（5）评价

通过如下表所示的评价量表以自评、小组评价和教师评价的方式相结合进行。

（表略）

据上述案例可知，一般来说，历史课堂教学中网络型课件的设计通常包括以下几个板块：

课件主页：是一个网络型多媒体教学课件的导航地图和主要内容，分别设置几个板块的按钮，师生可以根据自己的需要在板块间自由切换，进入自己所需要的相应板块。

教学目标：主要是介绍本节课的教学目标、要求，知识的重、难点，知识结构图。

在线课堂：主要是演示课件，可以采用教师自己借助 Powerpoint、Flash 以及 Authorware 等软件开发的课件，供教师讲解或学生自我演示。

在线讨论：根据教学内容编制的讨论题、辩论题 2~4 个，既便于学生寻找感兴趣的话题，又可以相对集中讨论。常采用 BBS、留言板、QQ 等网络工具，可以让学生主动"灌水"。

自我检测：根据教学内容编制的课堂练习，可以通过计算机完成自动评分或小组讨论。

其他：包括学习资料和教学资料的扩展、教学相关网站的链接、对网络教学的反馈意见等等，根据教学需要自行设计。

3. 基于 Internet 的历史学习

自 2001 年起，我国开始在中小学普及信息技术教育，决定以信息化带动教育的现代化，努力实现基础教育跨越式发展。网络教育不仅是教育信息化的必然产物，也是教育改革发展的必然走向。网络建设是学校信息化的核心。经过这几年的发展,许多学校的"校校通"、"班班通"工程已经建成,利用信息技术开展学科教育教学活动的硬件环境已经具备。下一步就是如何充分地发挥网络的作用,使用这些硬件环境,避免出现硬件闲置的现象。基于 Internet 的学习可以不受时间、空间的限制,任何一个人在任何地方、在任意时间,只要具备上网条件,就可以通过网络自由地、有选择性地学习。在 Internet 上可以利用 WWW 技术、电子邮件、BBS 等方式实施信息反馈与交流。

当前的历史学科教学改革的热点之一是如何使网络与历史课堂教学相结合。基于网络的课堂教学,它的教学环境是网络,网络是它的基础。教师可以利用网上电子布告牌系统、在线聊天系统、电子邮件、视频会议、网络讲座、网络辅导与答疑等信息技术,借助网络教育良好的交互性,采用人机交互作用的方式,通过计算机提供的多方面的历史信息"刺激"学生,学生又把自己学习思考后的"反应"反馈给计算机。在教学过程中,学生不仅可以在网上阅读教师指示的参考资料,还可以在网上与同学或教师交流,通过网络与专家进行探讨。教师和学生、学生和学生之间的交流、讨论、沟通更加充分。

案例展示

《追寻孔子的足迹》教学实录

【布置探究任务】

师生共建"追寻孔子的足迹"学习资源库,完成电子学案和历史小论文"孔子创立的儒家思想在新时期将走向何方?"。

学生以小组为单位,选取一个角度(如按时间:中国古代、中国近现代;按空间:从亚洲到世界),来"追寻孔子的足迹",探讨孔子及其思想的发展演变历程。可以登陆"追寻孔子的足迹"学习社区(教师自建),也可以打开各种搜索引擎,搜索和了解与孔子有关的资料,并将自己搜集的相关资料上传到百度贴吧,建设"追寻孔子的足迹"学习资源库。每个学习小组完成一个探究报告提纲,并在相互交流讨论基础上,共同完成电子学案的内容。

【提供网络资源】

学生可以访问中国孔子网(http://www.chinakongzi.org)获取有关信息和资料,也可以通过输入关键词,利用网络搜索来获取更多的资源,建议使用"百度"(http://www.baidu.com)、"Google"(http://www.google.com)等搜索引擎。建议搜索时使用以下关键词:孔子、儒家、Confucius 等。还可以使用以下资源:

1. 中国儒学网:http://www.confuchina.com
2. 孔子研究院:http://www.confucius.gov.cn
3. 21 世纪孔子:http://www.confucius2000.com
4. 百度孔子吧:http://tieba.baidu.com/f? kw=%BF%D7%D7%D3
5. 中华孔子:http://www.chinaconfucius.cn
6. 中国孔子:http://www.chinakongzi.com
7. 争议孔子标准像:http://news.sina.com.cn/z/kzbzx
8. 国学网:http://www.guoxue.com
9. 百度国学:http://guoxue.baidu.com

【课堂教学环节】

创设情景导入:

师：孔子是中国历史上伟大的思想家、教育家。据统计，现在的孔子画像有100多个不同的版本。那么，同学们心目中的那个孔子是什么样子的呢？请大家从网上挑选一幅最接近孔子形象的图片，并用一句话概括孔子的相貌特征。（学生上网搜索孔子图片）

图1　　　　　　　　　图2　　　　　　　　　图3

生1：（投影展示孔子图片"漫画版孔子"，见图1）我觉得孔子不应是一位很死板、很严肃的长者，而应是一位慈祥、可爱的老人，所以我挑选了这幅图片。

生2：（投影展示孔子图片"西装版孔子"，见图2）我找的是现代版的孔子，孔子如果活着的话，一定是现在的这副打扮，中国古代文明与现代文明的结合者。

生3：（投影展示孔子图片"孔子哭了"，见图3）我觉得孔子也是一位凡人，他会哭也会笑，这才是真实的孔子。

师：请其他同学也把你们找的孔子图片发到QQ群里面。（学生们纷纷上传各自找的孔子图片）看来，不同的人对孔子都有着不同的解读，孔子在每个人心目中的形象都是不一样的。那么，今天，就让我们利用网络，去追寻你们心目当中那个孔子的足迹。（1分钟）

孔子生平探究：

师：要想了解孔子，首先就要知道他的人生经历。请同学们上网搜索与孔子生平有关的资料，注明资料的来源和出处，发到QQ群里面。看看谁找得最快，找得最全。

生：搜索孔子的各种生平资料（包括英文），整理归纳后通过QQ群上传共享。（见图4）

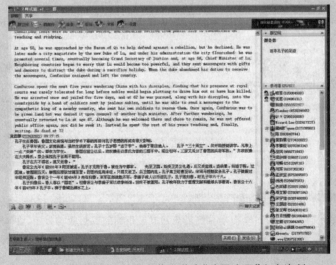

图4　学生通过QQ群上传和共享"孔子生平"文字资料

师：同学们找了很多有关孔子生平的资料，甚至包括孔子的英文介绍，非常好！请一位同学简要地归纳一下。

生：(简要归纳)孔子是中国历史上伟大的思想家、教育家和儒家学派的创始人,孔子曾总结他的人生是"吾十有五而志于学,三十而立,四十而不惑,五十而知天命,六十而耳顺,七十而从心所欲,不逾矩"。

师：归纳得很好,尤其是能够引用孔子自己的话来概括他的人生经历。从孔子的生平当中,我们可以看出他的一生都在思考人生,追求真理。那么,他对人生、对社会的思考又表现在哪些方面?他的基本思想和主张有哪些?请大家继续上网搜索,整理归纳,并将要点填写在你们的电子学案上。

孔子思想探究：

生：上网搜索孔子思想主张的相关资料,完成电子学案相关内容。(见图5)

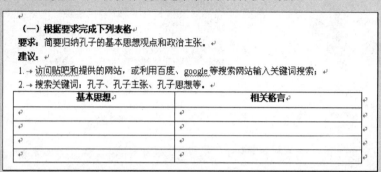

图5　电子学案相关内容

师：点击网络教室软件"学生演示"按钮,学生电脑和投影仪屏幕展示学生演示内容。(学生回答略,见图6)

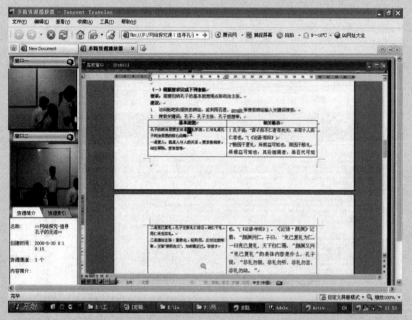

图6　学生回答和演示(全自动多画面录播系统录制的课堂教学截图,右边窗口为教师机屏幕录像画面,左下角为教师上课录像画面,左上角窗口为学生录像画面)

师：孔子的核心思想是什么?

生：仁。

师：两万多字的《论语》里,"仁"这个字,被提到109次。仁爱的思想,是儒家哲学的基石。那么,究竟什么是仁爱呢?

生：我觉得孔子所说的"仁"实际上就是"善"，要善待别人，宽容别人，这样才有利于构建我们今天的和谐社会。做一个"仁者"，也就是要做一个"善者"。

师：每个人对孔子的"仁"可能都有不同的理解。用孔子的话来说："仁者，爱人。"仁对统治者来说，就是要爱百姓，以民为本。所以孔子的仁说，体现了我们今天的人道精神、民本思想。

师：春秋以后，人们是如何继承和发展孔子思想的？孔子在各个时期的地位如何？其思想对中国和世界的影响怎样？让我们利用网络，继续研究和探讨这个问题。（1分钟）

孔子足迹探究：

师：课前同学们根据兴趣，分成了三个学习小组，分别从中国古代、中国近现代和世界范围这三个角度去追寻、了解孔子的足迹。现在，各小组内部成员可以相互交流、学习，完成电子学案中你们小组探究的那部分的内容，将本小组探究领域的提纲发到群上，并推选代表做主题发言，介绍本小组的探究成果。（展示百度贴吧学生的资料，见图7）

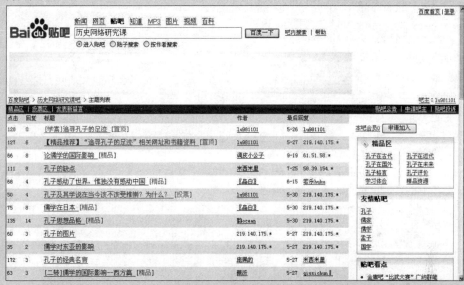

图7　百度贴吧"追寻孔子的足迹"里学生上传的内容

生：（阅读、搜索资料，分工合作，共同完成电子学案，制作演示幻灯片。）

师：有请第一组代表介绍孔子在中国古代的足迹。

生：（演示幻灯片，简要介绍孔子思想在中国古代的发展历程）春秋时期，孔子创立儒家学派；战国时期，孟子发展儒家思想；秦朝，秦始皇"焚书坑儒"；西汉，儒家思想成为封建社会正统思想；魏晋时期，儒家思想受到佛教和道教冲击；唐代，韩愈提出复兴儒学；宋代，儒家吸收佛教和道教思想发展成为理学。总之，儒学思想实际上是在不断发展变化的。

师：孔子塑造了整个中国文化和中国人的基本价值取向和思维方式。他所创立的儒家学说在汉武帝的时候成为封建社会的正统思想。今天，从某种意义上说，儒学已成为国学的代名词。下面，有请第二组代表介绍孔子在中国近代的足迹。

生：（演示幻灯片，简要介绍孔子思想在中国近代的发展历程，内容略。）

师：孔子思想之所以具有强大的生命力，关键是它能够与时俱进，根据时代发展的需要不断调整自己，丰富自己，完善自己。而一旦僵化，它就很难发挥出应有的作用。近代，伴随着封建专制制度的灭亡，在中西文化的冲突中，被封建统治者曲解和异化了的儒学，遭到了前所未有的批判和冲击。与此同时，国人也从未停止过对孔子思想的反思，儒学在自我扬弃中不断发展。在当今社会，孔子所提倡的人生观和价值观得到越来越多人的认同，成为构建和谐社会的重要思想来源。下面，有请第三组代表介绍孔子在世界各地的足迹。

生：(演示幻灯片,简要介绍孔子思想在世界各地的发展历程,内容略。)

师：其他小组有没有补充？(学生补充,内容略)

师：(简要点评)孔子是中国的,也是世界的。他创立的儒家学说传入朝鲜、日本、越南等国,逐渐形成了以中国为中心的儒家文化圈。近代孔子思想又传到西方,影响着西欧的启蒙运动。今天,随着中国国力的增强,孔子在世界上的影响也将更加深远。

探究、质疑、解疑：

师：通过刚才的探究学习和交流,我们对孔子及其思想有了一定的了解。不知道大家有没有相关的问题,我们可以一起来讨论一下。有没有问题呢？请大家把你们的问题提出来,发到QQ群里面。

生：(思考,提问,发到QQ群上。)

师生QQ群聊天记录摘录：

2008-05-30 10：13：44 刘东(415736238)
孔子思想在当代有何现实意义？

2008-05-30 10：13：43 凉风(466271843)
孔子为何现在受推崇？

2008-05-30 10：14：11 Flanker(453934645)
"尊孔"是不是"复古"？

2008-05-30 10：14：16 凉风(466271843)
孔子思想现在有多大价值？

2008-05-30 10：14：25 范晓愚(289196764)
为什么孔子思想总被统治者作为统治工具？

2008-05-30 10：14：26 宋宇佳(838746099)
春秋战国百家争鸣很多思想都很优秀,为什么儒学受到推崇？

2008-05-30 10：14：36 啥也不知道(8324347)
中国近代的落后是不是孔子思想造成的？

2008-05-30 10：14：37 刘畅(251339716)
孔子思想如今这么红,是它本身价值极高,还是有社会推动因素？

2008-05-30 10：14：37 左顺(273984305)
孔子思想是利大还是弊大？

2008-05-30 10：14：42 Wizard.Luo(332417237)
我们要怎样继承和发展孔子思想？

2008-05-30 10：14：57 陈(893840744)
孔子让中国落后还是进步？
那么在评价孔子的时候我们应怎样做才会使对他的评价更加客观呢？

2008-05-30 10：15：06 Q！υ(296616808)
儒家思想是否阻碍了中国的发展？

2008-05-30 10：15：08 寿文婷(578097184)
我们现在所推崇的到底是实质上的孔子学说,还是以孔子学说为契机的和平思想？

2008-05-30 10：15：14 胡洁平(309902241)
孔子有哪些思想可以对现代社会起到推动作用？

2008-05-30 10：15：15 Flanker(453934645)
应不应该有个人来代替孔子？

2008-05-30 10:15:27 啥也不知道(8324347)

现在为什么会有孔子热?

师:(参与 QQ 群交流,整理学生提出的问题,个别问题现场引导解决。)中国近代的落后是孔子创立的儒家思想引起的吗?这个问题提得非常好,请同学们思考。(学生上网搜索 5 分钟,然后锁定所有学生电脑,教师引导学生现场讨论。)

生 1:我认为中国近代的落后与孔子思想有绝对的联系。因为孔子创立的儒家思想是为封建统治服务的,到了近代,严重禁锢了人们的思想,导致了中国的知识分子思想观念的落后。

生 2:我认为孔子创立的儒家思想并没有造成中国近代的落后。如果儒家思想会导致中国落后,那么,为何近代以前的中国却一直处于世界领先地位呢?为什么现在还会兴起孔子热呢?中国近代的落后主要是明清时期的思想专制和闭关锁国政策造成的。

生 3:我认为孔子思想在整个中国历史上的影响主要是负面的。虽然孔子很多有关为人处世的道理是正确的,但他的思想主要是为维护封建统治服务的,严重地束缚了人们的思想,使得近代地理大发现时,中国失去大好发展机会,落后于世界发展潮流。

生 4:我觉得刚才发言的同学搞错了一个观点。我们今天讨论的是孔子的思想,而不是扭曲了的孔子思想。我觉得,如果你的思想被扭曲了,那还是你的思想吗?一个国家的强大,不能靠武力,而是要靠文化。一种优秀的思想,是不会被打倒的。孔子的思想,对人们的修身养性、对国家的成长发展、对和谐社会的构建,都很有帮助,孔子思想在世界各国都有着深远的影响。

师:刚才同学们"百家争鸣",讨论得非常热烈。孔子对中国及至世界的发展都有着深远的影响。那么,孔子对我们的未来会产生什么影响?在新时期,孔子创立的儒家思想将走向何方?这个问题,留给同学们课后去思考。课后,请大家继续完成电子学案,同时完成一篇以"孔子创立的儒家思想在新时期将走向何方?"为主题的历史小论文。①

在这个教学案例中,教学的基本步骤是:提出学习任务——小组分工合作——上网自主探究——分组交流辩论——提问质疑解疑——完成学习任务——教师评价反思等。这些步骤的实现主要依靠的是 QQ、百度贴吧、电子教室软件金山学霸 2000、公共电子邮箱等信息技术。

作为信息时代的产物,网络教育是教育现代化发展的必然趋势,是对传统教育模式的挑战。随着网络通信技术的进一步发展,现代教育理论的逐渐成熟,基于网络的历史课堂教学将有更大的发展和更广泛的应用。

第四节 信息技术与历史课程整合的问题及对策

一、信息技术与历史课程整合的现状扫描

在中学历史教育界,近几年来,人们对信息技术与历史学科教学的整合进行了广泛的探讨,尤其是许多来自中学历史教学第一线的老师,在教育教学的实践中将历史教学与网络技术紧密地联系起来,制作多媒体课件、学科资源库、学习包、网络软件等,充分利用信息技术优势开展教学改革,提供了不少成功的案例。

从现今中学历史学科教学的实际情况来看,较多使用信息技术进行教学实践的教师,常常是自身

---

① 本案例由武汉市武汉中学陆优君老师提供。

对电脑有一定认识的教师。但是，仅仅只是懂得如何利用电脑、技巧熟练，并不代表教师可以很成功地将信息技术融于学科教学中。怎样用是一个问题，怎样用好则是另一个更重要的问题。纵观当前信息技术与历史学科教学整合的现状，尚有一些现象值得深思。

现象一：历史课件和网络化教学的直观、生动是其优点，但很多教师在制作课件和建设历史网站的过程中，片面追求课件的形象性、生动性，而很少思考这个形象性、生动性会对课堂教学起什么样的作用。如有些教师认为，信息技术融入历史教学就是要很好地展现信息技术的优势，用图文、动画、音频、视频等技术手段，为学生建设一个庞大的信息资源库，如一节关于《甲午中日战争》的课上，在短短45分钟的课堂教学时间里，有的教师就剪辑了三四段视频内容、十多幅图片、六七段阅读史料让学生们学习；其中，有的图片、史料就是历史教科书上现有的，教师只不过通过信息技术让它们搬了家。上课时，大量的信息资源纷至沓来，教师忙着快速地展示，而学生则忙着不断地阅读，不停地接受视觉、听觉上的刺激。那么，这样的历史学习是有效的吗？

现象二：在历史课堂教学利用信息技术的过程中，常常见到教师和学生都努力地睁着眼睛瞪着前面的屏幕，教师的主要作用只是动动嘴皮动动手。动嘴皮，一般只是把屏幕上的内容再说一遍；动手呢，也不过是点点鼠标。教师的自身作用被隐蔽了，课堂被机器主宰了。有的历史网络课堂，学生成为教学中的绝对主体，很难看见教师活动的身影，更听不见教师指导的话语。这种教学是否具有实效呢？

现象三：运用信息技术，能够方便快捷地获取大量的知识和信息。很多教师充分利用了这一现代化教学工具的传递知识容量大、速度快的特点，不断加大历史教学中的知识容量，变"人灌"为"机灌"。如有些教师在网络环境下进行教学时，只是把通过搜索引擎找到的相关网页资源粘贴给学生，将大量素材资源罗列在一起，而缺乏对无关信息的过滤工作和必要的剪裁，对于与学习主题相关的资源也没有进行编辑和分类，大部分学生在网上学习获得的都是无层次、不系统、针对性差的素材资源。结果学生接受信息过多，造成"死机"。

现象四：信息技术融入中学历史教学的主要途径有：多媒体历史教学课件、历史学习局域网、Internet历史专题网页等。无论是采取哪种方式，在具体的教学实践中，最常见的基本教学程序大概都是：确定教学——设置情境——提出问题——确定探究方向——组织探究学习的过程（搜集、整理、分析资料，小组讨论）——解决问题——网上或网下交流。可以说，在很多教师的实际教学中，不管是中国史还是世界史，是文化方面的内容还是经济方面的内容，基本的教学程序都大致如此。那么，是不是所有的历史内容的教学都适合用这样的程序来体现？更为严重的是，在教学的实施过程中，具体环节也基本上被程式化或经验化了。如情境的创设，不是用几幅图片就是用一段视频，或是配乐的图画，认为只有这样才能使学生重温历史情景，产生学习的兴趣，教学就有了良好的开端。这种完全固定的程式化或经验化的框架，必然会限制学生的学习思路，信息技术在这里仅仅起到了呈现丰富信息、开阔学生视野、拓展学生获取知识的路径的作用。

现象五：有的教师利用校园网建构了一个历史学习的平台，在利用这个历史学习局域网指导学生开展活动时，教师大部分时间是站在讲台前操作电脑，通过电脑监测学生的课堂表现，学生则不是查资料，就是打字、在BBS上发言，师生、生生对话主要通过耳机、麦克风等来完成。那么，这样的信息技术用得恰当吗？

认真思考这些现象，我们不难发现，在实践过程中信息技术与历史课程的整合存在的误区主要表现为：

一是过分推崇信息技术。人类认识新事物的特点，决定了人们一旦充分肯定新事物，在一定时期内，往往就会片面地追逐其"优势"而忽视其"缺陷"。信息技术对于许多教师而言，还是新事物，因而在肯定它的同时,容易只看到信息技术给历史学科课程带来的种种"优势",而忽视它带来的一些负面影响。"虽说网络上的资源异常丰富,但是在教学中应该而且只能给学生呈现有效的教学信息。太多、太丰富的教学信息不但不可能提高教学效率,相反,它会使学生出现'信息过载',学生面对巨大的网络信息资源,思维会处于休眠状态。如果是这样的话,网络教学也就成为了一种新的'注入式教学',这种新的'注入式教学'的唯一进步只不过是由原来的'人灌'进化成了'机灌'、'电灌',它同样容易造成学生思维上的惰性和依赖性,又从何谈起启迪学生的思维呢?"①

二是重形式轻效果。这些教学现象都注重表现形式而忽略了内容,都削弱了历史学科本身的特点,教学重心不断地向信息技术倾斜。一堂课下来,只见活动的热闹,不见对历史事件、历史现象、历史人物的有效解读和阐释,教学在不自觉中就陷入了形式上的俗套。实际上,教学活动是一个复杂多变的双边活动,在历史学习过程中,并不是每一个教学内容都非要用到信息技术,也不是同一个教学程序可以适用于每一个教学内容。

三是理论认识模糊。许多教师认为,只要在课堂上应用到了信息技术手段,就表示做到了信息技术与历史课程整合。其实不然,信息技术与历史课程整合并不是把信息技术与课程简单地相加。简单地在历史教学中运用计算机呈现一些形象、生动的教学资源,这仅仅是对传统教学手段的一种补充,没有改变教学内容,更没有触及教学结构的改变。信息技术与历史课程的整合,应是课程层面的融合,涉及整个教学结构的改变,涉及教学环境的改变,而不仅仅是手段方法的改变。并且,融入的重心是教学,而非技术本身,其中最为重要的是要在尊重历史学科的特点和功能的前提下发挥信息技术的作用,让学生能够置身历史的氛围中探寻历史,重视教学中信息资源呈现的质与量的均衡,体现教学的"历史味"。不能因为强调技术而导致喧宾夺主、舍本逐末,重视一方面却忽视另一方面。我们应更多地关注整合之后的实际教学效果,即整合是否优化了历史学科教学、是否有助于教学效率的提高、是否促进了学生的历史学习。

二、影响信息技术与历史课程整合实施的因素分析

信息技术和历史课程的整合,既能使中学历史学科丰富生动的学科特点得到较直观的体现,又能使学生在较短的时间内掌握历史理论,接触大量史实。但是,信息技术与课程整合是一个复杂系统,实践中存在的一些因素易阻碍信息技术与历史课程整合的实施,致使信息技术不能充分地发挥其在历史学科教学中应有的作用。这些因素主要有:

1. 学校因素

教育主管部门和学校领导对信息技术与课程整合认识的偏差以及学校硬件投入的不足是信息技术与历史学科课程整合实施的瓶颈。

一直以来,我们的教育行政部门及教育科研部门都在积极推进信息技术与课程整合的实践,信息技术与课程整合的理念已被大家接受。但是,什么是整合?在何种思想指导下进行整合?整合目的是什么?如何实施?如何进行评价?这一系列问题是各级各类学校所面临的主要问题。在普遍重视应试教育的环境下,学校管理层面的教育信息化意识不强是整合实施的最大阻力之一,它将直接导致资金投入、设备、技术、资源、人员配备的不足,造成很多老师对信息技术持观望态度或是置之不理等问题。

学校领导的一个常见观点是计算机或校园网可以使用,可是不宜在一般学科教学中采用。在这样的观点指导下,信息技术与历史学科课程的整合更多地表现在为应付上级部门检查而举办的

---

① 苏罗军.网络环境下历史教学的尝试与反思[EB/OL].易教网 633e.com.

观摩课、公开课上面。虽然大部分历史教师对信息技术与课堂教学整合持接受认可的态度,并且愿意进行一些尝试,但由于缺乏行政手段的支持,日常的历史教学中很少看到普遍应用信息技术的情况。

信息技术设备已经成为一个学校"硬件"办学水平的标志。信息技术的基础设施是整合的基础,没有相应的硬件环境,整合只能是纸上谈兵。从学校信息技术的基础设施建设来看,很多学校的硬件设备仍不尽如人意,主要表现为基础设施的不完备和不健全,存在着如计算机配置低、网速慢、相关硬件布局不合理、信息设施使用不便、硬件环境的设计不便于学生间的合作交流等问题。此外,还有一些学校虽投入大量的资金把信息技术设备引入到学校的建设中,但学校"多媒体教室"形同虚设,平时不用,只是应付上级检查,信息技术设备并没有真正发挥它应有的价值。

2. 教师因素

目前在职的历史教师尤其是骨干教师,基本上都是在传统教学模式下成长起来的,对讲授式教学方法十分熟悉,用起来非常得心应手,并且也能从这种模式中获得成就感。在传统讲授式教学中,历史教师是教学的主导,独自占领45分钟的课堂时间。而信息技术环境下的历史教学,要求课堂学习必须以学生活动为载体、以学生为主体,学生要实现被动接受向主动学习的转变,真正成为学习的主人。那么,信息技术环境下历史教师到底应该有怎样的教学行为呢?信息技术环境下的历史教学,应该说对历史教师提出了更新、更高的要求。信息技术使学生有了一个表现自我、展示自我的平台,教师逐渐从教室中的主导者,转变为协助者、引导者、合作者,引导学生运用信息技术进行自主学习、协作学习。

但是,长期的教学工作形成的思维和行为的惯性,使历史教师们要作出这样的改变,不是一件轻而易举的事,需要有一个不断调整、转变的过程。如在网络环境下的历史教学改革探索中,我们常常会看到历史教师的"引而不导"、学生的"主体绝对化"等现象。有的历史教师在利用信息技术的过程中,认为只要给学生交代清楚了学习任务、学习流程后就可以袖手旁观了,对于课堂上学生的种种表现也通常不予置评。有的历史网络课堂,很难看见教师的身影,学生成为教学中的绝对主体,张三唱罢李四登场,好不热闹!这些现象的出现与历史教师对信息技术如何融入历史学科教学的迷惘认识有关,也与历史课堂上教师对于自身所应该扮演的角色的具体认知有关。

另外,教师自身的信息技术水平的高低也会影响信息技术与历史课程整合的效果。有些历史教师对信息技术的了解和使用能力有限,这就是一种阻碍因素。不少教师缺乏网络搜索、文字处理、课件制作等基本技能。有的教师在制作课件时缺乏对认知规律的考虑,存在构图配色不合理、文字多、主体内容不突出等不足。有的教师对硬件设备和操作平台以及相关软件的使用不熟练,比如在网络教室中不知道如何监控学生机,遇到类似于死机等技术突发事件无所适从。还有的教师忽视激励学生情感。"整合"倡导信息技术成为激励学生情感的工具,实践中情感因素却成为"整合"的软肋——信息技术的使用未能激发学生情感,师生情感交流逐渐减少。这些问题都会干扰教学的正常进行。

3. 学生因素

学生也是信息技术与课程整合的重要因素。信息技术在历史教学中的有效应用,最根本的标准就是学生具有良好的信息素养,达到了历史学科的知识与能力要求。随着知识经济社会的形成和发展,社会信息化进程的拓深和加快,"以教师为中心,以教材为中心"的传统教育方式将被"以学生为中心,以发展为根本"的现代教育方式所取代,更多有价值的知识需要学生经过主动探究去获得。但是,在目前的情况下,学生的信息素养因地域、个人成长环境、个人学习基础的原因存在着较大的差异,直接影响了信息技术与历史课程整合的效果。如在历史课堂上教师要求学生通过网络搜集资料,并通过BBS与老师进行交流,有的学生就很难在短时间内从浩如烟海的信息中找到自己需要的资料;有的学生打字速度较慢,在进行交流时,半天才能打好一句话,使其发言基本上都是只言片语,缺乏深度。

从现有的状况看,中学生面对汹涌而至的信息海洋,常常缺乏对信息灵敏的反映与有效的利用。在更多的时候,电脑被用来聊天、玩游戏、看影碟、浏览各类新闻。学生对网上不良信息的辨识能力、抵制能力较差,也削弱了对信息技术与历史课程整合的兴趣。

4. 资源因素

在整合过程中,有无充足的教学资源支持,是整合能否最终实现的一个重要因素。教师有了所需的资源,课程内容就会变得更加丰富有趣;学生只有拥有充足的资源,才有可能对学习内容有比较全面、深入的了解,才有可能开展更加富有成效的学习。资源的丰富性、实用性和易用性是整合过程的重要组成因素。

对于历史学科来说,网络信息资源主要有古籍文献资源数据库、历史文献数据库、历史教学信息网络、历史信息资源网站等,它们为历史教学提供了丰富的信息资源。如何在历史教学中对这些丰富的历史教学信息资源进行开发和利用,实现资源的优化配置,是需要重点解决的问题。历史教学中对网络信息资源的合理开发和利用可以极大地丰富历史教学的内容,改进历史教学的方法,增强历史教学的效果,提升历史教学的水平。

在历史学习软件方面,我国目前的教育软件种类还不够多,教学实用性比较差。特别是在历史学习软件的设计与开发过程中,我们很难见到真正以学习者为中心设计的软件。多数的历史学习软件主要是通过呈现图文并茂的学习内容来帮助学生学习,在参与部分,更多呈现的是电子练习册的功能,并且学生与计算机的交互过程与作用极为有限。这些历史学习软件在模式与内容、策略与方法等方面的研制开发上,存在着僵化、单一的现象。实际上,要想激发学生主动参与教学过程的兴趣,并不能完全依赖呈现图文并茂、生动多彩的学习内容,更重要的是靠学习策略、学习方式的多样性、科学性、创新性来实现。所以,我们必须开发包含多姿多彩的学习内容、多元化的学习策略和较强互动性的历史学习软件。

案例展示

关于哥伦布发现新大陆的模拟软件的学习设计

"事情发生在1492年。你的显示器正在播放一部……动画片。……年轻的探险家克里斯托夫·哥伦布,正在为国王和王后恩准他去开辟到东方的航路而兴奋不已。国王和王后答应资助哥伦布的航行后,画面就切换到了一艘正驶近加勒比海的船上。镜头上偶尔也会出现哥伦布和他的助手猜测能在岛上发现些什么的情景。如果你把光标移至岛边的灌木丛,你就会看到哥伦布他们将在岛上碰到的东西的近景。变换光标的位置,你就会看到更多灌木丛生的地方,有时你甚至会发现躲在草丛下的土著人。但如果你不把光标四处移动的话,你就只能沿着哥伦布的路线直接在岛上登陆。"①

三、信息技术与历史课程整合的问题解决对策

1. 提高历史教师信息素养和信息能力

信息技术与历史课程整合的成败关键在于教师。整合教学中,教师已经由传统意义上课堂教学

---

① (美)大卫·A.威尔顿.中小学社会课教学策略[M].北京:华夏出版社,2004.

的主宰者变为教学情境的创设者、学习工具运用的帮助者、协作学习的组织者、学生对知识进行意义建构的指导者和促进者、学习活动的评价者。信息技术与历史课程整合,首先需要历史教师从根本上转变教学思想和教学观念,从思想意识上蜕变。首先,要改变传统的学习观和教学观。教学更多的是关注学生历史学习动机的激发与维持,为学生的自主学习提供工具性支持,主要目的是要发展学生的历史思维能力,培养学生的主体意识、个性、创造性和实践能力。如果教师的教学观念仍然一成不变,教师依然把先进的信息技术当做传统教学方法的附属物,就不能很好地发挥信息技术在教学中的独特优势,只能把它当做演示或练习的工具。其次,要转变传统的课程观,由过去以课堂的教学内容、教材、教师的经验以及学生的接受和理解为主的课程转变为一种包括各种媒体类型的课程资源、学生的经验和反馈以及教学活动和学习活动在内的课程观。再次,要转变传统的媒体观,媒体的主要功能应由传递教学刺激变为教师创设情景,激发和维持学生学习动机,引导和帮助学生探索知识、延伸潜能的工具。

应该说,信息技术与历史学科教学整合是一个渐进发展的过程,有着不同的发展阶段。在这些不同的发展阶段,对历史教师的行为要求是有区别的。如在开始与适应的阶段,基于对信息技术的初步了解,历史教师应在原有的教学模式中尝试融入信息技术,但教学过程仍是以教师讲、学生听为主。而在推广与创新的阶段,信息技术的运用已成为历史教学必不可少的一部分,历史教师应根据历史学科的特点、历史教学的规律、学生历史学习的需要以及信息技术的特点等来规划与设计教学活动,不能纯粹地为用信息技术而用。特别是在信息技术与历史学科教学整合的网络教学中,要更加关注学生自主学习能力的培养和提高,要相信学生的信息能力,尽量提供机会让学生自行操作,使学生成为教学过程中的主角,教师仅仅是协作者、指导者。教师的工作实际上就变成了课程的组织者、情感的支持者、学习的参与者、信息的咨询者。

那么,是不是教学理念更新了,教学手段先进了,就意味着教师的教学方式方法进步了呢?整合教学的开展还要求历史教师具备较高的信息素养。历史教师要积极参加教育技术和信息化教学设计的培训,全面掌握现代信息技术,掌握信息化教学设计的方法,努力在工作中应用信息化教学设计来改革历史教学,增强自身的信息素养。只有这样,教师才能根据历史学科的特点,从教学实际需要出发,依据历史教育教学的心理学原理,以及历史学科教育教学的基本目标,制订完整的教学计划,使信息技术有机地融合在历史教学中,整个教学过程浑然一体。并通过对教学过程的评价和反思,不断改进教学实践,达到教学的最优化。应该说,教师信息素养和能力的提高,除了依靠各层次的教师培训工作以外,更重要的是依靠教师自身不断加强学习,在长时间的实践中培养、锻炼。

处于信息技术环境下的历史教师,最重要的是要从教育理念上开始改变,并将其付诸行动。否则,即便有很好的信息技术环境,也不能实现教育改革的目标。

2. 重视信息化历史课程资源的建设

信息化历史课程资源主要包括将历史课程内容以信息化形式储存在硬盘、光盘上的多媒体材料库、学习单元库和题库,局域网服务器上的材料以及远程网络教育材料等远程资源。重视信息化历史课程资源的建设,可从以下几方面来实施:

一是购买现有的历史教学资源;二是搜集、整理和充分利用网络上已有的资源;三是组织师生自行开发教学媒体资源;四是通过校际合作交流,扩大资源来源。

建设信息化历史课程资源库要树立动态、开放的建设观,要让教师和学生在使用中感到方便快捷,能够不断地更新、交流、共享,实现教学资源和教学要素的有机渗透式集合。

3. 合理选择现代信息媒体

案例研究

案例1 一节公开课,历史教师用 Authorware 做了课件,里面包含有大量的文字、图片、图表以及从一张 VCD 上截取的两段长约十分钟的视频片段等,课件容量很大,课件做得很紧凑,45 分像电影一样都安排好了,教师只要轻点鼠标即可。

案例2 一节网络课,历史教师用 Frontpage 做了一个课件,教学过程中相关的资料和板书内容全做在一个个静态页面上,最后有一个页面提供了与该知识点相关的几个网址链接。上课时,教师按设计好的教学过程在上面讲,学生坐在屏幕前看着老师点击,结束前让学生上网浏览。

你如何看待这两位历史教师的做法?

任何一种媒体,在应用到某个具体的教学活动中去的时候,都有它的特殊功能和效果,但没有哪种媒体能够适合任何教学情境、任何特征的学习者,并发挥最优的教学功能与效果。从传递、接受教学信息的角度看,计算机也并非在任何情况下都是最佳媒体。如网络聊天、BBS 等,其最大优势是能让身处异地的人们打破空间的限制进行交流,如果经常让身处同一教室的学生彼此上网交谈,那么无异于让有正常言语功能的人们近在咫尺却放弃直接交谈,这样做会让人感到有点不可思议和滑稽,更不利于学生口头语言、逻辑思维等能力的培养。因此,教师应根据教学的需要和实际,合理选择和组合运用各种媒体,帮助自己完成教学任务。

上述两个案例,反映了历史教师对信息技术与课程整合的理解比较片面,认为在教学中使用了信息技术就是课程整合,在对课程整合工具的理解上存在偏差,即认为整合必须要用计算机,用传统电教媒体(如录音、电视等)就不是整合。实际上,用何种工具或媒体整合,需要从历史教学实际出发,如果信息技术的使用达不到投影、幻灯、录像的教学效果,或者只是简单地代替了投影、幻灯、录像等媒体,成为教学的一种装饰或点缀,使用就毫无意义。

在信息技术与历史课程的整合中,要提倡依据历史学科特点、历史知识特性、学生实际情况来选择、运用现代信息媒体。媒体的选择可从媒体的适应性、可利用性、低成本高效能等几方面来考虑,提倡有机选择,优化组合,合理使用。媒体的适应性有三个方面的要求:第一是对教学情境的适应;第二是对学习者特征的适应;第三是对学习任务的适应。媒体的可利用性有三个方面的内容:第一是教师利用媒体时,操作控制的难易程度;第二是学习者在媒体使用时的参与程度以及学习者本人的操作难易程度;第三是学习场所提供该媒体的难易、方便程度。媒体的低成本高效能是指将媒体的成本因素与功效因素综合考虑,用简不用繁,用易不用难。既要反对整段时间整段时间"低效"、"机械"地运用现代信息媒体,变"人灌"为"机灌",也要反对"昙花一现"式的运用,避免媒体在教与学的环境中仅仅起点缀作用。

本章小结

课程变革背景下的信息技术与历史课程整合是一个具有重要理论与实践意义的课题。历史学科作为一门综合性很强的人文学科,涉及的知识面很广泛,涵盖了人类社会生活的方方面面。如何聚集起尽可能多的历史资料和信息并快速、便捷地加以利用,一直是历史教育工作者追求的梦想。信息技术与历史课程的整合,改变了以往历史教与学呈现的"雾里看花、水中望月"的距离感和朦胧色彩。本章主要从现代信息技术与课程整合的涵义和意义、现代信息技术与历史课程整合的目标和原则、现代信息技术与历史课程整合的层次和方法、现代信息技术与历史课程整合的问题与对策等方面对现代信息技术与历史课程整合的诸问题展开了论述,特别结合具体的教学案例对现代信息技术与历史课程整合开展了深入的探究,提出了一些思考。但是,信息技术与历史课程整合作为一个崭新的研究领域,还有许多问题需要进一步研究,如信息技术与历史课程整合的教学模式构建、信息技术与历史课程整合的评价机制等。所以,信息技术与历史课程的整合才刚刚开始,还需要不断地探索和实践。

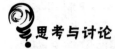思考与讨论

- 简述信息技术与历史课程整合的目标和层次。
- 讨论信息技术与课堂教学的优化整合对历史教学的影响。
- 对信息技术与历史课程整合作价值分析。
- 探讨信息技术与历史课程整合对学生历史学习方式的影响。
- 依照信息技术与历史课程整合的方法,设计一份教案。

参 考 文 献

[1] 南国农主编.信息化教育概论[M].北京:高等教育出版社,2004.
[2] 徐福荫、袁锐锷主编.现代教育技术基础[M].北京:人民教育出版社,2005.
[3] (美)大卫·A.威尔顿.中小学社会课教学策略[M].北京:华夏出版社,2004.
[4] 王柏庐主编.走进中学IT教学[M].北京:高等教育出版社,2003.
[5] 赵克礼主编.历史教学论[M].西安:陕西师范大学出版社,2005.

第五章 中学历史新课程的教学设计与实施

学习目标

当你了解本章内容后,你可以:
- 了解中学历史新课程教学设计与实施的基本原理。
- 概述中学历史新课程教学设计的基本方法与步骤。
- 举例说明中学历史教学实施与批判性思维培养的关系。
- 能够就同一专题针对不同学习能力的学生进行不同的教学设计。

本章导引

对于《1929—1933年资本主义经济危机和罗斯福新政》一课的"过程与方法",我们可以有不同的教学设计。方法A:通过抢答游戏识记1929年美国经济危机的主要知识点。方法B:通过回顾1825年资本主义世界第一次经济危机的情况,探讨美国1929年经济危机的特点。方法C:通过搜集和展示1929年美国经济危机的图片,体会大危机给美国经济危机造成的巨大震荡。

哪一种教学设计更好呢?是针对不同的学生采取不同的设计,还是针对不同的内容采取不同的设计?

第一节 教学设计的理论与历史新课程的实施

一、教学设计的理论及其层次

许多领域都把设计作为自己工作的一个有机组成部分,例如道路的设计、建筑的设计、服装的设计等。"设计"这个术语指的是一种普遍的社会活动,是旨在达成特定结果或目标的一系列行动或步骤。

"教学设计"(Instructional Design,简称ID)也称"教学系统设计"。教学设计是一种目标导向的系列活动。无论哪个年级、哪个课程层次、哪种具体教学任务的设计,都可以比作一次旅行。当代教学设计理论家认为,教学设计要解决的也是类似"旅行"的三个基本问题,即我们要到哪里去;我们怎样到那里去;我们是否到了那里。回答"要到哪里去"是一个确立目标的过程,"怎样到那里去"则是一个导向目标的过程,而"是否到了那里"却是一个评估目标的过程。因此,这三者就是目标为本教学设计的要素,用简单的互动反馈路线即可将其联系起来,构成一个简洁明了、具有很强的扩展力的模式。

教学设计专家强调,教学设计的奥秘就在于教学目标、教学策略和教学评价三个要素之间的一致性,这也被称为"课程协同一致原理"。当然,在教学设计的实践中,仅有这三个要素是不够的,需要根据教学情况对模式的要素加以扩展。于是就出现了教学和培训领域的各种各样的设计模式。教学设计专家史密斯(Smith, P. L.)等强调,如果将教学设计要回答的三个基本问题转换成教学设计的具体任务,那么他们就是:(1)开展教学分析以确定"我们将要到哪里去";(2)开发教学策略以确定"我们如何到那里去";(3)开发与实施评价以确定"我们是否到了那里"。

从目前已经出版的教学设计著作和已发表的相关文章中,可以看出对教学设计的认识,其代表性的观点有:一是由史密斯等于1993年提出并发表在《教学设计》一书中的"教学设计是指运用系统方法,将学习理论与教学理论的原理转换成对教学资料和教学活动的具体计划的系统化过程";一是加涅在其著名的《教学设计原理》一书中,对教学系统设计提出的"教学系统设计是对教学系统进行具体计划的系统化过程"。加涅的教学系统设计理论建立在两个基本观点之上:第一,学生的"学"才是获得学习结果的内因,教师的"教"只是外因,所以应"以学论教";第二,不同的学习结果需要不同的学习条件即教学事件。这二者都强调教学设计是运用系统方法对教学进行具体计划的过程,这正是"教学设计"最本质的特征。也就是说,教学设计实质上是对教师课堂教学行为的一种事先筹划,是对学生能达成教学目标、表现出学业进步的条件和情境做出精心安排。教学设计的根本特征在于如何创设一个有效的教学系统。因此,"教学设计是运用系统方法分析教学问题和确定教学目标、建立解决教学问题的策略方案、试行解决方案、评价试行结果和对方案进行修改的过程;它以优化教学效果为目的,以学习理论、教学理论和传播学为理论基础"[①]。其中,教学设计的理论基础是学习理论、教学理论和传播理论;教学设计的方法论基础是系统科学方法;教学设计的依据是对学习需求(包括教学系统内部和外部的需求)的分析;教学设计的任务是提出解决问题的最佳设计方案;教学设计的内涵共有五个方面:调查、分析教学中的问题和需求;确定目标;建立解决问题的步骤;选择相应的教学活动和教学资源;评价其结果。它包括了对象、目标、策略、评价四个基本要素。教学设计的目的是优化教学效果。

按照系统论的观点,教育系统是社会系统中的一个子系统,而教学系统是教育系统中的子系统,它本身又是由许多更小的子系统构成的。根据各个子系统大小和任务的不同,教学设计可分为三个层次:以教学系统为对象的层次——教学系统设计;以教学过程为对象的层次——教学过程设计;以教学产品为对象的层次——教学产品设计。我们这里要讨论的是以教学过程为对象的层次——教学过程设计。

教学过程设计应关注:

(1) 教学目标设计。

教学设计者必须充分考虑学习或教学背景及其导向。所谓具有成效的学习,就是能够将学习的成果成功运用于环境中的学习。教学设计者应通过各种宏观或微观的设计,不断提供适当的背景,调整教学对背景的适应性,明确学习或教学特定情景的关键因素,注意学习内容的变化,从而使教学与这些背景相适应。

(2) 学习任务设计。

传统教学中的教师一般不设计或开发教学内容,只使用现成的教学内容来编写教案。教学方面最大的问题是不能有序地呈现教学内容,对教学内容内在的联系揭示不够,或选不准重点或难点,从而偏离了教学目标。任务分析中怎样精确地安排学习的分量,学生必须先具备哪些学习技能和知识,对学习时间损耗量的估计,学习能力、态度情感目标怎样深入到学习过程中等,都应是教学设计者今后研究的重要问题。

我们认为,借鉴国外教学目标设计的研究成果,分析和确定教学目标,首要就是要促成教学目标的"中国化","中国化"不仅意味着"科学化"和"现代化",更需要"本土化"。在这里,科学化是指吸收各国学者已取得的并被实践所验证的研究成果;现代化是指体现时代精神,顺应世界潮流;本土化是指基于我国的文化背景,继承优秀的教育传统和学术遗产,反映社会主义现代化对教学的要求,体现

---

① 乌美娜编著.教学设计(修订版)[M].北京:高等教育出版社,1994.

素质教育的基本理念,如重视师生互动,发挥教学的情意功能,突出学生在学习活动中的主体地位和培养学生学习的创造性等等。①

(3) 教学策略设计。

国内外学者对教学策略设计的研究倾注了极大的精力,取得了颇多的研究成果,证明教学策略设计有助于改善和提高教学策略水平,有助于提高教学质量。

教学目标解决的是教师要"教什么"的问题,教学策略解决的则是"如何教"的问题。这些恰恰是中小学教师亟需知道和掌握的。由于教学是一个相当繁杂的动力性结构,这就使得教师设计和选择教学策略产生了一定的困难。究其原因,一是教学的对象各异,起点参差;二是有关教学的科学的、技术性的分析有局限性;三是教师自身的素质不同,使用教学策略的质和量、适应性等有差别。

资料阅读

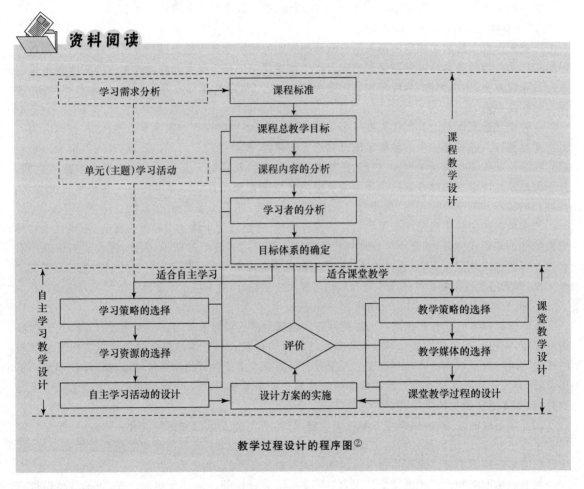

教学过程设计的程序图②

有效的教学设计应周全地考虑不同的教学方法;教学设计尽管是以教师如何教为对象的备课活动,但就其本质讲,它归根结底是为了满足"怎样学"的问题。"教学设计中的方法或策略,不必总是持'唯一性'的观点,非此即彼或非彼即此,可以多涉及几个方面。优秀的教师在设计教学程序时,应该

---

① 李定仁,徐继存主编.教学论研究二十年[M].北京:人民教育出版社,2001:242.
② 李龙编著.教学过程设计[M].呼和浩特:内蒙古人民出版社,2005.

考虑多套方案,以满足实际教学中出现的实际情况。"①

因此,有效的"教"是始终围绕着有效的"学"展开活动的,所以,强调学生必须熟悉运用学习策略的技巧,鼓励学生反思每个策略为什么能够成功,以及将它迁移到其他地方还会起到什么作用,就成了教学设计的着眼点。

二、历史新课程的实施

一般说来,"课程实施"(curriculum implementation)指的是教师将规划的课程方案付诸实际的教学行动的实践历程,亦即将"书面的课程"(the written curriculum)转化成课堂情境中具体的教学实践的过程。

历史新课程实施存在三种基本取向,即忠实取向、相互调适取向和课程创生取向。

1. 忠实取向(fidelity orientation)

历史新课程实施的忠实取向即视历史新课程实施为忠实地执行历史课程方案的过程。衡量新课程实施成功与否的基本标准是新课程实施过程中实现预定的课程方案的程度。实施的新课程愈接近预定的课程方案,则愈为忠实,课程实施程度也愈高;若与预定的课程方案差距愈大,则愈不忠实,课程实施程度愈低。

这种观点强调课程设计的优先性与重要性,强调事前规划的课程方案具有示范作用,教师应当不折不扣地执行。倘若课堂中的教师不能忠实地实施课程,则认为投资可观的资源、时间与精力以规划最佳的学校课程便是前功尽弃。课程实施的忠实取向不给教师留下太多的弹性与自由发挥的空间,并不鼓励或允许个别教师在自己的课堂情境中因应变革而修改课程的教学内容。其基本假设是,倘若教师的课程实施选择权不多,则课程实施的方法愈明确,课程实施就愈"忠实"。

忠实取向的课程实施适用于某些特定的课程情境,特别适用于课程内容极为复杂、困难且不容易掌握精熟的新课程方案,或是学生的理解有赖于配合课程内容特定的安排,因此,课程实施的顺序有必要在事前加以规定。然而,课程的规范说明与行政命令规定可以规范课程科目知识的最小范围与最低标准,却无法硬性限制师生的最大选择范围与最高成就标准,更不应该限制师生对学习方法的选择。

2. 相互调适取向(mutual adaption orientation)

历史新课程实施的相互调适取向即把课程实施视为课程设计人员与课程实施者双方同意进行修正的调整,采用最有效的方法以确保课程实施之成效的过程。相互调适取向强调课程实施不是单向的传递、接受,而是双向的互动与改变。课程方案有必要因学校教育的实际情境而加以弹性调整。事实上,所有的课程方案在实施过程中都必须经过修正调整才能适用于特定而变化的课堂情境。唯有如此,教师才能使学生的学习获得最大的效能。

相互调适取向认为,一项课程方案付诸实施之后,可能会发生两方面的变化:一方面,既定的课程方案发生变化,以适应各种具体实践情境的特殊需要;另一方面,既有的课程实践会发生变化,以适应课程方案的特定要求。课程实施中的相互调适现象是必要的,也是必然的。

相互调适取向倾向于把课堂变革视为一种复杂的非线性的和不可预知的过程,而不是预期目标与规划方案的线性演绎过程。因此,应关注课程实施过程中的社会情境因素的分析,借以揭示课程变革的深层机制。

3. 课程创生取向(curriculum enactment orientation)

历史新课程实施的课程创生取向即把课程实施视为师生在具体的课堂情境中共同合作,创造新

---

① 赵亚夫.从历史课程标准的行为动词看问题[J].历史教学,2008(3).

的教育经验的过程。真正的课程并不是在实施之前就固定下来的,它是情景化、人格化的。课程实施本质上是在具体的课堂情境中"创生"新的教育经验的过程。既有的课程方案不过是一种供这种经验创生过程选择的工具而已。

历史新课程的创生取向强调"课程是实践"。课程不是被传递的教材或课表,不是理所当然的命令和教条,而是需要加以质疑、批判、验证和改写的假设。历史新课程创生取向强调"教师即课程"。教师是决定新课程成败的关键角色。课程改革纲要的颁布和学科课程标准的制定,不过是课程改革的第一步。课程改革是教师的再学习过程,课程开发意味着历史教师的专业发展,没有历史教师的专业发展就没有历史课程的开发。长期以来,在中央集权的课程行政之下,教师被摒弃于课程改革之外,丧失了课程意识,丧失了课程设计的能力。新课程与旧课程的根本区别就在于,新课程认定课程知识不是由专家、学者发展出来传递给教师,再由教师传递给学生的。专家设计的课程仅仅是一种暂时性的假设,教师要在课堂教学中加以实验,与学生交互作用,与同事讨论、对话,经由这种过程建构的结果才是知识。教师和学生是在观察、实验、分析、对话和争论中建构知识的。因此,教师必须改变角色,做一个学习者、反思者。当"每一个教师都成为课程设计者,每一间教室都成为课程实验室,每一所学校都成为教育社区"之日,也就是新课程得以完美落实之时。

上述三种取向从不同的侧面揭示了课程实施的本质,各有其存在的价值。从忠实取向到相互调适取向,再到课程创生取向,意味着课程变革从追求"技术理性"到追求"实践理性",再到追求"解放理性",体现了课程变革的发展方向。

第二节 中学历史新课程的教学设计

教学设计是在正式教学前,在一定的教学理论和学习理论的指导下,预先制订特定环境中将要展开的教学活动的进程。① 教学设计常常是教学活动顺利实施的关键,教学设计的创新是课堂教学创新的前提。中学历史新课程的教学设计要突出"新课程"的特点,也要在教学设计的各个环节中继承传统教学设计的优点的同时,突出新课程的创新性。

一、历史新课程中的教学目标设计

教学的三维目标包含知识与能力、过程与方法、情感态度价值观,所以历史课程教学目标也应该包含这三维目标。

首先,这三维目标是一个整体,是新课程的一体三面,不可分割。

用西方的课程观点看,我们的"三维目标",从某种意义上说,正是课程的如下三个层面:①"阐明的课程"(教师根据课程标准阐明并设计教学);②"展现的课程"(教师实施教学的过程);③"体验的课程"(学生感受教学的过程)。教学的有效性,既表现在"三维目标"的完整性上,也体现在课程三个层面的有机统一中。

一般来说,有效的教学过程中概念、方法、态度信念等多种类型的目标的实现,基本上是同时发生的,几乎没有先后之分,比如不可能在学习概念知识的过程中排斥方法和态度信念知识。落实"知识与能力"目标,需要借助"过程与方法"、"情感态度价值观";而落实"情感态度价值观",当然更离不了"知识与能力"、"过程与方法"的支撑。

---

① 吴永军主编.新课程新备课新思维[M].北京:教育科学出版社,2004:132.

案例研究

关于《春秋战国时期的百家争鸣》的课堂教学目标设计

教师A：

1. 知识与能力

知道儒家、道家、墨家、法家等诸子百家的代表人物及主要观点；了解孔子、孟子与荀子对儒家思想形成和发展的重要贡献；认识百家争鸣形成的原因及对当时和后世产生的重要影响；提高学生阅读分析材料和分析历史问题的能力。

2. 过程与方法

观看孔子教授学生的动画片，了解孔子的基本思想和人生观点。通过相关的寓言和成语故事来了解道家、法家和墨家的主要观点，增强感性认识。采取比较和启发式教学等方法来理解各家学说的特色和观点。让学生运用诸子百家的观点来解决现实问题，使学生积极参与整个思考过程，用争鸣来理解争鸣。

3. 情感态度价值观

在多元思想中，感受诸子百家为人类思想宝库所作出的卓越贡献，体会人类优秀思想惠泽千年的影响；感受先哲关于做人、处事和治国的智慧。

教师B：

知道儒家、墨家、道家、法家等诸子百家的代表人物及主要观点。通过观看孔子教授学生的动画片，了解孔子的基本思想和人生观点，进而了解孔子、孟子与荀子对儒家思想形成和发展的重要贡献。

通过相关的寓言和成语故事来了解道家、法家、墨家的主要观点，通过比较、讨论、探究教学等方法加深理解各家学说的特色和观点。

在此基础上认识百家争鸣形成的原因及对当时和后世产生的重要影响；在多元思想中，感受诸子百家为人类思想宝库所作出的卓越贡献，体会人类优秀思想惠泽千年的影响；感受先哲关于做人、处事和治国的智慧，同时能够从诸子百家的观点中获取有助于解决现实问题的有益启发。

    高中历史课程标准是从"知识与能力"、"过程与方法"、"情感态度价值观"的宏观角度论述历史科的课程目标的，并没有结合具体的、特定的历史教学内容。如果我们在设计一节历史课的教学目标时，还从这三个角度来阐释，这是否合理、是否便于操作，就值得商榷了。我们认为教师A的目标设计对于历史教学目标的阐释是分开的，割裂了对历史认识的不同层次和角度，使历史认识的特点没有完全凸现出来，而且逻辑性不强，互相交叉，缺乏整体感。实际上，这些层次和角度具有一定的梯度，完全可以"一气呵成"，也便于教学操作。最好能将"三维"思想隐性而非显性地渗透到教学目标的阐释之中。所以，教师B对于《春秋战国时期的百家争鸣》的课堂教学目标作出的相应调整应该更有利于教学。

    其次是要根据学生的层次进行教学目标的设计。学生对于历史知识的掌握和理解有不同的层次，教师可以在了解学生的基础上进行过程与方法的设计。具体来说，较低层次的学生可以运用"刺激—反应"模式的行为主义理论。在教学中让学生做填空题，判断正误题，就是在一定程度上运用这种理论。中间层次的学生可以运用认知主义理论。教师在教学中充分考虑学生原有的知识基础和心理基础，努力寻求他们的知识结构、态度情感的改变。层次较高的学生可以运用建构主义理论。教师让学生在教学中让学生在占有一定资料基础上积极思考，探索规律、总结方法、抒发情感，充分发挥学生学习的主动性。

案例研究

对于《1929—1933年资本主义经济危机和罗斯福新政》一课,关于"过程与方法"目标,我们可以有不同的设计方法:

方法A:通过抢答游戏识记1929年美国经济危机的主要知识点。

方法B:通过回顾1825年资本主义世界第一次经济危机的情况,探讨美国1929年经济危机的特点。

方法C:通过搜集和展示1929年美国经济危机的图片,体会大危机给美国经济造成的巨大震荡。

这三个设计,理论上分别倾向于行为主义理论、认知主义理论和建构主义理论。表面上看,他们的区别并不大,但只要我们细心想一想,就可以知道他们所带来的课堂面貌是截然不同的。三个设计的出发点不一样,不存在好坏之分。能够适应学生实际的设计都是好设计。对于一个学习主动性不强的班,方法A就是一个好设计,如果非得用方法C,那就明显拔高了。同样的道理,对于一群学习起点高的中学生,使用方法A可能就会让他们感觉到索然无味。①

二、历史新课程中课堂教学导入的设计

"万事贵乎始"。教学其实也是如此。课堂没有一个好的开头,学生会感到兴味索然,参与学习的积极性就会大打折扣。所以,新课程必须精心设计课堂的导入环节,应通过精彩的情境创设,来激励、唤醒、鼓舞学生的智力情绪。

案例展示

在人类社会中,从专制到民主、从人治到法治经历了一个漫长而艰难的历史过程。近代西方资本主义政治制度的确立与发展证明了这一点。通过前两课的学习,我们知道了17世纪后期,首先是西欧一隅的岛国英国(多媒体出示世界地图,闪动英国)通过资产阶级革命,确立了君主立宪制度。接着,18世纪中后期,地处北美的美国(多媒体闪动独立时的美国)在摆脱殖民统治后,确立了联邦制的共和政体。在封建势力较为强大的欧洲大陆,有两个重要的国家(多媒体闪动法、德两国),一个是欧洲西部的法兰西,一个是欧洲中部的德意志。在这两个国家,资本主义政治制度又是怎样得到确立的呢?带着这些问题,我们来学习本课。

这样导入简明扼要,既让学生了解了法德两国的位置,又从整体上提示了本单元学习的内容,导入新课就顺利了。②

案例展示

赵剑峰老师在"清新典雅的皖南古村落"一课中进行导入设计的具体过程③:

课前导入:通过FLASH动画(西递、宏村精美图片六张循环滚动播放),配乐古筝曲《流水行云》,紧扣课题,创设优美的意境,把教学行为向前延伸,在上课铃响起之前,就让学生感觉到一股清新典雅之风扑面而来,

---

① 任鹏杰、何成刚、黄牧航.笔谈:如何理解历史课程目标[J].中学历史教学参考,2007(9):4—7.
② 陈康衡.教学设计要讲求科学、合理[J].历史教学(中学版),2008(3).
③ 赵剑峰.从"雾里看花"到"柳暗花明"——"清新典雅的皖南古村落"备课笔记[J].历史教学,2007(11):50.

对本节课的内容产生兴趣,较快进入学习状态。在课件模板设计上,紧扣"清新典雅",以白色为底,上下各有一条窄窄的遮幅,配以淡蓝色的皖南乡村山水画,模板的右下侧配以"世界文化遗产"的图标。

导入新课:第一次上课的时候,导入新课用的是电影《卧虎藏龙》中有关宏村的镜头,有两个问题的处理不够顺畅。一是由《卧虎藏龙》到宏村之间的过渡,学生虽然对影片很熟悉,也很感兴趣,但如果不看教材,几乎无人知晓宏村是拍摄《卧虎藏龙》的外景地,这成为导入环节的一个硬伤。二是导入用时稍长,难以简洁明快、直截了当地进入正课学习,显得有些拖沓。正式上课的时候,把导入改为:先从学生身边熟悉的事物入手,通过长白山——黄山——西递、宏村,自然风光——人文景观,拉近和学生之间的心理距离,创设良好的教学情景。

我们再具体看看赵老师是如何尝试两种方式导入的①:

第一次设计导入:

首先,请大家欣赏一个录像片断。

(播放录像《卧虎藏龙》片断。)(52″)

刚才这个录像片断,选自哪部电影?它曾荣获四项奥斯卡大奖,它的导演是?男女主角分别是?那么,我还想问问大家,刚才这个录像片段是在什么地方拍摄的?(宏村)

明清时期,随着徽商的崛起,黟县涌现出许多具有徽派建筑特色的古村落。其中的一些古村落,至今仍基本保存完好,具有重大的历史、艺术和科学价值。西递和宏村,就是两个最有代表性的皖南古村落。

我想知道,在咱们同学中,有多少曾经去过西递、宏村?

今天,就让我们一起走进这粉墙青瓦马头墙的皖南,走进这小桥流水人家的徽州,走进这浓墨淡彩、积淀深厚的西递、宏村,一起去游览,一起去欣赏,一起去感受,一起去品味。

为了让大家更全面更具体更深入更细致地了解西递、宏村,我想带大家按照游览的时空顺序,由远及近,由表及里,由浅入深,多角度多层面地欣赏西递、宏村。

第二次设计导入:

师:首先,自我介绍一下,我姓赵,来自安徽。这是我第一次来到吉林,我脑海中对吉林的第一印象便是美丽的长白山。那么我想知道,提起安徽,你首先想到的最有名的自然风光是什么呢?

生:黄山。

师:有句名言形容黄山在中国名山中的地位,怎么说的呢?

生:"五岳归来不看山,黄山归来不看岳。"

师:其实,黄山不仅以其雄奇峻美的自然风光闻名天下,而且还有厚重的历史沉淀和丰富的文化内涵。黄山脚下黟县的西递、宏村2000年11月被列入世界文化遗产名录,2005年9月,西递、宏村又被中央电视台评为全国"十佳"最具魅力名镇。两个普普通通的皖南古村落,为什么会被列入世界文化遗产名录呢?西递、宏村到底有什么迷人的魅力呢?

今天,就让我们一起走进这粉墙青瓦马头墙的皖南,走进这小桥流水的徽州古村落,让我们一起去游览,一起去感受,一起去品味。大家说,好不好?

生:好!

这两次导入不同之处在于,第一次以《卧虎藏龙》来导入,是教师预先判断学生都看过电影《卧虎藏龙》,并且都知道《卧虎藏龙》是在宏村拍摄。而事实上并非如此,也许有些学生并没有看过这个电影,即使看过这个电影的也并不一定就知道是在哪里拍摄的,这样就会让导入产生不了预想的效果。

---

① 赵剑峰."清新典雅的皖南古村落"教学实录[J].历史教学,2007(10):33.

第二次导入从学生都了解的黄山出发,这样既告诉了学生所讲内容的地理位置,也容易激发学生对于这两个地方的探索兴趣。

案例展示

唐云波老师《文艺复兴》一课的导入设计:

第一次设计导入:

(课前播放帕瓦罗蒂的《我的太阳》)

课题:第13课　文艺复兴巨匠的人文风采

副标题:对意大利文艺复兴及人文主义的研究性学习

课堂导入:

运动的国度:意大利

提问男生:去年世界杯冠军是?(意大利)人们,尤其是男人心目中的意大利是拥有巴乔、托蒂等足球巨星的运动王国。

时尚的国度:意大利

提问女生:国际时装节通常在哪里举行?(意大利米兰)女人心目中的意大利是高档时装、时尚品牌的代名词。

文化的国度:意大利

教师:其实,意大利吸引人们的除了运动与时尚之外,还有它的文化。至今都让整个西方世界引以为自豪的"文艺复兴"就发生在意大利。(播放文艺复兴概况视频)

第二次设计导入:

1506年的一天,一个意大利人在古罗马遗址的废墟上种植葡萄时,无意挖出一座群雕像。这座雕像使整个意大利都震动了。这究竟是一座什么样的雕像,意大利人为什么会被其震动?让我们一起来看看——

(播放视频《拉奥孔》)

1. 假设你是当时的意大利人,你在这座雕像上看到了什么?

2. 这些发现为什么会使意大利人震动呢?

(展示《圣经》选段)

《圣经》对人的看法是怎样的?

人是有罪的,人是丑陋的,人是生来就要受苦的,人是不可以反抗的,人是不可以有情绪的。

过渡:无怪乎当时的人们在看到拉奥孔的雕塑时,如此之震惊。因为在逝去的文明中,意大利人发现了一个被压抑已久的世界——人的世界!

这节课的灵魂就是文艺复兴时期的人文主义。

第三次设计导入:

(播放视频《拉奥孔》)

过渡:这样的发现为什么会让意大利人震惊,让他们觉得不可思议?要想真正体会他们的这种心态,我们就必须回到他们生活的那个时代——文艺复兴。

第一次设计,用足球运动员和国际时装节来导入;第二次设计,用拉奥孔雕塑的挖掘来导入,并设计一系列问题;第三次设计,直接用拉奥孔雕塑的挖掘和一个问题来导入。可以看出,第二次导入相对于第一次而言,更有历史感,而第三次相对于第二次而言,更加简明扼要,真正起到了导入的作用。

导入虽然有一定方法,但无定法,要依据不同教材的不同内容和特点,选用一种最佳的导入方法。无论选用何种导入法,均应注意:

一是要避免毫无历史感的、牵强附会的、为导入而设计的导入;二是导入必须符合中学生年龄、年级、知识水平和接受能力,否则会弄巧成拙,影响学生对新知识的接受;三是导入要尽量避免平淡刻板、演独角戏;四是导入不要拖沓、冗长,要简明扼要,在历史的感悟和起兴中迅速步入正题。

三、历史新课程实施过程的设计

1. 不同史料在历史教学过程设计中的运用

不同史料阐述的对立的观点能带来认识上的冲突,运用得当,常常可以使教学设计新意迭出,尤其有助于引导学生在观点的碰撞中深化历史认识。

案例展示

浙江嘉兴秀洲中学周巍老师的"洋务运动"一课(高三复习课),在讨论对洋务运动的评价时,先展示了人民教育出版社1956版《中国历史》第三册教科书的评价:

洋务运动的产生是为了"继续镇压中国各族人民的武装起义,是用外国资本主义的技术巩固封建统治";官僚地主开办的工厂是"资本主义国家军需工业的附庸,充分表现了半殖民地的性质";而且这些官办工业"压制商办工业,阻碍了商办工业的发展,阻碍了中国社会向资本主义的发展"。进步作用是"由于新式机器的应用,产业工人的数量增多了,无产阶级的力量比以前壮大了"。

然后,又展示了1978年1月湖北省初中试用课本《中国历史》(第二册)和人民教育出版社1981年11月版初级中学课本《中国历史》(第三册)对洋务运动的评价。它们既剖析了洋务企业封建专横、阻碍民族工业发展的消极面,又展露出其刺激中国资本主义发展,抵制外国势力扩张的客观进步性,不再斥责洋务派为卖国贼。

同时向学生提供三个时期的历史教科书对洋务运动的不同评价,展现了不同历史时期对于历史做出的不同的解释。

之后,周老师又引用了1987年吴大猷在"清季自强运动研讨会"上的开幕辞、20世纪90年代刘宗绪《历史新知识创新能力的培养》和21世纪初马克垚《世界文明史》中关于洋务运动的新观点。如马克垚在《世界文明史》中的分析:

从世界文明史的视角来评价这一时期(19世纪60—90年代)的自强运动,我们并不看重它所提出的"求强""求富"的口号,也并不看重它的任务是否完成。我们看重的是,这场运动是否顺应了世界文明前进的大潮,是否代表着先进的社会生产力,是否为向现代化工业文明过渡作出了贡献。

整个教学设计,通过不同时期、不同史家对洋务运动的不同认识,反映了现代中国史学界从单一的阶级斗争范式发展到现代化范式、文明史范式的综合运用,体现了对历史认识的不断深化的过程。

2. "神入"法在历史教学过程设计中的运用

恰当地运用"神入"法,有利于学生把历史人物、历史事件放在具体的背景下,历史主义地分析问题,使学生对历史抱有一种"温情和敬意"(钱穆语)。

案例展示

浙江新昌中学的徐金超老师在设计"第一次国共合作的实现"一课时,运用一系列史料,从孙中山对革命任务的认识、对革命力量的认识、对革命武装的认识这三个方面架构课堂,以《困惑与抉择:孙中山的1923年》为题,解读了孙中山矢志革命的心路历程。

例如在"国民革命的目标是什么"这一环节中,提供了以下材料:

1912年,孙中山说:"今日共和初成,兴实业实为救贫之药剂,为当今最要之政策。"

1914年,孙中山在《中华革命党宣言》中说:"吾党自第一次革命、国体与政体变更后,即以巩固共和、实行民主民生两主义为已任。"

1918年,孙中山通电说:"吾国之大患,莫大于武人争雄,南与北如一丘之貉。"

1923年元旦,孙中山在上海发表宣言,指出应"修改不平等条约,恢复中国在国际上自由平等之地位"。

引导学生阅读史料归纳:孙中山在1912年、1914年、1918年、1923年对革命目标的认识有什么样的变化?反映了孙中山怎样的心路历程?并进一步引导学生分析孙中山新三民主义革命理论的提出。解决这些问题的时候,可以引导学生深入孙中山的思想与历史背景,体会孙做事所遇到的重重阻力,以及孙在克服这些困难时所具有的坚强意志和坚强决心。这样的设计,不但使抽象的新三民主义变得容易理解,而且让学生对孙中山与时俱进、勇于超越自我的革命家品格有了更深刻的理解。这一设计的成功,很大程度上得益于"神入法"的应用。①

四、历史新课程教学中的历史反思的设计

现代的史学研究日益呈现出多元化的方向,我国的历史教学却始终在关注宏观的历史,而忽略了微观的、生活化的历史。在历史教学中关注历史的细节,培养学生对于历史的感悟,让学生从历史事件中得到反思,有助于学生理解历史事件的复杂与深刻。

案例展示

在"戊戌变法"一课的设计中,有教师以"回到戊戌,反思戊戌"为主题,以康有为这一"个人"为中心,从他的变法策略入手,体现人与周围环境的关系,设计了"回到戊戌:甲午战后中国局面再认识"、"反思戊戌:康有为变法活动再检讨"两个环节。第一环节着重从19世纪后半期的世界形势分析变法的背景。先由教师讲述近代社会的特征是工业化和民主化,再引导学生回忆建构知识,设计了三个问题:洋务运动做了些什么?维新变法应该做什么?(从世界现代化历程中理解变法的任务)康有为能够做什么?(从中国面临的现实中分析变法的背景)从而顺势导出"周围环境的历史":在世界近代化的背景下,在民族危机加深的时刻,"救亡图存"成为时代的最强音。

在反思"戊戌变法:康有为变法活动再检讨"这一环节中,提供下列材料:

"强学会"在北京的成立,更是由翁同龢从户部划出个小预算,并拨出一部印书机开始的。工部尚书孙家鼐为他找座房屋作会址,其后复由大学士王文韶、两江总督刘坤一、湖广总督张之洞各捐五千银圆。

——唐德刚《晚清七十年》第三章

---

① 徐金超.现代史学理论与历史教学设计的创新[J].历史教学(中学版),2007(12):17—20.

西学非要,西政为要……方今中华,诚非雄强,然百姓尚能安其业者,由朝廷之法维系之。使民权之说一倡,愚民必喜,乱民必作,纪纲不行,大乱四起。 ——张之洞《劝学篇》

新旧水火,势不两立。 ——康有为

观万国之势,能变则全,不变则亡,全变则强,小变仍亡。 ——康有为《上清帝第六书》

要求学生结合史实分析讨论:当时有没有可能出现"维新派+洋务派 VS 顽固派"的形势?"维新派 VS 洋务派+顽固派"局面的形成与康有为的宣传策略有没有关系?这一环节的设计其实是引导学生去理解在康有为所处的历史事变中的"群体和团体"。①

历史学习的现实功能就是对历史进行反思,以服务于现实,那么教师在讲完某一章节后,也可以设计对历史事件的反思,来实现三维目标中最抽象的一类——情感态度价值观的教学,同时也会促进知识与能力、过程与方法的目标的达成。

第三节 中学历史新课程的教学实施

一、历史新课程教学实施中新型"教学文化"的创造

课堂教学总是存在着某种文化,不管我们是否意识到,学生都在进行着某种"文化适应",因此,问题在于,教师应当创造怎样一种"课堂文化"。

1. 从"记忆型教学文化"向"思维型教学文化"转变

传统的历史课堂教学模式是一种"记忆型教学文化"。在这种文化中,教师的作用是向学生传递信息,学生的作用是接受、储存信息,并且按照这些信息行动。这种文化环境培养的是学生被动接受知识的倾向,而不是积极地探寻和评价信息。

历史新课程中新型的课堂教学模式是一种"思维型教学文化"。它要求教师在课堂教学中创造一种"思维文化"。这种"思维文化"具有六个要素:

(1) 思维语言——具体的术语与概念,提供交流的手段,鼓励高层次的思维。例如"中国古代政治制度的演变"一节的学习,对于"宗法制"、"分封制"、"井田制"这些概念要弄清楚,而且还要学生注意他们之间的关系,比如分封制是一种政治制度,井田制是一种经济制度,而宗法是分封的依据。

(2) 思维倾向——指思维方式,鼓励高层次思维的敏感性、能力和意向。在历史课堂教学文化的创造中,一定要注意保护学生思维的敏感性,要让学生创造性思维的幼苗逐渐成长壮大。教师的讲述不必十分精确,可以让学生在具体的历史情景的体悟中感受历史。

(3) 思维控制——学生反思的方式和教师控制自己思维过程的方式。

案例展示

闻一多《七子之歌》:"我的胞兄香港在诉他的苦痛,母亲啊,可记得你的幼女九龙?自从我下嫁给那镇海的魔王,我何曾有一天不在泪涛汹涌!母亲,我天天数着归宁的吉日,我只怕希望要变作一场空梦。母亲!我要回来,母亲!"材料中的"魔王"和"母亲"分别是指:

---

① 徐金超.现代史学理论与历史教学设计的创新[J].历史教学(中学版),2007(12):17—20.

A. 英国和中国　　　B. 英国和清政府　　　C. 日本和中国　　　D. 日本和清政府

此题教师可能认为没有什么思维能力的体现,就是选 A 了。

但是,出乎教师意料的是,有学生问:为什么不能选 B? 一下子将教师的思维撞击了一下,是啊,香港是清政府割让的,为什么不能选清政府呢? 理由何在? 用什么理由说服学生? 于是教师的第一个设问可以是:一个政府是否等于一个国家? 引导学生思考清政府与中国的区别。然后可让学生探讨二者的区别与联系,在这个基础上去解决问题。

我国古代教育家就提出过教学相长的理论,在教学中,给予学生充分反思的时间,充分了解学生反思的具体想法,可以让教师对某个问题进行更深入的思考,从而提高教学效果,促进教师的成长。

(4) 策略精神——鼓励学生建构和运用思维策略的态度。

(5) 高层次知识——超越事实信息,关注知识是如何创造的,问题是如何解决的,证据是如何搜集的,等等。

(6) 转换——在从一种语境转向另一种语境的过程中关注知识与策略的联系,更广地活用知识与策略。

案例研究

例如:考查学生对于国家干预经济政策和自由主义经济政策之间的关系的了解,以及批判性思维的培养,我们可以呈现如下史料:

材料一　芝加哥学派的经济学家强调自由市场的重要性,认为政府对经济干预越少越好。到 20 世纪 80 年代,他们的主张被英美等国用以改造二战后的资本主义。英美等国政府通过私有化不断从经济领域撤出,但政府在经济领域中的作用依然重要,其首要责任从财富分配和保障平等转变为激励个人的独创精神及财富创造,同时又采取措施以弥补新政策的缺陷。

——据耶金等《制高点》

材料二　1999 年的最后一天,叶利钦(1991—1999 年任俄罗斯总统)在辞职讲话中说:"我已经完成了我一生的主要任务。俄罗斯永远不会再回到过去,俄罗斯将永远向前迈进。"

——陆南泉《苏联经济体制改革史论》

就上述史料设置问题:

(1) 根据材料一,指出 20 世纪 80 年代资本主义发生了怎样的变化。

(2) 斯大林时期的经济体制是什么? 二战后苏联进行了哪几次经济体制改革? 这些改革共同的局限性是什么?

(3) 你认为苏联解体后,俄罗斯在"向前迈进"的过程中应当如何处理政府与市场之间的关系? 简要说明理由。

这里设置的问题实际上超出了教科书的范畴,但是材料却弥补了教科书与考纲内容的不足。

学生如果学到的仅仅是知识而不是方法和批判性思维的能力,对于这类题目会感到很困难。所以前述"思维文化"不是要求学生被动地接受知识,而是鼓励学生进行有益的怀疑,迫使他们提出问题,探查假设,寻求合理性。帕金斯指出,我们应当创造新型的"文化适应教学模式"。在这种教学模式中,"文化适应"以三种相互强化的方式产生:提供示范、鼓励互动、组织教学。

2. 课堂教学文化中批判性思维的培养

在组织教学中,如下几个方面对培养批判性思维是有效的。

(1) 合理主义态度。

确立批判性思维的重要基础之一就是如何看待知识的源泉。对于教师和书本之类权威的绝对服从,往往会降低自身努力的需要。在这种情况下,重要的是"谁"在"哪里"说了什么。另一种知识的源泉是现实和现象本身。不停留于现成的知识,而是直面事实,实证地理解事物的态度,谓之"合理主义态度"。在这种情况下,重要的不是"谁"在"哪里"说了什么,而是"怎样"去理解"什么"。

(2) 有意义的接受学习。

学校教育中存在教师向学生传递知识的情况。在这种情况下,重要的是学生如何接受知识。对于给出的知识毫无疑念,囫囵吞枣地机械背诵,谓之"死记硬背"。奥苏伯尔倡导"有意义的接受学习",他从教师向学生提示知识的整体形象,以便学生理解的"接受学习"的角度,主张所传授的知识应在学生的认知中成为"有意义"的要素加以结构化。应当说,在批判性思维的教学中,有意义的接受学习远远优于死记硬背。

学者观点

> 著名经济学家张五常认为:教师在讲解课题中,或者指导学生学习时,注意要在读完某一个课题,或书中的某一章,或甚至章中可以独立的某一节之后,要花少许时间去细想节与节、章与章或课题与课题之间的关系。能稍知这些必有的连带关系,理解的增长就一日千里。这是因为在任何一个学术的范围内,人类所知的根本不多。分割开来读,会觉得是多而难记;连贯起来,要知要记的就少得多了。任何学术都是从几个单元的基础互辅而成,然后带动千变万化的应用。学得愈精,所知的就愈基本。若忽略了课题之间的连贯性,就不得其门而入。①

3. 探究学习(发现学习)

如果说接受学习是教师向学生提示知识的整体形象,便于学生理解的教学方式,那么,教师不向学生提示知识的整体形象,由学生自己去思考局部知识的方式,则叫做"探究学习"或"发现学习"。探究学习鼓励学生自身思考问题,发现事实与法则。从这个意义上说,探究学习是批判性思维的有效教学方式。

近年来,很多有思想的历史老师在历史新课程研究性学习的探索中,也做出了深入的思考,比如在《历史教学》杂志上曾经进行过的"鸦片战争是不是一场维护商业的战争"的讨论等。

4. 反躬自问

批判性思维要求客观地、冷静地审视自己的思维过程,及时修正错误。批判性思维并非普遍存在于每一个个体之中,归根结底,任何个体都只是某种程度上的批判性思维者。因此,批判性思维需要训练,乃至终身培养。

二、国外历史课程的教学实施案例

即使是历史新课程的教学实施,也不能逃脱这三步:呈现史料、分析史料,就史料展开讨论、设置疑问,然后同学之间教师之间互相启发、激思。这是历史新课程教学较之传统教学的不变之处,那

---

① 张五常.读书的方法[J/OL].正来学报,第四卷,2007年第一辑. http://dzl.ias.fudan.edu.cn/

么历史新课程的可变之处在哪里呢？其一是选择史料上。史料浩如烟海，如何选择适合学生学习的史料，就需要教师花工夫搜集、整理、选择。下面这一则教学案例，教师呈现的是两幅漫画，所有问题和教学都围绕这两幅漫画展开。其二是就史料层层设疑，问题的设计需要教师投入较大的精力。当然，如果能够集体备课，会较好地解决这个问题。其三，要组织好教学讨论。如何兼顾有表现欲的人和害怕发言的学生，这需要教师具有较好的课堂观察能力和教学机智。

案例展示

下面的案例是美国布伦南教授在西安高新第一中学（国际部）上的"美国独立战争"一课。

这一节课，布伦南教授首先发了一份阅读材料：The American colonies challenged the authority British empire and eventually fought war for independence, 1760's—1770's.（18世纪60到70年代，北美殖民地挑战大英帝国的权威，最终发起独立战争。）简短的解读与介绍后，学生快速阅读材料，以了解相关的历史背景。接着又给学生发了一张漫画，画面上是一条蛇，被斩成几节，下面写道："JOIN, OR DIE"。

布伦南教授进一步引导："Considered the letters and words."（"琢磨一下画中的字母和文字。"）

学生不解其意，纷纷猜测，有人猜字母代表美国的州，但却说不出具体地点。这时，布伦南非常风趣地将漫画片旋转90度，同学们恍然大悟，且确认这就是一张北美殖民地图。在得到学生的回答后，布伦南又问："'Join' what? What's the cartoonist referring to?"（"'join'意指什么？漫画作者用'join'之意何在？"）学生热烈讨论，发表见解。她又问："Or die, because of what? What's the cartoonist referring to?"（"'or die'的原因是什么？漫画作者想表达什么？"）学生又开始讨论与协商。这时，布伦南对漫画作者进行了简单介绍——漫画作者是富兰克林，北美殖民地启蒙思想的代表人物之一，北美独立战争的坚决拥护者。随后，布伦南又提出了一个问题："What do you think is the cartoon's overall message? Provide specific evidence from the cartoon to defend the answer."（"你觉得这幅画整体上传达了什么信息？从画中找出具体的佐证来支持你的观点。"）学生争着表达看法，有的说，这张画通过断蛇表现死亡，而整体连接着的蛇形则意味着生命，即北美人民应该联合起来斗争；有的说，这张画通过断蛇表现的是英国在北美的分区统治特点，使北美难以形成有效的联合力量，从而走向死亡；有的同学说：这是批评北美人民行动迟，像蛇一样缓慢，如果持续下去，只能被英国人用刀将蛇截断，从而走向死亡。学生讨论与发表看法时，布伦南始终充满热情地鼓励着表达看法的学生，或点头肯定，或以"ok"鼓励，或用动作引导继续，认真倾听但不急于下结论。

随后布伦南又拿出第二幅漫画（见下图），并对漫画做了简单的介绍："Consider the background for this cartoon.

Beginning in 1765, the British government required the American colonists to pay taxes on certain goods. This tax money was needed to pay for British's recent war against France. These taxes also reminded the colonists that the British government was still in charge of the empire."（"了解一下这张漫画的历史背景。1765年起，英国政府要求北美殖民地居民为某些商品交税。英国政府将这些税收用于支付对法战争费用。这些税收也提醒着殖民地人民，那就是，英国政府一直控制着整个大英帝国。"）

接着，又给每位学生发了一份材料，这份材料是围绕着第二幅漫画所提出的问题，包括以下方面：

(1) Given this, what does the cartoon tell you about what items were taxed? Provide specific evidence from the cartoon to defend your answer.（根据漫画提供的信息判断，是对哪些商品进行征税？从画中找出具体的证据来支持你的观点。）

(2) Consider the man down on one knee. Provide specific evidence from the cartoon to defend your answer to the following questions.（结合图中单膝跪在地上那个人的情况进行思考。从画中找出具体的证据来支持你对以下问题的解答。）

A. Why is this man covered in feathers?（为什么这个人浑身都沾满羽毛？）

B. Look at the lower left corner. What are these objects? Do they help explain the condition of this man?（画的左下角是什么东西？这些东西能帮助你解释这个人的情况吗？）

C. What are the other five men doing to the feathered man? Why? What do their facial expressions tell us about their emotions?（画中的其他五个人在对这个全身沾满羽毛的人做什么？为什么？他们的面部表情表达了一种什么样的情绪？）

(3) Consider the tree. Provide specific evidence from the cartoon to defend your answers to the following questions.（琢磨一下画中的这棵树。从画中找出具体的证据来支持你对下列问题的解答。）

A. Why is it called a "liberty tree"?（为什么称此树为"自由树"？）

B. Why is the "stamp act" sign hanging from that branch?（为什么"印花税法案"的牌子是倒挂在枝头的？）

C. Why is a noose hanging from that branch?（为什么树枝上挂了一个环形绳索？）

(4) Consider what is happening in the background. Provide specific evidence from the cartoon to defend your answer to the following questions.（思考画中的背景。从画中找出具体的证据来支持你对下列问题的解答。）

A. A ship is on the water. Given this, what is the most likely location for this cartoon's scene?（水上有条船。由此可知画中的地点最可能在哪里？）

B. There are several people on the ship. What are they doing? Why?（船上有几个人。他们在做什么？为什么？）

(5) Consider point of view and possible meanings for this cartoon. Provide specific evidence from the cartoon to defend your answer.（思考一下这幅画的观点及寓意。从画中找出具体的证据来支持你的回答。）

A. Argue that this cartoon was drawn by an American colonist and was meant to show an anti-British point of view.（有观点认为，这幅画是一位北美殖民地人所作，意在表现一种反英的观点。）

B. Argue that this cartoon was drawn by a British citizen and was meant to show an anti-British point of view.（有观点认为，这幅画是一位英国人所作，意在表现一种反英的观点。）

(6) This cartoon was published in a British newspaper in the year 1774, a year before American's war for independence began. Its tittle is "the Bostonians paying the excise man, or Tarring Feathering". Are you surprised? Why or why not? Explain.（这幅漫画发表于1774年的一家英国报纸上，这年恰好是美国独立战争爆发的前一年。画的题目是"波士顿人交钱给收税官，还是用柏油和羽毛来惩罚他"。对此，你觉得意外吗？为什么？请说明原因。）

待学生拿到材料后，布伦南教授对分组讨论还提出了具体要求：以组为单位进行讨论协商，然后推出一名代表进行汇报；代表在汇报时要说出组内不同意见、观点；有不同意见的同学，可在代表说完后举手进行阐述；代表在表达与阐述时，要尽可能地说明自己的理由。由于布伦南教授让听课的教师也参与学生的讨论，因而在座的历史教师和英语教师成为了学生包围的对象。各组代表先后汇报了他们的讨论情况，布伦南教授对代表们的汇报进行了充分肯定。

各组代表汇报结束后，布伦南教授又提出了一个问题：能说出这幅画是北美殖民地人所画还是英国人所画吗？同学们各抒己见，有的说是北美殖民地人，有的说英国人。布伦南教授让同学们分别举手，她亲自点数，结果是几乎各占一半。这时她非常开心地说：今天这节课非常成功，同学们均有了自己的看法，形成了不同的意见。随后她介绍道：通过画面上人物的表情可以看出，这是在丑化北美殖民地人民，想要说明北美殖民地人民的野蛮落后以及对英国收税官的无理行为，以此激起英国人对北美殖民地的不满。随着布伦南教授论述的深入，同学们有一种突然醒悟的感觉。

下课时，布伦南教授还向学生发放了事先印好的作业，内容如下：

Your assignment is to illustrate a political issue about which you have a strong point of view.（针对一个你非常关注的政治问题画一幅图画。）

Think about news events of the past year to generate ideas, or consider your point of view on any of the following issues.（回想一下往年的新闻来激发灵感，或者阐述你对以下问题的看法。）

Global warming（全球变暖）

Eating fast food and connections to human health（吃快餐与人类健康的关系）

Impact of media on student success（媒体对学生成功的影响）

Impact of video games on student success（电脑游戏对学生成功的影响）

Protecting the world's nature resources（保护世界自然资源）

The American government's policies on immigration（美国政府的移民政策）

Role of sports and athletes in American culture（体育和运动员在美国文化中的地位）

Another issues. What do you care about? What do you feel strongly about?（其他问题。你还关注什么问题？有极为关注的问题吗？）

Once you choose an issue and determine your point of view on this issue, please complete your political illustration according to the following guidelines.（选好问题并明确了你自己对这个问题的看法后，请按照下面的要求完成你的图画。）

You can use ink markers, paints, colored pencils, collage materials, ect.（你可以用油墨打印机、颜料、彩色铅笔或者其他拼贴图材料。）

Use symbols to show what you mean.（可用符号来表达你的意思。）

Keep your illustration as simple as possible while still showing your point of view.（图画要尽量简洁，要能够表达出你的观点。）

Write one sentence on the back of your illustration which describe the issue you choose and your point of view on this issue.（在图的背面用一句话概括你所讨论的问题以及你的观点。）

布伦南教授还特别提醒学生，所有的图画都要张贴出来，以便互相学习、共同分享，所以每个人都要尽自己所能去完成作业。布置完作业后，布伦南教授仍意犹未尽，说她和她的家人及同事都非常喜欢历史。说到美国获得独立时，她非常自豪，竟情不自禁地唱起美国国歌，在场的其他美国教师也站起来与她一起唱了起来。所有上课的学生、听课的老师都被这一场面感动了，热情地为他们鼓掌。布伦南教授执教的历史课就在这样的气氛中结束了。①

布伦南教授这一节课，呈现出了学案丰富多彩、材料的丰富性、提问的逻辑性，都给我们以借鉴。

---

① 李庆.记一节美国历史老师上的公开课[J].中学历史教学参考，2008(1—2).

本章小结

本章首先在厘清有关教学设计的基本概念和层次的基础上,进一步阐述了教学设计的基本理论及其与历史新课程实施的关系。其次,通过对大量教学案例的研究分析,具体从中学历史新课程的教学目标设计、教学过程设计、教学反思等方面论述了中学历史新课程的教学设计内容。再次,对如何在教学设计理论指导下实施历史新课程的教学提出了建议。我们认为,教学设计与教学方法的运用,其不同之处在于,教学设计可以将各种方法结合在一起,这种结合不是机械的,而是有机的、有目的性的,是与学生的既有知识和学生的智力特点相匹配的。所以,历史教学工作者要在教学设计中充分发挥自己的创造性,不局限于现有的条条框框,开发出适合自身特点、学习内容和学生水平的设计,并能在实施中进行灵活处理,这样才能创设富有自身鲜明特点的历史教学课堂文化。

思考与讨论

- 进行历史教学设计时,如何考虑到教学内容、教学方法的选择与学生的智力特点的结合?在历史新课程教学设计中,如何发展学生的批判性思维?
- 如何根据三维目标、学生的层次进行教学目标的设计?
- 中学历史新课程的教学设计如何建立符合教师个性特点、适合教学内容的课堂教学文化?

学习链接

http://cn.chiculture.net/

http://www.history999.com/

http://www.lsfyw.net/article/index.html

参 考 文 献

[1] 中华人民共和国教育部.普通高中历史课程标准(实验)[M].北京:人民教育出版社,2003.
[2] 于友西,赵亚夫.历史学科教育学[M].北京:首都师范大学出版社,1999.
[3] 聂幼犁.中学历史教育论[M].上海:学林出版社,1999.
[4] 张华.课程与教学论[M].上海:上海教育出版社,2000.
[5] 李定仁,徐继存主编.教学论研究二十年[M].北京:人民教育出版社,2001.
[6] 钟启泉编著.现代课程论[M].上海:世纪出版集团,上海教育出版社,2003.
[7] 任鹏杰,何成刚,黄牧航.笔谈:如何理解历史课程目标[J].中学历史教学参考,2007(9).
[8] 陈康衡.教学设计要讲求科学、合理[J].历史教学(中学版),2008(3).
[9] 赵剑峰.从"雾里看花"到"柳暗花明"——"清新典雅的皖南古村落"备课笔记[J].历史教学,2007(11).
[10] 徐金超.现代史学理论与历史教学设计的创新[J].历史教学(中学版).2007(12).

第六章　中学历史课程资源的利用与开发

学习目标

当你了解本章内容后,你可以:
- 了解课程资源的含义、基本属性及种类。
- 综述中学历史课程资源的分类及作用。
- 辨析不同形式的历史影视资源和图书馆资源,注意区别对待和使用。
- 掌握课程资源开发与利用的原则。
- 比较不同类型的历史课程资源各自的优势所在。
- 归纳历史影视资源、图书馆资源、社区和乡土资源所包含的内容。
- 对中学历史课程资源的利用与开发阐述个人的看法。

本章导引

在学习《中国的远古人类》一课时,有一道想象题:想象北京人一天的生活是怎样的。在讨论这个问题的时候,一位同学对教材内容提出了疑问:"北京人是用水煮熟兽肉,还是用火烤熟兽肉?"这个问题立刻引起了师生的注意,大家一致提议分组查资料,寻找证据证明到底哪个结论正确。结果,学生们虽然查遍了各种资料,也没有得到确切的答案。但是,对于这个由学生自身所生成的颇有价值的问题的探究,却大大激发了他们的积极性和不唯书、不唯师的精神。

不唯书,就是不依赖和全信教科书。当学生产生疑问,教师难以解决,这时就需要师生从教科书之外查资料、寻答案。这里就涉及基础教育课程改革中的一项重要内容——课程资源的利用与开发。那么,何谓课程资源?开发利用历史学科课程资源有什么作用?开发利用的途径与方法有哪些?需要注意什么问题?这些都是需要我们认真加以探讨的课题。

第一节　中学历史课程资源的分类及作用

一、课程资源的含义和属性

1. 课程资源的含义

课程资源的含义有广义和狭义之分。广义的课程资源指有利于实现课程目标的各种因素,它是形成课程的要素来源以及实施课程的必要而直接的条件。狭义的课程资源仅仅指形成课程的直接来源。目前我国基础教育改革中提倡的课程资源的开发和利用指的是广义概念。

以前,我们常常将课程资源物化,认为课程资源就是教科书、教学参考书等。这种认识是不全面的,因为从课程目标实现的角度看,凡是对之有利的因素都应该归属于课程资源,这其中既包括物质的,也包括人力的;既包括校内的,也包括校外的;既包括传统的教科书、图书资料,也包括现代的网络、科技成果。

历史课程资源指有利于历史课程目标实现的各种资源的总和,比如历史教材教参、历史读物、历史文物、历史遗迹、历史题材的影音资料、历史人文景观、历史网络资源、历史专家学者,等等,都属于中学历史课程资源。如果能将这些资源很好地开发、利用,对于中学历史教学将大有裨益。

2. 课程资源的基本属性

课程资源具有多样性、潜在价值性、具体性这几个基本属性。

多样性指教育教学可以利用与开发的课程资源是多种多样的,既有来自于自然界的,如森林、山川、河流等,也有来自于社会的,如社区、企业工厂、机关等;既有显性的,如教材、文物、历史遗迹等,也有隐性的,如献身精神、奉献精神等;既有校内的,如图书馆、实验室、资料室等,也有校外的,如展览馆、博物馆、爱国主义教育基地等;既有人力的,如教师、学生、专家学者等,也有物质的,如实验仪器、历史地图等;既有文字的和实物的,如书籍、资料等,也有活动的信息化的,如音像、影视作品、网络资源等。

课程资源的开发和利用是密切联系在一起的,开发是利用的前提,利用是开发的目的,而开发的过程也包含着一定的利用。因此,从这个意义上说,一切可能的课程资源都具有潜在价值性。也许在一段时期内,某种课程资源还不能为课程所利用,甚至不被认为是课程资源,没有被充分地开发出来,但随着时间的推移、学科课程的发展等,这一课程资源的优势和可利用性可能越来越突出,进而成为新的课程资源,被利用被开发。

课程资源虽然呈现出多样性的特点,但任何课程资源都因地域、文化传统、学校等差异而不同,因此课程资源又具有具体性的特点。这种具体性表现在,不同的地域下,可以开发和利用的课程资源不尽相同,其构成形式和表现形式也有所不同;比如革命老区可以重点开发红色旅游资源,而历史古都则有较多的文物资源。不同的文化传统背景下,人的价值观念、道德意识、风俗习惯、宗教信仰等具有独特性,相应开发出来的课程资源也各具特色;学校性质、规模、位置、经济力量、传统以及教师素质的不同,也使得学校和教师开发利用课程资源的范围和力度有所差别,等等。

二、历史课程资源的种类

用不同的分类标准,课程资源可以分成不同的种类,这些种类往往相互交叉、相互渗透。

按照课程资源的功能特点,可以把课程资源划分为素材性资源和条件性资源两大类;按照课程资源空间分布的不同,可以把课程资源分为校内课程资源、校外课程资源和网络信息资源;按照课程资源性质的不同,可以把课程资源分为自然课程资源和社会课程资源;按照课程资源的呈现方式,可以把课程资源分为文字资源、实物资源、活动资源、信息化资源;按照课程资源的存在方式,可以把课程资源分为显性课程资源和隐性课程资源。

《全日制义务教育历史课程标准(实验稿)》中,在"课程资源的开发和利用"部分提到了下列几种历史课程资源:

1. 历史教材

教材包括教师的教授行为中所利用的一切素材和手段,而教科书是最具有代表性的教材。历史教材是历史课程资源的核心,是进行历史课程教学的基础。学校应在教育行政部门指导下,由学校领导、教师代表和家长代表共同选经教育部审定的、适应本地特点和需要的教科书。

2. 学校图书馆

它是历史课程资源的一个重要组成部分。历史学科是一门综合性很强的人文学科,利用学校图书馆的相关资料无疑能给历史课程的教学带来很好的辅助作用。这些相关资料包括:历史文献、通俗历史读物、历史期刊、历史小说及考古、艺术、文学、科技和旅游等方面的读物,历史题材的图片、照片等。这些资料能够丰富学生的社会、人文等知识,加深他们对历史课程内容的理解与掌握。

3. 社区历史课程资源

在充分利用校内历史课程资源的同时,校外、尤其是学生身边社区的课程资源也是我们必须积极发掘的。这些资源包括:社区的图书馆、资料室以及少年宫中有关历史方面的活动;社区中丰富的历史人力资源,如历史学专家、历史教育学专家、阅历丰富的长者等,他们能够从不同的层次,多角度地为学生提供历史素材和历史见解;家庭中的历史资源,如家谱,不同时代的照片、实物以及长辈对往事的回忆与记录等。在利用社区历史课程资源时,可以广泛地采用社会调查、小组活动等方式,这样可以在巩固学生历史知识的同时加强其动手、动脑以及互相协作的能力,有利于学生素质的全面提高。

4. 历史音像资料

这是一种现代化的课程资源,既包括真实的历史纪录片、录音,也包括历史题材的影视作品。这两者在实际使用上要注意区别。前者的内容科学可信,真实地展现了某一段历史事件、历史人物,对学生理解和掌握历史有不可替代的作用;后者是现代人对历史事件、人物的再加工再创作,虽然它们或多或少地能够提供某一特定历史时期的社会生活风貌,具有一定可信性,而且容易调动学生的学习兴趣和积极性,但使用要慎重,尤其是娱乐性的历史题材影视作品,往往带有戏说性质,不能作为课堂上直接使用的历史课程资源。

5. 历史遗迹和各类博物馆、纪念馆

中国悠久的历史给我们留下了丰富的历史遗迹、遗址,蕴涵丰富历史内容的博物馆、纪念馆以及人文景观和自然景观,这些都能够给学生直观的历史感受,是我们必须开发和利用的历史课程资源,有利于将课堂教育的范围扩大化。

6. 信息技术和网络技术

随着社会的进步,先进的信息技术和网络技术为历史学习提供了更方便、更快捷和更丰富的信息来源,成为历史课程的新资源。互联网是一个庞大而丰富的资讯库,其中有很多可用于教学的多媒体素材,以及教案、论文、各种类型的试题、历史研究的最新动态等多种资料。教师还可以通过网上论坛进行讨论和交流,发表自己的见解。特别是在历史教学中,用动画、图片、声音等多媒体手段辅助教学已越来越显现出它的优越性。过去,历史的不可重复性需要历史教师用很大的力气费很长时间去描述历史人物和历史事件,现在用生动形象、有血有肉的多媒体素材就能使历史得以再现,"寓教于史,寓教于乐"。这既激发了学生学习历史的兴趣,又使学生更容易理解和接受;既提高了课堂教学的效率,又促进了历史的课堂教学改革,提高了历史教学的水平。

前面提到的六种历史课程资源是我们普通意义上说的课程资源,基本上属于物化的课程资源,受到普遍认同。随着基础教育改革的推进,一种特殊的课程资源开始被强调,它是一种人力的课程资源,主要包括教师和学生资源。

多年以来,我们只是视教师为课程资源的利用者,没有把教师作为课程资源的一种来开发和利用。教学实践证明,教师不仅仅是最重要的课程资源的利用者,更是最重要的课程资源。教师不仅决定了课程资源的鉴别、开发、积累和利用,其本身就是课程实施的首要的基本条件资源,教师的素质状况决定了教学的效果,教师的灵性、活力、智慧和创造性都能在课程资源开发设计方面得以充分的展示。

学生也是课程资源,其根本原因是学生是教学的主体之一。这一方面指学生的存在是教学存在的依据,另一方面指学生在教学过程中具有能动作用,学生创造着课程。学生不是完全按照成人的意图和对成人生活方式的复制来成长的,他们在与课程接触时,时时刻刻都在用自己的眼光去理解、去体验课程,并创造出属于自己的经验,而这些鲜活的经验又会给课程带来新鲜血液,成为课程极为重要的组成部分。

案例研究

有一位实习教师讲解郑和下西洋的内容时,给学生介绍郑和生平,提到并写出郑和原姓马,小名三保,后来当了太监,人称三宝太监。当他正要接着讲郑和的事迹时,有一个学生举手提问:"老师,郑和小名'三保',他当了太监后为什么成了'三宝'?这两个字不一样啊。"实习老师显然没有想到学生会提出这样的问题,他先是愣了一下,随即很干脆地回答道:"名字怎么写并不重要,这也不是本课的重点,我们还是关注郑和做了些什么吧。"然后就接着讲下去。

这位实习教师在对待学生提出的问题时,采取了绕开学生疑问的办法,这就像是在关上一扇门,关的是学生浓厚兴趣和积极思维的门,关的是师生互动的门。

"学生的经验、智慧、问题和困惑等一旦进入教学过程,他们也就成为课程的重要建构者,发挥着课程资源的作用。"①学生的灵性、奇思妙想和质疑往往给教学活动带来意想不到的效果。因此,教师需要有敏锐的观察力和判断力,重视来自学生中间的各种信息,激发学生主动发现问题和提出问题的自觉意识,营造一种不迷信权威、敢于怀疑和挑战一切的宽松的教学氛围,真正把学生当成一种课程资源来开发,使资源开发的过程变成学生自主学习、探究学习的过程,把学生的潜力和能量尽可能地发挥出来。

三、课程资源开发与利用的原则

1. 开放性原则

课程资源的开发与利用要以开放的心态对待人类创造的一切文明成果,尽可能开发与利用有益于教育教学活动的一切可能的课程资源。课程资源开发与利用的开放性包括类型的开放性、空间的开放性和途径的开放性。类型的开放性,是指不论以什么类型、形式存在的课程资源,只要有利于提高教育教学质量和效果,都应是开发与利用的对象;空间的开放性,是指不论是校内的还是校外的,城市的还是农村的,中国的还是外国的,只要有利于提高教育教学质量,都应加以开发与利用;途径的开放性,是指课程资源的开发与利用不应局限于某一种途径或方式,而应探索多种途径或方式,并且能够尽可能地协调配合使用。

2. 可学性原则

即教师要选择学生能够理解的、与学生已有的知识水平相适应的内容。

3. 针对性原则

课程资源的开发与利用是为了课程目标的有效达成,针对不同的课程目标应该开发与利用与之相应的课程资源。一般说来,每一种课程资源对于特定的课程目标具有不同的作用和功能,不同的课程目标需要开发与利用不同的课程资源。但是,由于课程资源本身的多质性,同一的课程资源又可以服务于不同的课程目标,所以,课程资源的开发与利用就必须在明确课程目标的前提下,认真分析与课程目标相关的各种各类课程资源,认识和掌握其各自的性质和特点,这样才能保证开发与利用的针对性及有效性。

4. 个性原则

尽管课程资源多种多样,但是相对于不同的地区、学校、学科和教师,可待开发与利用的课程资源

---

① 吴刚平.动态平衡课程资源[N].中国教育报,2003年1月7日,第3版.

具有极大的差异性。因此，课程资源的开发与利用不应强求一律，而应从实际出发，发挥地域优势，强化学校特色，区分学科特性，展示教师风格，扬长避短，扬长补短，突出个性。课程资源的开发与利用本身就是一项极具创造性的实践活动，没有个性，也就失去了创造性。

四、开发利用历史课程资源的作用

1. 有助于学生更好地理解教材内容

新的历史教材具有综合性、现代性、开放性和灵活性的特点，教师要上好这样的课，除了必须努力拓展自己的知识领域和专业技能外，还必须在教学资源和资料的寻找、开发、制作、使用等方面下工夫。课程资源充足了，教学过程中讲到相关知识时才能随用随取，这有助于学生更好地理解教材内容。

2. 有利于激发学生的学史兴趣

影视资料、历史文物、历史遗址遗迹等，这些课程资源以其形象具体、生动活泼或者学生能够亲自参与等特点，给予了学生多方面的信息刺激，加之许多内容贴近学生、贴近生活、贴近社会，丰富了历史课的内容和情趣，有利于激发学生的学史兴趣。

3. 有利于促进学生个性的健康和多样化的发展

课程资源对学生发展具有独特的作用。与传统教科书相比，当今的课程资源是丰富的、开放的，包括学校、家庭、社会各种有形的、无形的资源，能给学生多方面的刺激，能调动学生多种感官参与活动。在这样的课程背景下学习，学生的收获肯定是多方面的，学生的个性必定能得到充分张扬。

4. 有利于转变教学模式

开发课程资源，不仅能使学校和教师创造性地实施新课程，丰富教学模式，而且还是开发和形成校本课程的必要条件。更重要的是，课程资源的开发和利用，对于转变课程功能和创新学习方式具有重要意义。一方面，可以超越唯教材是举的狭隘的教育内容，让教学活起来；另一方面，可以改变学生在教学中的地位，使之从被动的知识接受者转变成为知识的共同建构者，从而激发学生的学习积极性和主动性。

第二节　历史影视资源和图书馆资源的利用与开发

一、合理利用历史影视资源

《全日制义务教育历史课程标准（实验稿）》中指出："随着广播电影电视事业的飞速发展，近年来历史题材的影视作品和录音大量增加，成为一种非常重要而且容易获取的历史课程资源。首先，文献纪录片一般能够真实生动地再现某段历史，刻画某些历史人物，叙述某些重大历史事件，对学生理解和体会历史具有不可替代的作用，是应重点利用的音视频资源。其次，比较接近历史实际的影视作品和娱乐性的历史题材影视作品，除严重违背史实的以外，也是可以有选择地加以利用的资源，因为它们或多或少能够提供某一特定历史时期的社会生活风貌，有益于学生从不同角度观察和感受历史，增强他们的历史感和历史理解能力。"[1]《普通高中历史课程标准（实验）》中指出："充分利用历史音像资料，有利于培养学生学习历史的兴趣和历史理解能力。"[2]可见，数量众多的历史题材影视作品是一座

---

[1] 中华人民共和国教育部.全日制义务教育历史课程标准（实验稿）[M].北京：北京师范大学出版社，2001：46.
[2] 中华人民共和国教育部.普通高中历史课程标准（实验）[M].北京：人民教育出版社，2003：33.

蕴藏多种教育因素的富矿,已作为重要的课程资源列入新课标。

历史学习中的认知过程一般是由具体事实的感知,形成历史表象,通过对丰富的历史表象进行思维加工,再形成历史概念等理性知识。课堂教学中,教师欲使学生感知历史事实并形成历史表象,除了采用形象化的语言描述,还需借助一些形象教学手段,丰富学生的感性认识。大量实践证明,历史课堂教学中所能应用的诸多形象材料中,听觉的没有视觉的效果好,古代的没有现代的好,黑白没有彩色好,图片没有影视好。历史影视能直观、形象地表现教学内容,声画并茂,视听结合,形象生动,能帮助学生记忆,提高学习效率。因而中学历史教学中影视资料的运用越来越受到重视。

历史教学中可利用的影视资源有很多,但相对来讲,主要有两种:一是文献纪录片、教科片、专题片,一是历史题材的影视剧。俗说说"巧妇难为无米之炊",利用课程资源的前提是要挖掘、开发课程资源。由于历史学科的复杂性、特殊性,个人很难自主制作那些复原真实历史的纪实影视,所以,挖掘、开发和利用历史影视资源,主要靠不断搜集、整理、积累相关历史影视资料,在学校或教研室建立历史影视资料库,能够随用随取。搜集方法多种多样,可以到音像店查找购买,可以通过网上搜索,学校图书馆或熟人朋友若有不错的历史影视资料也可以借来使用等等。只要处处留心,勤于挖掘和搜集,历史影视资料还是很多的。如:

1. 中学历史教学资源网——历史电影视频库:http://202.121.7.7/person/zxlsjxw/sp1.htm

中华五千年

1 人文始祖	2 青铜时期	3 春秋战国	4 百家争鸣
5 始皇一统	6 大汉雄风	7 东汉兴衰	8 三国鼎立
9 西晋风云	10 南北对峙	11 隋唐兴替	12 开元盛世
13 和同一家	14 盛唐气象	15 辽宋和战	16 宋金对峙
17 群星灿烂	18 大元一统	19 明朝盛衰	20 康乾盛世
21 晚清政局	22 辛亥风云	23 晨曦初现	24 北伐战争
25 民族危亡	26 血肉长城	27 迎接黎明	28 中华腾飞

2. 《百年中国》视频:http://space.tv.cctv.com/podcast/bainianzhongguo

3. 人教网—教学资源:http://www.pep.com.cn/gzls/jsxx/spzy/jxysp/

4. 中学历史教学园地—视频:http://www.zxls.com/Article/ShowClass.asp?ClassID=94

栏目导航

在线视频	中国古代史视频	中国近代史视频	中国现代史视频
世界古代史视频	世界近代史视频	世界现代史视频	世界历史人物
中国历史人物	十大历史标志	一战专题	二战专题

5. 100集纪录片《世界历史》:http://www.youku.com/playlist_show/id_5517394.html

6. 《清朝历史》:http://video.baidu.com/v?word=%C7%E5%B3%AF%C0%FA%CA%B7&ct=301989888&rn=20&pn=0&db=0&s=0&fbl=800

7. 纪录片《辛亥革命》:http://tv.sohu.com/20120704/n347269806.shtml

8. 《大国崛起》:http://video.baidu.com/v?s=8&word=%B4%F3%B9%FA%E1%C8%C6%F0&fr=ala11

9.《复兴之路》：http://www.iqiyi.com/jilupian/fxddl.html

10.《中国史话》：http://video.baidu.com/v?s=8&word=%D6%D0%B9%FA%CA%B7%BB%B0&fr=ala11

11.《故宫》：http://video.baidu.com/show_intro/?id=6637&page=1&word=%B9%CA%B9%AC%202005&q=%B9%CA%B9%AC

12.《世纪战争》：http://video.baidu.com/v?word=%CA%C0%BC%CD%D5%BD%D5%F9&ct=301989888&rn=20&pn=0&db=0&s=0&fbl=800

13.《百年叱咤风云录》：http://video.baidu.com/v?word=%B0%D9%C4%EA%DF%B3%DF%E5%B7%E7%D4%C6%C2%BC&ct=301989888&rn=20&pn=0&db=0&s=0&fbl=800

14.《四大文明》：http://video.baidu.com/v?word=%CB%C4%B4%F3%CE%C4%C3%F7&ct=301989888&rn=20&pn=0&db=0&s=0&fbl=800

15.《探索·发现》：http://video.baidu.com/v?word=%A1%B0%CC%BD%CB%F7%A1%A4%B7%A2%CF%D6%A1%B1%CF%B5%C1%D0%BD%DA%C4%BF&ct=301989888&rn=20&pn=0&db=0&s=0&fbl=800

16.《人物志》：http://video.baidu.com/v?word=%C8%CB%CE%EF%D6%BE&ct=301989888&rn=20&pn=0&db=0&s=0&fbl=800

通过运用影视教学资源，能够营造一个良好的直观历史场景，使学生"神入"历史氛围之中，产生浓厚的学习兴趣，并促进学生知识的内化和思维能力的跨越。那么在中学历史教学中应该如何进行影视资源的利用与开发，并达到理想的教学效果呢？

案例展示

教学资源的开发利用设计片断

【案例一】《康熙王朝》的史实辨析①

学习人教版必修1·第一单元的第四课《明清君主专制的加强》后，利用学生对影视剧《康熙王朝》、《戏说乾隆》的兴趣，要求学生自己动手查阅正史资料，认真审视、甄别影视剧情的真伪，完成探究性练习……给同学们出了一道多项选择题，并说明选择的理由：在《康熙王朝》中，以下剧情不符合历史事实的有：(1)孝庄太后一口一个"我孝庄"；(2)康熙将自己与荣妃所生的女儿嫁给噶尔丹；(3)康熙四十八年，明珠与索额图参加千叟宴；(4)施琅向康熙投降。结果学生主动查阅资料，不仅找到正确的答案，而且还初步培养了批判性思维，不再人云亦云，养成严谨的治学态度，从而降低了影视作品给理解历史带来的负面影响。

【案例二】"辛亥革命在今天"②

(秋瑾生平、事迹简介)

(作业设计——观看下面的视频，任选其一完成以下作业：1，写出最打动你的一句解说词；2，为图片"迁葬秋瑾"写一段解说词。)

历史文献纪录片《1911再读辛亥》片段视频解说词：

"7月15日，一个伟大女性的头颅滚落在秋雨的泥泞之中。

---

① 王恩妹、许序雅．浅谈影视资源在高中历史课堂教学中的运用[J]．历史教学问题，2006(4)：21.
② 转引自陈亚东．历史课堂中影视教学资源的开发和利用[EB/OL]．http://edu6.teacher.com.cn/tkc1575a/kcjj/ch1/ckzl/txt4.htm.

> "(秋瑾纪念馆讲解员:)秋瑾她的灵柩一共迁了九次,这在历史上是罕见的,秋瑾她生前的遗愿是死后要葬在西湖边,为什么呢?一是西湖边风景非常好,二是她非常崇拜岳飞,岳飞的墓就是在西湖边。所以,第三次她的朋友们是为了实现她的遗愿,把她迁葬于西湖边去了。
>
> ('迁葬秋瑾'照片)这张珍贵旧照的摄影者已经无法确切考证,但是所附带的文字说明却清晰无误:摄于光绪三十三年,即西历1907年12月22日,时值被不公正杀害的女教师秋瑾的棺柩从山阴运往杭州,经过苏堤第六桥。当时是下午一时,灵柩下葬于西泠桥左侧墓地。一副薄棺,四个苦力,两位心中对这个世界充满悲愤的不知姓名的士绅。一个灵魂,就这样寂寞地安葬在被称为'人间天堂'的中国最美丽的地方。在近代中国的历史上,在世世代代中国人的心中,那阵'出师未捷身先死,长使英雄泪满襟'的凄厉哀婉的秋风秋雨,飘洒不尽。"

从案例一来看,历史剧如今已经成为学生生活中常接触到的影像资源之一,而历史剧毕竟融入了编剧的主观意识,其反映的历史事件也并非全然客观可信。但这种类型的影视资源却能够在很大程度上激发学生学习历史的兴趣。因此,作为历史教师可以开展例如案例中设计的针对历史剧的辨析活动,以此来培养学生的历史批判思维。从案例二来看,该教师运用《1911再读辛亥》这一历史文献纪录片作为其教学环节中的基本素材,并配合视频解说词和相关图片资源,有效培养了学生的情感态度价值观。

二、历史影视资源的利用应遵循的原则

1. 区别性原则

历史影视按其内容形式可分为科教片、纪录片(实录片)、资料片、故事片等几种形式。

历史科教片主要突出历史教育作用,有明确的教育主题,史论结合,选择翔实的历史形象材料,并结合具体的说明,具有较高的史料价值,教学中可以根据实际需要选用,如《一寸山河一寸血》、《共和国战争》、《唐之韵》、《孔庙》、《中国古代玉器、青铜器、漆器》、《都江堰》等。

历史纪录片(实录片)以反映某一历史事件的完整过程为主要内容,是对过去真实历史情景的纪录。它形声兼备,可使学生感知到历史的原貌,并在此基础上建立起内涵丰富的历史形象知识结构。所以,这类电影材料真实可信,具有很高的史料价值。它是在现代声像录制技术成熟后形成的,多为近代、现代史内容,如《百年中国》、《中苏边境实录》、《世界历史》、《抗战实录》等。

历史资料片以保存历史形象材料为宗旨,汇集与某一历史主题相关的大量原始资料,包括文字、图片、视频等,每则材料都有比较详尽的说明,其综合性强,材料丰富多样,是历史教师难得的教学形象材料,如《考古中国》、《红旗飘飘》、《马王堆汉墓》、《独龙族的历史资料》等。

历史故事片是以某一历史事件为背景,经过一定的艺术加工而创造出的电影艺术作品,如《林则徐》、《三大战役》、《开国大典》等。其情节与历史真实过程不一定很相符,也不具备史料价值,但是在教学中对再现历史情景、激发学生的想象力具有很大作用。"历史的想象是不能孤立进行和随意游离的,它最终必须与证据牢固地联在一起"[①],所以,历史故事片可以作为引导学生发展历史认识的手段选择使用,但须经过教师的慎重处理。

应用历史影视材料时,应认真把握各类历史影视材料的特征,了解中学生对各类影视材料认知的心理规律,备课时要结合教学内容,认真分析其史料价值,区别对待各类影视材料,预测使用效果,尤其是对电影故事片的应用须进行明确的提示,避免学生将其与实录片相混淆。

---

① 李彼得.历史的解释与理解(英文版)[M].伦敦,1978:81.

2. 真实性原则

"文艺典型反映的真实,重在塑造;历史典型反映历史的真实,重在实录。"①在课堂教学中,历史影视材料可以说是教材知识的形象化、具体化,一旦应用就成为教师所传授历史知识的一部分,所以应遵循真实性原则。

近年来,许多历史题材的影视剧不断上映,如《康熙大帝》《雍正王朝》等,还有一些历史题材的文学名著也被改编拍摄为影视剧,比如《三国演义》、《水浒传》等。这些影视作品因情节生动而深受欢迎,不少学生因为喜欢这些影视作品而喜欢上了历史,这是好事,但也是一把双刃剑,因为中学生理性思维能力薄弱,这些历史影视剧的情节内容被学生接受后,往往成为学生进行历史思维发展的基础,甚至会成为学生评价历史事物的标准。作为历史教师,在教学过程中必须正视这一现实,在教学过程中要甄别性地选用历史影视资源,尽量不用影视剧的情节作为课堂教学资源,否则历史教学就丧失了科学性和严肃性。若要采用,则须引导学生结合历史史实赏析历史影视作品,培养他们正确的历史思维能力和价值判断力。

3. 精选性原则

由于教学时间和内容所限,教学中应用历史影视材料须依据所传授历史知识的特点,特别是应针对教学的重点、难点,典型的人物、事件,进行选材,选取最能突出所传授内容实质的历史影视材料,以强化教学效果。"收集历史材料要竭泽而渔,尽其所有;再建历史形象则要选择典型,突出特征"②。在选用时应尽量采用短片或对原有资料进行剪辑,以更加贴近中心,使学生能更好地掌握、理解历史知识,提高学习质量。在播放这些影视作品的时候,应要求学生带着问题与任务去观看,捕捉其中的有效信息,形成自己的观点。如讲解"南京大屠杀"时,精选电影《五月·八月》中一个场景:小狗阿宝把教书先生那只被日军砍掉的手衔回来,女主人当场晕倒,"八月"急忙捂住"五月"的眼睛,眼里噙满眼泪,她知道爸爸再也不会回来了。这一场景时间不长,但非常逼真地再现了南京大屠杀的残酷和带给中国人民的恐慌。

案例研究

初三第二学期的历史以两次世界大战为主要内容,教材大都着重于战争爆发的原因、过程、结果、性质的叙述,而对战争所造成的后果只是罗列了参战国的数量、伤亡的人数等。仅仅靠这两组数据绝不会让学生对战争有谴责感,或许还会让学生欣赏战争,这样,历史学科作为重要的人文学科的功能就丧失了。战争离我们很遥远,数字是冷冰冰的,学生对战争缺乏直接的体验,从而也不会对英雄有崇敬感,对战争有厌恶感,对和平有珍惜感。那么,如何提升学生对战争的感知和认识呢?有一位教师在处理这部分的教学内容时,决定从丰富的历史音像资料中精选材料来突破。

关于战争的音像资料有很多,有纪实片,有影视作品;有中国的,有外国的。该教师采用了影片《拯救大兵瑞恩》的最初 10 分钟片段,因为这部分材料气势宏大,对战争刻画细腻,更因为这部影片在上映之初就被西方权威评价为:抛弃了以往对诺曼底登陆战的美化,真实再现了当时的情景。课堂上这部分内容直接让学生体验到战争的残酷,生命的脆弱,具有很强的震撼力。无需更多语言的渲染,学生就沉浸在对战争之无情的感慨之中。③

---

① 赵恒烈.历史思维能力研究[M].北京:人民教育出版社,1998:48.
② 赵恒烈.历史思维能力研究[M].北京:人民教育出版社,1998:47.
③ http://eblog.cersp.com/userlog/6728/archives/2006/9150.shtml.

4. 联系学生生活经验原则

新一轮的历史课程改革强调教学中学生的主体地位,"一切为了学生的学"。我们在选择影视资源的时候,需要注意与学生的生活经验相联系。这样既可突出学生的主体地位,又能充分挖掘学生已有的知识经验,调动学习积极性。如果教师仅仅通过放映影片来让学生讨论,没能把学生已有的知识经验和教科书上的学习素材与影片有机结合起来,就难以建构起对学生来说有意义的知识。

随着现代教育技术的普及和历史课堂教学改革的不断深化,紧扣教学目标,精心剪辑设计,合理、恰当地开发、利用历史影视资源,使其更好地服务于历史教学,将是诱发学生满怀兴致地探索历史奥秘、形成认知内驱力的最佳条件之一。这也是历史教学改革中必须重视的环节,需要我们进行更深入的理论和实践研究。

三、图书馆资源的分类和利用

图书馆,特别是学校图书馆,是师生能接触到的最方便的资源之一。美国教育学家布鲁纳认为:"学校不是灌输知识的场所,而是培养学生学习如何求知的地方。所以,在教学活动中,应该强调培养学生利用图书馆的基本技能。"而要培养这一技能,必须首先注重图书馆资源建设,然后就是在教师指导下,学生有意识地利用好图书馆资源。

历史学科是一门综合性很强的人文学科,历史课程标准强调历史教学要注重历史知识的多层次、多方位的联系,并且通过每个学习主题设计的"教学活动"等形式,培养学生广泛搜集资料、构建论据和独立思考的习惯。这就要求充分发挥图书馆、阅览室等重要的历史课程资源的作用。

图书馆中与历史有关的书籍资料很多,其中和中学历史教学直接有关的大致可以分成以下几类:

1. 历史教材教辅类资料

包括历史地图、历史图表、历史图册、历史练习与辅导书籍、各类大学历史教材,等等。这些是中学历史教学常常接触和使用的资料。

2. 历史典籍

包括各种史书、经文、诗集、画册、诏令等,这些是历史教学中最权威和最科学的第一手资料,比如《左传》、《尚书》、《孙子兵法》、《史记》、《汉书》、《三国志》、《资治通鉴》、《水经注》等等。

一般说来,这些书籍资料是可以被历史教师和学生在历史教与学的过程中直接利用的,教师可以引用其中的一些来支持或补充教科书的内容,加深教学的科学性。比如讲西周分封制时运用《诗经》中"溥天之下,莫非王土;率土之滨,莫非王臣"来佐证;讲平民对夏桀暴政的不满时运用《尚书》中"时日曷丧,予及汝皆亡"来说明;讲秦的灭亡时运用贾谊《过秦论》中"一夫作难,而七庙隳,身死人手,为天下笑者,何也?"来引出秦灭亡原因;讲齐桓公称霸时运用《论语》中"管仲相桓公,霸诸侯,一匡天下"来佐证;讲汉武帝实行推恩令和"罢黜百家,独尊儒术"时运用《汉书》中"武帝施主父之册,下推恩之令,使诸侯王得分户邑,以封弟子"和"诸不在六艺之科、孔子之术者,皆绝其道,勿使并进"来佐证,等等。学生可以在课余利用它们了解更多、更翔实的历史知识,还可以将这些书籍资料作为支持自己进行课题研究的论据。

3. 其他古代历史书籍

历史典籍以外的历朝历代注释典籍、叙述历史、评析历史、考证历史等等以及阐释古代中外历史发展中的人、事、物、政、经、地、医药、农林、科技等方面的书籍。

其中有的书籍资料可以作为教学研究的第一手资料使用,比如王充的《论衡》(中国古代一部不朽的唯物主义哲学文献)、刘知几的《史通》(中国古代最杰出的一部史学理论著作)、杜佑的《通典》(中国第一部典章制度的百科全书)、章学诚的《文史通义》(著名的学术理论著作)、赵翼的《廿二史札记》(清代著名的史考专著,提倡经世致用)、梁启超的《新史学》等等。"北师大版"七年级历史教科书中就引用了《廿二史札记》中的一段作为材料阅读:"司马迁参酌古今,发凡起例,创为全史。本纪以叙帝王,世家以记侯国,十表以系时事,八书以详制度,列传以志人物,然后一代群臣政事,贤否得失,总汇于一编之中。自此例一定,历代作史者遂不能出其范围,信史家之极则也。"[①]让学生通过阅读上述材料,加深对于《史记》中各部分的印象。

有的资料虽然也是历史上流传下来的,但不一定全是真实可信的,特别是一些野史、古典名著等,它们有很多虚构的成分。如《三国演义》是我国四大名著之一,但它从性质上说是小说,无法真正代表三国时期的历史,所以课堂上的运用要有所选择;而《三国志》则属于史书,是严格意义上的历史典籍,基本上是尊重历史的,可以直接使用。

4. 现代历史作品

包括近现代历史学家或作家的历史理论著作、通史著作、历史资料汇编、地方和民族史志、历史小说及文物考古、文学艺术史、科学技术史、历史地理等方面的著作或读物以及历史故事书、通俗历史读物等等。

其中有的书籍是古今历史资料汇编,属于原始资料,课堂上可以直接选用,如《国际关系史资料选编(17世纪中叶—1945)》、《中国无神论史资料选编》、《中国近代史资料选编》、《中国现代史资料选编》、《中国通史参考资料》、《世界通史参考资料》、《新中国经济史资料选编》等等。

有些书籍源于史实或是史学理论,虽然或多或少带有一定的作者意识痕迹,但可以作为历史教学的重要参考资料。比如陈旭麓编著的《近代中国的新陈代谢》,主要讲述了从鸦片战争前夕到新文化运动一段时间内的中国历史。全书充满激情而又思辨的论述,勾画出中国近代社会百年的新陈代谢和急剧变革。比如戚其章编著的《国际法视角下的甲午战争》,比较全面地揭示了近代以来中日甲午战争前后涉及国际法的诸多问题,尤其是两国对国际法截然不同的认识和态度,从而剖析了日本无视国际法发动甲午战争的深刻历史背景和侵略实质。

有些书籍是根据古今史书改编的历史读物,一般不能直接作为历史教学中的引证资料,只能在教学中根据实际史实加以借鉴和利用,比如:《中国近代历史故事》(中学生文库)、《中华万有文库·历史卷:中国历史故事》、《21世纪素质教育必读文库.第四辑.中国历史故事》、《中华上下五千年》、《中华人民共和国演义》、《西方历史的故事》等等。

还有一些消遣类的历史小说和历史故事书。比如《谁杀死了秦帝国》,就是一册白话网络版的秦帝国覆灭史,写得简洁生动且不乏个性见解,如秦始皇是一个暴君吗?陈胜是一个好领导吗?刘邦是一个地痞吗?项羽是一个绅士吗?李斯是一个小人吗?焚书坑儒被历史误解了吗?等等。作者随性而写,诙谐幽默,很吸引人,但是历史教学必须客观真实,所以教师可以了解性地阅读,不能在教学中引用。

教师应该在教学中提醒学生注意区分不同性质的历史书籍,在扩大阅读面的基础上,提高学习的科学性。

[①] 朱汉国主编.义务教育课程标准实验教科书:历史(七年级上册)[M].北京:北京师范大学出版社,2002:96.

资料阅读

普通高等学校历史学专业大学本科生阅读书目(仅供参考)

1. 翦伯赞、郑天挺主编:《中国通史参考资料》(八册),中华书局1960年代至1980年出版或多次重印。
2. 钱穆:《国学概论》,商务印书馆1997年。
3. 冯天瑜等:《中华文化史》(上下),上海人民出版社1990年。
4. 刘俊文主编:《日本学者研究中国史论著选译》(第1卷),中华书局1992年。
5. 徐旭生:《中国古代的传说时代》,科学出版社1961年。
6. 刘起釪:《古史续辨》,中国社会科学出版社1991年。
7. 李学勤:《走出疑古时代》,辽宁大学出版社1994年。
8. 谢维扬:《中国早期国家》,浙江人民出版社1995年。
9. 田余庆:《秦汉魏晋史探微》,中华书局1993年。
10. 唐长孺:《魏晋南北朝隋唐史三论》,武汉大学出版社1992年。
11. 陈寅恪:《金明馆丛稿初编》,三联书店2001年。
12. 荣新江:《敦煌学十八讲》,北京大学出版社2001年。
13. 邓广铭:《邓广铭治史丛稿》,北京大学出版社1997年。
14. 韩儒林:《元朝史》(上下),人民出版社1986年。
15. 孟森:《明清史讲义》(上),中华书局1981年。
16. 傅衣凌:《明清社会经济变迁论》,人民出版社1989年。
17. 戴逸主编:《简明清史》(上下),人民出版社1980、1984年。
18. [美]余英时:《戴震与章学诚》,三联书店2000年。
19. 翦伯赞、郑天挺主编:《中国通史参考资料·近代部分》(修订本、上下),中华书局1980年。
20. 胡绳:《帝国主义与中国政治》,人民出版社1978年。
21. 陈旭麓:《近代中国的新陈代谢》,上海人民出版社1992年。
22. 茅海建:《天朝的崩溃》,三联书店1995年。
23. 罗尔纲:《太平天国史》(四卷),中华书局1991年。
24. 李时岳、胡滨:《从闭关到开放》,人民出版社1988年。
25. 戚其章:《国际法视角下的甲午战争》,人民出版社2001年。
26. 汤志钧:《戊戌变法史》,人民出版社1984年。
27. 章开沅、林增平主编:《辛亥革命史》(三卷),人民出版社1980—1981年。
28. 来新夏:《北洋军阀史》(上下),南开大学出版社2000年。
29. 彭明:《五四运动史》(修订本),人民出版社1998年。
30. 黄修荣:《国民革命史》,重庆出版社1992年。
31. 军事科学院:《抗日战争史》(三卷),解放军出版社1981—1984年。
32. 钱实甫:《北洋军阀时期的政治制度》(上下),中华书局1984年。
33. 许涤新、吴承明主编:《中国资本主义发展史》(三卷),人民出版社1985、1993年。
34. 龚书铎主编:《中国近代文化概论》,中华书局1997年。
35. 乔志强主编:《中国近代社会史》,人民出版社1992年。
36. [美]费正清著,张理京译:《美国与中国》,商务印书馆1988年。
37. [美]吉尔伯特·罗兹曼主编,陶骅等译:《中国的现代化》,上海人民出版社1989年。

38. [美]柯文著,林同奇译:《在中国发现历史》,中华书局1989年。
39. [古希腊]希罗多德著,王以铸译:《历史》,商务印书馆1985年。
40. [古希腊]修昔底德著,谢德风译:《伯罗奔尼撒战争史》,商务印书馆1960年。
41. [美]斯塔夫里阿诺斯著,吴象婴、梁赤民译:《全球通史》(上下),上海社会科学院出版社1999年。
42. [英]吉本著,黄宜思、黄雨石译:《罗马帝国衰亡史》,商务印书馆1997年。
43. [法]布罗代尔著,唐家龙、曾培耿译:《菲利普二世时代的地中海和地中海世界》(上下),商务印书馆1996年。
44. [美]汤普逊著,徐家玲等译:《中世纪晚期欧洲经济社会史》,商务印书馆1996年。
45. 刘家和:《古代中国与世界》,武汉出版社1995年。
46. 马克垚:《西欧封建社会经济形态研究》,人民出版社2001年。
47. [比]皮雷纳著,陈国樑译:《中世纪的城市》,商务印书馆1985年。
48. [美]萨义德著,王宇根译:《东方学》,三联书店1998年。
49. [美]萨拜因著,刘山译:《政治学说史》,商务印书馆1986年。
50. [瑞士]布克哈特著,何新译:《意大利文艺复兴时期的文化》,商务印书馆1979年。
51. [德]韦伯著,于晓、陈维纲译:《新教伦理与资本主义精神》,三联书店1987年。
52. [美]帕尔默、科尔顿著,孙福生等译:《近现代世界史》(三卷),商务印书馆1988年。
53. [美]沃勒斯坦著,尤来寅等译:《现代世界体系》(三卷),高等教育出版社1998—2000年。
54. [美]菲利普·李·拉尔夫等,赵丰等译:《世界文明史》(上下),商务印书馆1999年。
55. [法]米歇尔·博德,吴艾美等译:《资本主义史1500—1980》,东方出版社1986年。
56. 罗荣渠:《现代化新论》,北京大学出版社1993年。
57. [美]塞缪尔·亨廷顿著,周琪等译:《文明的冲突与世界秩序的重建》,新华出版社1998年。
58. 李植枬主编:《宏观世界史》,武汉大学出版社2000年。
59. [美]莫里森、康马杰、洛伊希滕堡等著,南开大学历史系美国史研究室译:《美利坚共和国的成长》(上下),天津人民出版社1980年。
60. [日]远山茂树等著,邹有恒译:《日本近现代史》(第一卷),商务印书馆1983年。
61. [东德]维纳·洛赫著,北京大学世界近现代史教研室译:《德国史》(三卷),三联书店1976年。
62. 王觉非主编:《近代英国史》,南京大学出版社1997年。
63. [英]温斯顿·丘吉尔著,薛力敏、林林译:《英语国家史略》,新华出版社1985年。
64. 张芝联主编:《法国通史》,辽宁大学出版社2000年。
65. 孙成木等主编:《俄国通史简编》(上下),人民出版社1986年。
66. 黎澍、蒋大椿主编:《马克思恩格斯论历史科学》,人民出版社1988年。
67. [德]黑格尔著,王造时译:《历史哲学》,上海书店1999年版
68. [德]克罗齐著,傅任敢译:《历史学的理论和实际》,商务印书馆1982年。
69. [德]斯宾格勒著,齐世荣等译:《西方的没落》(上下),商务印书馆1962年。
70. [英]柯林武德著,何兆武、张文杰译:《历史的观念》,商务印书馆1997年。
71. [英]汤因比著,曹未风译:《历史研究》(四卷),上海人民出版社1962年。
72. [法]勒高夫等著,姚蒙编译:《新史学》,上海译文出版社1989年。
73. [美]罗宾逊著,齐思和等译:《新史学》,商务印书馆1989年。
74. [法]马克·布洛赫著,张和声、程郁译:《历史学家的技艺》,上海社会科学院出版社1992年。
75. [英]巴勒克拉夫著,杨豫译:《当代史学主要趋势》,上海译文出版社1987年。
76. 刘知幾著,张振珮笺注:《史通笺注》,贵州人民出版社1985年。

77. 章学诚著,叶瑛校注:《文史通义校注》(上下),中华书局1985年。
78. 赵翼:《廿二史札记》,中国书店1987年。
79. 梁启超:《中国历史研究法》,上海古籍出版社1987年。
80. 瞿林东:《中国史学史纲》,北京出版社1999年。
81. 何兆武、陈启能主编:《当代西方史学理论》,中国社会科学出版社1996年。
82. 罗志田主编:《20世纪的中国·学术与社会——史学卷》(上下),山东人民出版社2001年。
83. 张舜徽:《中国文献学》,中州古籍出版社1982年。
84. 洪湛侯:《中国文献学新编》,杭州大学出版社1994年。
85. 蒋元卿:《校雠学史》,黄山书社1985年重印本。
86. 陈垣:《史讳举例》,上海书店出版社1997年。
87. 中国科学院:《中国历史自然地理》,科学出版社1984年。
88. 邹逸麟主编:《中国历史人文地理》,科学出版社2000年。
89. 苏秉琦:《中国文明起源新探》,三联书店1999年。
90. 张光直:《中国青铜时代》,三联书店1999年。

5. 历史期刊

适合中学教学的历史期刊主要有:《历史教学》(天津古籍出版社历史教学社主办)、《中学历史教学》(华南师范大学历史系主办)、《中学历史教学参考》(陕西师范大学主办)、《中学历史报》(陕西师范大学主办)、《历史教学问题》(华东师范大学主办)等等。

比如华南师范大学《中学历史教学》杂志分为"学术茶座"(邀请专家解答中学老师提出的疑问,或就某一问题展开讨论;同时,还可以和全国各地的中学优秀教师们探讨教学心得)、"高中新课程探索"(及时反映高中课程改革的动向,探讨课改出现的问题)、"教学研究"(展现中学历史老师教学实践的心得体会最佳平台)、"教材分析"、"初中园地"(中学历史教师们进行初中历史教学研究、教材分析和获取教学资源的宝库)、"历史百花园"(对教材历史知识的引申和扩充,是与教材有关的背景知识不可多得的来源)、"图说历史"(对与中学历史教学有关的历史图片、漫画等所作的探讨和说明,包括教师指导学生进行的手工制作)几个版块,比较切合中学教育教学实际。

陕西师范大学主办的《中学历史报》涵盖版块更多,具体有:"名家读史"(由陕西师大历史文化学院知名史学教授专题撰写,深度阐述自己对历史的感悟和心得)、"高考(中考)指向标"(高考、中考试卷评析,考纲解读,高考、中考预测等)、"课标解读"(对《历史课程标准》各主题模块重要知识点的解读,以帮助师生正确理解课标内容)、"名师导学"(各地历史教学名师对历史学习方法的指导、知识详解、重点讲解、难点突破、误区点拨等)、"经典回放"(对历年典型高考、中考试题进行分析点评,提供复习方向或解题思路)、"史苑动态"(介绍史学界新近研究成果或热点、焦点时讯,以丰富和更新教师与学生的史学知识,拓宽历史视野)、"图说历史"(既有选自教材中的各种图片,包括文物图片、历史图片、地图、示意图等,也有教材以外的各种典型图片,并对图片进行文字解说,以提高学生对图片的解读能力)、"概念辨析"(对教材重要历史名词概念进行阐释,对相近历史概念加以辨析)、"文史杂谈"(史事趣谈、趣闻逸事、历史成语典故等,以增强学生历史学习的兴趣)、"综合天地"(以每期涉及的主要历史知识要点为中心,结合文综命题意图,从政治常识、经济常识、哲学常识,或者自然地理、人文地理角度,预测高考趋向和复习角度)、"回音壁"(解答师生在教学学习中遇到的问题,反馈读者意见)、"史苑新苗"(学生在历史学习中的存疑、随笔、方法交流、个人心得和感悟等)、"名师风采"(介绍各地在教学和教研中有突出贡献的历史教师,以树立楷模,促进中学历史教学)、"学法指导"(针对学生的历史学习,提出便于学生理解、记忆和掌握的学习方法和技巧)、"易错易混知识点拨"(对各单元学生易错易混的知识点的梳理和比较)、"时政链接"(选编与历史学科相关的最新时政新闻,以便于学生及时了解时事动态)、"读史新语"(教师在历史教学与学习中,对历史学科或某一重大历史事件、重要历史人物的心得感悟)。

6. 教育类书籍

包括通用教育学书籍和历史教育学书籍。这类书在学校图书馆中较常见,利用率最高,特别是教师,更是对这类书籍有极大的需求。通用教育学书籍包括著名教育学家的著作、教育学理论书、教育心理学书、教学改革方面的书籍等,历史教育学书籍主要是教学教法方面的,版本较多。有效地利用这些资料,可以转变教师的教育理念,提高教师的教学水平,丰富教师的教学内容。教育类资料还包括大量关于学生心理学、学习方法、开发智能、自我测试等方面的书籍,它们对学生学习效果的提高和自身的成长也能起到很大的作用。

除了书刊资料,图书馆还应有数据库资源(如中国期刊全文数据库、中国重要报纸数据库、重庆维普中文期刊等)和历史影视、历史教学光盘。历史影视光盘主要是讲述中外历史上重要的人物或事件的,比如《南京大屠杀》、《三大战役》、《亨利八世》、《凯撒大帝》等;或者是一些纪录片,比如《考古中国》、《探索发现》、《走进科学》等。历史教学光盘主要是优秀教师讲课录像、历史课标和教材解读等教学参考或辅助资料。

为了使图书馆、阅览室的作用发挥到最大程度,应加大资金投入,调整图书馆的藏书结构,合理配置相关方面的书籍,提升藏书质量,并制定合理的借阅制度;完善阅览馆的期刊种类,听取教师建议,购买师生最需要的教育教学或学科刊物;有条件的学校可争取开设电子阅览室。

另外,教师也可以发挥学生优势,创建班级图书资料柜,由专人保管,以保证学生能经常拿到自己喜欢的历史书籍或资料。

仅仅依靠学校图书馆是远远不够的,历史教学还必须充分利用社会公共图书馆、档案馆的文献资源。现在省市的图书馆都是对外开放的,办理相关手续就可以借阅图书。其实也可以考虑采取学校和一些社区图书馆、档案馆建立联系的做法,实现二者资源的共享,使师生能够更便捷地利用这些文化资源。

教师在自己利用图书馆资源的同时,更需要在教学中鼓励学生到图书馆找答案。授之"鱼"不如授之"渔",培养学生思考、分析、实践的能力,最好的办法就是让学生自己去解决学习上的问题,图书馆是最便利的条件之一。为了让学生更好地利用图书馆的文献资源,提高文献检索效率,历史教师还应适当向学生介绍一些文献检索的基础知识,包括如何利用二次文献(如目录、索引、文摘等)、三次文献(如年鉴、综述等)等。

第三节 社区和乡土资源的利用与开发

一、社区资源的开发和利用

《全日制义务教育课程标准(实验稿)》中明确提出了"社区课程资源"的概念,但未作任何解释,只是把它与"乡土教材"并列,提为"充分开发利用乡土教材和社区课程资源","应随时随地发现和利用社区中丰富的人力资源,如历史见证人、历史专家学者、历史教育专家、阅历丰富的长者等,他们能够在不同层面,从多种角度为学生提供历史素材和历史见解"。[1]

---

[1] 中华人民共和国教育部.全日制义务教育历史课程标准(实验稿)[M].北京:北京师范大学出版社,2001:46.

《普通高中历史课程标准(实验)》中也提到了社区资源:社区资源包括社区的图书馆、资料室、少年宫、文化宫以及人力资源等,充分利用社区资源,采取社会调查、小组活动等方式,提高学生动手、动脑和参与社会实践的能力。[①]

"社区"是社会学的一个基本概念,指聚居在一定地域范围内的人们所组成的社会生活共同体。社区往往没有明确的界限,只要有共同的社会活动和生活方式,就可以成为同一个社区。社区主要包含以下基本要素:共同的地域空间;共同的情感和价值认同;共同的活动与利益;以一定的社会关系为基础组织起来的人群;社区设施;社区文化。

"社区课程资源"可理解为:学校以外学生生活着的一定社区范围内可以为课程教学所利用的素材性资源和条件性资源。

从资源性质的角度,可以将社区课程资源分为有形资源(包括人力、物力、信息、组织等)和无形资源(包括社区文化、社区认同感及归属感等)。从资源存在的形态的角度,可以将社区课程资源分为文化资源、人力资源和物质环境资源。

社区文化指在一定的区域范围内,在一定的社会历史条件下,社区成员在社区社会实践中共同创造的具有本社区特色的精神财富及其物质形态。包括社区内人们的信仰、价值观、行为规范、历史传统、风俗习惯、生活方式、地方语言和特定象征等。社区文化是一种无形的资源,融合在社区生活与发展的各项活动中,为社区成员所共同享有并且制约其行为方式。

社区人力资源主要指社区内在知识、技能等方面有专长的人才以及具有一定社会影响力的群众组织,如社区中生活的专家、学者,社区中的老红军、老革命等。

社区物质环境资源主要包括社区内的山川河流、动植物以及博物馆、图书馆、企业工厂、文化宫等。它们以具体事物的形态存在,通过人们的有效使用和开发来丰富社区生活。

在社区丰富的课程资源中与历史课程有关的主要有:社区图书馆、博物馆、展览馆、古玩市场、纪念馆、名人故居、遗址以及社区中丰富的人力资源,如历史见证人、历史专家学者(有些专家可能就是学生家长)、阅历丰富的长者等,统称为"社区历史课程资源"。这些资源能够在不同层面,从多种角度为学生提供历史素材和历史见解。

《全日制义务教育课程标准(实验稿)》中指出,"乡土教材和社区课程资源对学生的历史学习和历史感悟大有裨益"[②]。社区课程资源的开发和利用对课程目标(知识与能力、过程与方法、情感态度与价值观)的实现具有十分重要的意义。

首先,有利于学生"知识与能力"水平的提高。利用社区课程资源一方面能够激发学生学习兴趣,调动学习积极性,另一方面能够扩大学生的历史视野,提升知识涵养。社区历史课程资源的开发和利用也为发展学生的能力提供了极好的机会,因为学生需要通过课外实践活动(搜集调查史料和史迹、参观访问等)才能获得较为真实、全面的社区课程资源,经过独立或协作思考,结合相关历史知识、历史理论,运用归纳、分析、判断、推理等逻辑方法,最后用口头、书面语言、图表等形式陈述结论。这些都是课程标准所要求的能力。

其次,有利于学生对"过程与方法"的感知和理解。历史学习是一个从感知历史到积累历史知识、从积累历史知识到理解历史的过程。学生对历史的认识过程包括感性认识、知性认识和理性认识。其中感性认识对初中生来说非常重要,它能够激发学生进一步学习和认识的欲望,产生学习的动力。学生只有积极感知历史,体验历史情景,才能产生对历史的认同感,形成对历史的认识。心理学研究表明,越

---

① 中华人民共和国教育部.普通高中历史课程标准(实验)[M].北京:人民教育出版社,2003:33.
② 中华人民共和国教育部.全日制义务教育历史课程标准(实验稿)[M].北京:北京师范大学出版社,2001:46.

是直观的材料,越能引起认识主体的感知和联想,获得具体的感性认识。比如武汉市的中学历史教师组织学生参观武昌的"红楼"(辛亥革命纪念馆),学生对100多年前的辛亥革命就会有直观的认识。鉴于此,社区历史课程资源的开发和利用对于学生感知历史进而理解历史具有难以替代的作用。因为要获得社区资源,需要通过寻觅历史、收集资料、构建论据的实践活动,这是一个学生亲身感受和体验的过程,也是学习和建构知识的过程,这种过程较之教师在教室里讲述的学习过程,其意义要大得多。

历史课程标准在"过程与方法"中提出"注重探究式学习",社区历史课程资源在开发和利用时恰恰需要进行探究,教师要引导学生勇于从不同角度提出问题,乐于同他人合作,共同探讨问题,交流学习心得,学习解决历史问题的一些基本方法,对社区历史现象进行初步的归纳、比较和概括,对搜集的资料进行去粗取精、去伪存真,学习运用历史的眼光来分析历史与现实问题,培养对历史的理解力。

最后,有利于学生"情感态度与价值观"的培养。历史课程标准在"情感态度与价值观"方面,提出要了解国情,形成对祖国历史与文化的认同感,初步树立对国家、民族的历史责任感和历史使命感,并在人生理想、健全人格、审美情趣、人生态度、科学态度、民主与法制意识、国际意识等方面提出了要求。

"情感态度与价值观"的培养主要体现在教学过程中,教师说教和示范是一种重要途径,不过要想使之真正内化为学生的精神追求和价值观念,还需要学生亲身体验,因为体验后的情感是最能铭记于心的。社区历史课程资源的开发和利用非常有利于培养学生正确的"情感态度与价值观"。比如学生通过对社区资源的调查研究、参观访问,了解到家乡人民在历史上辛勤劳动和英勇斗争的业绩(如都江堰、三元里抗英、红旗渠、大庆油田),会进一步体会到家乡的可爱和祖国的伟大。再比如参观"侵华日军南京大屠杀遇难同胞纪念馆",面对阴森凄凉、触目惊心的"遇难同胞遗骨陈列室",学生们在感到压抑、震撼和愤怒的同时,会加深对这段历史的认识,并会激发起一种奋发图强、报效祖国、振兴中华的民族情感。比如革命老区中国现代史教学中,作为实践活动,可以让学生调查了解本地区的革命斗争和英雄烈士的事迹,以学习和继承革命先辈们的高贵品质,初步树立对国家、民族的历史责任感和历史使命感。

另外,开发和利用社区历史课程资源,需要师生在学习关于地方和社区基本知识的基础上走出学校,通过调查、参观、访谈、寻觅、收集、整理,进行探究与实践,期间会遇到许多意想不到的问题或挫折,或者需要集体共同努力去完成,这对历史课程标准中所述的"确立积极进取的人生态度、坚强的意志和团结合作的精神,增强承受挫折、适应生存环境的能力"大有裨益。

社区历史课程资源的开发利用途径,主要有以下三种:

1. 先决途径——学校。开发社区历史课程资源首先必须赢得学校的支持。比如由学校出面请一些历史见证人、历史专家学者、阅历丰富的长者到校进行专题讲座,就能解决许多历史教师个人力所不能及的问题。同时,有了学校的理解和支持,也为教师放手展开工作创造了条件。有了学校的支持,便于历史教师更好地结合社区历史课程资源开展相关教学研究。

2. 重要途径——教师。在社区历史课程资源的开发和利用过程中,历史教师是指挥者,担负着重要的指导责任,历史教师要积极投身社会实践,培养自己敏锐的眼光,善于发现问题,提出问题,引导学生共同进行社区历史课程资源的开发和利用。

3. 主要途径——学生。基础教育课程改革重视培养学生的创新精神和实践能力,新教材中有"寻找历史"或"了解身边的历史"之类的活动、探究课,教师要发动学生结合具体教学内容的学习,走出教室,走向社会,进行广泛而深入的调查研究,这是开发和利用社区历史课程资源的主要途径。比如讲《文化大革命》一课时,学生们去采访了阅历丰富的长者,倾听长辈对往事的回忆,收集了带有明显时代特征的物品,如服装、毛主席像章、毛主席语录、学跳"忠字舞"等。学习《人们生活方式的变化》这一课前,学生可以调查自己身边的亲人、朋友、邻居,了解改革开放前后人们在衣食住行方面亲身经历的变化,从这些活生生的事实去分析人们生活方式到底发生了怎样的变化。

二、乡土课程资源的开发和利用

乡土课程资源也是历史课程资源结构的重要组成部分,主要指当地保留下来的具有浓厚乡土历史气息和地域文化特点的资源。乡土课程资源具有地域特色性、空间集中性和可操作性,重视对历史乡土课程资源的开发利用对于实施历史新课程和深化中学历史教学改革具有重要意义。历史乡土课程资源主要有:

1. 历史遗迹,蕴涵丰富历史内容的人文景观和自然景观等

在历史教育中,兼具历史和现实双重影响力的历史遗迹资源等是天然的传承历史的最佳媒体,它既是古代的遗留,依旧散发着历史的气息,同时又是存在于学生身边的可以眼观手触的现实,相对于其他类型历史资源,学生可以从心理上首先与其沟通,形成接纳,这对学生的历史学习和历史感悟大有裨益。比如观看秦始皇陵兵马俑,学生会真切地感受到秦军严明整肃、威武雄壮的阵容和奋击万里、排山倒海的气势,由此而加深对秦始皇横扫六合、廓清宇内这段历史事实的理解。

2. 地方史资料

近年来,各相关机构、学者在挖掘地方史志资料方面做了大量工作,搜集和整理出大量的宝贵文史资料。这些资料(比如"地方志")不仅为史学研究提供了丰富的原始资料,同时还为中学历史教学提供了重要的素材。地方史资料主要保存在各地区档案馆、图书馆(含高校图书馆)中,不少地区资料在网络上也能搜集到并且十分丰富。这些地方史素材资料在中学历史教学中的运用,可以拓宽学习和研究视野,从而使历史学习和研究显得更加饱满丰腴,富于情趣,活跃了中学历史课堂教学。比如在讲述中国现代史中"改革开放的伟大成就"时,教师可以结合本地文史资料,将本地新中国成立以来几个不同时期的历史状况作一个对比,学生对该问题的观察视野拓宽了,就能很容易地理解教材中关于"改革开放的伟大成就"的叙述,教学目的得以轻松实现。

3. 爱国主义教育基地

为了深入开展爱国主义教育,进一步加强社会主义精神文明建设,继承中华民族优秀文化传统,弘扬我党的光荣历史,中共中央宣传部从1999年6月开始先后公布了三批"全国爱国主义教育示范基地"。这些示范基地,反映了我国不同历史时期的重大事件和人物事迹。从类型上看,示范基地中有博物馆、纪念馆、陈列馆、遗址、旧址、故居、纪念地、纪念碑、纪念塔、烈士陵园等,类型比较齐全。从时间上看,远自北京周口店遗址的"北京人",近到当今人民公仆的楷模孔繁森,时间跨越几十万年,这在世界上是少有的。从空间分布来看,全国除台港澳地区外,在32个省、自治区和直辖市都有分布。人们进入示范基地时,犹如看到了我国波澜壮阔的历史画卷,久久难以忘怀;仿佛听到了无数革命先烈悲壮激昂的呐喊,不禁心潮澎湃。这一切,都激起人们对伟大祖国的深情热爱,是对学生进行情感态度和价值观教育的生动、形象、直观的资源。

此外,还有一些乡土课程资源不是显性的,而是隐藏于社会现实生活中,称为隐性课程资源。比如欲了解地道战的情况,可以直接参观地道战遗址和纪念馆进行感悟,也可以阅读相关史书资料来了解,这些都是显性课程资源。如果通过实地走访地道战当事人、见证人来了解情况并记录下来,则属于隐性课程资源。隐性历史乡土课程资源的开发,需要靠教师充分调动学生的积极性、主动性,采用恰当的方式与途径,由教师与学生共同开发和利用。开发隐性乡土课程资源最便捷、最主要的方式是调查访谈。

中学生正处于从形象思维向抽象思维发展的过程,要想形成对历史的认知,必须以良好的感性认识为前提。乡土历史是学生生长地的历史,容易激起兴趣,注入情感,融入记忆,所以历史教师应努力开发历史乡土课程资源,并在教学实践中加以利用。历史教师可以在历史课堂教学的过程中适时利用历史乡土课程资源,可以在校本课程开发过程中,以选修课和综合实践活动课的途径加大对历史乡

土课程资源的开发利用,可以在历史学科的研究性学习中开发利用历史乡土课程资源。这样,在学生的心目中,历史不再是遥远的不可捉摸的人和事,而是活生生的、有血有肉的可触可摸的存在,同时也产生了历史感,养成了用历史的眼光看问题的能力,从而达到"通过所熟悉的身边的事物进入历史世界"的目的。

三、家庭课程资源的开发和利用

家庭是社会的细胞,是社会的基本组成部分。家庭对教育具有特殊的重要的价值,家庭课程资源是我们不能忽视的宝贵的课程资源。在新课程改革中,历史课程注重家庭课程资源的开发和利用,在初中、高中课程标准中均有描述。《全日义务教育历史课程标准(实验稿)》:"家庭也是历史学习的一种资源,家谱、不同时代的照片、图片、实物,以及长辈对往事的回忆和记录,都会在不同程度上有助于学生的历史学习。"①《普通高中历史课程标准(实验)》:"每个家庭都有不同的经历,学生通过照片、实物以及家长和亲属等,有利于了解家庭的历史和社会的变迁。充分利用家资源,可以增强学生对历史的体验和感悟。"②

每一个家庭都有着丰富的历史内容,了解、研究家庭的历史应该成为学生历史学习的重要活动。其中,家谱是家庭生生不息、代代相承的历史记录,在历史教学中是一种很有价值的资料(近代学者梁启超就很推崇家谱、族谱的史料价值),学生可以通过它了解祖先的业绩,回顾家庭走过的历程,学会从微观层面研究历史。

家庭照片是家庭生活的真实写照,也是凝结的历史画面。学生可以整理家庭照片,编配上说明文字,以时间为线索组成系列专题,反映不同时期的家庭生活,或以家庭各方面生活场景为主题组成系列专题,反映某一时段家庭历史的全貌,展现家庭生活的丰富多彩。家庭照片资料能让学生生动、直观地认识家庭的历史,他们也可以从中挖掘历史信息,透过家庭生活的变迁观察社会历史的发展和进步,培养运用历史的眼光认识问题的能力。

案例展示

"哈哈哈……"八年级某班教室里传来学生们一阵阵欢快的笑声,原来教室里正在举行"我家与新中国同成长"的老照片故事会,孩子们从家里带来了许多颜色已有些泛黄的照片,有他们小时候的童年照,有他们父母的结婚照,有他们以前老房子的照片,有他们的祖父辈辛勤工作的照片,等等。这些照片真实地记录了新中国成立以来各个家庭在不同时期的历史变迁。轮到讲述的孩子拿着自家的照片,充满感情地向其他学生讲述着自己家庭的故事。在他们的叙述中,一段段逝去的岁月在孩子们的脑中逐渐形象生动起来。

开发和利用家庭课程资源,还可指导学生开展口述史调查研究活动。口述史就是通过传统的笔录或录音和录影等现代科技设备的使用,记录历史事件的当事人和目击者的回忆而保存的口述凭证。例如:向健在的长辈了解他们的父母在民国初期剪辫子、禁缠小脚等往事;请父母、祖父母介绍改革开放前后的家庭生活状况,尤其是衣食住行方面,这些教学活动面向学生真实的生活情境,增加了与现代家庭生活密切关系的内容,把历史学习过程与认识现实社会紧密联系起来,可进一步增强他们的社会归属感、责任感。

---

① 中华人民共和国教育部.全日制义务教育历史课程标准(实验稿)[M].北京:北京师范大学出版社,2001:46.
② 中华人民共和国教育部.普通高中历史课程标准(实验)[M].北京:人民教育出版社,2003:33.

开展口述历史调查研究活动是国外新兴的历史教学方式。美国的历史教学通过将口述史列入课堂，让学生从中接触和增进了对不同观点和不同个人经历的理解。我国的历史新课程改革也非常重视口述史调查研究活动的开展。人教版义务教育课程历史教科书就设计了一些口述史调查研究活动，这些活动与家庭课程资源的开发和利用有着紧密的联系。例如：访问老一辈人，将他们在文化大革命中的经历和感受记录下来，加以整理，形成史料。

开发和利用家庭课程资源，也是进行爱国爱乡教育的重要途径。学生了解、研究家庭的历史，了解祖先为建设乡土撒下的血汗和收获的成果，会对家乡的历史有一种更亲近的体验，并意识到作为家乡的小主人要继承祖先的事业，为家乡的发展贡献自己的力量。学生将家庭经历的酸甜苦辣、喜怒哀乐、起落浮沉与国家的历史联系起来，能认识到有国才有家，家庭的命运与国家息息相关，从而感悟家国一体的道理，激发为家为国学习奉献的情感。

在历史教学中，我们要重视家庭课程资源的开发和利用，提高认识，积极实践，充分发挥家庭课程资源的作用，促进历史教学质量的提高。

本章小结

课程资源是我国新一轮基础教育课程改革中的一个亮点，它是指形成课程的要素来源以及实施课程的必要而直接的条件。这些要素和条件在很大程度上决定着课程的实施范围和水平。历史学科所具有的独特性质，令其拥有着丰富的课程资源。本章从中学历史课程资源的分类和作用，历史影视资源、图书馆资源、社区和乡土资源的利用和开发等方面，阐释了对于中学历史课程资源基本内容的认识。一般来说，历史教科书是开展历史教学活动的主要依据，是历史课程资源的核心部分。历史影视资源是一种现代化的课程资源形式，有利于增强学生的历史感和历史理解能力。图书馆资源是课程资源的重要组成部分，为师生学习及开展教学活动提供了良好的资源平台。社区、乡土和家庭课程资源的开发和利用，能够使学生达到"通过所熟悉的身边的事物进入历史世界"的目的。互联网是一个庞大而丰富的资讯库，为历史学习提供了更方便、更快捷和更丰富的信息来源。而教师和学生也是重要的课程资源，属于人力课程资源。在新的课程与教学理念的引领下，我们要树立一种新的大课程资源观，也就是既要重视对物质资源的开发利用，也要重视对人力资源的开发利用。

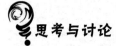

思考与讨论

- 思考历史课程资源的开发与利用需要遵循什么原则。
- 讨论开发图书馆资源的途径。
- 围绕社区或乡土资源的开发与利用，设计一节活动课。
- 结合教学实践，想一想怎样创造性地开发和利用人力课程资源。
- 关于历史课程资源的利用与开发，你有什么良好建议？

参 考 文 献

[1] 中华人民共和国教育部.全日制义务教育历史课程标准(实验稿)[M].北京：北京师范大学出版社,2001.
[2] 中华人民共和国教育部.普通高中历史课程标准(实验)[M].北京：人民教育出版社,2003.
[3] 聂幼犁主编.历史课程与教学论[M].杭州：浙江教育出版社,2003.
[4] 齐健,魏效冰主编.新课程教学设计——初中历史[M].北京：首都师范大学出版社,2004.
[5] 历史课程标准研制组编写.走进课堂——初中历史新课程案例与评析[M].北京：高等教育出版社,2003.
[6] 朱慕菊主编.走进新课程——与课程实施者对话[M].北京：北京师范大学出版社,2002.
[7] 钟启泉,王斌华.校本课程论[M].上海：上海教育出版社,1998.

第七章　学习理论与中学生的历史学习

学习目标

当你了解本章内容后,你可以:
- 了解学习及历史学习的含义,了解学法指导的含义。
- 综述历史学习的过程。
- 辨析学生历史学习的个性心理差异。
- 掌握学法指导的内容和基本方式。
- 比较西方不同的学习理论观。
- 归纳中学生历史学习的影响因素。
- 对影响中学生历史学习的因素阐述个人的看法。

本章导引

历史记述了人类社会文明发展的历程,蕴涵着丰富的内容。"习史明智",学习历史可以增进学生的历史智慧,提高学生的人文素养,有利于学生的全面发展。然而,教育部1997年对北京2107位学生的调查结果显示:在学生对最不愿学的课选择比例由高到低的排序中,历史课居前3位;在学生对15门课程喜欢程度由低到高的排序中,历史课居第2位;在被学生视为"枯燥、没意思的课"的排序中,历史课居第5位。历史课在学生心目中的位置如此之低,令人震惊。

出现这一问题的原因是多方面的。随着教学理论的发展和教学改革的深入,历史教育工作者越来越关注对中学生历史学习的研究,特别是学习心理和学法指导,更是研究中的热点。那么,影响中学生历史学习的因素有哪些?教师如何对学生进行科学的学法指导?通过本章学习,这些问题将会迎刃而解。

第一节　学习理论与历史学习

一、学习及历史学习的含义

"学习"是日常生活中经常使用的一个词汇,也是一种既古老又永恒的现象。在我国古代,"学"与"习"总是分开讲的。《辞源》指出,"学"乃"仿效"也,即是获得知识;"习"乃"复习"、"练习"也,即复习巩固。最早把学与习联系起来的是《论语》中"学而时习之,不亦说乎"。后来,《礼记》中说:"鹰乃学习",这是"学习"作为一个复合词的最早由来。按照我国古代教育思想和理论的解释,"学"就是闻、见,是获得知识、技能,主要是指接受感性知识与书本知识,有时还包括"思"的含义在内。"习"是巩固知识、技能,一般有三种含义:温习、实习、练习,有时还包括"行"的含义在内。"学"偏重于思想意识领域,"习"偏重于行动实践方面。简言之,学习就是获得知识、形成技能、培养才智的过程,实质上就是学、思、习、行的总称。

西方心理学家对"学习"这一概念的解释，各执一说，但一般还是根据学习主体的范围，把学习分为广义的学习和狭义的学习。广义的学习，指学习者（人和动物）在生活中获得个体经验并引起行为变化的过程。狭义的学习，指人类的学习，即人们在社会实践中，以语言为中介，自觉地、主动积极地掌握人类社会历史经验、积累个体经验的过程。理解"学习"的定义应把握三个要点：

① 通过练习或经验，学习主体身上必须产生某种变化。如果没有出现这种变化，那么很难判断是学习了还是没有学习。比如，学生不了解"初税亩"，老师向学生介绍了一些相关的学习资料，过了一段时间，老师让学生解释"初税亩"，学生还是不清楚，这就很难判断学生究竟学没学过老师介绍的相关学习资料。而且，光有练习有时并不产生学习。比如，老师初次向学生讲授历史材料解析题的审题、答题注意事项及要求，并提供了一定量的练习题让学生在实践中掌握这些答题技巧，这是学习。但是当学生完全掌握这些答题技巧及要求后，教师还向他们提供许多同样的练习题，这种重复的练习就可能不产生学习了。

② 学习主体身上的这种变化是能相对持久保持的。也就是说是真正习得的，而不是由于药物的作用、生理的适应、疲劳等原因而引起的暂时性的变化。

③ 学习主体的变化是后天习得的，也就是因他与环境的相互作用产生的。这种变化既不是由某个物种的所有成员所具备的本能引起的，也不是由建立在遗传特征基础上的身体的成长或成熟引起的。

学生的学习是人类学习的一种特殊形式，指的是在教师指导下，有目的、有组织、有计划、有系统地获得知识，形成技能技巧，发展心智和品德的过程。表面上看，这一过程是以班集体形式进行的集体学习，不过从根本上讲，这是每一个学生内部心智与外部行为发生持久性变化的过程。如果学生学习时只能暂时性地说出教师刚讲解过的内容，课后不久就完全遗忘了，那么，这种学习并不是真正意义上的学习。

历史学习的含义也很广泛，学习方法和手段多样，这里主要从学校教学这个层面对历史学习的含义加以界定。它是指：在学校环境中，按照历史教学教育目标要求，学生在教师组织、指导下，获得历史知识，掌握历史学科技能，并促使自身知识经验与能力持续发展变化的过程。

二、西方学习理论概述

学习理论是心理学的一门分支学科，是对学习规律和学习条件等的系统阐述，是心理学中最发达的领域之一。下面对历史发展中具有代表性的西方学习理论做简要的介绍。

1. 行为主义理论

行为主义理论是20世纪初起源于美国的一个心理学流派，它的创建人为美国心理学家华生(J. B. Waston)。用这一理论解释学习过程的主要代表人物还有桑代克、斯金纳、班杜拉等。

行为主义学派中，各家对学习的解释并不完全相同，提出了不同的研究框架。如华生主张一切行为都以经典条件反射学说为基础。他认为学习就是以一种刺激代替另一种刺激建立条件反射的过程，除了出生时具有的集中条件反射(如打喷嚏、膝跳反射)外，人类所有的行为都是通过条件反射建立新的刺激—反应联结(即S-R联结)而形成的。桑代克则提出联结主义的学习观，认为学习的实质在于形成情境与反应之间的联结。他认为联结是通过尝试与错误的过程而建立的。学习的进程是一种渐进的、盲目的、尝试与错误的过程。在此过程中，随着错误反应的逐渐减少和正确反应的逐渐增加，而终于在刺激与反应之间形成牢固的联结。斯金纳在实验的基础上提出了操作条件反射学习观，认为条件反射有两种，即巴甫洛夫的经典性条件反射和操作性条件反射。反射有两种，行为也必然有两种，即应答性行为和操作性行为。因此，学习也分为两种，即反射学习和操作学习。斯金纳认为强化是操作性行为形成的重要手段。他还根据操作性条件反射和积极强化的理论,对教学进行改革,设计了一套教学机器和程序教学方案。

虽然有所区别,但总的看来几乎所有的行为主义者都强调联结和强化在学习中的作用。他们认为学习是环境的刺激与学习者的行为反应之间的联结过程,认为个体在不断接受特定的外界刺激后,就可能形成与这种刺激相适应的行为表现,这个过程称为S-R联结的学习行为,即学习就是刺激与反应建立了联系。他们认为学习是受环境控制的,学习的发生取决于环境的因素,而不是取决于个人的意念。他们的基本假设是:行为是学习者对环境刺激所做出的反应。他们把环境看成是刺激,把伴而随之的有机体行为看做是反应,认为所有行为都是习得的。学习是行为的改变;激励、强化、矫正、保持等在学习过程中是非常重要的。

行为主义学习理论应用在学校教育实践上,就是要求教师掌握塑造和矫正学生行为的方法,为学生创设一种环境,尽可能最大限度地强化学生的合适行为,消除不合适行为。这对课堂教学中学习过程的控制和激励有重要意义。但行为主义学习理论有着明显的缺陷,他们主张心理学只研究外显行为,反对研究意识和内部心理过程。他们把个体行为归结为个体适应外部环境的反应系统,即所谓"刺激—反应系统",学习的起因被认为是对外部刺激的反应,但是他们不关心刺激所引起的内部心理过程,认为学习与内部心理过程无关,因此只要控制刺激就能控制行为和预测行为,从而也就能控制和预测学习效果。根据这种观点,人类的学习过程被解释为被动地接受外界刺激的过程,而教师的任务只是提供外部刺激,即向学生灌输知识。学生的任务则是接受外界刺激,即理解和吸收教师传授的知识。可以看出,这种观点既完全排除学习者内部因素如知识与经验的作用,也否认了情感、思维等内心活动,忘记了学生是有主观能动性的、有创造性思维的人。这对学生的学习与发展来说是不利的。

2. 认知学习理论

一般认为,认知学习理论发端于早期认知理论的代表学派——格式塔心理学的"顿悟说"。但是,现代认知学习理论是20世纪60年代以后发展起来的。认知派学习理论强调整体观,注重人的内部心理过程,注重学习过程中内部心理结构、认知结构或图式的建构。托尔曼的"认知—目的说"、皮亚杰的图式理论、维果斯基的内化论、布鲁纳的"认知—发现说"、奥苏伯尔的有意义学习理论、加涅的信息加工学习理论等都属于认知主义学习理论。

其中,布鲁纳强调学习过程是一种积极的认知过程,他认为学习的实质在于主动地形成认知结构。学习任何一门学科,都有一连串的新知识,每个知识的学习都要经过获得、转化和评价这三个认知学习过程。布鲁纳非常重视人的主动性和已有经验的作用,重视学习的内在动机与发展学生的直觉思维,提倡知识的发现学习。他说:"发现不限于那种寻求人类尚未知晓的事物之行为,正确地说,发现包括着用自己的头脑亲自获得知识的一切形式或方法。"他认为发现学习具有以下一些优点:(1)有利于激发学生的潜力;(2)有利于加强学生的内在学习动机;(3)有助于学生学会学习;(4)有利于知识的保持与提取。

奥苏伯尔提出了独具特色的"有意义学习"理论,即"认知同化说(又称认知—接受)"。他认为新知识的学习必须以已有的认知结构为基础。学习新知识的过程,就是学习者积极主动地从自己已有的认知结构中,提取与新知识最有联系的旧知识,并且加以"固定"或者"归属"的一种动态的过程。过程的结果导致原有的认知结构不断地分化和整合,从而使得学习者能够获得新知识或者清晰稳定的意识经验,原有的知识也在这个同化过程中发生了意义的变化。根据将要学习的新内容与学习者已经知道的相关内容之间的关系,奥苏贝尔把学习分为下位学习、上位学习和并列结合学习三类;根据学生进行学习的方式,把学生的学习分为接受学习和发现学习;根据学习过程的性质,又把学习分为机械学习与有意义的学习。奥苏伯尔认为有意义的学习需具备两个条件：学生要具有把新知识与认知结构中原有的适当观念关联起来的意向；学习材料对学习具有潜在意义，即学习材料具有逻辑意义，并可以和学生认知结构中的有关观念联系。这两个条件缺一不可，否则会导致机械学习。

加涅从行为主义和认知主义两大理论中汲取合理的成分，并且在20世纪70年代之后，引进现代信息论的观点和方法，从而成为认知学习理论流派中强调信息加工模型的代表人物。加涅认为，学习过程是信息的接受和使用的过程，学习是主体和环境相互作用的结果，"个体的先前的学习导致个体的智慧日益发展"。教学上主张给学生最充分的指导，使学生能够沿着仔细规定的学习程序，一步一步地、循序渐进地进行学习。知识学习可以看成动机阶段（预期）—了解阶段（注意选择性和知觉）—获得阶段（编码储存通道）—保持阶段（记忆储备）—回忆阶段（检索）—概括阶段（迁移）——作业阶段（反应）—反馈阶段（强化）的这样一条链条。

认知学派不赞同环境决定人的行为的理论，认为人是学习的主体，个体是作用于环境的，环境的刺激只是潜在的，能否引起人的行为变化取决于学习者的心理结构。认知学派用"S－O－R"（O即学习的大脑加工过程）模式来取代简单的没有大脑参与的"S－R联结"，认为人的思维并不是被动地处理刺激和反应的系统，而是积极的意识活动。人的思维程序、结构对于学习活动来说是极为重要的。所以，学习的发生和进行，并不是"刺激—反应"的联结或行为的改变，而是学习者内部的心理结构的形成与改组。开展学习活动时，学习者的认知结构、思维水平是基础，学习者在解决问题的过程中，经过加工、强化、同化、迁移、重组等，不断提高认识水平。

认知主义学习理论对现代教育和教学的影响很大，特别是重视意识活动在学习过程中的积极作用，能够发挥学习者的主观能动性，注重学习者的独立思考、积极探究、自我发现的活动，非常符合以学生为主体的现代教学理念。当然，认知主义学习理论也有不足之处，主要是强调了认知中的智力因素的作用，忽视了非智力因素的作用。

3. 建构主义理论

建构主义（constructivism）也译作结构主义，是认知心理学派中的一个分支。受皮亚杰等人的影响，20世纪90年代在美国兴起。建构主义理论的主要代表人物有：皮亚杰（J. Piaget）、科恩伯格（O. Kernberg）、维特罗克（M. C. Wittrock）、斯滕伯格（R. J. Sternberg）、卡茨（D. Katz）、维果斯基（Vogotsgy）。

皮亚杰认为，儿童是在与周围环境相互作用的过程中，逐步建构起关于外部世界的知识，从而使自身认知结构得到发展的。儿童与环境的相互作用涉及两个基本过程："同化"与"顺应"。维特罗克认为："学习过程不是先从感觉经验本身开始的，它是从对该感觉经验的选择性注意开始的。任何学科的学习和理解总是涉及学习者原有的认知结构，学习者总是以其自身的经验，包括正规学习前的非正规学习和科学概念学习前的日常概念，来理解和建构新的知识或信息。建构一方面是对新信息的意义的建构，同时又包含对原有经验的改造和重组。"斯腾伯格和卡茨等人强调个体的主动性在建构认知结构过程中的关键作用，并对认知过程中如何发挥个体的主动性作了认真的探索；维果斯基提出的"文化历史发展理论"，强调认知过程中学习者所处社会文化历史背景的作用，并提出了"最近发展区"的理论。

建构主义学习理论的基本内容可从"学习的含义"（即关于"什么是学习"）与"学习的方法"（即关于"如何进行学习"）这两个方面进行说明。

(1) 关于学习的含义。

建构主义认为，知识不是通过教师传授得到，而是学习者在一定的情境即社会文化背景下，借助其他人（包括教师和学习伙伴）的帮助，利用必要的学习资料，通过意义建构的方式而获得。由于学习是在一定的情境即社会文化背景下，借助其他人的帮助即通过人际间的协作活动而实现的意义建构过程,因此建构主义学习理论认为"情境""协作""会话"和"意义建构"是学习环境中的四大要素或四大属性。

(2) 关于学习的方法。

建构主义提倡在教师指导下的、以学习者为中心的学习,也就是说,既强调学习者的认知主体作用,又不忽视教师的指导作用,教师是意义建构的帮助者、促进者,而不是知识的传授者与灌输者。学生是信息加工的主体、是意义的主动建构者,而不是外部刺激的被动接受者和被灌输的对象。

建构主义的学习观:① 学习不是由教师把知识简单地传递给学生,而是由学生自己建构知识。学生不是简单被动地接收信息,而是主动地建构知识的意义,这种建构是无法由他人来代替的。

② 学习不是被动接收信息刺激,而是主动地建构意义,是根据自己的经验背景,对外部信息进行主动的选择、加工和处理,从而获得自己的意义。外部信息本身没有什么意义,意义是学习者通过新旧知识经验间的反复的、双向的相互作用过程而建构成的。

③ 学习意义的获得,是每个学习者以自己原有的知识经验为基础,对新信息重新认识和编码,建构自己的理解。在这一过程中,学习者原有的知识经验因为新知识经验的进入而发生调整和改变。

④ 同化和顺应,是学习者认知结构发生变化的两种途径或方式。同化是认知结构的量变,而顺应则是认知结构的质变。同化—顺应—同化—顺应……循环往复,平衡—不平衡—平衡—不平衡,相互交替,人的认知水平的发展,就是这样的一个过程。学习不是简单的信息积累,更重要的是包含新旧知识经验的冲突,以及由此而引发的认知结构的重组。学习过程不是简单的信息输入、存储和提取,是新旧知识经验之间的双向的相互作用过程,也就是学习者与学习环境之间互动的过程。

客观地说,到目前为止,建构主义的理论体系还处在发展过程中,不过它给教育教学带来的冲击和影响是毋庸置疑的,特别是师生观方面,建构主义理论要求教师要成为学生建构知识的积极帮助者和引导者。在建构意义的过程中,教师应要求学生主动去收集和分析有关的信息资料,对所学的问题提出各种假设并努力加以验证。要善于使学生把当前学习内容尽量与自己已有的知识经验联系起来,并对这种联系加以认真思考。为了使意义建构更有效,教师应在可能的条件下组织协作学习,提出适当的问题,以引起学生的思考和讨论;在讨论中设法把问题一步步引向深入,以加深学生对所学内容的理解;要启发诱导学生自己去发现规律、去纠正和补充错误的或片面的认识,并对协作学习过程进行引导,使之朝有利于意义建构的方向发展。我国基础教育课程改革中提出"教师为主导,学生为主体"的新型的师生关系,可以说很大程度上借鉴了建构主义理论。

4. 人本主义理论

人本主义理论是20世纪50年代末60年代初兴起于美国的一种心理学理论。20世纪60年代和70年代有迅速的发展,被称为心理学的第三势力。人本主义心理学是由许多持有相近似观点的心理学家和学派联合发起的一种学术思想运动,其主要发起者是马斯洛(A. H. Maslow,1908—1970),影响较大的代表人物是罗杰斯(C. R. Rogers,1902—1987)。

罗杰斯认为,可以把学习分成两类,一类学习类似于心理学上的无意义音节的学习。他认为这类学习只涉及心智,是一种"在颈部以上"发生的学习。它不涉及感情或个人意义,与完整的人无关。另一类是意义学习。所谓意义学习,不是指那种仅仅涉及事实累积的学习,而是指一种使个体的行为、态度、个性以及未来选择行动方针都发生重大变化的学习。这不仅仅是一种增长知识的学习,而且是一种与每个人各部分经验都融合在一起的学习。

罗杰斯认为,意义学习主要包括四个要素:(1) 学习具有个人参与(personal involvement)的性质,即整个人(包括情感和认知两方面)都投入学习活动;(2) 学习是自动自发的(self-initiated),即便在推动力或刺激来自外界时,也要求发现、获得、掌握和领会的感觉是来自内部的;(3) 学习是全面发展的,也就是说,它会使学生的行为、态度、人格等获得全面发展;(4)学习是由学生自我评价的(evaluated by the learner),因为学生最清楚这种学习是否满足自己的需要、是否有助于导致自己想要知道的东西、是否有助于明了自己原来不甚清楚的某些方面。

　　罗杰斯认为,促进学生学习的关键不在于教师的教学技巧、专业知识、课程计划、视听辅导材料、演示和讲解、丰富的书籍等等,而在于教师和学生之间特定的心理气氛因素。那么,好的心理气氛因素包括什么呢?罗杰斯给出了自己的解释:(1)真实或真诚:教师作为学习的促进者,表现真我,没有任何矫饰、虚伪和防御;(2)尊重、关注和接纳:教师尊重学习者的意见和情感,关心学习者的方方面面,接纳作为一个个体的学习者的价值观念和情感表现;(3)移情性理解:教师能了解学习者的内在反应,了解学生的学习过程。在这种心理气氛下进行的学习,是以学生为中心的,教师是学习的促进者、协作者或者说是伙伴、朋友,学生才是学习的关键,学习的过程就是学习的目的所在。

　　人本主义理论对教育教学影响最大的是"以人性为本位的教学目的观"和"彰显主体的教学过程观"。人本主义认为:人性本质是善的,人生而具有善根,只要后天环境适当,就会自然地成长;人所表现的任何行为不是由外在刺激引起或决定的,而是发自内在、出于当事人自己的情感与意愿所做出的自主性与综合性的选择;人的学习是个人潜能的充分发展,是人格的发展。马斯洛指出学习的本质是发展人的潜能,尤其是那种成为一个真正人的潜能;学习要在满足人最基本的需要的基础上,强调学习者自我实现需要的发展;人的社会化过程与个性化的过程是完全统一的。因而,许多人本主义教育家认为,教育的根本目标是帮助发展人的个体性,帮助学生认识到他们自己是独特的人类并最终帮助学生实现其潜能。人本主义者强调学校教师在教学中应重点帮助学生明确学习的目标和学习的内容,创设能促进学生学习的良好的心理氛围,保证学生在充满满足感、安全感的情境中通过教师安排的合适的学习活动,发现学习内容的价值、意义,使学习者成为充分发展的人。

　　人本主义认为,在教学过程中,应以"学生为中心",这是其"自我实现"的教育目的的必然产物,教学以学习者为中心,让学生成为学习的真正主体。马斯洛认为,健康的儿童是乐于发展、前进,乐于提高技术与能力,乐于增强力量的。人本主义强调在教育教学过程中应重视学生的认知、情感、兴趣、动机、潜能等内心世界的研究,尊重每个学生的独立人格,保护学生的自尊心,帮助每个学生充分挖掘自身潜能,发展个性和实现自身的价值,并力图证明:"外部的学习要求与每个人具有的生长趋势是一致的,学习可以带来即时的娱乐和兴奋的源泉,而不是作为与别人竞争或保证一个人在未来社会中的地位的工具,学习的手段和目的应该是统一的。同时,认为每个人具有先天性的友爱、求知和创造等潜能,这些潜能必须发挥出来,人的自我实现则是人的潜能不断得到发挥的一种动态的、形成的过程。教育的主要功能是创造最好的条件促使每个人达到他所能及的最佳状态,帮助个体发现与他的真正的自我更相协调的学习内容和方法,提供一种良好的促进学习和成长的气氛。"因而,教师在教学过程中尤其要重视学生的情感体验,设身处地地从学生的角度去理解学习的过程和学习的内容,帮助学生了解学习的意义,建立学习内容与学习者个人之间的联系,指导学生在一定范围内自行选择学习的材料,激发学生从自我的倾向性中产生学习倾向,培养学生自发、自觉的学习习惯,实现真正意义上的有意义学习。

　　人本主义的学习与教学观深刻地影响了世界范围内的教育改革,是与程序教学运动、学科结构运动齐名的20世纪三大教学运动之一。人本主义学习理论中的许多观点都是值得我们借鉴的。比如:教师要尊重学生、真诚地对待学生;教师要让学生感到学习的乐趣,自动自发地积极参与到教学中;教师要了解学习者的内在反应,了解学生的学习过程,重视学习者在学习过程中的自我导向和自我调节;教师作为学习的促进者、协作者或者说是学生的伙伴、朋友,等等。

三、学习理论与历史学习过程

学习理论关于学习的本质、学习的特征、学习的过程、学习的方式、学习的策略等方面的研究,对研究历史学习有着重要的指导意义。其中,关于学习过程的研究,是教学心理研究中普遍涉及也是重点关注的部分,学习过程和学习心理联系得最为紧密。虽然人们追求的是学习结果,但过程是重要的,在过程中学得知识,在过程中掌握能力、学会学习,在过程中培养情感态度与价值观。学习的过程也是学习者心智能力不断发展和提高的过程,其间许多方面都需要相关教学理论来支撑。

下面依据相关学习心理原理,分析历史学习过程。

学生的学习过程一般包括感知、理解、巩固与应用几个阶段,历史学习也不例外。这每一个阶段都与学生心理活动有关:要搞好"感知"阶段,就必须了解学生的感知规律,掌握他们的感知特点;要搞好"理解"阶段,就必须了解学生的思维规律,掌握他们的思维特点;要搞好"巩固"阶段,就必须了解学生的记忆规律,掌握他们记忆的特点;要搞好"应用"阶段,就必须了解学生实践能力的规律,掌握他们实践能力的特点。感知—理解—巩固—应用,可以说是学生掌握知识的必经之路。

(一) 历史学习过程中的感知阶段

感知指感觉和知觉。感觉是人脑对客观事物个别属性的主观反映。知觉是比感觉高一级的感性认识形式,它是对感觉到的信息进行综合形成的整体形象,又叫知觉映象,是人们对客观事物整体及其外部相互关系的反映。

感觉和知觉是学生认知历史现象的整个过程的第一阶段。眼、耳、鼻、舌、全身都具有感知客观事物不同属性的功能,其中,视觉和听觉是学生感知历史材料的两个基本的分析器,是学生获得历史知识的两条主要渠道。

1. 历史信息的接收

人们掌握知识,首先要通过感觉器官接受客观对象的刺激,引起感觉。历史学科的特点具有过去性,历史学习的认识对象是逝去的历史和历史的现象。在课堂上,学生学习历史的主要方式是阅读教材和听老师讲述,他们受到的主要是书面和口头语言符号的刺激;在课外,他们可以通过考察、参观、网络、影视、书刊等多种途径和方式学习历史。总之,学生从其所处的环境中接受各种历史知识信息,这些信息刺激学生的感官而使之变为神经信息。研究证明,在认识客观事物的每一瞬间,同时有多种刺激作用于人的感官,从各个感官接收来的刺激会在百分之几秒的时间内以基本上完全的形式登记下来。但是,人们只对其中的个别刺激作出有选择的反映,这个被挑选出来的刺激就是感知对象(经常等同于选择性的知觉),而其他刺激只起到了陪衬的背景作用并很快消逝,不再影响神经系统。

2. 感知对象:选择性知觉

学生选择何种刺激作为感知对象呢?这里有几条心理规律。首先,作为感知对象的刺激物的强度要高,以便把它从背景中突显出来。例如,在板书内容较多的情况下,为了突出要讲解的重点,可以将这部分的线条加粗或者用彩色粉笔描出。历史教学常常使用挂图,某些挂图(特别是历史地图)上面的信息很多,往往使学生眼花缭乱,但要讲解的只是其中某一点。对于这些内容丰富的教学挂图,一些教师把讲解的部分单独分解出来,制作成一幅背景简单、内容简明的挂图,提高了信息的清晰度,便于学生观察和掌握。

其次,作为感知对象的刺激物,活动的比静止的容易被感知。在这个方面,多媒体辅助教学效果明显。比如进军路线的显示、作战双方力量消长的变化等动态的内容,运用多媒体课件设计动态效果,既能正确反映客观历史的真实进程,同时也符合学生的感知规律。

再次,刺激物的变化也容易引起感知。例如,《南京条约》开放了五个通商口岸,若运用多媒体课件将五个通商口岸用闪烁的灯泡来标明,它的刺激作用远比在地图上找五个通商口岸强烈,也更容易被学生感知。在用正常速度讲述历史事实的过程中,突然放慢或者加快速度以突出某项重要内容时,这速度变化了的部分容易被感知。除了语言的速度变化外,声音的高低变化、感情色彩的变化,甚至教师面部表情的变化、身体状态的变化如挥手等动作恰如其分的出现,都会引起学生的高度注意。

3. 历史的表象

当感知某一对象的过程结束后,在人的头脑中就留下了这一对象的痕迹,产生了感知过的事物的形象。这种形象在一定条件下会重新在大脑中活跃起来,再现那个事物,这种头脑中的形象就是表象。表象是历史感知阶段的最后形式。

历史知识主要由时间、地点、人物和事件几个要素构成,因此历史的表象主要包括时间表象、地点表象、人物表象和事件表象。时间表象是人脑对时间的持续性和顺序性的认知印象。由于学生的日常生活、学习以及周围人们的活动一般都是按时间顺序有规律地进行,课堂上历史知识基本上也是以时间顺序传授的,学生有着亲身的体验和经验,时间顺序性表象比较容易形成。地点表象指历史事件发生的空间,历史人物活动的场面,国家的疆域变革,战争的进军路线等状况及变迁。学生的历史地点表象主要借助于历史地图形成,所以要注重多看历史地图。历史人物表象指大脑对于人物的行为、思想及其外貌的认知印象。比如教材中描写远古人类北京人的模样:前额很低,眉骨粗大,鼻子扁平,嘴巴突出,头部微微前倾。学生把"前额"、"眉骨"、"鼻子"、"嘴巴"这些语符一一转化为具体形象,一个个局部形象经过整合,完整的北京人头部形象就形成了。历史事件表象指大脑对构成事件的各种要素的认知印象,如原始人集体狩猎的场面。历史事件表象和历史人物表象的形成都需要广泛的感性材料,所以要通过课堂教学的改革,把一些具体生动的材料提供给学生。

历史表象的形成是历史思维的基础。学生头脑中的历史表象越丰富、生动、具体、精确,就越有利于他们进一步理解知识、掌握知识。

(二)历史学习过程中的理解阶段——编码

理解阶段是学习的实质阶段,是对存储在短时记忆中的信息作进一步编码,并将其转入长时记忆中的阶段,是个体运用已有的知识、经验去认识未知事物的属性、联系与关系,直至揭示其本质及规律的思维过程。

从学习的观点来看,当历史知识信息离开短时记忆而进入长时记忆时,这个信息就发生了关键性的转变,这个过程称为编码。编码使历史信息以概念的形式贮存起来,这些概念的意义学生是知道的,并且在学习过程中可以作为正确的参考。

编码虽有多种形式,但编码材料的主要特征是材料本身具有逻辑联系,是有意义的或者是有意义地组织起来的。若材料本身没有或很少有意义联系,则不利于编码,不利于对知识的理解。

另外,学生的认知结构水平也影响对知识信息的编码,影响对知识的理解。若学生的认知结构中没有能够消化新知识的适当观念,或是学生心理发展的水平尚不具备加工新材料的能力,那么这种材料对学生来讲就是不具有意义的。

所以,为了使学生能对历史知识进行编码工作,教师在讲课时要注意知识的逻辑性、联系性、系统性,要考虑到学生的心理发展及认知结构水平,这对于促进知识的理解是十分重要的。

(三)历史学习过程中的巩固阶段

巩固阶段包括知识的保持和回忆。

知识的保持指学生将习得并经过编码的信息转入长时记忆后的存储阶段。知识的保持是通过记忆实现的。学习与记忆密不可分,如果学生所学的知识不能在记忆中贮存,需要应用时又不能提取,就意味着学生没有学到什么知识。可以说知识的保持是学生积累知识与应用知识的前提,同时又是进一步学习新知识的准备。

长时记忆有相当大的容量,而且保持的时间也很长久,甚至持久不逝。不过,由于某些原因,比如新旧记忆之间的干扰,所贮藏的东西也有失去的可能。这就提醒我们,对于那些容易混淆的新旧历史知识,比如"旧三民主义"与"新三民主义",在讲课时一定要把它们的区别讲清楚。

知识的回忆指学生将已习得的历史信息通过检索与提取而再现的过程。在长时记忆中贮存的信息并非全部都能够提取出来,这就要求在检索的过程中提供一定的线索,借助于推理来回忆。提供的线索或者来自于外在的情境,或者来自学习者。这种线索用于使所学的东西配对或使它们能够"联结"起来,以帮助回忆所习得的知识。

(四) 历史学习过程中的应用阶段

学习知识,最终目的在于应用。如果学生不能将学校中学习的知识应用于解决有关课题及日后的生活实践中去,那么学习知识就没有意义。

知识的应用,指学生运用已获得的知识去解决新的练习性课题或实际问题的过程,也就是学生将所学的抽象知识具体化的过程。

应用阶段的第一步是概括。学生在回忆并提取所学的历史知识时,与原来的学习情境已有所不同,经过概括可以将习得的历史知识运用到各种类似的情境中去。概括时,有时要求对记忆的内容重新改造,而不是简单的重述。这时,就要插入学习的迁移和学习者自身的创造。学习迁移是指一种学习对另一种学习的影响。比如,学习了"旧三民主义"及分析、评价的方法,当学习"新三民主义"时,在大脑中自觉检索"旧三民主义"的内容,并同"新三民主义"作比较,运用分析、评价"旧三民主义"的方法(如历史唯物主义的思想方法)来分析"新三民主义",这就属于学习的迁移现象。

为了做好这一步工作,在历史教学中就要注意讲授历史知识的内在联系,并且把科学的分析方法及历史的逻辑思想方法教给学生,使学生的头脑中有一个科学的历史知识框架。同时,还要教给学生迁移历史知识的科学方法、探究和解决问题的方法,以便对记忆的历史知识进行改造和创新。

应用阶段的第二步是作业,也就是练习。通过作业学生可以检测自己学习的情况及结果,可以发现并纠正学习中的错误,从而为新一轮学习提供经验和奠定基础。

应用阶段的最后一步是反馈,相当于强化。反馈通过学习者的习作效果呈现出来,一般是外显式的,可以观察到的。但反馈的主要后果是内在的,它是用来巩固学习,使学会的东西能够持久应用的。

第二节 现代中学生历史学习心理分析

一、学生历史学习的个性心理差异

历史学科是中学一门重要的基础课程。历史学习,对于广大青年学生全面了解人类社会的历史过程,认识历史发展规律,掌握历史经验,逐步形成科学世界观,对弘扬祖国历史的优良传统,继承人类文化的优秀遗产,全面提高国民素质,具有十分重要的作用。然而,出于种种原因,中学历史学习远远没有发挥其应有的作用,甚至连教学大纲和课程标准规定的教育目标也难以实现。有些学生讨厌历史,更别谈好好学习历史了;有些学生虽然喜欢历史,但讨厌历史课、讨厌学习历史;还有些学生对历史及学习历史都有兴趣,但历史成绩却长期没有见长,于是对学习历史丧失动力,等等。

问题出在哪里?这也是历史教育研究者、中学一线教师一直在思考、关注的问题。研究教学问题,必然要研究教学对象即学生。而且,不但要研究学生学习的一般规律和特点,还要深入研究学生在学习具体学科时的特殊规律和特点。这里就涉及历史学习心理问题。

历史学习心理指学生学习历史过程中的有关心理因素以及理解历史知识,发展能力和培养情感、态度和价值观的心理条件。心理学家的研究和大量观测证明,所处的年龄不同,心理发展的程度和特征的不同,生存环境的压力不同,等等,都会导致学生在认知、思维等心理反应和行为表现方面存在明显的差异,这同样也表现在历史学习中。

1. 历史学习中个体间的差异

个体差异指学生不同个体之间在行为方面相对稳定的不相似性。每个学生都是德、智、体、美、劳诸方面素质构成的一个独特的整体。在这个独特整体的素质结构中,任何一位学生总会表现出某些方面的优势和特点,同时也存在某些方面的不足和弱点。心理学研究认为,这是由于他们个体之间的认知差异和性格差异等因素决定的。

认知差异和认知过程密切相关。认知过程是人最基本的心理过程,是人脑接受外界输入的信息,经过头脑的加工处理,转换成内在的心理活动,再进而支配人的行为的过程。在这个过程中存在着个体之间的认知方式和认知能力方面的个别差异,总称为认知差异。

认知方式(风格)是个体在知觉、思维、记忆和解决问题等认知活动中加工和组织信息所显示出来的独特而稳定的风格。认知方式有很多的种类,学生间认知方式的差异主要呈现出场独立型与场依存型、冲动型与沉思型、辐合型与发散型等类别。

场独立型学生对客观事物作判断时,倾向于利用自己内部的参照,不易受外来因素影响和干扰;在认知方面独立于周围的背景,倾向于在更抽象和分析的水平上加工,独立对事物作出判断。场依存型学生对物体的知觉倾向于把外部参照作为信息加工的依据,难以摆脱环境因素的影响。他们的态度和自我知觉更易受周围的人,特别是权威人士的影响和干扰,善于察言观色,注意并记忆言语信息中的社会内容。有关研究还表明,场独立型和场依存型与学生的学习倾向和特点有关系。一般来说,在学科兴趣方面,场独立型者较倾向于喜欢自然科学,而场依存者则喜欢社会科学;在学科成绩上,场独立型者自然科学成绩好,社会科学成绩差;而场依存型者自然科学成绩差,社会科学成绩好;在学习策略上,场独立型者往往采用独立自觉学习,其学习由内在动机支配;场依存型者则易受暗示,学习欠主动,其学习由外在动机支配;在教学偏好上,场独立型者偏好结构不严密的教学,场依存型者则偏好结构严密的教学。

沉思型学生在碰到问题时倾向于深思熟虑,用充足的时间考虑、审视问题,权衡各种问题解决的方法,然后从中选择一个满足多种条件的最佳方案,因而错误较少;冲动型学习者倾向于很快地检验假设,根据问题的部分信息或未对问题做透彻的分析就仓促作出决定,反应速度较快,但容易发生错误。

辐合型学生一般通过已知的信息,利用熟悉的规律解决问题;发散型学生则沿着不同的方向思考,重新组织当前信息和记忆系统中储存的信息,产生出大量、独特的新思想。

表现在历史学习中,场独立型学生善于比较、概括、综合,对历史的阶段特征表述准确、简洁,即在认知方面倾向于更抽象思维和分析水平的加工,独立地对事物作出判断;场依存型学生对历史事件、历史人物,特别是历史问题的结论,依赖权威、偏于记忆,很少能提出自己的见解。沉思型学生无论在课堂上,还是在课下,对历史问题的回答或分析都是仔细认真且经过深思熟虑,结论准确全面;冲动型学生思维敏捷、反应快,但不经过大脑的反复加工,回答问题常常出现偏差,分析问题更是丢三落四。辐合型学生在解答问题时多采取求同的方法,发散型学生则多采取将问题向不同的方向扩展的求异的方法,他们多能创新性地提出与教师、同学不同的观点。

认知能力指个体接收、加工、储存和应用信息的能力,它是人们成功地完成活动最重要的心理条件。知觉、记忆、注意、思维和想象的能力都被认为是认知能力。认知能力的差异是造成学习个体间差异的重要原因。

性格差异也是造成个体差异的重要因素。性格是指人对现实稳定的态度以及与之相适应的习惯了的行为方式方面的个性特征,是一个人经常如何对人、对事和对自己所表现的基本特点。它是一个人的心理面貌本质属性的独特结合,是人与人相互区别的主要方面。一个人的性格一旦形成,就会稳定地贯穿在他的全部行为活动中,因此,我们可以根据一个人的性格特点,预测他在某种情境中的表现。性格是由许多成分或特征组成的,通常其结构可分为四个方面:(1)对现实的态度。其中包括对社会、集体、他人的态度,如关心社会或不关心、对人真诚或虚伪、善交际或孤僻等;对劳动和工作的态度,比如勤奋或懒惰、细心或粗心等;对自己的态度,比如谦虚或骄傲、自信或自卑等。(2)性格的意志特征。表现为对自己行为的调节和控制,包括:自觉性,如目的明确或盲目冲动;果断性,如果断决绝或优柔寡断;坚毅性,如不折不挠或一蹶不振;自制力,如冷静或任性等。历史学习过程中,任何一个学生,不管他的先天禀赋和学习基础多么好,都会遇到不少困难和挫折。比如:乏味的年代、不断变换的地名,容易混淆,不好记忆;复杂的历史事件的因果关系不易分析;加上其他不良因素的干扰,如果没有坚强的意志,是不能坚持不懈、持之以恒地学习并取得优异成绩的。(3)性格的情绪特征。包括:情绪强度,如情绪高涨或安宁冷漠;情绪稳定性,如情绪平稳或激动;情绪持久性,如同样遇到令人悲伤的事件,有的人悲伤情绪持续时间长,有的短;主导心境,如有的人经常欢乐愉快,有的人往往抑郁低沉。(4)情绪的理智特征。这是人在认识事物的态度和行为方式上的差异,包括:感知方面,有人主动、有人被动;思维方面,深刻或肤浅、独立或对立;想象方面,主动或被动、狭窄或广阔、创造或再造。恩格斯指出:"一个人物的性格不仅表现在他做什么,而且表现在他怎么做。"[①]这个"做什么"和"怎么做"便是行为方式的表现,比如在历史学习中不同的学生记忆基本的史实,有的要大声诵读,有的默默记忆,有的要抄写几遍,有的听别人说说就记住了;在讨论历史问题时,有的争先恐后发言,有的默不作声,等等。这些行为都是和学生的性格不同密切相关的。

2. 历史学习中年龄的差异

学生在成长过程中,要经历几个不同的发展阶段,由于其生理和心理是在不断发展和变化的,这就使各阶段呈现不同特点。历史学习也是如此。初中学生和高中学生,由于处于不同的年龄,他们的认知、思维发展水平也不相同,故而对教师的授课形式、自己的学习方式,对历史概念、原理、历史人物、历史事件等的认识和理解程度也不尽相同。

从心理发展和认知发展的阶段特征来看:初中生正值十一二岁至十五六岁,属于少年期,这是个体从童年期向青年期过渡的时期,具有半成熟、半幼稚的特点。从初中一年级开始,学生就开始具备一定的逻辑推理能力,但是不同年级间在推理发展水平和推理运用水平上具有明显差异。初中生思维的创造性和批判性也日益明显。初中生具有强烈的求知欲和探索精神,他们兴趣广泛、思想活跃、敏感,与成人相比较少有保守性,他们喜欢进行丰富的、奇特的幻想,喜欢别出心裁和标新立异,在许多方面都表现出强烈的创造欲望。比如有位教师让学生分析太平天国运动的启示,其中一个学生竟回答说:"参加斗争运动可以不用上学了。"初中生思维的批判性也明显增长,一方面表现在他们不愿轻易地接受别人的意见,对别人的思想、态度及意见,经常要做一番审查;另一方面,表现在他们开始严肃认真地对待自己的思想和主张,能够有意识地调节、支配、检查和论证自己的思想。不过,初中生思维发展的另一个明显的特点就是思维的片面性和表面性非常明显。思维的片面性主要表现在其思想的偏激与极端,不能全面、辩证地分析问题、解决问题,而是抓住一点而不及其余。比如有位学生学习"印度非暴力不合作运动"时,看到"戴着眼镜、身着白布、又干又瘦"的甘地图片时,笑着说:"这就

[①] 马克思恩格斯选集.第四卷[M].北京:人民出版社,1972:344.

是圣雄啊？怎么像个卖菜的老头？"思维的表面性主要表现为，他们在分析问题时，还经常被事物的个别特征或外部特征所困扰，难以深入到事物的本质中。

初中生注重形象直观的感悟，只要历史教师讲述生动形象，具有故事情节，他们就对历史课感兴趣。在历史学习方法上，他们主要靠形象思维记忆历史事件、历史人物，对历史的了解更多的是感性认识，对历史事件、历史现象的表象和本质区别不清，对历史规律的认识还是粗浅的，有时是片面的。

高中学生一般在十四五岁至十七八岁，属于青年初期，是个体在生理上、心理上和社会性上向成人过渡时期。高中生能较长时间地注意与自己兴趣有关的事物，并能分配注意；高中生观察具有一定的目的性、系统性、全面性，但欠精确；高中生初步完成了从具体思维为主到抽象思维为主的过渡，开始理智地思考问题，但时常需直观的、感性经验的支持；高中生意志动机的主动性、目的性增强，能掌握自己的行为，在处事的信心度、果断性、自制性方面有发展，调节力较初中有提高；高中生情绪体验较初中阶段强烈，情绪内容广泛，具有一定的连续性，形成各种心境；高中生兴趣范围进一步扩大，并具有一定的稳定性，性格特征趋向稳定、成熟，外显与内向类型明显；高中生自我意识进一步增强，要求别人了解、理解和尊重自己。自我评价比初中充实、客观，有自我发展、自我实现的要求。但也会出现自我与社会的冲突，有的学生自尊心过强，自我中心突出，一遇挫折就会转化为自卑。

由于个体身心的发展，高中生对历史学习方方面面有了新的认识和要求。比如，高中生对历史教师授课方式不仅要求生动形象、风趣幽默，同时更注重历史教师对历史事件、历史现象的分析有自己独特的见解；在教学方式上更主张提倡民主学风，希望教师提供原始材料，自己进行鉴别分析；在对历史问题的研究上更渴望师生之间以平等的关系展开讨论或辩论。总之期望在历史学习过程中教师多提供施展才华的机会，成就需要更强于初中学生。

年龄的差异造成认知水平、思维水平的不同，也表现在历史学习的能力上，初中生与高中生形成阶梯状态：初中生对历史事件、历史人物的把握，易于记住一人一事、一地一国，纵横联系的能力差；在课堂上求同思维多于求异思维，较少提出与教师和其他学生的不同观点或理念；由于知识储备和阅历的制约，对历史材料的处理、分析阅读和从材料中提取有效信息能力差；在历史问题的概括、综合能力表现上有一定的困难。高中学生认知水平、思维能力更加成熟，已基本完成向理性思维的转化，而且抽象逻辑思维占优势。他们对历史事件、历史现象等具有重新整合的能力，他们的思维更具有独立性和批判性，他们的历史比较、分析、概括、总结能力增强，不仅能从历史材料中提取有效信息，并且能对历史问题发表自己独到的见解。

二、历史学习有障碍学生的表现及归因

每个学生都带着自己的动机、兴趣、态度和价值观、方式方法、能力等走进历史课堂，进行历史学习。他们中有成功的也有失败的，学习失败的，大多是某方面产生了学习障碍。

 案例研究

首师大附属丽泽中学的田学茹教师将历史学习障碍的特征或表现归纳为①：

表现一：尽管很努力，就是学不好。在历史学习中有这样的学生，上课听讲很认真，笔记做得十分仔细，教师讲的每一句话都不落下，满脑子装的都是别人对教材的理解，没给自己留下一点思考的空间；在复习知识时，

---

① 田学茹.历史学习中若干心理问题分析及对策[EB/OL].http://hist.cersp.com/kcjs/kcyj/200606/3084_6.html.

按图索骥,照着教师上课的思路死背笔记,没有自己对教材重点、难点和重要结论的理解;所学过的历史知识在其脑子里七零八乱,没有形成自己的知识结构;对于历史问题的分析,找不到切入点,也提不出自己的看法,只求得到课本或教师所给的现成答案……久而久之,这样的学生在历史学习中不能主动地去发现问题、提出问题,更不能积极地分析问题和解决问题,从而导致死记硬背、生搬硬套、思维呆滞。

表现二:与上一种情景相反,严重者上课不带书本,不认真听课,有时做其他作业,有时养神休息。上课注意听讲的时间不定,有兴趣则长,无兴趣则短。阅读历史教材,看不进去也记不住,教师提的问题根本不去考虑。作业靠抄袭别人,考试前开几天夜车,混个及格就心满意足。这样的学生放松怠懈地对待历史学习,结果多次失去丰富历史知识、培养历史思维能力的机会。

表现三:学习历史凭兴趣,遇到教师讲的和他所读过的历史课外读物、看过的历史影视作品内容有关联的,与他头脑中知识准备的信息产生共鸣,兴致所至时全神贯注地听讲,积极思考问题;遇到教师讲有关政治、文化、经济内容,理论性比较强,他就降低兴趣,不听也不记;课堂讨论中,他熟悉的事情,积极发表自己的见解,出手快,但答不到点子上。由于平时历史学习过程的不完整,最终历史知识体系的构建支离破碎,结果却产生这样的心理:最初对历史学科充满希望,但理解或测验的结果常常使他(她)失望,尔后历史学习的兴趣逐渐减退。

表现四:学习重结果而轻过程,平时很少阅读历史教科书,上课也不认真听讲,预习、复习根本谈不上,但每次测验、考试成绩不理想,不从自己主观找原因,总是强调教师复习得不充分、押题不准、出题太难,或者强调自己考试座位不好、运气不佳,为考试成绩和家长、和教师怄气,自己心里却有解不开的扣:我也和别人一样学,我也不想考不好,结果却这样,历史课如此难学,不如破罐子破摔,从此放弃对历史学科学习的兴趣。

表现五:有的学生,特别是女学生居多,一个学期也很少和同学讲话,与教师交流。他们上课眼睛睁得大大的盯着教师,下课就把头埋在课本里、作业中。交上的作业、课堂笔记工工整整,每天学习时间都很长;历史课堂讨论,听不到他们的见解,下课询问问题,不见她们的踪影。她们有问题不敢问教师,怕笑话,不敢问同学,怕同学看不起,问题越积越多,时间久了历史学习信心没了,从别的同学那里吸取有效信息的机会少了……闭门造车严重地阻碍他们历史学习及个性的全面、良性的发展。

表现六:也有这样的学生,小学时学习在班中名列前茅,还曾任班干部,但到中学后,父母基于对其期望值过高,管教也就十分严厉,而且管教的焦点放在学习成绩上。这些学生多为男生,到初中再也不是小学听话的小孩儿,他们好动、贪玩、酷爱体育、追求球星,结果学习成绩从初一到初三"急流勇退",到高中,科科都表现出学习困难,数、理、化、外底子薄,学不会,文科没兴趣,也不会学,乃至于学不会。对历史学科有这样的认识:不就是那么点事和人,比其他学科好学多了。可是历史成绩无论如何就是上不去。家长抱怨:"连历史这样的副科也学不好?"学习不好,也得不到教师重视和关注,为此十分苦恼,无法排解,成绩不断出现滑坡现象,最后对学习彻底失望,选择了逃避和退缩。

当然,产生历史学习障碍的表现还很多,可谓纷繁多样、林林总总,以上六种表现具有普遍性和典型性,它们都严重地阻碍学生的历史学习。运用教育学、心理学原理对其进行分析和归因,大致如下:

表现一的学生主要是因为其历史学习的能力低造成的。 历史学习能力是历史学习成败的决定因素,它是指顺利完成历史学习活动所必需的并直接影响活动效率的个性心理特征,它直接影响着历史学习方方面面。

学生要把感知的语言、文字和其他信息真正变成个人的知识财富,必须具备接收并理解这些感知材料的认知心理结构。也就是说,信息只有经过大脑已有的认知结构的处理,才能转化为个体所理解并掌握的知识。比如要使学生掌握氏族、氏族社会等知识,就要利用他们在实际生活中已观察到并形成概念的有关现代家庭的生活方式和家庭结构,否则学生就不容易理解数十万年前的原始社会的有关氏族、家庭和社会的历史知识。这就涉及到认知发展能力问题。

认知发展能力是心理发展中极其重要的组成部分，一般指与大脑生长和知识技能有关的发展方面。具体地说，"它涉及人在知觉、记忆、思维、语言、智力等方面种种功能的发展变化"①。对于历史学习来说，历史思维能力至关重要。表现一的学生"满脑子装的都是别人对教材的理解，没给自己留下一点思考的空间"，缺乏的就是历史思维能力。

"学而不思则罔，思而不学则殆"②。学习中，必须学思并重，不可偏废，学思结合，相辅相成。"心之官则思，思则得之，不思则不得也"③。人们必须运用心官（即开动脑筋），积极思维。积极思维，就能获得知识，反之就不能获得知识。历史学习同样如此。

历史思维能力的内涵，上海杨浦高级中学历史特级教师曹家骜将其归纳为三个层次。第一层次："是什么？"从教学角度看，要求学生由不知到知；从命题角度看，考查学生再认再现历史知识和获取信息处理历史材料的能力。第二层次："为什么？"从教学角度看，要求学生由知其然到知其所以然；从命题角度看，考查学生运用各种思维方法评价分析历史现象以及阐述历史发展规律的能力。第三层次："还有什么？"从教学角度看，要求学生具有深刻性、广阔性、灵活性、独立性、批判性等思维品质，培养学生发散思维（围绕某一个中心，多角度、多层次向四周辐射，进行积极的想象或联想）和创造性思维（以新颖独创的方法解决问题的思维过程；通过这种思维不仅能揭露客观事物的本质及其内部联系，而且能在此基础上产生新颖的、独创的、有社会意义的思维成果）的能力；从命题角度看，考查学生由此及彼的历史知识迁移能力及应用能力。比如资产阶级的"三权分立"思想，源于古希腊雅典的奴隶民主政治，到17世纪中期西方出现"契约说"，18世纪时法国启蒙思想家孟德斯鸠提出立法、行政和司法三权分立的学说，"契约说"成为1787年美国宪法的起源，"三权分立"成为该宪法的原则。1912年制定的《中华民国临时约法》，规定了资产阶级三权分立的政治体制。扩散性思维能使学生对历史知识的掌握产生延伸和扩展，同时产生对知识的渴求和疑惑："三权分立"为什么在中国行不通？学生多角度思考和合理联想就会有疑。

表现二的学生可归因为：历史学习动机不明确，历史学习态度不积极。动机指推动和维持个体活动并将该活动导向某一目标，以满足个体需要的内部动力。"要有效地进行长期的认知领域的学习，动机是绝对必要的。"④动机一般具有以下三种功能：一是激活功能，即动机能激发人产生某种活动。二是指向功能，即在动机的支配下，个体的活动总是指向一定的目标或对象，使行动朝着预定的目标进行。动机不同，个体活动的方向和追求的目标也不同。三是强化功能，动机对行动的进行起着维持和加强作用，强化行动使其达到目的。

动机包括学习动机、成就动机、交往动机。对学生学习影响较大的是成就动机和学习动机。

成就动机是人们在完成任务时力求获得成功的内部动因，即一个人对自己认为重要的、有价值的事情愿意去做，并努力达到完美地步的一种内在推动力量。学生的成就动机对学习活动具有重要的影响作用。心理学家对成就动机的强度与学习效果的关系作了许多深入的研究。弗伦奇和托马斯（E. G. French & F. Thomas）曾在研究中让被试解决复杂的学习问题。结果发现，具有强烈成就动机的学生比成就动机低的学生有较高的学习劲头和直到把问题解决为止的学习毅力。⑤ 韦纳（B. Weine）等人研究指出，成就动机高的被试在执行某项学习任务失败后的情况下，仍然比成就动机低的

---

① 邵瑞珍主编.教育心理学[M].上海：上海教育出版社，1997：250.
② 《论语·述而》。
③ 《孟子·告子上》。
④ 邵瑞珍.教育心理学[M].上海：上海教育出版社，1997：295.
⑤ 张承芬.教育心理学[M].济南：山东教育出版社，2000：511.

被试有较大的学习热情和继续完成此项学习任务的信心及努力行动。[①]

成就动机主要由认知的、自我提高的和附属的三种内驱力构成。奥苏伯尔认为学生众多的学习行为都可以用这三方面的内驱力来加以解释。认知内驱力是要求了解与理解知识、阐述与解决问题的需要,即以求知作为目标的内在驱动力量。自我提高的内驱力指个体因自己的胜任能力或工作能力赢得相应地位的需要。自我提高的内驱力不是直接指向学习任务或学习目标,而是指向在集体和他人心目中赢得怎样的地位,并且把活动中取得的成就看做是赢得相应地位的手段。附属的内驱力是一个人为获得长者、领导者和同伴们的赞许、认可而表现出来的一种搞好学习或工作的需要。

学习动机是唤起个体进行学习活动、引导行为朝向一定的学习目标,并对此种学习活动加以维持、调节和强化的一种内在历程或内部心理状态。学习动机的类型有多种划分方法,根据动机作用的时间长短以及它与活动目标的关系,可以分为近景的直接性动机和远景的间接性动机。近景的直接性动机是与近期目标相联系的动机,例如,为了应付老师第二天的提问而复习功课,为了应付考试而复习等。远景的间接性动机是与学习的社会意义和个人的前途相联系的动机。根据学习动机的动力来源,可以分为内部学习动机和外部学习动机。内部动机是指由个体内在的需要引起的动机,它对学习的推动作用有一定的稳定性和持久性。外部动机是由学习活动的外部因素引起的,例如,为了获得教师和父母的奖励、同伴们的赞许或避免教师和父母的惩罚而努力学习。

表现二的学生历史学习的动力既不是来自于认知内驱力,也不是来自自我提高的内驱力,这类学生多属于胸无大志,有的只是近期目标和眼前目标;学习态度上缺少积极性,主动性差,难以形成良好的学习习惯;学习目标不明确,历史学习功利性强;学习动机层次浅,很难保持持久,也不会对历史问题进行深入研究,他们追求的一个目标就是完成眼前的任务:混及格——能毕业。

表现三的学生,从学习心理的角度来看,是其学习策略十分欠缺。所谓学习策略,一般地讲,是指在学习的情境和活动中,学习者对学习目标的认识,对学习规则的掌握,对学习过程的调控,对学习方法的运用等。"学习策略是学习的执行监控系统"[②],它是衡量学习能力的重要尺度,又是决定学习效率和学习效果的主要因素。学习策略的功能主要包括:明确学习任务,激活学习动力,控制学习行为,选用学习方法,分析学习得失,评价学习效率。

表现三的学生在进行历史学习时,不了解历史学习功能,学习任务不明确,只是凭兴趣、凭激情学习,但是他们的学习兴趣只是一时的直接兴趣,并没有上升到对历史学习的理性认识,这种直接兴趣就很容易不稳固和不持久,一旦学习成绩不理想,就产生失望情绪,历史学习的兴趣也逐渐减退。另外,他们不了解历史知识具有过去性、具体性、综合性、思想性和联系性的特点,特别是联系性,如政治、经济、文化等领域之间的联系,某一领域的纵向发展中的联系,古与今的联系,中与外的联系,原因与结果的联系,表面现象与内在因素的联系,等等。只对感兴趣的知识加以关注,历史知识的系统性不完整,直接阻碍历史学科能力的形成。某种程度上讲,记忆是历史学习的基础,只有掌握大量史实才能以此为前提,对历史事件、历史现象进行分析,探寻实质、总结规律。但历史学习中,历史史实庞杂纷繁、人物众多,此类学生学习无策略、无计划、无方法,意志品质方面又缺少恒心,以为凭着一点兴趣就可以学好历史,结果遭受的只能是无情的打击。

表现四的学生,阻碍其历史学习的主要原因是对学习成败的归因出现偏差。归因理论是关于判断和解释他人或自己的行为结果的原因的一种动机理论。美国心理学家伯纳德·韦纳(B. Weiner)认为:能力、努力、任务难度和运气是人们在解释成功或失败时知觉到的四种主要原因,并将这四种主

[①] 张承芬.教育心理学[M].济南:山东教育出版社,2000:511.
[②] 蒯超英.当代学习心理学丛书——学习策略[M].武汉:湖北教育出版社,1999:45.

要原因分成内外、稳定性、控制点三个维度。每一维度对动机都有重要的影响。在内外维度上,如果将成功归因于内部因素,会产生自豪感,从而动机提高;归因于外部因素,则会产生侥幸心理。将失败归因于内部因素,则会产生羞愧感;归因于外部因素,则会生气。在稳定性维度上,如果将成功归因于稳定因素,会产生自豪感,从而动机提高;归因于不稳定因素,则会产生侥幸心理。将失败归因于稳定因素,将会产生绝望感;将失败归因于不稳定因素,则会生气。在控制点维度上,如果将成功归因于可控因素,则会积极地去争取成功;归因于不可控因素,则不会产生多大的动力。将失败归因于可控因素,则会继续努力;归因于不可控因素,则会绝望。将失败归因于内部、稳定、不可控时是最大的问题,会产生习得性无助感。

表现四中历史学习形成障碍的同学往往归因于外部,不能真正地认识自己、评价自己,却用怪罪教师或同学来释放自己心中的沉重负荷,但结果在心中结成疙瘩,反而影响其历史学习。

表现五的学生,主要是性格特征影响历史学习,阻碍历史学习能力的培养和历史思维水平的提高。心理学把表现在人的态度和行为方面的比较稳定的心理特征叫做性格。性格是由各种特征组成的有机统一体。在日常生活中,我们常常讲到人的个性,实际上主要是指人的性格。性格贯穿着一个人的全部心理活动,调节着整个行为方式。性格是非常复杂的心理构成物,主要有以下几个方面:一是对现实的态度特征。即人在处理各种社会关系方面表现出来的性格特征。包括对社会、对集体、对他人的态度;对劳动和劳动产品的态度;对待自己的态度。二是性格的意志特征。如有的人意志坚强,锲而不舍;有的人意志薄弱,容易动摇。三是性格的情绪特征。如有的人情绪稳定,有的人则喜怒无常。四是性格的理智特征。指人在感知、记忆、想象和思维等方面表现出来的特征。

表现五的学生,性格特征是:外倾性差,喜欢独处,办事缺乏主见,被动,总是被人支配,而又沉默寡言。随和性不够,不太关心别人的事,与人合作困难,做事循规蹈矩。情绪稳定性相对比较好,很少有大起大落的情况,但遇到陌生环境会害怕,胆子小,上课不敢发言,和教师说话脸就红,情绪变化表面稳定,内心波澜很多……这些因素严重地阻碍他们历史学习及个性的全面、良性的发展。

表现六的学生,一方面是个人历史学习态度不端正,另一方面,家庭、升学等也带来了不小的压力,加上能力差,底子薄,不受教师关注,于是对学习丧失了兴趣。学习态度是学习者对待学习的较为稳定的肯定与否定的内在反应倾向。学习过程中,学生对学习的看法不同,学习中的体验不同,就会产生不同的心理反应倾向。可能是肯定的、积极的,也可能是否定的、消极的;可能是主动的,也可能是被动的;可能是认真仔细的,也可能是马虎大意的。这些都属于学习态度。

学习态度由认知、情感和行为倾向三种心理成分构成。认知指对学习的认识与看法,也就是价值判断,它与学习者的价值观念紧密联系。认为学习重要、有用,就会积极、主动地去学;认为学习用处不大或无用,则消极、被动地去学习。表现六的学生没看到历史学习的价值,凭个人经验错误地低估了历史学习的内容和目标,认为"不就是那么点事和人,比其他学科好学多了",学习态度上的不端正导致学习方法、学习策略走向误区,根本不可能带来良好的学习效果。教育心理学家认为,情感的主要心理成分包括两大部分:一是主体自身的精神需求和人生价值的体现;二是在上述需要满足和价值体现过程中的感受、体验、评价、移情和选择。由于能力差,底子薄,再加上学习方法等出了问题,学习成绩不断下滑,导致表现六的学生不可能有任何自身需求得到满足,对学习也就丧失了兴趣和信心。行为倾向是指以注意、期望和毅力等形式表现出来的心理定向活动。比如在学习中是全神贯注还是分神分心;学习遇到困难时,是想方设法努力克服,坚持到底,还是逃避退缩,半途而废。成绩差,压力大,认识和能力上的原因使学习成绩不可能得到提高,又缺乏鼓励和指导,长此以往,不可能有屡败屡战不灰心的勇气和决心了,对学习逃避和退缩就是自然的了。

三、影响中学生历史学习的基本因素

影响中学生历史学习的因素很多,归纳起来主要分为内因(学生自身的原因)和外因(学生生存环境的原因)两种。

1. 内因

首先是学生的"前认知形态",也就是学习前的知识储备和认知储备情况。学生在进入历史学习时,头脑中并非一片空白,他们已经有了一定的历史意识和观念。这是由于学生所处的社会和生活中存在着大量和历史有关的信息,这些信息被学生有意或无意地接收,在他们头脑中形成或多或少、或深或浅、或对或错的认识。比如看过《中华上下五千年》之类的书籍而对中国历史有了大致了解,听过三国故事或看过三国题材的影视作品对三国时期历史有一定了解。学生历史学习需要在原有的认知结构上重新建构对历史的认识。"前认知形态"往往是一把双刃剑,一方面知识基础好、认识水平高的学生思维比较活跃,悟性较高,学习起来比较轻松,不用被动接受和记忆式地进行学习,能够较快地接受熟知的历史信息。另一方面它也可能成为学习中的干扰因素,比如过分相信自己的"前认知"而固执己见,从而影响接受新知识。另外,由于初中生特别是初一学生的人生观、价值观还不成熟,"前认知形态"好的学生,在课堂上一般极易得到表现机会,若没做好引导工作,有时伴之而来的可能是一种"目空一切"的自负,这对学生的发展是不利的。

教师可以根据对学生"前认知形态"的大致了解而灵活授课。对于学生"前认知形态"整体较差的班级,教师要让学生做好课前预习,这样才能更好地在课堂上开展师生互动。对于"前认知形态"整体较好的班级,教师在完成教学目标要求的前提下,课堂上要尽量多给学生讨论交流的机会,当然,教师要做好引导和总结,这样历史课堂就能充满生机与活力。

其次是历史思维能力。中学生在历史学习活动中,能否依据科学的历史思维观念,恰当地运用相关历史思维方法解决历史问题,可以反映其历史思维能力水平的高低。一般而言,初中生历史思维观念方面比较薄弱。初中生形象思维活动占较大的比重,思维积极活跃,但往往是自由式的,控制式的比较少,其思维往往是枝节性的而不是整体性的,甚至容易出现错开时空的偏离性想象和联想。高中生抽象思维能力逐渐加强,在理解的基础上能自觉运用历史思维方法对历史问题展开理性思考,思维的独立性、批判性和创造性有显著的发展,不过也容易出现思维的片面性和表面性。所以历史教师在教学中要根据学生的年龄特征和心理特征,有意识地对学生进行思维训练,比如分析历史事件、评价历史人物、比较历史事物异同、概括历史过程、归纳论证某些历史观点等。多与学生进行互动交流,注重学生思考、讨论过程中的启发和引导,鼓励学生大胆思考,敢于创新,及时纠正学生思考过程中的错误或偏差,通过这种理论和实践相结合的学习活动,培养学生的历史思维能力。中学历史教学改革中,研究性学习、探究性学习是一个热点,也是培养、提高学生历史思维能力的较好的方法。

再次是学习动机、兴趣、态度、意志等关系到学生学习动力及自控能力的因素。兴趣指人探究某种事物或从事某种活动中带有强烈情绪色彩的心理倾向。兴趣是动机的重要表现形式,学生学习有了动机的推动,使其学习行为指向学习目标,并会因此在达到目标时,感到心理上的满足,从而产生兴趣,推动新一轮学习。现代认知学派心理学家皮亚杰认为:"强迫工作是违反心理学原则的,而且一切有成效的活动必须以某种兴趣为先决条件。"[1]

兴趣包含的内容很广泛,这里重点来谈学习兴趣。学习兴趣是在好奇心和求知欲的基础上产生的认知倾向。好奇心是由新奇事物引起的一种朝向、注意、接近、探究反应;求知欲是一种渴望获得知

---

[1] 陈家麟.学校教育心理学[M].北京:教育科学出版社,1995:92.

识的意识倾向。在二者基础上产生的力求获得知识或爱好某种事物与活动的倾向,便是学习兴趣。学习兴趣是学习中最现实、最活跃的心理成分,是提高学习效率的一个重要心理因素。学习兴趣对学习活动有巨大的吸引力和推动力,会使学生产生积极的学习态度,能增强学生的自信心,巩固并增强原有的学习动机,甚至能使学生进入忘我学习的境地。根据学习兴趣的起因,可以分为直接兴趣和间接兴趣。直接兴趣是由对学习活动本身或学习内容感到需要,能够引起学生的关注、探索或者激动和愉悦,因而产生兴趣。新奇的、符合认知需要的事物容易引起学生的直接兴趣。直接兴趣对学习具有较强的推动力,但往往缺乏持久性。苏联教育家苏霍姆林斯基曾说过:"如果你追求的只是那种表面的显而易见的刺激,以期引起学生对学习和上课的兴趣,那你永远也不能培养起学生对脑力劳动的真正的热爱。"间接兴趣是由对学习目的或未来的结果感到需要而产生的兴趣。间接兴趣较稳定,能使学生学习具有自觉性,能长时间地保持求知欲,并能激发直接兴趣产生。目前不少中学生历史学习兴趣的层次还较低,许多还停留在较有刺激性的历史情节中,也就是说停留在直接兴趣上。教育心理学认为,凡是学生对掌握某种科学知识的必要性和重要性有充分的认识时,就会对它产生间接兴趣,从而激励自己去学习那种原本并无直接兴趣的知识。而现实中,不少学生没有意识到历史学科的重要性,形不成必须掌握的迫切感。北京教育科学研究院基础教研中心张静教研员曾对高中学生历史学习态度进行问卷调查,其中在"历史学习兴趣和动机调查反馈表"中,认为"历史课对提高自身素质有好处"的未分科高中生只占57%。[①] 这样,一旦对所学内容感到乏味,或者理解起来感到困难时,直接兴趣下降,学习缺乏动力,学习效果势必受到影响。

意志是人们为达到一定目的,在行动中自觉克服内部和外部障碍的心理过程,是人的主观能动性的突出表现。意志行为的心理过程一般分为三个阶段,即决心、信心和恒心。在学习活动中,学生第一要下定决心,明确学习目的;第二要树立信心,建立坚定信念,相信自己的能力;第三要持之以恒,百折不挠,才能取得学习的成功。不过其中较为重要的是自信心的作用。

自信心在下列方面影响学习行为:首先,自信心影响学习者对学习任务的选择、接受和努力程度。学生如果认为任务超出自己能力范围,一般会回避。反之,如果觉得自己能胜任,就会积极投入。其次,自信心影响情绪反应和学习准备状态。缺乏自信常常会把困难估计得远比实际的可怕,情绪反应过于强烈或反应不够;常常分心,对任务不专注而考虑学习任务以外的事情,比如怎样避免不能完成任务而可能受到的惩罚。再次,自信心影响学生学习的坚持性和努力性。低自信心的学生常常为保护自尊而放弃努力,表现出低坚持性。值得一提的是,历史学习中,有的学生自信心比较高,不过是建立在一种对历史学习的不正确的认识上,认为历史学习就是多记记背背,考试前下工夫苦学一下,考出好成绩还是没啥问题的。当然,学习时有自信心是必要的,不过要注意纠正这种"盲目"的自信,毕竟历史学习除了记忆,更多的还是理解和思考。

意志对学习活动的制约作用主要表现在志向水平和意志品质两个方面。志向水平是指个人期望达到目标的水准。心理学家勒温(K. Lewin)和霍普(F. Hoppe)等人曾对志向水平进行过实验研究[②],他们发现一个人的成败体验不仅仅依赖于活动的结果,也依赖于志向水平。一般说来,学生在学习中经常取得满意的结果,会有利于巩固和提高志向水平,产生较高的学习积极性。反之,常常失败的结果,会降低志向水平,挫伤学习积极性。意志品质是一个人在现实生活中所形成的相对稳定的意志特点,它包含四个方面:第一,意志的自觉性,指人能够明确意识到自身行为的目的意义,从而独立地维持和调节自己的行为,直到达到既定的目标。第二,意志的果断性,指人能够迅速地明辨是非,作出判

[①] 张静,李校风,姚岚,孙楠.历史学习方略[M].北京:高等教育出版社,2003:32.
[②] 高觉敷.西方近代心理学史[M].北京:人民教育出版社,1982:353.

断,作出决定并执行决定。它与人的思维能力特别是抽象思维能力密切相关。第三,意志的坚持性或坚忍性,也就是常说的"毅力",指人努力克服来自内、外部的种种困难,完成预定的任务,实现最终目标的品质。它对学生的学习活动起着重要作用。第四,意志的自制力,指人善于控制和支配自己的行为的能力。自制力强的学生即使周围学习环境或氛围再差,也能努力克制住自己不受干扰,一般学习都比较刻苦,也更容易取得学业成就。

历史学习过程中,任何一个学生,不管他的先天禀赋和学习基础多么好,都会遇到不少困难和挫折。比如:乏味的年代,不断变换的地名,容易混淆,不好记忆;复杂历史事件的因果关系不易分析;加上其他不良因素的干扰,如果没有坚强的意志,是不能坚持不懈、持之以恒地学习并取得优异成绩的。为此,在教学中应通过多种途径和方式来锤炼学生的意志。历史上有不少鲜明的例子可供借鉴,比如越王勾践卧薪尝胆,经"十年生聚"、"十年教训"最终灭吴;李时珍费尽毕生精力遍尝药草,访问药农,最后终有所成,等等。在课外,还可指导学生持之以恒地进行资料的搜集、整理,比如剪贴有关报纸、收集历史图片、制作历史资料卡片等。锤炼学生的坚强意志,对历史学习的促进作用是不言而喻的。

最后是自我评价。自我评价包含于自我意识之中。自我意识指一个人对自己的认识,包括对自己的存在及自己与周围的人和物的关系的认识。人们总是在不同的自我意识水平条件下认识和理解与自我有关的事件的意义,并从维护或发展自我价值的立场出发,选择适合于自己的价值取向和行为表现的。自我意识还包括自我观察、自我体验、自我监督等多种形式,不过自我评价对学习起着更为直接的作用。

自我评价指个人对自己多方面的、综合的看法。进入中学之后,学生的自我评价能力在同他人的交往中获得了迅速的发展。他们开始自觉地评价自己,并越来越重视同龄人对自己的评价。一起学习时,中学生经常把自己和同学比较,在比较的过程中认识自我。目前我国教学体制中的考试制度,以及相伴而生的竞争性奖励结构和社会对优胜者的赞同,都相当程度上引发了以竞争为目标结构的动机系统。在这种动机系统的引导下,所获得的成绩本身并无意义,只有和别人进行相互比较后才变得可以解释,并从中鉴别出自己能力的高低以及形成对自己的评价。这种比较后的自我评价一方面有助于学生给自己合理定位,胜不骄、败不馁,不断取得进步;另一方面又容易走向一种误区,特别是学习成绩一直比较差的学生,因连续失败会导致降低自我评价,产生一种"习得无助感",认为自己就这个样了,于是丧失进取的动力。

2. 外因

首先是社会和家庭的影响。马克思主义认为,社会存在决定社会意识。按照这一原理,学生的需要、学习动机等很大程度上是社会要求在学生头脑中的反映。市场经济下,自然科学、应用学科比起人文学科,能带来直接的经济效益和社会效益。虽然目前一直呼吁加强历史等人文学科建设,但人们思想观念上的转变及接受还需要一个过程。加上历史学本身尚未真正找到自己在当今社会中的适当角色,其自身价值的凸现还需要经历一段时间。而中学阶段学生的人生观、世界观尚未形成,对周围事物的认识和判断往往注重表面现象,缺乏理性的分析和思考,于是易造成思想认识上的"近视症",认为学历史没啥用。教师强调历史学科的重要性会被学生视为"王婆卖瓜",理科班学生更是如此。

家庭是社会的细胞。父母等长辈的影响在子女学习目的、学习态度、学习动机等方面的形成中常常起着潜移默化的作用。心理学家菲利普斯(E. L. Phillips)和亚当斯(C. F. Adams)对学习成绩优良的和学习成绩原可优良但实际却很差的中学生进行对比研究,发现家庭对学生学习要求上的差异影响学生的学习动机特别是成就动机。[1] 心理学家凯尔(Kahl)和赫尔赛(Halsay)等人于1961年进行了一次研究[2],对

---

[1] 张承芬.教育心理学[M].济南:山东教育出版社,2000:530.
[2] 徐胜三.中学教育心理学[M].北京:人民教育出版社,1993:118.

一组打算上大学的男生和另一组不打算上大学的男生进行调查研究和比较,结果表明,父母的期望和教育对子女学习产生很大影响。一般说来,家庭关系比较和谐,父母关心子女的学习并给予适当的鼓励和帮助,就会提高子女的学习积极性;反之,父母对子女的学习漠不关心或要求过高、干涉过多,家庭关系紧张,将会影响子女的学习情绪和学习积极性。

学生在历史学科上的学习积极性较大程度地体现了长辈的态度及要求。历史课是"小三门",是副科,学习历史没多大用处,不要在历史上浪费时间,等等,这些思想观念在学生家长中普遍存在,于是他们对子女学习历史要么漠不关心,要么干涉过多甚至不许投入精力学习历史,这必然会影响子女的历史学习情绪和学习积极性。另外,父母等长辈的职业和专业兴趣可能会从一定程度上影响学生对某个学科的兴趣,包括历史学科。比如父母是历史教育工作者,或者父母喜欢历史影视剧、历史读物,喜欢探讨历史人物、历史事件,等等,子女可能会受其影响,对历史学习产生或多或少的兴趣及积极性。

其次是学校因素的影响。主要包括教学媒介和学校课程安排。教学媒介泛指任何用来传播知识的手段,包括教材、教参、读物等书本材料及模型、挂图、录像、幻灯片等辅助教学设备。目前,在我国的许多中学历史的教与学中,主要的教学媒介就是历史教科书。有时它甚至是唯一的教学媒介。学校能给学生提供的历史读物并不多,许多中学(尤其是贫困地区)甚至连图书室、阅览室也是形同虚设,更别说提供历史读物了。这对学生的历史学习是十分不利的。另外,在学校的具体课程安排上,历史课常常排在上午最后一节或下午,并且还经常安排在体育课、音乐课、实验课、计算机操作课等课程的后面,导致学生的注意力不能很快地集中,这对历史学习也是大为不利的。

再次是教师因素的影响。一是教师的业务水平影响课堂教学气氛。这里的"业务水平",主要指教师对教学内容的处理、教学方法和教学手段的运用等。教师的业务水平直接影响课堂教学气氛。课堂教学气氛指班级集体在课堂教学过程中所形成的一种情绪、情感状态,包括师生的心境、态度、注意状态、情绪波动以及课堂秩序等,它是在课堂教学情境的作用下,在学生心理需求的基础上产生的情绪情感状态,反映了学生对情境的反应和投入学习的程度。我国心理学家根据师生在课堂上表现出来的注意状态、情感状态、意志状态及思维状态,将课堂气氛分为三种类型,即积极的、消极的和对抗的,见下表[①]:

表 7-1 课堂气氛的类型

课堂气氛类型 师生的心理状态	积极的	消极的	对抗的
注意状态	师生对教学过程全神贯注甚至入迷	呆若木鸡,打瞌睡(在老师严厉的情况下),分心,搞小动作(在教师管理课堂能力较差的情况下)	1. 学生的注意指向与课程无关的对象,而且常常是故意的。 2. 教师为了维持课堂纪律而被迫分散对教学过程的关注。
情感状态	积极、愉快、情绪洋溢、师生感情融洽	压抑的、不愉快的(在教师较严厉的情况下),无精打采,无动于衷(在教师管理能力较差时)	1. 学生有意捣乱,敌视教师,讨厌上课。 2. 教师不耐烦,乃至发脾气。

[①] 张承芬.教育心理学[M].济南:山东教育出版社,2000:606.

续表

课堂气氛类型 师生的心理状态	积极的	消极的	对抗的
意志状态	坚持,努力克服困难	害怕困难,叫苦连天,设法逃避	冲动
思维状态	智力活跃,开动脑筋,从而迸发出创造性,教师的语言生动、有趣、逻辑性强,学生理解和解答问题迅速	思维出现惰性,反应迟钝	不动脑筋

罗杰斯"以学生为中心"的教学理论对课堂气氛的作用作出了解释。他强调课堂气氛的心理渲染作用,认为教学心理气氛决定着人的"自我"是否能被开掘、发展和完善,决定着人的先天潜能是否能够最大限度地得到实现,决定着人的创造能力、应变能力是否能够最有效地形成,因而决定着教学工作的成败。① 良好的课堂教学气氛可以有效地激发学生的内在情感和动机,协调人与人之间的关系,形成强大的合力,对学生学习起着潜移默化的导向和促进作用。

如果教师的教学内容老套,教学方法枯燥,教学手段单调,那么学生缺乏学习兴趣,无法唤起学生强烈的学习动机,学生的注意力就不能集中于课堂学习,经常分心,搞小动作,课堂秩序混乱。学生上课会感到压抑、厌烦,不动脑筋思考,思维僵化。当然,教师提高"业务水平"是一个渐进和积累的过程,具体到课堂教学上,教师要注重教学内容的适当更新,根据教学内容采用灵活多样的教学方法,配合使用教学挂图等直观教具以及幻灯、投影、多媒体课件等现代化教学手段,创设积极的课堂教学气氛,激发起学生的学习兴趣和学习动机,让他们全身心地投入到课堂学习活动中,与教师的教学积极而愉快地互动。

二是教师的情感与威信影响学生学习心理。现代心理学研究表明,认知与情感密不可分,有效的认知往往伴随着肯定、赞许、羡慕等积极的情感,而厌烦、不满、鄙视等消极的情感很难引发积极的认知。情绪、情感具有感染性,教师本身的情感状态,较大地影响着学生的感触,使课堂上出现某种心理气氛。比如,教师板着面孔进课堂,带着情绪上课,无形中就跟学生拉开了距离。所以,教师在课堂上要保持健康的情绪、积极的情感。

教师的威信是指教师具有的使学生感到信服的精神感召力量。保加利亚心理学家洛扎诺娃认为,教师的威信可以使教师获得学生尊敬,使学生对教师产生信任感,能对学生产生心理上的吸引力,使学生乐于受教。德国哲学家和教育家赫尔巴特认为,"绝对必要的是教师要有极大的威信,除了这种威信外,学生不会再重视任何其他的意见"②。

教师的威信是在长期与学生相互交往中形成的,现在不少中学生都有一种对教师的崇拜心理,包括对历史教师。当一位有威信、受学生喜爱的教师走进教室时,学生会兴趣盎然,精神饱满,仔细听讲,积极配合;而当学生畏惧或厌烦的教师走进教室时,学生心理上就会蒙上一层"阴影",害怕受到批评,害怕教师的眼光,情绪普遍低落,对学习缺乏兴趣,师生之间产生芥蒂。所以,教师的威信、威望、声誉等很大程度上影响学生的学习心理。

---

① 皮连生.教育心理学(第三版)[M].上海:上海教育出版社,2004:368.
② 转引自王丕.学校教育心理学[M].郑州:河南大学出版社,1988:477.

三是教师对学生的教学评价影响学生学习积极性。教学评价对促进学生努力学习具有激励作用。关于教学评价的效果,一个著名的例子是美国心理学家佩奇(E. B. Page)对 74 个班、两千多中学生进行的实验。他把每个班的学生都分成三组,分别给予不同的评价。对第一组只评以甲、乙、丙、丁一类的等级,无评语;第二组除标明等级外,还给以顺应的评语,即按照学生的答案给适当的矫正或相称的评语;第三组给予特殊的评语,即得甲等成绩的,评以"优秀,保持下去",凡得乙等成绩的,评以"良好,继续前进",凡得丙等成绩的,评以"试试看,提高点吧",凡得丁等成绩的,评以"让我们把这等级改进一步吧"。经过对三组学生开学时、期中和期末成绩的分析,发现顺应评语能够针对学生答案中的优缺点作出评价,具有较高的强化价值,学生的成绩进步大。特殊评语没有针对学生的个别特点,虽有激励作用,但效果弱于顺应的评语。无评语的成绩则明显低落。①

"教学的艺术不在于传授的本领,而在于激励、唤醒和鼓舞。"(第斯多惠语)历史教学过程中,学生(特别是后进生)回答问题时,教师若能投以鼓励的目光,可使学生的心情得到放松,智慧得以展露。回答后给予恰当的评价和鼓励,可以满足学生自尊心,增强自信心。课外利用批阅作业和试卷的机会,用评语对学生进行表扬、鼓励,并利用课余时间适时与学生接触、沟通,这些均能使学生感到教师对他们的关心、爱护和期望。一段时间后,教师会将自己暗含期待的感情微妙地传递给学生,使学生更加自尊、自信、自爱、自强,诱发出一种积极向上的学习热情。

总之,及时和适当的评价对学生学习产生较大影响。它不仅能使学生及时地了解自己所处的层次,更为重要的是使学生得到一种心理需求上的满足,而且只有在现有需求满足的前提下,学生才会进一步提出更高的要求,才会对新的学习内容产生极大兴趣,学习的积极性、主动性才能得到保证。

第四是教科书因素的影响。历史教科书呈现历史学习的具体内容,其广度、深度、难度,以及编排、组织和呈现方式等,影响学生的历史理解和历史思维。

比如广度和深度方面,知识点过多,基本课文(宋体字)部分过于抽象,都不利于学生对历史知识的理解和掌握。所以课程改革中新的历史教科书编写,基本课文部分要力求简洁、扼要,删除那些"繁、难、偏、旧"的内容,适当加入学术界最新研究成果及与实际生活有联系的社会生活史的内容。

再如教科书编写的生动性和趣味性,包括印刷装帧、图表等直观性材料的数量、引言或课前提示的吸引力、阅读课文(楷体字)的典型性和形象性以及穿插一些智力活动题,等等,这些都是教科书中影响学生学习兴趣的重要因素。

案例研究

> 以全国中小学教材审定委员会 2002 年审定通过的"人教版"全日制普通高级中学教科书《中国近代现代史(上册)》(必修)为例,在"太平天国的失败"子目里,从主观和客观两个方面列出了太平天国失败的原因,可是偏偏在课后练习题中有道问答题就是:"太平天国失败的原因是什么?"②学生学习时完全可以不动脑筋思考问题,因为课本上就有现成答案。教师课堂上若提问,学生大多是读一下课本。考试时把答案记住、记牢就能得高分。类似的内容还有洋务运动失败的原因、《马关条约》的危害、戊戌变法失败的原因,等等。由于课本上给出了结论,学生的学习容易产生一种惰性,不积极主动思考,历史思维能力得不到训练和提高,影响了对历史知识的理解性掌握。

---

① 张承芬.教育心理学[M].济南:山东教育出版社,2000:551.
② 人民教育出版社历史室编著.中国近代现代史(上册)(必修)[M].北京:人民教育出版社,2003:26—27.

第五是人际关系因素的影响。人际关系是人们在交往中形成的建立在情感基础上的相互关系。学校中存在着各种人际关系,这些人际关系从不同方面影响着教学活动的开展。其中对学生学习产生较大影响的主要是教师与学生以及学生与学生之间的关系。

教师与学生之间的关系是教学中最基本也是最为重要的人际关系。良好的师生关系具有多方面的意义,主要表现为:

一是良好的师生关系有助于学生对教育要求的认同。有一位教师在教学时发现,同一年级不同班级的学生,对历史学习的态度和热情大为不同,问其原因,一学生说:"我们历史老师讲课真是太精彩了,经常补充一些有趣的知识,板书也特别漂亮,没办法不喜欢历史课啊!"教育实践中常常会遇到如下情况:同一教育要求出自不同教师的口,学生会以不同的态度对待,或是心悦诚服地接受,或是不以为意,不放在心上。这说明学生对教师的教育是否乐意接纳,很大程度上取决于师生之间有没有相互信赖的感情。《学记》中讲"亲其师,信其道",学生一般会信任他们所喜爱的教师的教授和教导的真实性和正确性,并容易把它转化为自己的需要,用以指导自己的行动。

二是良好的师生关系能增强学生的学习兴趣,提高他们参与学习活动的积极性。南京师范大学曾就"学生对教师的态度与学习兴趣、成绩的关系问题",对中小学生进行过调查,结果显示出,学生对教师所持的态度和他的学科兴趣、学习成绩三者之间有着明显一致的趋势。也就是说,学生喜欢的教师所教的学科,一般是学生兴趣所在的学科,也是学习成绩比较好的学科。李春苗、刘祖平就"师生关系对中学生学习影响",调查、测试了黑龙江、江西、河南、山东省的部分城市和农村的几所完全中学的学生。调查表明,中学生主观地认为与科任老师的关系严重地影响着自身的本门学科的学习成绩;科任老师与学生的友谊影响着学生该科的学习兴趣与成绩;得到了哪一科老师的友谊,学生对此科的学习兴趣便有明显的增强,并且对于增强他们学习这一科的信心极为有效。在此问题上初中生、高中生之间没有显著性差异。[①]

三是良好的师生关系还能引起学生愉快的情绪体验,这种情绪体验正是学生进行学习的良好情感背景。师生之间和谐、民主、平等的关系,能使学生产生满意、愉快、合作、互动等积极的情感状态,学生思维活跃,注意力集中,全身心投入学习。师生之间紧张甚至对立的关系,则使学生产生不满、焦虑等消极的情感状态,学生学习缺乏积极性、主动性,对教师的教学内容不感兴趣,无精打采,反应迟钝,被动地学习,学习效果差。

学生与学生之间,一种是按教育管理的要求组织起来的,有明确规章制度、权利义务的正式群体,最典型的是班集体;另一种是学生在自发的人际关系上结成的、无明确规章的、成员的角色地位和权利义务均不确定的非正式群体,即"友伴群"。二者对学生的学习动机、态度、价值观等均有很大影响。控制好的话,可以为教与学创造一种积极向上的群体心理气氛。比如班集体内,学生会为集体的荣誉而互相帮助,努力学习。学生中一定程度的竞争,也有利于促进他们的学习。至于"友伴群",在其中起维系和调节作用的主要是情感,这种情感往往会在学生中产生一种"遵从"的力量,而且影响很大,甚至超过教师和家长对他们的影响。正是因为遵从,学生个体才常常表现出与同伴群体相同的见解、信念、喜爱与厌恶。个体对群体越信任,他的遵从行为就越明显。群体成员之间信息通畅、情感共鸣、相互激励,群体内的舆论和规则往往成为他们判断是非曲直的参照标准。另外,同伴的评价时时影响着每个成员内心的自我评价,比如,友伴群内认为学历史没用,在一起交流时不许谈历史,一起学习时不许学历史,这样一些原本对历史学习有兴趣,想去学历史的学生,因为要"遵从"友伴群的意见,也不去下工夫学习历史了。所以对于这种友伴群的影响,教师应引起重视,要注意因势利导,而不是

---

① 李春苗,刘祖平.关于师生关系对中学生学习影响的研究[J].教育探索,1998(1).

听之任之或采取"强令"的做法。

第三节 中学历史的学法指导

一、学法指导的含义和意义

学法指导,指教师在教学过程中有意识地教给学生必要的认识方法和学习方法,提高学生的学习能力,使学生学会学习。

从学习理论上讲,学法指导是"教师在教学过程中,控制、创造、引导学生学习的内部因素和外部因素,引导学生按照学习的过程和规律,采用科学的学习方法来学习,从而形成良好的学习素质,以利于现在和今后的学习与发展。概括地讲,就是帮助学生懂学习、爱学习、会学习,形成学习观、学习动力、学习方法三种学习素质"[①]。

现在常常说"教"是为了"学",为了学生的"学会"和"会学"。但要想使学生真正达到"学会"和"会学",需要教师针对学生的实际情况做引导、指导、促动的工作。也就是说,教师在教学中的主导作用,不仅要体现在教学的导向上和内容的掌控上,还要体现在对学生的有效指导上,包括对学习方法的指导。教师对学生进行学法指导的目的,一是为了使学生学会理解和运用所学的知识,更好地完成学习任务;二是为了使学生在掌握知识的同时掌握认识知识的途径和手段,提高学生的认识水平;三是为了培养学生的学习能力,使学生具有良好的学习动力、活力、方法、技能等,使学生的学习能够持续发展;四是为了提高学生的学习效率,使学生能够选择正确的学习策略,养成良好的学习习惯。

被誉为现代课程理论创始人的泰勒曾指出:"教学的真正目的不在于教育者从事某种活动,而是在于引起学生在行为模式上的重要改变。"[②]学生"行为模式上的重要改变"涉及面很多,其中,学习行为模式的改变是最主要的方面之一。而在学习行为中,明确学习的目的,掌握有效的学习方法,具有良好的学习习惯,又是最为重要的。特别是学生能够有意识地运用有效的学习方法,是学习持续发展的重要保证,也是衡量学习水平的重要尺度。学习者具有正确的学习方法,是后天习得的,需要教师进行正确的引导和指导,将学习方法作为学习内容的一个有机组成部分教给学生。这就是我们现在提倡的学法指导问题。

我国正进行的基础教育课程教材改革,其基本的思路主要是为了实现课程组织方式、教材呈现方式、教师教学方式、学生学习方式及教学评估方式等方面的转变。其中,学生学习方式的转变是教学改革的重点。学习方式的转变,主要是转变被动接受学习、死记硬背、机械练习等状况,提倡自主学习、合作学习、探究学习等学习方式。而在学习方式的变革中,学法指导的作用更为突出,只有指导学生掌握有效的学习方法,才有可能转变落后的学习方式。

从知识的层面上说,历史教学的内容包罗万象,时间的跨度大,空间的分布广,涉及的领域多,概念的密度高,知识的具体性强。学生在学习如此繁多的内容时,如果在学习方法上不得当,就很容易减弱学习兴趣,丧失学习动力。因此,帮助学生解决历史学习上的困难,引导学生采用有效的学习方法,培养学生的学习技能,增强学生的学习积极性,是教学的需要,也是学习的需要。

从认识的层面上说,历史知识也是历史认识,学习历史也是在认识历史。历史学习不仅要掌握历史知识本身,更重要的是使学生通过对历史事实的了解而逐步形成对历史和社会的正确认识,学会对

[①] 钟祖荣.学习指导的理论与实践[M].北京:教育科学出版社,2001:63.
[②] Ralph W. Tyler. Basic Principles of Curriculum and Instruction[M]. Chicago:The University of Chicago Press, 1949:44.

历史和社会问题进行解释、论证及评判,而这更是需要学习和运用科学的理论和方法。正如英国的历史教育家汤普森所说的,"学校的历史学习,不是把焦点集中在历史本身或发生了什么,而是集中在我们如何具有对历史的认识。最重要的是接触和反应探究的过程、获得知识的方法(或方法的重要方面),其次才是涉及历史探究的成果,即历史的实际情况及其发展"[①]。如果学生不了解和掌握认识历史的方法,就很容易形成简单的甚至是僵化的认识范式,从而使历史学习失去真正的意义。所以历史教师进行学法指导是十分必要的。

二、历史学科学法指导的主要内容

历史学习方法的指导,涉及很多方面的内容,比如:听课的方法,阅读教科书的方法,观察的方法,搜集材料的方法,研习史料的方法,运用证据的方法,探究问题的方法,评价历史的方法,记忆的方法,练习的方法,复习的方法,等等,都需要教师进行方法上的指导,要把学法指导贯穿于历史学习的整个过程。学生的学习过程一般包括感知、理解、巩固与应用四个阶段。通过感知获取信息,了解知识,通过理解和巩固真正掌握知识,最后通过对所学知识的具体应用,检验学习成效。从这样的角度上讲,历史学科学法指导要在学生"获取知识—理解、掌握知识—运用知识"的全过程中都有所体现。

(一)获取历史知识的方法指导

学生获取历史知识的途径有很多,如听课、阅读、影视、参观、调查、访谈等。教师在教学的过程中,对学生可能获取历史知识的所有途径和方式都应进行相应的指导。不过,在课堂上,学生学习历史的主要方式是阅读教材和听老师讲述,他们受到的主要是书面和口头语言符号的刺激,这是学生获取历史知识的主渠道,也是教师进行学法指导的重要切入点。

听课指导方面:

主要是指导学生如何进行历史课堂学习,争取在每节课上最大限度地获取相关知识,提高课堂学习的效率。听课指导主要包括:(1)指导学生课前预习,了解各知识点在教材中的位置,若能结合思考产生疑问,带着问题进课堂则更好。(2)指导学生学会听课,如要集中注意力,尽快进入学习状态;听课时要把听、思、记等活动结合起来,边听边主动思考,注意记下教师补充的知识内容,并有选择地摘抄教师的课堂板书或一些示意图等。(3)指导学生积极参与课堂活动,勇于提出问题和回答问题,认真听取他人见解等。

阅读指导方面:

主要是教给学生查找、阅读历史材料的方法。阅读指导主要包括:(1)阅读教科书的指导,如怎样把握教科书的体例、结构,如何阅读课文,找准重难点,课文的大字和小字的内容主要说的是什么,尤其是正文的大字部分包含了哪些概念,教科书中的插图提供了什么样的信息等。(2)指导学生阅读史料,如要重视史料的来源和作者,认识史料的性质;学会认读和解读史料,把史料与学习内容结合起来,从史料中提取有效信息等。国外的学者对指导学生阅读史料做过深入的研究,指出"培养学生更加深入地、辩证地运用资料作为证据,这包括鉴别和阐释相关的证据;联系不同的证据并认识到这些证据之间可能有的矛盾;识别证据所要表达的是什么以及是否能充分证实一个肯定的结论;评估证据的可信性,如是否带有偏见;根据资料作出判断或提出'说法',并联系相关的资料以确证所得出的判断或'说法'。"(3)指导学生阅读相关的历史书籍、期刊,扩大阅读面,指导学生注意区分不同性质的历史书籍,指导学生写读书笔记或读后感。(4)指导学生阅读网络资源,如怎样在网上查找历史

[①] D. Thompson. Understanding the Past:Procedures and Content. in A. K. Dickinson, P. J. Lee and P. J. Rogers(eds). Learning History[M]. London:Heinemann educational Books Ltd,1984:170.

资料,提供一些较好的历史网站供学生参考利用,指导学生如何分辨网上信息的价值等。

(二)理解和掌握历史知识的方法指导

教学理论认为,理解、掌握一门学科的知识,重要的在于把握其知识的结构,正如布鲁纳所说的:"一门学科的课程应该决定于对能达到的、给那门学科以结构的根本的原理的最基本的理解。"①

心理学研究表明,有组织的和有联系的知识比具体的和孤立的知识要好学、好记。所以,历史教师在教学过程中,不仅要讲清教学内容中所涉及的历史人物、历史事件、历史现象、历史概念等具体的知识,还要注重对学生建构知识结构和体系进行指导,以加强学生对获取的历史知识的理解和掌握。

理解和掌握历史知识的方法指导,需要从以下三个方面下工夫:

1. 指导学生梳理历史发展的线索

建构知识结构和体系,除了对所学知识的宏观把握和理解外,还需借助一定的依据和方法作为切入点。以历史发展的基本线索为切入点建构、归纳知识结构是最常用的方法,线索搞清楚,才能纲举目张,才能把握历史发展的基本脉络。

案例展示

华东师范大学版实验历史教科书中《商鞅变法与社会革新》一课,在施教的过程中紧紧抓住一个"变"字来组织教学内容,引导学生逐步认识这一时期的"变"主要体现在四个方面:(1)思想观念方面,"宗周"思想逐渐淡漠,东周的威望和地位大不如前,许多诸侯不再承担出兵勤王、交纳贡赋和定期朝见周王述职等义务。(2)政治格局方面,由大国争霸经历"春秋五霸"发展到"战国七雄"的格局,东周则日趋衰微,最后被诸侯所灭。(3)政治制度方面,各国出于兼并战争的需要,纷纷招揽人才,实行社会改革,从而推动了社会进步和社会性质的变化。(4)经济实力方面,各国为加强自己经济实力以作为争霸战争的雄厚基础,纷纷采取兴修水利等发展经济的措施,其中以都江堰最为典型,从而既发展了各诸侯国经济,又改变了各诸侯国之间经济力量的对比,为政治格局上的"变化"奠定了基础。

上述案例中,通过宏观把握和微观串联相结合的方式,既使学生掌握了本节课整体知识的框架,又使学生明白了各知识点之间的内在联系,从本质上对教学内容有了更高层次和更深入的掌握。

再比如学习中国近现代史时,可以根据"屈辱史"、"抗争史"、"探索史"三条线索及其内在的实质性联系构建一个概括性的、清晰的、纵横交错的知识结构网络。

梳理线索的方式很多,首先,教师应对现有教材体系进行解读,指导学生掌握章节知识结构,提高学生全面认识历史事物的能力。教师在新一章讲授前与讲授完后对目录进行数次的讲读,从章题、节题与框题的内在联系中理清历史发展的线索,使之脉络分明,利于学生弄清史实发展的因果关系,准确理解有关历史概念的内涵和历史结论,全面准确地掌握历史知识,从而在头脑中形成良好的具有包容性与统摄性的知识结构。

其次,指导学生掌握单元知识结构,通过对单元内容准确、合理、全面的分析归纳,使学生了解历史的发展阶段,从整体上把握历史发展的基本线索。为此,教师应精心设计板书,使之能强烈体现出不同历史事件的本质与内在联系。行之有效的方法就是画线索、编提纲、列表解等,使知识结构化。

---

① (美)布鲁纳.教育过程[A].见布鲁纳教育论著选[M].邵瑞珍等译.北京:人民教育出版社,1989:41.

案例展示

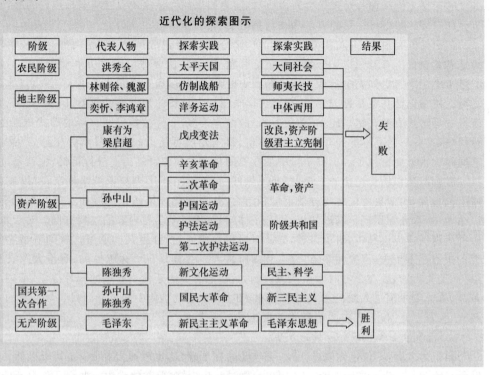

再次,指导学生掌握专题知识结构,提高已有知识经验的概括水平。心理学研究表明,概括化的知识最有利于迁移。因此,教师要引导学生作好专题划分和专题知识分类,按专题把教材中大量分散的、相对孤立的历史事实、历史概念以及结论系统化,通过分析、比较等把握历史发展的内在规律。

案例展示

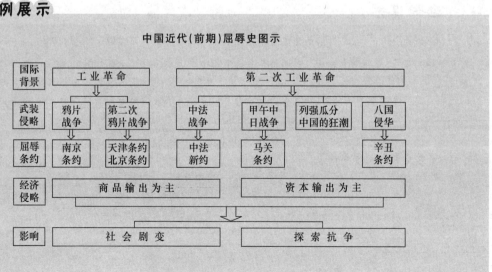

2. 指导学生学会和掌握一些历史记忆的方法、技巧和策略

历史本身可以说是一种人类的记忆,许多历史知识(历史人物、历史事件、历史现象、历史概念等)需要靠记忆才能掌握。对于学生来说,记忆历史知识往往是比较头疼甚至是烦恼的事,因此指导学生学会和掌握一些历史记忆的方法和技巧是必要的。

记忆的分类很多,一般从记忆的目的性来分,有无意记忆和有意记忆两种。学校学习过程中更多的是有意记忆。有意记忆又分为机械记忆和意义记忆,这两种记忆对历史学习来说不可缺少。机械记忆主要用于历史知识中出现于特定的历史时期或阶段,相互之间联系不大的人名、地名、时间、事件之类。机械记忆并不是死记硬背,有时可以根据记忆材料的特点通过归类、比较、提纲、联想、歌诀化、谐音法等形式方便记忆。比如《马关条约》的内容很多,一位教师以一首诗的形式概括为:"澎辽台及附属等,军费二亿真不少。开放沙重与苏杭,日本轮船可任邀。允许日本办工厂,产品内税可不交。"这样就大大方便记忆了。历史学习中最重要的是建立在理解基础上进行记忆,也就是意义记忆。

教师除了在历史记忆的方法、技巧上做好指导外,由于历史知识纷繁复杂,所以还有必要进行策略上的指导,比如集中记忆与分散记忆相结合,从系统化和结构化的层面上进行记忆等。另外,在知识结构中,重点知识既是基础知识,也是主体知识,构成了学习内容的主要方面。对于重点学习内容,教师讲课时应详讲精讲,讲深讲透,必要时可以组织研讨,师生共同学习。教师应指导学生对学习内容的重点多下工夫,以抓住重点,领会和理解重点。尤其是对于标志性的、有重大意义和影响的历史事件、历史人物,要在学习时重点把握。例如,标志着中国近代史开端的鸦片战争,推翻清王朝的辛亥革命,标志着中国进入新民主主义革命阶段的"五四运动",使中国革命面目焕然一新的中国共产党的成立,挽救了党、挽救了中国革命的工农红军长征等。

3. 指导学生掌握历史分析的方法

知识的掌握,不仅是知晓的问题,更重要的在于理解,也就是要搞懂,知其所以然,这就涉及对知识所反映的内容进行探讨分析。在历史教学过程中,教师要教给学生一些必要的分析方法,如历史背景的分析、历史原因的分析、历史目的的分析、历史过程的分析、历史现象的分析、历史结果的分析、历史意义或影响的分析、历史思想观点的分析、历史评价的分析等,并引导学生开展相关研讨活动,使学生逐步掌握历史分析的方法。

案例展示

谈历史的基本组成要素——兼历史学习指导[①]

在中学学习中,学生常常认为:数理化等学科有相关的定理和公式,便于逻辑性的推理、掌握和运用;而历史、政治等学科没有定理和公式,只能靠死记硬背。其实,历史学科也有规律可循。这些规律要靠自己在平时学习中一点一点地积累和总结,当然教师的指导也很重要。下面通过对历史的基本组成要素:背景(原因、历史条件、目的、动机)、内容(过程、经过、活动、情况)、意义(性质、影响、评价、教训)进行分析,从而总结出历史学习的基本规律和原理,探求出历史学习方法,以指导学生学习,提高学习效率。

一、历史背景、原因和目的

1. 历史背景=(国内+国际)(经济+政治+文化等方面)

经济背景=生产力+生产关系+经济结构+经济格局等方面

政治背景=政局+制度+体制+政策+阶级+民族+外交+军事等方面

[①] 作者为湖南省湘南中学李天德老师。

文化背景＝思想＋宗教＋科技＋教育等方面

例1：鸦片战争背景：（一）国内：1. 经济：自然经济＋资本主义萌芽＋土地集中。2. 政治：① 腐败：官场＋军队＋财政；② 阶级矛盾；③ 闭关自守（也属于对外关系）。3. 思想：愚昧自大。（二）国际：1. 经济：工业革命（也属于文化背景）→市场原料。2. 政治：资本主义扩张。3. 军事：坚船利炮。

2. 历史条件：与背景分析基本相同，更侧重于有利因素

例2：中国共产党成立的历史条件：① 阶级条件：无产阶级的壮大和工人运动的发展；② 思想理论条件：马克思主义的传播；③ 干部组织条件：各地的马克思主义者建立纷共产主义小组；④ 外部条件：共产国际的帮助。

3. 原因广度：可分为主观原因＋客观原因

主观原因：与事件发起者或参与者的主观意志有关的，事件发起、参与者内在经济、政治、思想诸方面因素，如例2中的马克思主义的传播、各地共产主义小组的建立就是主观原因。

客观原因：与事件发起者或参与者的主观意志无关的自然、社会环境，外在各方面经济、政治、思想因素等，如例2中的无产阶级的壮大、共产国际的帮助就是客观原因。

4. 原因深度：可分为根本原因、主要原因、直接原因

根本原因：指在历史事件发生的若干原因中最本质的、起决定作用的、影响全局并带有必然性的原因。

主要原因：指历史事件发生发展的原因中起主导作用的原因。

直接原因：指引起历史事件发生的最近的、最直接的因素（如导火线、借口等）。

三者既有层次区别，又有联系渗透。

例3："五四"运动爆发的直接原因是巴黎和会上中国外交失败；主要原因涉及当时国内外各种矛盾，包括帝国主义侵略、北洋军阀黑暗统治、民族资本主义发展、无产阶级壮大、十月革命影响、新文化运动及人们思想解放、马克思主义传播等因素；根本原因是中国资本主义发展与无产阶级壮大。

5. 矛盾分析：生产力与生产关系矛盾、经济基础与上层建筑矛盾、阶级矛盾、阶级内部矛盾、民族矛盾、宗教矛盾、不同利益集团之间的矛盾……

例4：戊戌变法的原因，教材讲了两点，一是中国资本主义的初步发展，二是列强加强对中国的侵略。第一点就包含了这些矛盾：① 近代企业（属生产力）与自然经济（封建生产关系）之间的矛盾；② 资产阶级与封建统治阶级之间的矛盾（阶级矛盾）。第二点主要是指中华民族与外国侵略者之间的矛盾（民族矛盾）。

6. 目的、动机：可以分为直接的、主要的、根本的

根本目的：指当事方要达到的归根结底的、本质的结果或结局。

主要目的：指当事方要达到的目的中起主导作用的目的。

直接目的：指当事方要达到的最近的结果或结局。

目的、动机属于主观方面的原因，是事件发动者的主观意愿。

例5：英国发动鸦片战争的直接目的是维护鸦片贸易，主要目的是打败清政府，维护英国的在华利益，根本目的是打开中国大门，夺取销售市场和原料产地。

二、历史内容＝经济＋政治＋文化等方面

历史内容主要包括：时间、地点、人物、活动。人物包括重要个人、群体、组织、政党、机构等。活动内容包括经济政治方面的事件、事态的情况、制度、政策、纲领、路线、计划、条约；文化方面的理论、技术、文物器具、工程建筑、书籍文献等。一般历史内容，可从经济、政治、文化诸方面分析。

1. 经济内容＝生产力＋生产关系＋经济结构、布局等方面

近现代经济＝经济发展要素＋经济成分＋国际经济等方面

经济发展要素＝技术＋资金＋市场＋原料＋劳力＋经济结构＋经营方式＋政策等方面

例6：中国近代民族资本主义的发展：① 引进外国的设备和技术（与西方列强相比技术落后）；② 由地主、商人、官僚投资（与西方列强相比资金少）；③ 只有国内市场几乎没有国外市场（与西方列强争夺中国市场）；④ 随着自然经济的解体，劳动力丰富；⑤ 与自然经济、外国经济相比，民族资本主义不占主导地位；⑥ 清政府、北洋政府、南京国民政府基本上对民族资本主义采取压制打击的政策；⑦ 主要分布在沿海和长江中下游地区。从以上各方面可以看出，中国民族资本主义发展艰难。

经济成分＝自然经济＋外资＋合资＋民资＋官资＋国营＋集体＋个体等方面

例7：新中国成立初期：地主经济被消灭、富农经济保存、农民个体经济发展；帝国主义在华企业、官僚资本被没收，民族资本主义恢复发展；国有企业确立领导地位、集体协作经济兴起等。

国际经济＝总格局＋（生产＋管理＋资本＋技术＋市场＋关税）（协作＋竞争）

例8：鸦片战争时，英国已完成了工业革命，法国与美国正在进行工业革命，西方资本主义迅速发展。第二次鸦片战争时英法美都完成了工业革命。甲午中日战争时西方列强和日本都正在进行第二次工业革命，它们实力大增。

2. 政治内容＝制度＋体制＋政策＋阶级＋民族＋外交＋军事等方面

近现代政治＝政局＋制度＋政体＋体制＋政权＋政治力量＋权力＋权利等方面

例9：辛亥革命后的政治状况：包括政局的动荡、确立共和政体、三权分立的体制，袁世凯篡权、各派政治力量争夺权力的斗争、人民的基本权利问题等。

国际政治＝体系＋格局＋集团＋合作＋战争＋对抗＋妥协等方面

例10：辛亥革命时，国际政治局势是：协约国和同盟国两大军事集团正在扩军备战，西方列强矛盾重重，世界大战一触即发。

3. 文化内容＝自然科学＋社会科学＋文化交流等方面

自然科学＝（科学理论＋科技发明）（天文＋地理＋数学＋物理＋化学＋生物＋医学＋农学等方面）

社会科学＝思想＋宗教＋教育＋史学＋文学＋艺术等方面

文化交流＝（民族＋对外）（传播＋吸收）＋文化地位等方面

4. 事件、事态过程：准备→开始→发展或曲折→成功或失败

事件是指人们在短时段内进行的具有突发性、间断性的历史活动，如：鸦片战争、武昌起义、西安事变等。事态则是指人们在较长时段内从事的具有常规性、持续性的历史活动，如：辛亥革命、洋务运动、土地革命战争等。对事件、事态过程的分析要先按活动发展顺序、再分活动领域进行。

三、历史影响、意义和教训

1. 性质分析＝任务＋领导阶级＋主力＋手段＋结果等方面

例11：辛亥革命性质分析：任务是反帝反封建，在中国独立发展资本主义；由资产阶级领导，具有一定群众基础，采取暴力革命手段；结果推翻了封建帝制、建立了共和国，却被袁世凯篡夺胜利果实，没有改变中国社会性质。由此可以得出结论：辛亥革命是一场不完全成功的资产阶级民族民主革命。

2. 影响或意义＝（国内＋国际）（经济＋政治＋文化）（当时的）＋深远影响（以后的）等方面

经济影响＝生产力＋生产关系＋经济结构＋经济格局等方面

例12：洋务运动，使中国有了自己的第一批近代企业（生产力），又产生了一批无产阶级（生产关系），促使了自然经济的解体和刺激了民族资本主义的产生（经济结构变化）。

政治影响＝格局＋制度＋体制＋政权＋政策＋阶级＋民族等方面

例13：新中国成立的历史意义：揭开了中国历史的新篇章，中国人民从此站起来了。新中国开始向社会主义道路迈进。冲破了帝国主义的东方战线，壮大了世界和平、民主和社会主义力量，鼓舞了被压迫民族和人民的解放斗争。是继俄国十月革命和世界反法西斯战争胜利之后世界上最重大的事件。

文化影响＝思想＋科技＋教育＋文学艺术等方面

例14：两次鸦片战争的文化影响："西学东渐"、产生"中体西用"思想、引进西方近代科学技术、发展近代教育、爱国主义文学兴起等。

3. 判断成败及原因

判断成败依据：直接目标、主要任务、根本任务等方面是否实现或实现的程度。

成败原因＝（主观＋客观）（经济＋政治＋军事＋策略等方面）

成败根源＝（社会条件＋阶级本质）（进步/局限）

例15：分析辛亥革命成败：从推翻清朝统治、结束封建君主专制的直接目标看，取得了成功；从改变半殖民地半封建社会这一根本任务看，它失败了。从成功原因分析：包括革命派的前赴后继精神、清朝政府的孤立、各派政治力量的配合等。从失败根源分析：包括中国半殖民地半封建社会的历史局限和民族资产阶级本身的阶级局限性。

4. 经验教训或启示：（经验＋教训）→启示

政治＝国情＋领导＋群众＋武装＋民主＋法制＋思想＋策略等方面

例16：第一次国共合作：从经验看，国共两党可以合作，也取得一定成果，统一战线是法宝。从教训看，必须掌握领导权和武装。由此得到启示是合作要以斗争求团结等方面。

经济＝生产力＋生产关系＋客观规律＋发展战略等方面

例17：中国社会主义经济建设的经验教训：要正确认识社会主义初级阶段生产力水平现状，生产关系调整要适应生产力发展，要遵循客观经济规律，注意综合平衡和可持续发展，宏观调控与市场竞争结合等方面。

文化＝批判＋改造＋继承＋发展等方面

例18：在对待马克思主义上，必须同中国具体国情相结合，在革命或建设实践探索中不断地发展等。

5. 历史评价＝（积极因素＋消极因素）史实＋结论

人物评价＝属性＋事迹＋影响（进步＋局限）＋结论等方面

例19：评价李鸿章：首先是其身份属性即地主阶级洋务派代表人物；接着按方面和时间顺序阐述其在洋务运动、镇压太平天国、中法、中日战争中的具体事迹；对其积极和消极影响进行一分为二的分析，最后得出全面的结论。

事件、事态评价＝概况＋性质特点＋影响（进步或反动＋正义或非正义）＋结论

（三）运用历史知识的方法指导

学生学习知识的意义之一在于运用所学知识解决实际问题，"学有所用"，"书到用时方恨少"，讲的都是知识的运用问题。

指导学生学会运用历史知识，包括很多方面的工作，比如指导学生对听课笔记、读书笔记等进行整理，对所搜集的材料进行分类、归纳、概括、辨析；指导学生解决历史问题的基本方法，掌握各种类型的历史试题的审题、解题方法；指导学生进行对历史现象、历史问题的探究，使学生了解和掌握探讨历史、认识历史的方法等。2000年教育部将研究性学习作为必修课列入《全日制普通高级中学课程计划（试验修订稿）》中，初中的实验教材中也提出了许多探究性课题，旨在改变传统的教与学的方式，为学生构建一种开放的学习环境，为学生提供一个多渠道获取知识、并将学到的知识加以综合和实践的机会。研究性学习使学习成为积极的有意义的过程。开展历史的研究性学习活动，教师可以对研究课题的选定，研究计划的制订，资料搜集的渠道、方式和方法，资料的整理和分析，研究报告的撰写，研究成果的呈现形式等，进行方法上的指导，提出建设性的意见。

上述三个方面，主要是针对学生的认知学习进行指导，而完全意义上的历史学科学法指导，其内容就不仅仅是这些了。教师在指导学生掌握学习方法的过程中，还要对学生的学习动机、学习态度、学习习惯、学习意志等非认知因素加以关注并进行适时的、正确的引导，并创造条件，给学生自主学习

的机会,从而使学生充分发挥他们在学习上的主动性和创造性。

三、学法指导的基本方式

教师进行学法指导,方式多种多样,下面介绍一些基本的方式。

1. 专题授课,系统传授

这是指教师专门开设有关学习方法的课程,对学习方法进行较为系统的讲授。其形式可以是学法指导课程,或是学法指导的讲座,比如指导学生"课前如何准备—课堂如何听课—如何做历史笔记—课后如何复习"。也可以采取研究型、活动型的课专门探讨学习方法的问题。前文李天德老师《谈历史的基本组成要素——兼历史学习指导》的案例就是以一种专题的方式探讨历史学习方法和规律。这种方式能够向学生系统、完整地介绍有关学习方法的问题,"教师不仅要讲方法是什么(陈述性知识),怎样做(程序性知识),还要讲为什么要这样做(规律性知识),在什么情况下做最有效(条件性知识)"①。

历史学习要涉及一些基本的理论知识和方法,国外学者认为"必须把历史认识的方法作为一种认识的工具和指南传授给学生,学生只有借助于这些方法才能获得历史思维的能力"②。

专门进行学法传授,有明显的针对性,对于强化学生的学习目的、学习态度、学习习惯、学习策略和学习方法来说,有着独特的功效。比如指导学生阅读时要记读书笔记,读书笔记的记法很多,归纳起来主要有索引式笔记、符号式笔记、摘抄式笔记、提要式笔记、批注式笔记、心得式笔记、专题综合式笔记、比较式笔记等。这些方式以专题授课的方式讲给学生后,学生能真正做到会读书,有意义、有目的也有策略地去读书,汲取书中的营养。

2. 日常教学,注重示范

这是指在平时的教学过程中渗透学法的指导,也就是教师在讲授具体的教学内容时把自己对学习方法的运用示范给学生,使学生了解教师是怎样运用相关学习方法解决问题的,从而学到相关的方法。

案例研究

《第一次世界大战》一课,某教师在讲完萨拉热窝事件这一导火线引爆了世界大战后,并没有马上接着讲述第一次世界大战的进程及战况,而是组织学生对大战爆发的原因进行讨论。这位教师把与战争爆发相关的因素(如垄断资本主义的形成、帝国主义国家发展的不平衡、三国同盟和三国协约、军备竞赛、巴尔干问题、民族主义的发展、萨拉热窝事件等)分成不同的卡片,发给学生,让他们在每张卡片上写出原因的性质(如根本原因、直接原因等),再让学生分成小组进行讨论,并在全班的讨论时说出本组的观点。在讨论的最后,教师进行了小结,进而指出:重大历史事件的发生往往有着多样的和复杂的原因,历史原因可以分为很多类型,如长远的与近期的、直接的与间接的、必然的与偶然的、主观的与客观的等等,还可以从政治、经济、民族、社会、文化、军事等方面,以及国际形势与国内形势的角度上来进行分析。

教师通过发卡片,让学生从不同角度对第一次世界大战发生的原因进行分析讨论,让学生了解并初步掌握历史原因的类型、性质、作用等,使学生既从认识的角度上知晓历史原因的复杂多样,又从方

---

① 钟祖荣.学习指导的理论与实践[M].北京:教育科学出版社,2001:177.
② (美)莱纳著,白月桥译.历史教学中发展学生的思维能力[M].北京:教育科学出版社,1989:131.

法的角度上尝试进行历史原因的分析。这就是教学过程中重视学习方法的示范和指导。另外,当学生在学习中遇到疑难,思维受阻的时候,教师也要做出示范,展示和指导学法,供学生仿效。

要想做好示范,教师必须了解并熟练掌握一些基本的学习方法,历史教学中需要学生掌握和应用的学习方法主要有:列表归纳法、比较法、调查访问法、阅读法、讨论法、材料分析法、知识体系构建法、读图识图法,等等。

作为教师,"当课程涉及学习一种技巧或完成一项任务,你应该演示如何做,并同时解释你在做什么和为什么这么做"[①]。

教师的示范,实际上是把知识和开启知识大门的钥匙同时交给学生,使学生在掌握具体知识的过程中,也掌握认识知识的方法。由于这种方式是融于学科教学之中的,所以对学科的学法指导成效明显。

3. 适时讲评,诊断学情

这是指教师对学生的学习情况,如学习的目的、态度、方式方法、策略、效果等,进行直接的诊断,好的以及取得进步的给予赞同和鼓励,存在问题的则要帮助学生认识学法上的问题,对症下药,提出可行的解决办法。讲评的方式可以灵活地运用于教学过程中,如课上对学生的讨论活动进行及时的反馈性评论,进行点拨和分析,课下对学生的作业练习进行指导性评价,考试后对答卷情况进行分析性总结,等等。以上说的讲评,主要目的并不是判定学生的对错、好坏,而是为了指导学生掌握科学的学习方法,帮助学生解决学习方法上存在的问题,从而使学生懂方法,知策略,有效率地搞好历史学习。

 案例研究

有位教师在讲完"秦的暴政"这一内容后,引导学生讨论如何评价秦始皇。讨论的结果是学生基本按照课本的提示普遍存在三种观点:一种认为秦始皇是个伟人,从他建立第一个中央集权的封建国家,统一文字、度量衡,连接长城等方面去分析评价;一种认为秦始皇是暴君,从秦的暴政就可以知道;另一种是较客观的观点,认为秦始皇既是中国历史上有重要影响的皇帝又是历史上有名的暴君。

这样的回答基本符合了教师的教学设想和要求。但是,也有学生提出了个人的看法。有学生认为:"秦始皇不是个暴君,而是一个心地善良的人。"他的观点是秦始皇兵马俑博物馆里的那些俑就是用泥做成的假人,秦始皇用假人而不用活人来陪葬,从这一点就能说明秦始皇是个心地非常善良的人。

教师及时表扬了学生这种敢于提出问题、敢于探索和解决问题的精神。但没有深入解析。

这里,教师针对学生的观点,肯定了"敢于提出问题、敢于探索和解决问题的精神",这种做法是正确的。但是,问题的另一方面是教师有责任引导学生"用历史唯物主义的观点来分析历史人物"。显然,学生的结论是不太恰当的,秦始皇用"假人"陪葬不是"心地善良"的结果。初一的学生认识不到这一点是非常正常的,他们的思维往往表现为直线型,具有简单、片面的特征。他们为自己"逻辑的胜利"而陶醉、而欢呼,他们还不懂得如何验证自己的观点,不懂得全面占有历史资料、综合历史事实得出历史结论是历史认识的特征,这时需要教师的指导和点拨。遗憾的是案例中的老师因为时间问题没有这样做。

4. 辅导帮助,答疑解惑

这是指教师直接对学生进行辅导帮助以使学生的学习活动顺利开展。辅导的方式有全班辅导、

---

① (美)克里克山克等著,时绮等译.教学行为指导[M].北京:中国轻工业出版社,2003:335.

小组辅导和个人辅导三种。全班辅导和小组辅导主要是开展学习活动时进行具体的指导,比如在进行研究性学习时,教师可与学生一起商讨研究的主题、研究的目的、研究的程序、研究的方法、研究的结果形式等,辅导学生制订活动方案,并在开展活动的进程中提出建设性意见,学生有问题时进行答疑解惑。分组课堂讨论时,教师要走向讲台,鼓励学生积极讨论,倾听各组讨论意见,并适时地给予方法上的指导或点拨。小组辅导还包括对课外历史兴趣小组进行专门的学习辅导。个人辅导主要是对学生进行个性化的指导和帮助。因为每个学生都有自己独特的内心世界、精神世界和内在感受,有着不同于他人的观察、思考和解决问题的方法,有着一种表现自己独立学习能力的愿望。学习方法的掌握和运用,是非常个性化的事情,对某个学生有效的学习方法,对他人却未必有效。学生学习时,实际具备的认知基础和情感准备以及学习能力的倾向不同,决定了不同的学生对同样的内容、任务的学习速度和掌握它所需要的时间、所需要的帮助是不同的。所以教师要根据个体学生的具体情况,因材施教,加强学法指导的针对性和有效性,使学生的学习能力得到逐步提高。

5. 总结经验,开展交流

这是指组织有关学习方式方法的经验交流会,挑选优秀学生介绍自己的学习经验,总结有效的学习方法,并互相交流,取长补短,改进提高,共同进步。交流的形式,可以召开座谈会、研讨会或者主题班会,进行口头交流;也可以收集经验材料,运用墙报、板报、手抄报等形式展示学习经验和成果,也就是书面交流。另外,随着信息技术的发展和人们生活水平的提高,一些经济发达的地区,教师利用互联网,在网上建博客,或者创建班级QQ群,有的学校由教研室教师共同开发学科教研网,学生和教师以及学生和学生通过网络可以便捷、及时地进行学习交流。

开展口头交流时,教师要鼓励学生积极参与,以学生为主,放手让学生担任交流活动的组织者、策划者,让他们充分地发表自己的见解,自主地总结学习方法,认识到成功与不足并自觉地改进各自的学习方法。当然,教师也可以以平等的身份参与到交流当中,谈谈个人的经验和体会,供学生参考。教师还要注意观察交流时那些沉默寡言的学生,鼓励他们大胆发言,课下同他们谈心交流,了解原因,指导和帮助他们吸取经验,改进学习方法,不断追求进步。学生交流后教师要进行总结和点评,一些成功的、公认的、通用的经验方法可以用书面展示的形式进行推广,并且告知学生,只要努力学习,掌握适合自己的科学的学习方法,任何学生都能取得成功,任何学生都可以在班级的墙报、板报内留下凝结自己汗水、体现自我特色的学习成果和方法。这样能够使学生以主动、积极的心态投入学习中,产生乐学的情感;摸索适合自己的学习方法,形成学习的能力和自主学习的方式。

总之,"教的最高境界是不教",教育的真谛在于"教会学生学习",历史教学中应树立以学生学习为主体的教学观念,加强对学生的学习方法的指导无疑是教给学生获取历史知识和提高能力的金钥匙。学法指导是一项长期而又细致的工作,有些步骤或做法在具体的操作中并无课前课后之分,只不过是各有侧重而已,学法指导的最终目的还是在于帮助学生提高学习的能力,使之能更好地自主学习,使之对知识的掌握更具广度,对知识的理解更具深度,对知识的应用更具创造性。

本章小结

本章第一节介绍了对我们的教育教学影响较大的学习理论:行为主义理论、认知主义理论、人本主义理论和建构主义理论。这些学习理论都有其发展的时代背景和特征,为我们研究学习的本质、过程、影响因素等提供了有益的视角。本节根据学习过程的理论具体论述了中学历史"感知—理解—巩固—应用"的学习过程。第二节对现代中学生历史学习心理开展了探讨,重点分析了影响中学生历史学习的主要因素,尤其是对历史学习有障碍学生的表现及归因进行了深入解析。第三节从影响学生历史学习的学习策略和学习方法因素入手,归纳了在历史教学中开展学法指导的基本内容和基本方式。基础教育课程改革强调"以学习者为中心",重能力、重个性的发展已成为历史学科教育改革的中心。这就需要关注学生的历史学习心理,关注学生历史学习过程中的心理现象与活动规律,"教的最高境界是不教",教育的真谛在于"教会学生学习"。

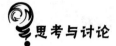思考与讨论

- 思考西方学习理论对现代教育教学的影响。
- 学生学习的特点是什么?你对历史学习过程是如何理解的?
- 你认为和中学生历史学习息息相关,对历史学习有重大影响的因素有哪些?
- 学生的历史学习方法有哪些?教师应如何指导学生掌握它们?

参 考 文 献

[1] 叶小兵,姬秉新,李稚勇编著.历史教育学[M].北京:高等教育出版社,2004.
[2] 于友西,叶小兵,赵亚夫编著.历史学科教育学[M].北京:首都师范大学出版社,2000.
[3] 王雄.历史教学心理学[M].北京:北京出版社,北京教育出版社,2001.
[4] 孙静,李校风,姚岚,孙楠.历史学习方略[M].北京:高等教育出版社,2003.
[5] 皮连生.教育心理学(第三版)[M].上海:上海教育出版社,2004.
[6] 邵瑞珍.教育心理学[M].上海:上海教育出版社,1997.
[7] 张承芬.教育心理学[M].济南:山东教育出版社,2000.
[8] 燕国材.智力因素与学习[M].北京:教育科学出版社,2002.
[9] 李洪玉,何一粟.当代学习心理学丛书——学习动力[M].武汉:湖北教育出版社,1999.
[10] 蒯超英.当代学习心理学丛书——学习策略[M].武汉:湖北教育出版社,1999.
[11] 北京市"历史学习心理与教学对策研究"课题组.历史学习心理与教学策略[J].历史教学,1999(12).
[12] 张静.历史学习心理与教学策略的初步研究[J].课程·教材·教法,1999(11).
[13] 冯一下.历史学习心理论纲[J].中学历史教学参考,1995(5).
[14] 刘荣华.初中生的心理特点与历史教育[J].历史教学问题,2001(2).
[15] 汪君霞.历史教学与学生非智力因素的培养[J].教学艺术,2001(6).
[16] 陈平.论学习动力[J].课程·教材·教法,2001(7).

第八章 中学历史学业测试与评价的变革

学习目标

当你了解本章内容后,你可以:
- 了解历史学业评价的具体方法及应遵循的原则。
- 学会怎样命制历史试题,了解高考试题的能力要求。
- 了解我国不同时期历史教学大纲(课程标准)对中学历史学业的要求。
- 了解我国不同时期历史高考试题的变化。
- 对目前我国历史学业评价的改革提出个人的见解。

本章导引

从 2001 年开始至今,我国在基础教育领域进行了改革。随着历史课程改革的推进,评价改革成为影响和决定课程改革成败的关键。评价改革主要涉及教材评价、教师评价和学生评价。其中,学生评价的改革是课程改革精神和理念顺利贯彻实施的重点。

在历史课程改革中,已经有一些历史教育专家和历史教师在借鉴国外理论和做法的基础上,结合国内的实际情况,在评价改革上进行了有益的尝试。但是评价改革滞后于课程改革的情况仍然未得到根本改善。因此,加强对学生学业评价的研究,是推动历史课程改革进一步完善和发展的重要因素和动力。特别是中考和高考,对教师的教学有着深刻的影响。中考和高考改革的方向和力度决定着历史教学过程中学生评价的原则和具体方式。为探索适应素质教育要求的中学历史学业评价改革方向,有必要了解中学历史学业评价的一些基本理论,了解我国中学历史学业评价的变迁。

第一节 中学历史学业评价与测试

一、教学评价与历史学业评价

"教学评价"一词在我国中学历史教学界出现于 20 世纪 80 年代。20 世纪 50—70 年代,通常称为"听课评课",其任务更多地侧重于"课程管理"范畴,用于检查教师的教学行为是否达标,达到什么水平,其目的是监督、规范和指导。20 世纪 80 年代,"教学评价"或称"教学评估"一词才开始被人们广泛运用,其任务与 20 世纪 50—70 年代大致相同,但就其评价标准来说,强调了学生学习的主体性、能力和效果。

教学评价一般包括学生的学业评价和教师的"教业"评价。教师的教业评价是根据一定的标准对教师的教学活动所进行的价值判断。在现有的教学评价中,对历史教师"教业"的评价是一个非常薄弱的环节。从全国的范围来看,没有一个法定的或者是行业的评价标准来规范历史"教业"评价的要求,没有包括评价的时间,评价的指标、内容、方法和实施要求等在内的科学的教业评价的体系和标准,有的只是对历史"课堂教学"的评价,而非对历史教师教学和教育的整体评价。在各地现行的教师评价体系里，虽然也有对教师教学的评价，但由于缺乏相应的评价标准、体系及机制，这些评价不是流于形式，就是被其他的评价所取代，比如学历、学生的考试成绩、发表的论文、公开课的表现、有否得到社会的奖励等。

学生学业评价是根据一定标准，对学生的学习活动进行价值判断的过程，是课程评价的重要内容。历史学业评价，是根据一定标准，对学生历史学习活动及其效果进行价值判断的过程。历史学业评价是测定或诊断学生是否达到历史教学目标或者历史课程目标的要求及达到的程度，是为历史教师和与历史教学有关的方面提供教学状况的信息，提供改进、完善与探究建议的课程改进与开发活动，是历史教学评价的重要内容，也是衡量历史教学是否有效的重要指标。

相对于"教业"评价，目前我国的历史学业评价可称得上是"强项"，但也是不完整的。历史学业评价的基本模式应包括诊断性评价、形成性评价、终结性评价三部分，然而现有的历史学业评价主要集中在终结性评价方面，而且在终结性评价中，又主要集中在中考和高考上。这种畸形的评价链不仅不能客观地评价学生的学业，而且迫使历史教学朝追求成绩的方向发展，从而导致教学和教育目标的背离。中学历史教育评价存在的问题和整个基础教育评价存在的问题是一样的，但建立一个完整的历史教育评价体系是历史教育界的义务和职责。

二、历史学业评价方法

根据历史学科在价值判断方面的特性，历史学业评价应包括诊断性评价、形成性评价、终结性评价。

诊断性评价是通过适当的措施使教和学在各方面得到最佳结合的评价。其基本作用是从认知和非认知两个方面向学生揭示其既习知识的状态，让学生明白自己的学习程度和学习位置，并根据初步掌握的情况来精确进一步学习的方向；向教师解释每个学生的学习经验、认识、理解等学习特性，让教师认识学生学习的深层次问题，把握好教学方向。

诊断性评价一般采用四种方法：问卷法、测试法、面谈法、在学习过程中的设问法。如在历史课堂教学过程中，依据教学内容，设置问题进行教学问答的一种教学形式，就是教学测试反馈的常用方法。通过提问可以有效评价学生对知识掌握的深度、广度和灵活性。

形成性评价是以促进学习为目的而作的教与学的评价反馈。其评价操作方法是将一组系统的教学过程，分解为若干彼此相联系的小教学单元，然后，再以单元测验为基础，进行综合性评价。评价的目的是为了促进学习的顺利进行。形成性评价的意义在于：向师生反馈短期学习效果，强化正确的学习行为；明确教学指导方向，调整教学进度，改进教学方法，积累终结性评价的依据，明确单元学习的结构位置。

形成性评价突出强烈的单元学习色彩，旨在瞄准教育目标的实现，更具有实践性。其基本评价方法为：在单元学习结束时，进行具有补充和深化指导性质的测试，在目标分析中设立评价项目，以此判断知识、技能的学业程度和达到目标的类型。它提倡把握教育活动中的过程性成果，修正教育活动的自体轨道。它理应将教育活动中各阶段的指导、学习方面和课题目标明确起来。形成性评价作用于整个教育活动，一学年、一学期、一单元、一课时、一个学习系列，都通过形成性评价反馈信息。

终结性评价（学业成就评价）是在系统的教学过程结束之后，认定学习阶段的教学效果、学习成绩、顺序位置及合格率。它的目标是对整个学习成果进行全面的研究，力图有个完整的学习效果形象。核心内容是评断达标程度。其作用在于，从整体上反馈教学信息，以利于进行下一步学习。它对教学人员和教育管理人员思考教改问题，提供清晰而客观的结论性信息资料。历史教学中，经常使用这一评价方法。正常的测试手段采用百分制，但如何给学生的分数评定等级，没有绝对固定的法则。

终结性评价是我们用得最熟的评价。其评价的方面有三：知识理解，学习技能及学习方法，知识认识与社会认识。测试方法主要有：纸笔测试、报告书与小论文作业、作文和其他一些直观性测试如面谈、学生自我评价等。

1. 纸笔测试。这仍是目前评价学生学业成绩的一种重要手段。可分为标准化测验和教师自编测验。标准化测验一般是由学科专家和测验专家按照一定的程序共同编制的，具有较高的信度和效度。其突出的优点是具有客观性和可比性，是评价学生学业成绩的重要工具之一。教师自编测验是教师根据自己教学各个阶段的需要，自行设计与编制的测验。它是学校中应用最多和教师们最愿意用的测验。纸笔测试可以考查知识的理解能力；考查观察和活用资料的能力；考查历史思考和判断力；考查学习认知水准（主要包括学科学习态度和对社会生活的关心态度两部分）。

2. 历史作业。由教师特意安排历史课内和课外作业，以分析学生知识掌握程度及过程，评判学生在创造性思维等方面的能力以及学生的学习能力、学习动机和学习态度等因素。作业的形式多种多样，如用已有知识解决未知的问题的新情境题、与现实生活链接题等。在教育信息化的进程中，学生个人或小组针对某一主题独立完成任务，并以成果（如电子作品、解决方案、研究报告等）方式来提交作业，已经成为普遍认可的学习模式。

3. 历史小论文。论文考查法一般放在单元后和期中。这是极重要的学习形式，它可以真实反映学生的学习状况。考核内容有：对学习内容的理解程度、一般性学习技能（文章结构、作文水平——叙述、概括、说明能力）以及价值观等。它适合于情感、意志方面的评价。

4. 口试，一般比较随意。针对个别学生，也可以针对学生集体，可以利用零散时间，也可以集中时间。在设问方面也灵活多样。但受时间和人数制约较大，所以较适合于个案分析。

5. 历史资料袋的运用。在单元教学或模块教学前，教师帮助学生确定学习的主题。学生根据该主题广泛收集相关内容，如文字材料、图片、视频、录音等。资料袋可以根据需要制作成多种多样的，如课堂表现评价、个人成长的自我记录等。资料袋的运用一方面培养了学生收集和处理信息的能力，另一方面给教师提供了学生学习过程评价的信息。

三、历史学业评价应遵循的原则

为了使中学历史学业评价更加科学化，为中学历史教师和与历史教学有关的方面提供改进、完善与探究历史教育教学的更加准确的信息，历史学业评价必须遵循如下原则：

1. 历史性原则

历史性原则是指历史学业评价标准总是相对于一定的社会历史条件而言的，人们不可能找到一个永恒的，无论什么历史条件下都适用的评价标准，任何历史学业评价标准都具有社会性、历史性，即具有一定的局限性。我们讲历史学业评价标准合理与否、科学化与否，都是讲在一定社会历史条件的约束下的相对情况。也许一定时期看似科学、合理的评价标准到另一时期另一条件下又变得不合理、不科学了。如20世纪70年代末，我国教育界倡导落实各学科的基础知识和基本技能。反映在考试上，则着眼于学生的知识范围和熟练程度的评价，重在测量学生对知识记忆的牢固性和答题的精确性。20世纪80年代中期，随着现代化科学技术的发展，人们开始重视教育对开发人的智力和能力的作用，于是"智能观"取代了"双基观"。反映在考试上，大约在1985年前后开始重视对能力的考核。进入信息化和"知识经济"时代后，全面提高人的素质和创新能力成为推动社会发展的关键因素，于是"素质观"又发展了"智能观"。我国在1993年正式提出教育的任务是"全面提高国民的素质"，"素质观"成为创建新教育评价体系的基础。反映在考试上，大约在1998年前后，高考为彻底摆脱"知识考试"而作出了新的探索。

2. 实效性原则

实效性原则就是要求历史学业评价注重实际效果。实效就是在实践中所形成的价值。在历史学业评价中要注重实效性原则，就是要强调时空的局部性与整体性的结合。从空间上讲，既要从直接的教育主客体价值关系及其作用范围来划定教育价值的空间特征，从而评价其功能和效果，以说明对特定教育空间的影响和作用；又要将其放到更大的空间范围来加以考察，看其在更大的教育空间中存在的意义，以决定对其的褒扬贬抑。从时间上讲，既要把每一个暂时的、具体的教育现象与它所发生的那个时代非常紧密地联系起来，把握其时代原因和时代意义，考察其即时效果和共时效果，又要把它纳入教育发展的历史长河之中，看其产生的历史背景和作用的未来效应，以便真正在一个从过去经现在向未来运动的时间链条中，在教育发展的长周期中把握每一个瞬间和每一个片断，从而作出真正符合教育历史规律的评价。尽最大努力消除历史学业评价在时空间的局部与整体之间的悖谬，使历史学业评价取得实效，得出更加客观的评价结论。从历史学业评价的操作层面上讲，实效性原则要求我们克服理论脱离实际的倾向，而且要注重实效的质和量的层次性和统一性。例如，我国基础教育目前正在进行着课程改革，大力推进素质教育，历史学业评价就要处理好历史学科教学目标与整体课程改革及推进素质教育的关系；我们的各类考试（包括高考）也要充分发挥考试指挥棒效应，以有利于基础教育的课程改革和素质教育的推行。

3. 发展性原则

发展性原则指历史学业评价的目的在于寻求教育价值主客体关系的发展，即促进教师和学生的发展，尤其是积极的发展。发展性评价具有以下一些重要特征：

发展性评价基于一定的培养目标，这些目标显示了学生发展的方向，也构成了评价的依据，这些目标主要来自于课程标准，也充分考虑了学生的实际情况。有了评价目标，才能确定评价的内容和方法，才能不断反思并改善教师的教和学生的学，从而发挥评价的发展性功能。发展性评价的根本目的是促进学生达到目标而不是检查和评比。发展性评价将着眼点放在学生的未来，所以，发展性评价了解学生现在的状态不是为了给学生下一个结论或是给学生排队，而是用于分析学生存在的优势和不足，并在此基础上提出具体的改进建议。

发展性评价是注重过程的。学生的发展是一个过程，促进学生的发展同样要经历一个过程。发展性评价强调收集并保存表明学生发展状况的关键资料，对这些资料的呈现和分析能够形成对学生发展变化的认识，并在此基础上针对学生的优势和不足给予学生激励或具体的、有针对性的改进建议。

发展性评价关注个体差异。每个学生都具有不同于他人的素质和生活环境，都有自己的爱好、长处和不足。学生的差异不仅指考试成绩的差异，还包括生理特点、心理特征、兴趣爱好等各个方面的不同特点。这使得每一个学生发展的速度和轨迹不同，发展的目标也具有一定的个体性。发展性评价要依据学生的不同背景和特点，正确地判断每个学生的不同特点及其发展潜力，为每一个学生提出适合其发展的具体的有针对性的建议。

发展性评价注重学生本人在评价中的作用，改变了过去学生被动接受评判的状况。要让学生更多地参与评价内容和评价标准的制定，在评价资料的收集中发挥更积极的作用，通过"协商"达成评价结论，使得评价的过程成为促进学生反思、加强评价与教学相结合的过程。

要坚持历史学业评价的发展性原则，就必须对教育价值主体发展的需要进行量的考察，对其客体及其属性的发展进行量的预测。通俗地讲，我们的历史学业评价不仅是要促进学生的发展最大限度地符合社会的需要，还要让学生根据个人特点、兴趣爱好，在一定的范围内，使个性特长能得到较好的发挥,各种潜能得以发掘。只有这样,才能真正发挥历史学业评价的发展性功能。

4. 民主性原则

民主性原则要求在历史学业评价中引进、建立民主机制并发挥民主机制的作用。历史学业评价的民主性一直是历史学业评价追求的方向。例如,新课程提倡多元化评价方法,就评价主体来讲,评价的主体不只是老师或者某个领导、专家,即对学生的学业评价不只是老师或者某个领导、专家说了算,学生家长和同学都可以参与到评价中来;评价的内容也不仅仅是纸笔测试,而是包括历史小论文、历史小调查、小制作、学习态度、行为表现等方方面面,这就从历史学业评价组织的构成到历史学业评价的程序等多方面,都充分体现了历史学业评价民主性原则的光辉。当然,坚持历史学业评价的民主性原则要处理好评价者与被评价者的关系,评价组织内部领导、专家和实践人员的关系,权力机构与权威机构的关系,等等。

以上原则仅是实现历史学业评价的几个重要原则,当然还有其他一些原则,例如关于历史学业评价标准具体化原则等。这些原则的内容本身是随着历史学业评价实践的发展而发展的,不是固定僵化的。

四、历史学科试题的编制

我国课程评价以学生学业成就评价为依据,学生学业成就评价实际上是预先建立一个学生学业成就的社会评价标准,判断所谓学生学业成就的优劣。我们目前所实施的历史学业评价(实际上是学生历史学业成就评价)是以命题测验(考试)为主要手段,以掌握知识多少为目标,强调的是课程评价的甄别功能。

(一)评价学生学业成就的重要手段——测验

如今运用于历史学业测定的方法很多,诸如观察法、调查法、谈话法、试题测验法以及以作文、图表绘制、报告书等形式为测试手段的作品分析法、资料问卷法和个案分析法等。其中,测验是一种重要的手段。从编制方法来分,测验可分为标准化测验和教师自编测验。我们最常用和熟悉的是标准化测验。但由于教师自编测验制作过程简易,应用范围限于本班、本校,施测手续方便,所以,是学校中应用最多和教师们最愿意用的测验。其编制方法种类很多,如单纯再生法(提问基础知识)、真伪法(辨别正误)、订正法(改错)、选择法、序列法(顺序排列)、完成法(填空)、组合法(连线)等。

一般地说,教师自编测验须遵循以下原则:测验应能测量明确界定的学习结果,重视反映教学目标;测验应依据所预期的学习结果来选择试题类型;测验的编制应配合其特殊用处以提高测验的成效;测验要有效、可靠。

我国历史测验变化很多,难度差异也很大,目前主要的题型集中在选择题型和材料解析题型上。

(二)编制测验的核心——命题

编制试题,首先要决定试题制作的前提:它是在学习过程中的哪个阶段进行考查(单元、期中、期末)?试题的类型怎样(基本的还是发展的)?这两个问题解决后,便开始考虑考什么,怎样考。

1. 命题前的准备

(1) 研究《历史课程标准》(或《教学大纲》、《考试大纲》),分析历史教科书。

为了编制合乎要求的题目,命题前,首先应对《历史课程标准》(或《教学大纲》、《考试大纲》)和新的历史教科书进行仔细分析,然后根据《历史课程标准》(或《教学大纲》、《考试大纲》)和历史教科书就具体教学内容作出的学业要求和提出的应达到的标准,并根据考试的性质和目的,确定题目的取材范围、题目的形式与数量。

(2) 编制命题的双向细目表。

考试命题双向细目表是一种考查目标（能力）和考查内容之间的关联表。采用双向细目表把要考查的知识内容与能力层次、试题的类型和分数呈现在一张表上，便于对命题进行有效指导。双向细目表的制作：

① 双向细目表的制作应该同《历史课程标准》（或《教学大纲》、《考试大纲》）的相关规定具有一致性。考核知识内容的选择，要依照《历史课程标准》（或《教学大纲》、《考试大纲》）的要求，试题范围应覆盖课程的全部内容，既要注意覆盖面，又要选择重点内容，时间以中等学生在规定的时间内能答完为限。

② 制作双向细目表时，试卷中拟对学生进行考核的"考核知识点"须按章次进行编排；双向细目表中考核知识点的个数须与试卷中涉及的知识点个数相一致。

③ 双向细目表中的能力层次要依照《历史课程标准》（或《教学大纲》、《考试大纲》）的要求，采用从最简单的、基本的到复杂的、高级的认知能力的考核（如"识记"、"理解"、"应用"、"综合"等）作目标分类。每前一目标都是后续目标的基础（如没有识记，就不能有理解；没有识记与理解，就难以应用）。所以一个考核知识点在同一试卷中对应一种题型，原则上只能对应一种能力层次。（按照考试规范要求，识记、理解类试题须控制在60%以内，并应尽量避免单纯考核记忆水平的题目。）并对试题的难度有一个基本的预估。

④ 试题的题目类型应根据考试课程的特点和考试目标合理选择，例如填空题、选择题、判断题、名词解释、辨析题、简答题、证明题、计算题、案例分析等。一份试卷中主观性试题和客观性试题的搭配应合理，且题型种类数应适中。

⑤ 在双向细目表中不同"能力层次"和不同"题型"下面对应的各列中用"√"号标明，或填写各考核知识点在试卷中所占的分值、题号和题目个数。

⑥ 命题双向细目表的制作应根据《历史课程标准》（或《教学大纲》、《考试大纲》）进行。制作完成后，须由命题人签字并交审核人审核。审核人应重点对细目表进行如下两个方面的审核：A. 各级能力层次所占百分比的分配是否合理；B. 各考核知识点内容及各单元内容所占百分比是否合理。

⑦ 对于双向细目表制作过程中遇到的特殊情况，必要时可在细目表中或表后增加备注，对情况进行说明。

⑧ 归档保存的试卷双向细目表的各项目内容，包括命题人和审核人签字、时间等均应齐备；表中各列和各章分值小计的数值统计要准确。

 资料阅读

某学校2006学年下学期八年级（初中二年级）历史期末考试双向细目表

考试内容		题型和题号					能力层次			预估难度			分值
章（单元）	主要知识点	单选题	填空题	判断题	材料分析	简答	识记	理解	分析活动	易	中	难	
第一课	中国人民站起来了	1,2		27	37		√	√	√		√		12
第二课	最可爱的人	3					√		√				2
第三课	土地改革	4						√	√				2
第四课	工业化的起步	5	26	28			√		√	√			5

课	课题									
第五课	三大改造	6				√		√		2
第六课	探索建设社会主义的道路	7	26	29		√	√	√		5
第七课	"文化大革命"的十年	8	26	30		√			√	5
第八课	伟大的历史转折	9		31		√	√	√		3
第九课	改革开放	11、12	26	32		√	√	√		7
第十课	建设有中国特色的社会主义	10				√		√		2
第十一课	民族团结	13				√		√		2
第十二课	香港和澳门的回归	14	26	33		√	√		√	5
第十三课	海峡两岸的交往	15				√		√		2
第十四课	钢铁长城	16		34		√				3
第十五课	独立自主的和平外交	17、18		35		√		√		5
第十六课	外交事业的发展				38		√		√	9
第十七课	科学技术的成就（一）	19				√				2
第十八课	科学技术的成就（二）	20		36		√				3
第十九课	改革发展中的教育	23				√				2
第二十课	百花齐放 推陈出新	21、22						√		4
第二十一课	人们生活方式的变化	24、25			40	√		√	√	10
另有一道简答题是综合评价题占8分。										
合计：100分，全闭卷。预计难度值为0.75。										

2. 命题

双向细目表的制作过程可以看做是命题前的准备，也可以看做是命题过程的一部分。双向细目表制作完成之后，一套试题的框架结构就基本完成了。接下来要做的就是将双向细目表加工成具体的题目了。在这个过程中应遵循如下原则：试题要符合测验目的；内容取样要有代表性；试题文字力求浅显简短、简明扼要，但又不可遗漏必要的条件；各试题彼此独立，不可含有暗示本题和它题正确答案的线索；试题的正确答案应是没有争议的；施测和评分要省时。根据这些原则和试卷的格式要求编制出一套完整的试卷。为了保证试题的质量，在命题过程完成后，还应组织一班人员对所命制的试题进行审阅和修改，确认所命试题符合要求且没有错误，定稿后，整个命题过程就算完成了。

就目前来说，全国各普通高中都在为高考做准备，我们平时的考试命题（无论单元、期中、期末）其实都是根据考高的需要来操作的。试题类型、能力要求及考察的知识范围其实也是高考的类型、要求和范围。

案例展示

某市2007—2008学年度下学期期末统考试题（高一历史）

本试卷分第Ⅰ卷（选择题）和第Ⅱ卷（非选择题）两部分。第Ⅰ卷1至4页，第Ⅱ卷5至8页，共100分，考试时间100分钟。

第Ⅰ卷(选择题,共60分)

注意事项:
1. 考生在答题前,请先将自己的姓名、班级、学校及考号填在第Ⅱ卷密封线内的矩形框内。
2. 第Ⅰ卷的答案请涂写在第Ⅱ卷卷头答题卡对应题号下面。

一、选择题:本大题共30小题,每小题2分,共计60分。在每小题列出的四个选项中,只有一项是符合题目要求的。

1. 中国近代史上,先进知识分子不断向西方学习,探索救国真理。为此,某历史课展开讨论,你认为下列哪位同学的观点正确 (   )
   A. 甲同学:魏源是近代中国"开眼看世界的第一人"
   B. 乙同学:孙中山借鉴英国"光荣革命"的经验提出了三民主义
   C. 丁同学:新文化运动为马克思主义在中国的传播奠定了思想基础
   D. 丙同学:"中体西用"论者仅主张学习西方的政治制度

2. 19世纪下半期,沙俄割占中国领土150多万平方公里,是通过下列不平等条约实现的 (   )
   A.《天津条约》、《北京条约》、《瑷珲条约》、《勘分西北界约记》
   B.《瑷珲条约》、《北京条约》、《勘分西北界约记》、《改订条约》
   C.《天津条约》、《南京条约》、《瑷珲条约》、《勘分西北界约记》
   D.《天津条约》、《北京条约》、《勘分西北界约记》、《改订条约》

3. 《资政新篇》没有实行的根本原因是 (   )
   A. 太平天国是农民革命政权   B. 处于紧张的战争环境
   C. 太平天国未能推翻清政权   D. 缺乏必要的社会条件

4. 洋务运动之所以没有达到"师夷长技以自强"的目的,是因为 (   )
   A. 沿用传统的生产管理方式   B. 局限于引进西方先进科技
   C. 外国资本的压制   D. 没有相对稳定的"和平环境"

5. 清政府在19世纪设立的办理外交、筹办洋务的最高行政机构是 (   )
   A. 外交部   B. 洋务局   C. 总理衙门   D. 同文馆

6. 中国近代资本主义 (   )
   A. 是由封建社会中的资本主义萌芽发展而来的
   B. 与明清手工业在行业上分布基本相同
   C. 是在外国资本主义入侵刺激下产生的
   D. 从根本上破坏了封建地主土地所有制

7. 丧权辱国的《马关条约》规定将辽东半岛割让给日本,为维护自己在远东的利益,干涉"还辽"的国家除了法国,还有 (   )
   A. 俄国和德国   B. 德国和英国   C. 英国和美国   D. 美国和俄国

8. 在马关条约中最有利于列强对华经济扩张的条款是 (   )
   A. 开辟新的内河航线   B. 在苏杭富庶地区开放新的通商口岸
   C. 允许日本在通商口岸开设工厂   D. 给予日本巨额赔款

9. 甲午年状元张謇被甲午战争的败局震惊,毅然挂冠从商。此举表明他 ① 把救亡图强作为时代的使命 ② 视创办实业为救国之要途 ③ 用实际行动来批判科举制度 ④ 认为经济是政治改革的基础 （   ）

　　A. ①②　　　　　　B. ①③　　　　　　C. ②③　　　　　　D. ③④

10.《辛丑条约》的赔款,实际上是为1900年八国联军侵华战争的赔款。按照农历干支纪年,1900年应为 （   ）

　　A. 辛酉年　　　　　B. 甲午年　　　　　C. 戊戌年　　　　　D. 庚子年

11. 晚清有御史上奏折称:"近日人心浮动,民主民权之说日益猖獗。若准各省纷纷立会,恐闻风而起,其患不可胜言。"这个奏折针对的是 （   ）

　　A. 太平军　　　　　B. 洋务派　　　　　C. 维新派　　　　　D. 义和团

12. 梁启超在《变法通议》中提出的维新变法根本措施是 （   ）

　　A. 改革封建的政治制度　　　　　　　B. 发展新式工矿交通业
　　C. 变科举,开学校　　　　　　　　　D. 办报刊,立学会

13. 促成中国近代第一次思想解放潮流的是 （   ）

　　A. 洋务派和顽固派的论战　　　　　　B. 维新派和顽固派的论战
　　C. 革命派和保皇派的论战　　　　　　D. 问题和主义之争

14. 在下列清代钱币中选出三个按发行时间先后和发行时间相距最近来排列,应该是 ① 道光通宝 ② 咸丰通宝 ③ 乾隆通宝 ④ 光绪通宝 （   ）

　　A. ③④①　　　　　B. ②③④　　　　　C. ③②①　　　　　D. ①②④

15. 瓦德西说"无论欧美日本各国,皆无此脑力与兵力可以统治此天下生灵四分之一","故瓜分一事,实为下策",这表明列强 ① 瓜分中国计划破产 ② 已放弃灭亡中国的企图 ③ 仍需要扶持清政府以华制华 ④ 看到了中国人民的不屈斗争 （   ）

　　A. ①④　　　　　　B. ①②③　　　　　C. ①③④　　　　　D. ①②③④

16. 清末"新政"未能挽救清朝灭亡命运的根本原因是 （   ）

A. "新政"只是骗局,没有真正实行
B. 清政府借"新政"之名增加税收,引起人民反抗
C. 列强反对中国实行"新政",制造障碍
D. "新政"不能解决当时的各种社会矛盾

17. 在20世纪初出现的资产阶级革命组织中,孙中山领导的同盟会是第一个资产阶级革命政党,因为它 （   ）

　　A. 成立时间早　　　　　　　　　　　B. 实现了革命团体的大联合
　　C. 使资产阶级革命进入一个新阶段　　D. 有明确的资产阶级革命纲领和组织

18. 武昌起义敲响了清王朝的丧钟,具体组织和发动这次起义的团体是 （   ）

　　A. 兴中会、华兴会　B. 华兴会、文学社　C. 文学社、共进会　D. 共进会、兴中会

19. 武昌起义后,列强由准备武装干涉转为"严守中立",导致这一变化的决定性因素是（   ）

　　A. 列强之间利益冲突,争执不下　　　B. 受到"门户开放"政策的约束
　　C. 革命形势的发展超过列强的预期　　D. 袁世凯出任内阁总理大臣足以应付局面

20. 中国近代史上,共和政体确立的标志是 （   ）

A. 湖北军政府成立 B. 南京临时政府成立
C. 清帝退位 D. 袁世凯当选为临时大总统
21. "二次革命"的导火线是 （ ）
A. 宋教仁被刺 B. 段祺瑞拒绝恢复《临时约法》
C. 袁世凯称帝 D. 张勋复辟闹剧
22. 民国初年两次帝制复辟失败的共同原因是 （ ）
A. 资产阶级力量强大 B. 孙中山高举反复辟旗帜
C. 北洋军阀内部矛盾激化 D. 全国人民一致反对
23. 下列关于前期新文化运动的叙述，正确的是 （ ）
A. 具有较广泛的群众基础 B. 强调建设资产阶级民主政权
C. 在文学革命方面取得突出成就 D. 能够正确看待东西方文化
24. 在20世纪第二个十年间，堪称中国历史转折之里程碑的是 （ ）
A. 武昌起义、中华民国成立 B. 《新青年》创办、武昌起义
C. 五四运动、《新青年》创刊 D. 中华民国成立、五四运动
25. 中共一大确定的任务与目标包括① 领导工人运动 ② 打倒封建军阀 ③ 争取民族独立 ④ 实现社会主义和共产主义 （ ）
A. ②③④ B. ①②③ C. ①④ D. ①②③④
26. 在革命历史博物馆里，我们看到下列图片，历史老师要求用一个主题概括图中事件的教训，你认为最突出的应该是 （ ）

秋收起义 **南昌起义**

A. 必须尽快解决农民土地问题 B. 要不惜一切代价夺取大城市
C. 必须走适合国情的革命道路 D. 必须武装反抗国民党反动派
27. 1947年刘邓大军挺进中原的重大意义是 （ ）
A. 影响战略决战的主攻方向 B. 粉碎蒋介石的重点进攻
C. 改变敌我的力量对比 D. 改变解放战争的战略态势
28. 近代以来，我国第一部规定国家的一切权力属于人民的宪法是 （ ）
A. 《中华民国临时约法》 B. 《中华民国宪法》
C. 《中国人民政治协商会议共同纲领》 D. 《中华人民共和国宪法》
29. 下列各项与新中国民主法制建设相背离的是 （ ）
A. 1954年颁布了《中华人民共和国宪法》
B. 林彪、江青一伙支持"砸烂公检法"

C. 1982年修改了《中华人民共和国宪法》
D. 1998年通过了《中华人民共和国村民委员会组织法》

30. 四川广安邓小平故居有一副楹联:"扶大厦之将倾……安邦柱国,万民额手寿巨擘;挽狂澜于既倒……兴工扶农,千载接踵颂广安。"此联创作应当不早于 （ ）

A. 1949年　　　　B. 1956年　　　　C. 1966年　　　　D. 1978年

第Ⅱ卷(非选择题,共40分)

二、材料解析题:本大题共2小题,每小题10分,共计20分。要求:分析材料,结合所学知识回答问题。

得 分	评卷人

31. 阅读下列材料:

材料一 20世纪初开始在上海、无锡等地投资实业的民族资本家荣宗敬、荣德生兄弟,被称为"面粉大王"与"纺织巨子"。据统计,至1936年,荣家企业年产面粉1694万袋,约占当时全国(东北地区除外)总产量的27%,拥有粉磨机347台,占全国总数的28%;荣家企业拥有纱绽(试题原文有误,应为"锭")57万枚,织布机5300台,均约占当时全国(东北地区除外)华商棉纺业总数的21%。

——据《荣家企业史料》

材料二 就今日而言,建设工业,实为要图,即以纺织一业而论,吾国人口四万万,只有纱绽(应为"锭")二百万枚,较诸欧美各国人口与纱绽(应为"锭")之比例,我国现有之纱绽(应为"锭"),实不能供国民之需求;惟其如此,是以他国在吾国设厂,以遂其经济侵略之野心,而使我纺织业受重大之打击。纱布为人生必需之品,乃至仰给他人,痛心之事,无逾于此。

——荣宗敬:《振兴实业发展经济以惠民生计划》

材料三 1938年2月荣宗敬在香港病逝。有报纸载文称,荣氏兄弟"对于中国经济,已有甚大之贡献;其小则使无锡成为江苏省次于上海之工业区;大则促使内地农产资源之开发。复由其本身经验,深知教育之重要,在无锡本乡创办小学、中学,以至大学,为所办事业及社会培育人材,尤为难能可贵。"数日后该报又称:"荣宗敬兴办实业,历数十年,功效昭著,民生利赖;是次日军侵入淞沪,复能不受威胁,避地远引,志节凛然,尤堪嘉尚。"

——据1938年2月11日、18日《新闻报》

回答:荣氏兄弟投资实业的基本出发点是什么?(3分)在中国经济发展史上,荣家企业起到了什么积极作用?(5分)荣氏兄弟还有什么其他值得肯定的方面?(2分)

得 分	评卷人

32. 阅读下列材料:

材料一 各少数民族聚居的地方,应实行民族区域自治,按照民族聚居的人口多少和区域的大小,分别建立各族民族自治机关。凡各民族杂居的地方及民族自治区内,各民族在当地政权机关中均应有相当名额的代表。

——《中国人民政治协商会议共同纲领》

材料二 (中国历史上)民族发展在地区上是互相交叉的,……汉族曾经长时期统治中原,向兄民族地区扩张;可是,也有不少的兄弟民族进入过内地,统治过中原。这样就形成各民族杂居的现象,而一个民族完全聚居在一个地方的比较少,甚至极少。……历史的发展使中国各民族多数是杂居的,互相同化,互相影响。

我们整个中华民族对外曾是长期受帝国主义压迫的民族,内部是各民族在革命战争中同甘苦结成了战斗友谊,使我们这个民族大家庭得到了解放。

在中国这个民族大家庭中,我们采取民族区域自治政策,是为了经过民族合作、民族互动,求得共同的发展,共同的繁荣。

——周恩来:《关于我国民族政策的几个问题》

回答:

(1)根据材料一,指出我国民族区域自治政策是何时确立起来的,概括其主要内容。(4分)

(2)根据材料二,概括指出我国实行民族区域自治政策的依据是什么,目的是什么。(6分)

三、问答题:本大题共2小题,每小题10分,共计20分。

得 分	评卷人

33.中国是个农业大国,农业是我国国民经济的基础。回答下列问题。(10分)

(1)中国近代(1840～1949年)解决土地问题的代表性主张或纲领有哪几种?(6分)

(2)十一届三中全会以后,农村实行的家庭联产承包责任制的实质是什么?对农业生产有什么作用?(4分)

得 分	评卷人

34.结合鸦片战争以来中国近现代史的相关史实回答下列问题:(10分)

(1)近代史上,我国开始沦为半殖民地半封建社会和形成半殖民地半封建社会与哪两场侵略战争直接相关?(4分)

(2)中国人民在近代一百多年来的哪一次反侵略战争中取得了第一次反对帝国主义斗争的完全胜利?(1分)

(3)近代史上,哪两个资本主义国家分别割占过我国的香港岛和台湾岛?(2分)

(4) 为完成祖国统一大业,我国哪一位领导人提出了"一国两制"的伟大构想?(1分)

(5) 根据"一国两制"的伟大构想,中国政府制定了"一国两制",和平统一祖国的战略方针。1997年7月1日和1999年12月20日我国政府先后对哪两个地区恢复行使主权?(2分)

这是一套完整的高中历史期末考试试卷,它不仅包含了一套试卷所拥有的全部试题,还包含了制作试卷所拥有的一般格式要求。从这套试题来看,试题的类型、能力要求及考察的知识范围都是高考的类型、要求和范围,有的甚至是过去高考的原题。这说明,目前我国普通高中的教学从高一年级起就在为高考做准备,我们平时的考试命题其实都是根据高考的需要来操作的。我们高中历史学业评价也主要是围绕高考进行的。

五、历史学科的能力测量

1977年恢复高考制度以来,长期强调"双基"(即基础知识和基本技能),1992年在推进标准化考试的进程中,国家教委颁布与教学大纲有别的"考试说明",在考试说明中明确了高考的各科能力考核的要求和考查的知识范围。1985年前后开始重视对能力的考核,命题指导思想朝"以能力立意命题"的方向转化。目前我国高考命题主要是以能力立意,平时教学的测验也主要是以能力立意来编制试题。因此,研究历史学业评价就有必要对历史能力测量进行研究。

历史能力测量的目标即是我们通常所说的能力要求。1995年修订的"考试说明"对能力要求的内容首次进行了分类,可以清楚地看到九项能力要求被切割成四个类别,即"再认、再现历史知识"、"材料处理"、"历史阐释"、"文字表达"。这个分类基本上反映了目前我国历史学业考试的能力要求。它告诉人们从哪几个方面去进行历史能力测量,也就是明确了测量的范围,这个"范围"把带有理论意义的东西转化为了可以操作的测量目标的类别。

 资料阅读

1995年修订的"考试说明"对能力要求的表述

(一)再认、再现历史知识
1. 再认、再现重要的历史事实、历史概念和历史结论。
2. 再认、再现历史的阶段特征、基本线索和发展过程。

(二)材料处理
3. 阅读理解历史材料。
4. 对材料进行去伪存真、去粗取精、由表及里的整理,最大限度地获得有效信息。
5. 充分利用有效信息,并结合所学知识对有关问题进行说明、论证。

> （三）历史阐释
> 6. 归纳、比较、概括历史知识。
> 7. 把历史事件、人物、观点放在特定的历史条件下进行分析和评价。
> 8. 初步运用辩证唯物主义和历史唯物主义的基本观点分析历史现象和历史事物的本质，阐述历史发展的规律。
>
> （四）文字表达
> 9. 语言准确，逻辑严谨，史论结合。

在测量上，对这四类的要求也有区别，区别的依据主要是知识、方法和思维含量。

第一类，再认、再现历史知识，含有两条具体目标。这两条具体目标概括了历史学科的基础知识，所以它在测量上的要求是准确。所谓"再认、再现"，就是要准确地反映史实原貌。之所以把这类分为两个具体目标，是因第一条较之于第二条来说是更为基础的东西，第二条是根据第一条的内容被人为地概括出来的东西，比较系统，但仍属于反映历史原貌的内容，它只要求准确地再认、再现，不要求发挥和阐释。请注意，对于知识的测量要求和如何获得再认、再现的知识显然是两回事，不能认为考的是死知识，那么这种知识就可以完全通过死记硬背的方式获得，这是一个误区。事实上，在测量方法上，死的知识是被包容在活的问题当中的。也就是说它与其他几类的测量内容是一个整体，不会截然分开。

第二类，材料处理。在测量当中材料的概念是指在题目当中出现的所有历史材料，这些材料是为回答问题而布置的。因此，对于材料处理的要求是有效。所谓"有效"，是指：其一，对于回答具体问题来说是有效的；其二，对于联系所学基础知识是有效的；其三，对于说明、论证是有效的。因此，材料在答题当中不仅仅是被引用、转述、复述的对象，还是用来理解并说明问题的。概括起来，目标中的"有效"有两个含义：从材料中获取的信息是有效的；对于有效信息的利用是有效的。请注意两个"有效"所使用的限制词，前一个"有效"用了"最大限度"，是指要穷尽材料中的有效内容，不能用一两条有效内容去代替其他内容，这样只会导致说明不清、论证不周。"充分"是指对于有效信息不能只求罗列，而要求展示有效信息在回答问题当中的作用和意义。要针对所回答的问题，把有效信息和所学知识融为一体，进行透彻的说明、论证，实现其材料价值，这才是"充分"。材料处理综合性较强，知识、方法、思维含量都比较高，用"有效"去概括是合适的。从能力型考试的要求来说，我们更注重后一个"有效"。

第三类，历史阐释。其主要特征是思维。说历史阐释的主要特征是思维，并不是说其他类不需要思维，或者说思维不重要，这里所说的思维，是指这一类能够比较典型地反映历史学科的思维特点，同时亦可统帅其他类的思维。从测量的角度来说，对于这种理论、方法、系统知识含量最高的测量目标，首先要有一个程度的要求。此类范围中含有三条具体目标，相对而言，对于"归纳、比较、概括历史知识"，要求程度应该是准确、合理、周到，也就是说，这一项虽然知识要求容量很大，但在测量上伸缩性并不大，它基本上是要求人们将历史知识按特定要求进行本质的、系统的整理，更多的是凭借扎实的基础知识和初级历史思维的能力。因此，要求其准确、合理、周到是符合这一条目标的具体情况的。"把历史事件、人物、观点放在特定的历史条件下进行分析和评价"，这一条要比上一条的思维力度高一些，且带有明显的学科思维特点，因此，对它的测量要求是客观性。所谓"客观性"就是要做到对历史事件、人物或观点的分析、评价与历史发展的具体史实、阶段性特征相结合，揭示那些历史事物的特点、作用和意义。客观性思维最能体现历史感，它是历史的形象思维和理论思维的结合点，带有较强的情感意识和情景意识，是走向辩证思维的唯一阶梯，抓住这一能力目标至关重要。从我们以往的教育学和测量的情况来看，这一能力目标是一个弱项，一则很多人不知道怎样把历史事物放在它所在的历史条件下去考察,二则易以马克思主义的原则作为出发点,用后人的认识去苛求前人。上述做法的结果是,人们实际上对历史事件本身尚不甚了解就去妄加品评。此类范围最后一个测量目标"初步运用辩证唯物主义和历史唯物主义的基本观点分析历史现象和历史事件的本质,阐述历史发展的规律",这是对历史思维的最高要求,因此它强调的是理论性。如果说在上一个测量目标当中也含有一些理论内容的话,那主要是一些基础知识和基本方法。比如要从生产资料所有制的分析入手去考察社会制度,去评价人们的社会地位;要从社会经济生活入手去分析当时的社会意识或观点等等,相对来说是静态的。但在这一条目里,理论性的要求是系统的、深入的、动态的,它除了要把历史事件放在特定历史条件下考察之外,要着重分析事物本质和它的历史倾向。强调理论性,就是要对历史事物的认识具有历史的、唯物的、辩证的思维特点。当然,我们不能要求考生去做大学问,做大文章,因此,在此条目之前冠之以"初步"的限制。"初步"的含义是:其一,基本的理论观点和方法是正确的;其二,所涉及的知识内容与理论分析是有内在联系的,有系统的;其三,其论述具有认识意义。要防止把"初步"的含义理解为仅仅懂得理论条条的做法、对号入座的做法,也就是说,不能把马克思主义的理论和方法仅仅当做纯知识来传授,要化为精神和灵魂,这是进行素质教育的关键,也是考试能力要求的原则。当前我们之所以在能力要求上下很大工夫,其目的也是为了实现素质教育和选拔考试的结合,使考试这种形式更好地为素质教育服务。

第四类,文字表达。历史学科的文字表达与其他文科科目文字表达的要求不一样,它应该具有自己的特点。首先,它要求语言准确。这一点和其他科目的要求共性多一点,不过,历史学科要注重其中的概念表述的准确、史实表述的准确和说明论证表述的准确。其次,要求逻辑严谨。这里,逻辑不是指行文作章的结构,而是指所述内容的内在关系。概括来说,它应该是有序的而非罗列的;还应该是完整的而非残缺的;又应该是主旨明确的而非含混的。第三,史论结合。这要求在表达上要有鲜明的观点作为立论基础,又要适量的史实作为支持,史论之间的关系是一致的,不能自相矛盾。这里需要说明,不是要求学生去做纯理论的论述,而是希望一种在正确理论指导下的对史实的科学分析,要把观点溶入这种分析当中去,并非一定要出现什么完整的理论阐述或理论字眼。"史论结合"作为比较典型的反映历史学科文字表达的形式,在考试测量中占有一席之地,这并不为过,再说,这一要求在题目中会有程度和范围的限制,只要理解了这一要求的基本含义,考生是能够做到的。

2004年,教育部将高考《考试说明》更名为《考试大纲》①,在总结2003年实行"文科综合"命题经验和考试情况的基础上,提出了2004年"文科综合能力测试"的考试目标,因为同时涉及政治、历史和地理三个学科,要求对能力的测试更具有普遍性和综合性。新的考试大纲将过去历史考试说明对考试能力要求作了调整和说明。

文科综合能力测试更强调考查考生对文科各学科知识整体把握,综合分析问题、解决问题的思维能力。考试既反映各学科知识之间的系统联系,又表现注重学生思考,知识迁移,多层次、多角度分析解决问题的通识教育理念。高考考试大纲中对文科综合提出了三方面的能力要求,即记忆、理解、应用三个能力层次。

第一个能力层次的要求是记忆。记忆的主要要求是观察和描述,就历史学科而言,则主要是掌握(记住)和说明历史现象的情况。历史学科考试的特点是表述既定的历史事实(来源于课本),用既定的历史事实去说明问题,对既定的历史现象进行总结和说明(包括分析、评价等)。几乎所有的答题活动都是建立在对历史现象(历史知识)的准确、全面的掌握上的。因此历史学科的第一能力就是记忆。这是历史学科不同于其他学科的一个突出的特点。

---

① 全称为《2004年普通高等学校招生全国统一考试大纲》。

但是记忆又不能死记硬背,首先,要弄清历史事物发展过程中各种因素之间的关系,通过了解各种因素的关系加深对事物的认识,从而产生深刻的印象和记忆。其次,要通过分析,发现和抓住事物的特征和特点,这是最值得掌握的内容。所谓描述(说明)事物,主要描述的应该是历史现象的特点或特征。因此在学习中,一定要学会并善于概括历史现象的特征、特点。

第二个能力层次的要求是理解。考试大纲要求理解的方面有:概念与结论;数据、图表、公式、简图的意义及其关系。所谓理解概念与结论是指知道概念与结论的内容,确定概念与结论的类型,区别不同的概念与结论。

第三个能力层次的要求是应用。大纲指出了三个方面的应用:一是提取有效信息进行科学、合理的判断、推理、归纳、预测。二是分析、说明成因。三是解决问题。

运用材料的前提是阅读和理解材料。材料的形式包括现代语言、古代语言、图表、数据等。对材料的运用概括起来有两个方面:针对某一问题,在材料中寻找与其有关的信息;对材料进行归纳,提出问题。不论是哪一方面,都要求对材料运用的有效性。因此,"提取有效信息",是反映资料与问题关系的核心。提取有效信息的方法有:确定材料的可靠性和典型性、包容性和局限性;揭示材料与社会主题、自然现象的关系;材料与问题是否相互印证等。

判断、归纳、推理是自然科学和社会科学思维的基本方法。所谓科学和有效是指思维的正确性。

判断是对事物的确认。导致正确判断的因素有:对事物的现状以及流变有清楚的认识,并有足够的材料予以证明;有科学的观点和观念作为判断的理论支持;能够简明、扼要地表述判断和清晰、翔实地解说判断。

归纳是对事物进行从特殊到一般的抽象思维。导致正确归纳的因素有:有正确的判断作为依托;认识事物的特征和典型意义;能够对事物的特征和典型意义进行理论思考,并通过这种思考认识其他事物;将事实与理论阐释相结合进行条理清楚的表达。

推理是对事物的形成以及变化发展进行合乎逻辑的理性思考。导致正确推理的因素有:有正确的判断和归纳作为依托;对构成事物的因素有足够的了解;对引起事物变化发展的条件有充分的认识;对推理根据和过程进行清晰的表述。

对能力要求进行分类,其目的是便于教学者的理解和命题的操作,并不表示在命题中以类区分试题的测试功能,比如"材料处理"就一定针对材料解析题。事实上,这四个类别构成了能力要求的整体。在试卷中,一种题型或一道题目往往涵盖了两个以上或全部类别的能力要求。从测量的要求上说,题目涵盖能力要求多,总比涵盖少有更好的测试效果。当然,有时一张试卷需要有某些题目进行非常单一的能力测试,但这绝不是整张试卷的要求,最好不要把能力要求的类别条目和题型对号入座,而应把能力要求融会贯通起来,作为分析问题、解决问题的思想方法。

第二节 中学历史学业评价的变迁

一、历史教学大纲与历史课程标准对历史学业的要求

1. 新中国成立后到"文化大革命"前历史教学大纲对学生学业的要求

1953年,教育部开始制定第一套完整的教学大纲,于1956、1957年相继颁布了《初级中学中国历史教学大纲(草案)》《初级中学世界历史教学大纲(草案)》《高级中学世界近现代史教学大纲(草案)》和《高级中学中国历史教学大纲(草案)》以及《高级中学中国历史教学大纲(草案)(近代史部分)》。1963年,教育部颁布了《全日制中学历史教学大纲(草案)》。从这些大纲的"说明"或对教学

的有关要求中,我们可以透视这一时期或者说是传统的中学历史学业评价之标准与理念。

第一,思想政治教育是中学历史学习的根本目的、基本原则和核心任务。1956年颁布的初中中国历史教学大纲开宗明义地提出,"中国历史的教学对青年一代的共产主义教育,有极其重大的意义",通过历史教育"培养学生的爱国主义思想和民族自尊心,使他们成为社会主义社会的自觉的积极的建设者和保卫者"。1956年颁布的初中世界史教学大纲指出:"通过具体事实特别是阶级斗争的叙述,阐明人类历史发展的规律。必须贯彻爱国主义、国际主义和劳动教育,从而培养学生共产主义的世界观,加强他们对共产主义胜利的信心,达到鼓舞青年一代自觉地、积极地参加社会主义建设事业的目的。"教学中,"应该掌握思想政治教育原则"。1956年颁布的高中世界近现代史教学大纲增加了"使学生认识资本主义必然死亡和社会主义必然胜利的历史发展规律",再次强调了历史进程"对于培养学生的共产主义世界观具有极大的意义","掌握关于当前形势最必要的具体知识,而且使他们受到深刻的政治思想教育"。高中中国历史教学大纲又进一步提出了"使学生深刻地认识到今天建设社会主义社会,并准备向共产主义社会前进,是历史发展的必然趋势"。1963年,教育部将1956年初、高中五个大纲合并为一个大纲,颁布了《全日制中学历史教学大纲(草案)》,更加系统地重申了以上要求。

第二,以完成课本内容为历史学习的基本任务。这六个大纲的教学要求,几乎都是围绕着如何更好地进行课本内容的教学提出的。1956年初中中国历史教学大纲规定:"教师应该根据教学大纲进行教学,不要任意增加教材,加重学生负担。"初中世界历史教学大纲规定:"世界历史教材都是根据大纲编制的基本知识,教学时必须分析每一课时教学内容。"高中世界历史教学大纲指出:"在教学中,我们应当使学生了解和熟悉这些教材,没有必要再另外提出一些教材来增加学生负担。"1963年颁布的教学大纲要求:"由于课时有限,教师在课堂上只能讲授教材里的主要内容,有些内容可以在教师指导下由学生阅读。"这一时期,课程内容与课本内容几乎是同一概念。高中中国历史教学大纲虽提出了"课外活动"这一概念,但从前后文可以看出,主要是为了更好地落实课本内容。

第三,以记忆为特征的学习目标。记忆重要的历史事实是历史学习的前提,各大纲都作了明确的要求。1956年初中世界史教学大纲要求,"使学生牢固地记忆一些重要的历史现象、历史人物和年代月日",重点内容要"详细讲解,反复提问,布置作业题,帮助学生牢固记忆"。1963年教学大纲指出:"应该记忆必要的历史事实和年代月日、人名、地名。"除此之外,各大纲还大量使用"了解"这个概念,要求学生掌握重要事实、重要人物、主要线索和观点。与"记忆"一词相比,"了解"是一种不需要非常精确记忆的要求。"理解"是各大纲强调得比记忆更多的要求,1956年高中中国历史教学大纲还将其提升到启发学生"积极思维"的"理解能力"层次。但由于与理解目标相联系的几乎是思想政治教育的具体化,"必须"或"应该"按某一逻辑进行近乎标准化的理解,只是心理学意义上的理解记忆能力,加上课本内容的大容量,在教学与评价实践中,这种"理解"会演变为通过理解来记忆或了解就可以想象了。教师不仅要帮助学生通过理解记住课本涉及的事实,而且要帮助学生在理解水平上记住课本用什么观点和逻辑来解释或评价这些事实,并得出怎样的结论。

2. 改革开放以来历史教学大纲对学生学业的要求

1978年,重整旗鼓的国家教育部颁布了"文化大革命"后的第一个教学大纲《全日制十年制中学历史教学大纲(试行草案)(第一版)》,在"教学目的和要求"中,提出了"运用历史唯物主义的基本观点观察问题和分析问题的能力",在"教学中应该注意的几点"中提出了六点具体要求,前三点与1963年的基本相同,后三点为:"教师必须根据教材讲授。注意启发学生积极思考,反对注入式……可以适当结合历史教学内容进行参观、访问、调查活动。要运用地图、插图、历史幻灯片、历史影片等以增加教学的直观性。……对历史事件和历史人物有正确的认识,记忆必要的历史事实和年月日,朝代名称和顺序等。"

1980年,教育部对1978年教学大纲又作了重大修订,但教学要求上并未出现变化。1986年,国家教委颁布了《全日制中学历史教学大纲》,其中教学要求仍沿用了1978年的提法。

1988年,国家教委颁布了《九年制义务教育全日制初级中学历史教学大纲(初审稿)》,在"教学目的和要求"中提出了从心理学上看的"初步掌握分析、综合、比较、概括的方法,去认识和表述历史的能力",在"教学中应注意的几个问题"上作了较大的变动,提出了历史教学三项任务——"在传授知识的基础上,进行思想教育和能力的培养";要求教师讲究教学技巧和教学艺术,"以利启发学生积极思考,调动学生学习积极性";在直观教具中增加了录音、录像,并以"激发学生的学习兴趣"为目的之一,提出了"课堂教育要与课外教育相结合"。另外,将"教学内容"分为"基础知识"、"思想教育"和"能力培养"三大部分。1990年,国家教委颁布了《全日制中学历史教学大纲(修订本)》,虽沿用了1986年的大纲结构,但又吸收了1988年初中历史教学大纲提出的新的教学要求和理念。

就全国而言,按教学大纲进行教学与评价仍是主流,但就谁夺先声而言,教学大纲是滞后的。1988年、1990年的大纲,只是这一时期我国中学历史教学界在改革开放中积极开展学术研究的一种集中反映。

1992年颁布了《九年义务教育全日制初级中学教学大纲(试用)》,1996年颁布了《全日制普通高级中学历史教学大纲(供试验用)》,2000年颁布了《九年义务教育全日制初级中学历史教学大纲(试用修订版)》和《全日制普通高级中学历史教学大纲(试验修订版)》。两套大纲分三个年份颁发,其变化是明显的。

1992年初中教学大纲在"教学中应注意的问题"中,已不见了"教师必须根据教材讲授"的提法,而是在"全面完成历史教学的三项任务"的前提下适度补充内容,明显地侧重于如何培养学生的兴趣、能力和积极性;没有明确"记忆"要求,而将其内涵界定在"考核要注重思想性和基础知识、基本能力"之中。"教学内容"的结构又恢复了1988年的做法,分为"基础知识"、"思想教育"、"能力培养"三个部分。1996年高中教学大纲在"教学应该注意的几个问题中"增加了"调动学生的学习主动性"和"引导学生进行独立思考",强调了"采取多种教学方法,并努力创造条件,加强现代化教学手段的运用"。

2000年的初、高中教学大纲与学业评价有关的最主要的变化是:

(1) 初中提出了"增强学生自主学习的能力;注重培养学生的创新意识,以及与他人合作和参与社会实践活动的能力";指出"要注意培养学生的创造性学习能力","增强学生自主学习和探究的能力"。初、高中都提出了"健全的人格"和"道德观、人生观和价值观"的要求,使思想教育有了更丰富的内涵。

(2) 强调了要从学生的年龄、心理特征和认知水平"出发",进行历史学习。初中突出了"学习兴趣和热情","从有利于学生学习的角度出发","注重学生对历史的理解,避免死记硬背",使学生"学会学习"。高中突出了"鼓励学生对历史问题进行独立思考,发表自己的见解,培养他们的创造意识和创新精神",还有"实践能力"。

(3) 大力提倡学习方式的多样化、多途径。初中:"开展课堂讨论;组织辩论会;举行历史故事会;举办历史讲座;进行历史方面的社会调查;参观历史博物馆、纪念馆及当地的爱国主义教育基地;考察历史遗址、遗迹;编演历史剧;观看历史题材的影视作品;阅读欣赏历史文学艺术作品;仿制历史文物;撰写历史小论文、历史人物小传;编辑历史板报、通讯、刊物,等等。"高中:"课堂讨论、辩论;撰写历史小论文、历史人物小传、历史题材的社会调查报告;收集整理多种类型的历史资料;编演小历史剧;有条件的地方,可教学生制作历史题材音像作品或计算机课件。"

(4) 高中还增加了"应尽可能地与现实生活和时事联系起来",达到"更好地认识现实"和"加深对历史的理解"的效果。

（5）教学评价正式列入教学大纲。1996年高中教学大纲的第五部分为"考试与评估"，其中第二条为评估历史教学，提出应该以大纲为依据，采用多种手段，全面、综合评估。2000年初中教学大纲的第五部分为教学评估，提出："教学评估的目的在于提高教学质量，应有利于学生生动、活泼、主动地学习，有利于促进学生的发展。……重点要放在对学生学习方法的指导，对学生能力发展和态度、价值观形成的培养上。"

作为教学评价的客观标准，学生的学业评价在这一时期有了长足的发展。这主要表现在对学生思维能力的发展及一系列的测量技术与数据处理技术的探索上。聂幼犁等的《中学历史能力目标及其测量技术》一文，具体论述了中学生历史思维能力逐级累积发展的4级12层次36台阶及其学科心理特征和互相联系，并设计了可操作的测量评价方法和技术。赵恒烈、冯习泽研究了历史学科的创造教育，提出了中学生历史学习的创造素质，即创造定势、创造性思维、自我调理与元思维，总结了中学生创造性思维的4种类型，即多维历史联想、历史灵感、历史的假设与论证、成果的放射与类推，并提出了历史学科创造教育的评价体系——原则与方法，既涉及教师评价，又涉及学生评价。聂幼犁吸收了心理与教育测量、统计的成果，将其与中学历史教学相结合，对中学历史学科的命题理论与技术以及测量数据的处理、分析作了理论与实践的探索，为中学历史教育测量与评价作了有益尝试。

3. 历史课程标准对历史学业的要求

2001年6月，教育部颁布了《基础教育改革纲要（试行）》，拉开了新世纪教育改革的序幕；2001年7月，教育部颁布了《全日制义务教育历史课程标准（实验稿）》，提出了中学历史课程改革的新理念，"有利于学生学习方式的转变""有利于教师教学方式的转变"和"有利于建立促进学生全面发展、激励教师积极进取的评价机制"。在其"教学建议"中，与以上新理念相应的突出变化是：

第一，"以转变学生的学习方式为核心，注重学生学习历史知识的过程和方法，使学生学会学习。鼓励学生通过独立思考和交流合作学习历史，培养发现历史问题和解决历史问题的能力，养成探究式学习的习惯"。

第二，"根据'内容标准'对知识与能力的不同要求组织教学"。这些不同要求分为"记忆"、"理解"和"运用"三个层次。

第三，"要注意拓宽历史课程的情感教育功能，在进行知识传授和能力培养的同时，充分发掘课程内容的思想情感教育内涵，潜移默化地对学生进行情感、态度与价值观方面的熏陶"。

为了使以上理念和建议易于理解，课程标准还附了"成语知识竞赛"、"展示活字印刷"、"图说抗日战争"、"调查近二十年来家庭生活状况的变化"、"古希腊雅典奴隶主民主政治辩论会"、"制作与展示中外历史发展线索与对照表"、"小实验——信封上的效率"、"学唱国际歌"和"举办'时事溯源'专栏——科索沃问题的由来"等9个主题式教学活动案例。

课程标准还用了过去的习惯做法，在"评价建议"中，侧重了学生的学习评价，强调了评价的导向、诊断、激励和促进功能，促进"学生学习能力和创新意识的提高"。在"评价方法应具有科学性、灵活性和实践性"的原则下，推荐了"观察、记录、调查、访问、讨论、作业、测验、考试、评议、档案、自我评价、家长评价"等多种方法。

2003年4月，教育部颁布了《普通高级中学历史课程标准（实验稿）》，在"基本理念"中，进一步提出了历史课程的目的是"使学生增强历史意识，汲取历史智慧，开阔视野，了解中国和世界的发展大势，增强历史洞察力和历史使命感。……有助于学生个性的健康发展"；进一步强调了初中阶段的"三个有利"，"倡导学生主动学习，在多样化、开放式的学习环境中，充分发挥学生的主体性、积极性与参与性，培养探究历史问题的能力和实事求是的科学态度，提高创新意识和实践能力。……倡导灵活运用多样化的教学手段和方法，为学生的自主学习创造必要的前提。……形成以评价学生综合素质为

目标的评价体系,全面实现历史教学评价的功能"。在"教学建议"中还提出:

第一,"加强学生人文精神的熏陶,促进学生科学历史观和健全人格的形成"。

第二,"进一步提高学生的历史思维能力,注重学习过程与方法,培养学生的历史意识,学习用历史的眼光看问题"。

第三,"……学生要进一步了解和掌握学习历史的方法,……善于独立思考和交流合作……"

第四,"教学过程中要及时对学生学习进行客观有效的评价……"在"评价建议"中突出"对学生的知识与能力、过程与方法、情感态度与价值观做出定量和定性相结合的评价"。

与教育部的课程标准相比较,上海市的课程标准更有学科特点,相对于《基础教育改革纲要(试行)》而言,也更有创造性:

在"内容与要求"中提出了"一般能力"和"历史学科特有的能力"。一般能力包括收集史料、提取信息、解决问题和交流思想的能力;特有能力包括历史学科的识记鉴别、领会诠释、分析综合和评价论证的能力。每一能力都作了相应的说明,并在每一历史内容后,具体地标注了能力要求和提出了活动建议。

在学习评价中,强调了"使学生成为评价的受益者和参与者","制定评价方案的基本准则是有效性和能动性",以及"要鼓励教师积极地吸收国内外和其他学科的优秀成果,改进和创制行之有效的测量、评价方法"。

二、高考科目设置的变革

现行的全国统一高考是在建国初期由学校单独招生改为联合招生的基础上逐步形成的。1949年实行学校单独招生,全国所有高等学校都按建国前的办法招生:各高校自主招生,自行组织考试和录取工作,高校拥有高度自主权。1950年实行全国多数高校联合招生,1952年走上了全国统一高考之路。1966年"文化大革命"至1977年,我国取消了考试制度,采取推荐方法。1977年我国重新恢复了高等学校入学考试制度,沿用至今已经三十多年了。在此期间,高考制度一直在不断改革。1977年,各省统一组织命题;1978年,教育部编发了《高考复习大纲》,并于同年恢复了全国统一考试;1998年,教育部决定为推进素质教育启动新一轮高考改革;2000年,北京、安徽等省市开始实行春、夏两季高考招生;2001年4月2日,教育部宣布取消高考考生年龄和婚姻限制;2003年,夏季高考时间由传统的7月7日提前到6月7日,同一年,教育部赋予北大、清华等22所高校5%的自主招生权;2005年,拥有自主招生权的高校达到了42所,另外,北京和上海两地开始试行高考自主命题,2005年,高考考场上共有15个版本的高考试卷;2006年,山东、广东、海南、宁夏、江苏五省区,推出了高考新方案,分别于2007年和2008年实行。

自1952年教育部正式决定在全国实行统一高考以来,高考科目的设置也一直在不断改进。1954年原教育部将招生由文、理两类分为文、理、农医三类,这是高考制度的一项较大改革。1964年再改成文、理二类。1977年恢复高考后,考试科目的设置分文、理两类,分别考核6~7门。

从1977年到1984年,由于"文化大革命"刚刚结束,百废待兴,各行各业的建设需要大量的人才,有关部门对高考科目来不及作更多的考虑和研究,高考科目设置基本上沿袭了"文化大革命"前的两大类划分模式。从科目演变的历史来看,高考科目从1950年的考9门(国文、外国语、政治、数学、历史、地理、物理、化学等共同必考科目和加试科目等)逐渐分为文理两个科目组,直到"文化大革命"结束后的1977年还在沿用文理分科这一做法。文科考试科目为:政治、语文、数学、历史、地理、外语;理科考试科目为:政治、语文、数学、物理、化学、生物、外语。1985年国家教委批准上海市高中毕业会考后高考改革的试验,实施会考后"3+1"高考科目组方案。该方案"3"为语文、数学、外语3个科目,

"1"是指从政治、历史、地理、物理、化学、生物6个科目中任选一科考试。经过不少省、市高中毕业会考的试验、推广,1991年在湖南、海南、云南3省进行了史称"三南方案"高考4个科目组改革试验。由于第一类组不考数学,第三类组不考语文,这种改革导向导致很多数学、语文基础较差的学生也进入高校,这些学生的学习能力与其他省份考生相比,有明显的差距,不能很好地适应基础学科的学习。因为本次试验过于强调学生的个性,加上考试科目太少,科目分组太细,增加了录取操作的复杂性,所以,遭到学校和考生的反对,试验在第二年停止。1993年,全国统一实行会考基础上的高考,也就是"3+2"改革方案,即文科考:语文、数学、外语、政治、历史;理科考:语文、数学、外语、物理、化学。这一改革所造成的文理偏科现象也极为严重。

1997年10月,在恢复高考20周年前夕,教育部决定,高考科目组试行"3+X"方案,并于1999年在广东省率先实验高考科目组试行"3+X"方案。2000年又有江苏、浙江、山西、吉林等省按照方案要求进行改革试点,2001年扩大到18个省(自治区、直辖市),2002年全国普遍实施"3+X"改革方案。

"3+X"高考改革方案是以"3+X"为主展开的全面、整体的高考改革。"3+X"主要是指高考科目设置改革。按照教育部《关于进一步深化普通高等学校招生考试制度改革的意见》(教学[1999]3号)的解释:"3"指语文、数学、外语,为每个考生必考科目,英语逐步增加听力测试;"X"指由高等学校根据本校层次、特点的要求,从物理、化学、生物、政治、历史、地理六个科目或综合科目中自行确定一门或几门考试科目;考生根据自己所报的高等学校志愿,参加高等学校(专业)所确定科目的考试。综合科目是建立在中学文化科目基础上的综合能力测试。根据目前状况,综合科目可分为文科综合、理科综合和文理综合。其中,文科综合包括政治、历史、地理3科;理科综合包括物理、化学、生物3科;文理综合为物理、化学、生物、政治、历史、地理6科的综合。

2002—2006年的"3+X"高考科目设置模式,并不是千篇一律,省与省之间有一定的差别,大致可以划分为以下几种类型:一是"3+文综/理综"。"3"指的是语文、数学、外语,"文综"指的是政治、历史、地理的综合,"理综"指的是物理、化学、生物的综合,采用这种模式的省份占大多数。二是"3+大综合+1"。"3"仍然是语文、数学、外语,"大综合"是物理、化学、生物、政治、历史、地理、生物的综合,"1"指学生根据志愿在6门课程中任选1门,比如河南、上海、广东就是采用这种模式,采用这种模式的省份比较少。在新一轮的"3+X"改革中,"X"作为一个开放的、自由的选考科目有力地推动了高考走向开放,但在实践中,大多数省份的高考模式不约而同地走上了"3+文综/理综"。有的省份曾经施行"3+1+1"方案,3还是语文、数学、外语,1+1指学生和高校任选一门,这种方案因为组合太多太复杂,也没有得到推行。而采用"3+大综合+1"模式的省份也是寥寥无几。究其原因,除了"3+文综/理综"较为渐进、稳妥,没有强烈地冲击到中学教学秩序之外,便于公平客观地比较也是原因之一;而"3+大综合+1"中的"1"科难度差别和报考人数差别较大,可比性不强,难以调剂录取,部分程度上会影响到考试与录取的公平。

2004年,山东、宁夏、广东、海南4省区作为全国高中新课程改革的首批实验区进入实验。2005年12月中旬,教育部召开专家论证会评审4省区的高考改革方案。教育部对4个新课程实验省区各自的高考新方案统一审核后,于2006年4月正式批复,2007年这4个省区的高三学生作为新课程方案的第一批考生走进高考考场。

广东省实行"3+文科基础/理科基础+X"方案。"3"为语文、数学和外语。"文科基础"、"理科基础"全部只考新课标的必修课内容,力求达到为考生减负的目的。"X"为专业选考科目,有物理、化学、生物、政治、历史、地理、音乐术科、美术术科、体育术科等9门学科,任选1科。

山东实行"3+X+1"方案。"3"指语文、数学(分文科/理科)和外语3个科目,是所有考生的必考科目。"X"指文科综合或理科综合。文科综合包括政治、历史、地理3个科目的必修内容和部分选修内容；理科综合包括物理、化学、生物 3 个科目的必修内容和部分选修内容。报考文史类、文科艺术类的考生须参加文科综合的考试,报考理工农医类、理科艺术类、体育类的考生须参加理科综合的考试。"1"指基本能力,内容涉及高中课程的技术、体育与健康、艺术、综合实践等以及运用所学知识解决生活和社会实际问题的能力,所有考生都参加基本能力考试。

海南实行"3＋3＋基础会考"方案。"3"指语文、数学(分文科/理科)、外语;另一"3"是指文科考政治、历史、地理,理科考物理、化学、生物;"基础会考",文科生考物理、化学、生物、通用技术和信息技术,理科生考政治、历史、地理、通用技术和信息技术。

宁夏实行"3＋文综/理综"方案。"3"指语文、数学(分文科/理科)和外语 3 个科目。文科综合包括政治、历史、地理 3 个科目,理科综合包括物理、化学、生物 3 个科目。

江苏实行"3＋学业水平测试＋综合素质评价"。即有三个录取依据,录取占主导作用的还是"3",即语文、数学、外语三门科目的高考成绩。学业水平测试为单科考试形式,科目为物理、化学、生物、政治、历史、地理、技术(信息、通用)。信息技术在 10 月份全省统一机考;必修在 12 月 9 日全省统一考试(按高考要求),选修的 2 门在高三上学期期末进行,同时进行必修 5 门的第二次考试(不及格或不满意)。一类是必修 5 门,一类是选修 2 门(指定选修是物理或历史,其他为自主选修,只有四种即物化、物生、历政、历地。选修之外为必修)。实施原始分和等级分相结合的录取方式。

新方案的提出,应该能够解决当前高考科目设置中存在的一些比较突出的问题,如：考生考试负担过重;文理过早分科,偏科现象严重;考查科目较少,高校不能全面掌握和衡量考生情况等。但同时新方案的实施也面临着许多新出现的困难和矛盾。许多问题还需要从理论上深入探讨研究,一些设想甚至距离现实尚远。

从我国高考科目设置发展历史来看,历史学科一直是文科考生必考的科目。在有高考制度的时期,历史学科从未中断过高考。历史学科作为学生学业评价的重要学科,其高考试题也在不断地变革。这种变革包括命题的指导思想、能力要求、考试内容、历史题型题量和试卷结构等方方面面。

三、我国高考历史试题的变化

长期以来,我国历史教学的评价主要针对学生学业的结果,是以考核测评的形式来完成的,是以考试标准决定"选拔"目的的传统的"评价观"。在这里,考核与测评的作用,在于分类、选别和预测。只顾及"选拔"的问题而顾及不到"发展"的问题。

目前与中学历史教育有关的考试主要有三类：教学过程考试(小测验,期中、期末考试等);中学毕业学科水平考试(会考);高中和大学入学考试(中考和高考)。在现实中影响最大的就是高考。书面考试是我国历史学科高考的唯一形式。试卷和试题是体现考试目的、内容和考核目标的载体,因此高考改革的目标最终落实在命题的改革上。

1. 历史学科命题指导思想的变革

命题指导思想的变革与教育观念的变化联系在一起。20 世纪教育观念的发展经历了三个阶段,即"双基观"→"智能观"→"素质观"。"双基观"基于近代大机器生产的工业社会,这是一种以知识和技能为核心的教育观念体系。20 世纪 70 年代末,我国教育界倡导落实各学科的基础知识和基本技能,就是这种教育观的体现。反映在考试上,则着眼于学生的知识范围和熟练程度的评价,重在测量学生对知识记忆的牢固性和答题的精确性。20 世纪 80 年代中期,随着现代化科学技术的发展,人们开始重视教育对开发人的智力和能力的作用,于是"智能观"取代了"双基观"。反映在考试上,大约在 1985 年前后开始重视对能力的考核。进入信息化和"知识经济"时代后,全面提高人的素质和创新能力成为推动社会发展的关键因素,于是"素质观"又发展了"智能观"。我国在 1993 年正式提出教育的任务是"全面提高国民的素质","素质观"成为创建新教育评价体系的基础。反映在考试上,一方面,1998年前后,高考为彻底摆脱"知识考试"而作出了新的探索,另一方面,高考的书面考试如何测试"文化素质"以外的其他素质,即如何测试学生的综合素质成为迫切需要解决的问题。

反映在法定文件中的高考命题思想是官方颁布的"考试说明"。1992年,在推进标准化考试的进程中,国家教委颁布与教学大纲有别的"考试说明"①,作为高考命题和复习的指针。以后年年颁布,并屡有修订。其中与命题指导思想有关的重要之点是:

(1) 关于高考导向的基本原则——"有利于高校选拔学生","有利于中学教学"。这是我国高考一贯遵循的基本原则,但是在不同的时期对这一原则的理解略有不同。

20世纪80年代中后期,认为"试题考核内容和评分标准要首先考虑大学选拔新生的需要"。至于"有利于中学教学",因为在教育质量的全面评价制度还没有建立起来之前,高考录取率是评价教育质量的重要指标,所以"命题要充分考虑中学历史教育的情况"。其潜台词是历史命题要适应"中学历史教学的现状"。

20世纪90年代前期,认为"历史命题不能一味适应、照顾中学历史教学现状,而要促进、引导中学历史教学的改革,对中学历史教学培养学科能力产生良好的导向作用"。

20世纪90年代中期,认为"两个有利的基本原则"应当注意"体现素质教育的要求"。

20世纪90年代末,教育部副部长周远清明确指出,新的高考改革方案一要"有助于高校选拔人才",二要"有助于中学实施素质教育",三要"有助于高校扩大办学自主权"。传统的"有利于中学教学"演变成"有助于中学实施素质教育"。

(2) 关于高考命题的稳定性原则——"稳中有变、大稳小变、变中求稳、变中求新"。这是我国高考命题改革一贯遵循的原则。这一指导思想决定了我国高考历史命题改革"渐进"的发展过程。

(3) 关于能力考核的要求。这是我国"考试说明"一贯坚持的基本要求。在1992年第一次颁布的历史"考试说明"中列入了比教学大纲更为翔实的10条能力要求,考核能力成为我国高考命题最基本的指导思想之一。1995年的"考试说明"又把10条归纳为四个方面9条能力,四个方面是:第一,再认再现历史知识。第二,材料处理。第三,历史阐释。第四,文字表达。1998年又把第9条能力中的"史论结合"单列为一条。四个方面10条能力的规定延续至2004年,成为历史高考命题能力考核的准则。

2004年,教育部将高考"考试说明"更名为"考试大纲",同时大纲也将当年部分学科的考试内容和考试要求进行了调整,在命题指导思想上强调"以能力测试为主导,考查考生所学相关课程基础知识、基本技能的掌握程度和综合运用所学知识分析、解决实际问题的能力"。这一指导思想直到2008年也没有改变。

关于能力要求,新的考试大纲也做了调整。新的文科综合测试考试大纲从记忆、理解、应用三个能力层次对文科综合能力测试中的表现与要求做了具体说明:

① 记忆、观察、描述基本的社会科学现象、了解社会科学现象的规律及意义。

社会科学是对人类社会活动现象的认识和研究。如同人具有自然属性和社会属性一样,人类社会同样具有自然属性和社会属性。人类的社会活动在主观意志的支配下体现着不以人的意志为转移的社会发展规律,社会科学的基本原则和方法,就是认识和研究人类社会活动现象与规律的关系。

社会现象由地缘、事实、意识三个主要因素构成。完整地描述社会现象,就是从这三个方面入手,全面分析社会现象的内部关系。社会现象的形成是纷繁复杂的,所以,对其进行描述就不能从理论定势出发,而应从构成某种现象最显著的特征出发去把握描述的脉络,才能清晰准确地展示社会现象。

---

① 全称为《1992年普通高等学校招生全国统一考试说明》。

社会现象的显著特征往往通过人与自然或人与人之间的政治关系显现出来。发现和分析社会现象的主要特征,就意味着掌握了完整描述社会现象的原则和方法。

② 理解社会科学的主要概念与结论,数据、图表、公式、简图的意义及其关系。

社会科学的概念与结论是社会科学领域最基本的学科语言表述单位。概念是对某一事物的理性叙述,结论是对某种过程的认识性叙述。它们是指涉及自然法则、人类生存、社会发展中带有基础性的、特征性的、规律性的语言叙述。所谓理解概念与结论是指知道概念与结论的内容、确定概念与结论的类型、区别不同的概念与结论。理解社会科学的主要概念与结论是形成科学思维的前提,是提高学科能力的基本要求。

随着科学技术的发展和社会的需要,社会科学的交流媒体大量地使用了图表和数据。能够阅读这类资料并初步运用这种资料形式说明问题,是测试综合能力的内容之一。

在社会科学的领域内,图表、数据往往用于表现形势、环境、资源、产业、事物发展过程等信息,这些信息就是一系列概念的组合。在解释图表、数据的时候,首先要明确图表、数据所展示的主要概念群;其次,要进一步发掘信息价值,寻找第二级乃至第三级概念群;最后,要说明这些不同层次概念之间的关系。

对社会现象进行系统分析,就是要调动所学知识对各种现象进行综合性认识。这里包括:社会现象产生的自然、历史、意识的背景,社会现象发展演变的内部因素和外部因素;与其他社会现象的关系;自然现象产生的因素和各种自然现象的变化关系。

③ 提取有效信息进行科学、合理的判断、推断、归纳、预测;分析、说明成因;解决问题。

2004年"文科综合能力测试"考试大纲颁布之后,每年都进行了修改,在能力要求上到2008年已基本达到了成熟的程度。

资料阅读

《2008年普通高等学校招生全国统一考试大纲:文科综合》"考核目标与要求"

文科综合能力测试强调对历史、地理、政治各学科知识的整体、综合把握。测试既反映学科和学科间的联系,又注重多层次、多角度分析、解决问题的思维能力。

据此,本大纲拟订了"文科综合能力测试"的考核目标与要求。其中"考核目标"即综合测试的能力目标,"要求"是分别对每一考核目标不同层次和水平的界定。

目标\要求	Ⅰ	Ⅱ	Ⅲ
获取和解读信息	获取试题提供的信息,理解试题要求以及考查意图。	提炼信息的有效内容和价值,并对其进行分析与整合。	组织和应用相关学科的信息,形成综合性的信息解读。
调动和运用知识	将所学知识与试题的形式和内容建立正确的联系。	准确地运用相关知识和相关信息,认识和说明问题。	体现学科渗透,运用相关学科的知识原理分析问题。
描述和阐释事物	正确表述事物的现象,准确描述和解释事物的特征。	把握事物的本质和规律,并作出正确的阐释。	辩证地、历史地考察事物,对事物进行学科的和跨学科的描述与阐释,意义完整。
论证和探讨问题	运用判断、归纳、演绎、比较、概括等方法论证问题。	在论证中观点明确、表述清晰、逻辑严谨。	综合运用相关学科的原理和方法论证和探讨问题,体现创新性思维。

文科综合能力测试与单科考试的测试目标具有一定的一致性，都侧重考查学生对所学知识的理解与应用能力。不同的是单科考试主要是指对某一学科基本知识理解与应用能力的测试，而文科综合能力测试中的试题可以是分别或同时对地理、历史和政治三个学科基本知识理解与应用能力的测试。考虑到中学教学的实际情况，政治、历史、地理各科的考试内容均为必修和选修两部分。目前我国高中阶段的课程主要为分科课程，很少设置综合课程，因此试题的呈现形式以学科内知识综合为主，学科间综合所占的比例较小，对于学科间综合的题目来说，一般是回答一道题需要同时运用政治、地理和历史中2~3个学科的相关知识。

（4）关于命题内容（知识范围）。1992年—1994年"考试说明"规定的命题范围与教学大纲或历史教科书的知识结构体系几乎相同，反映了当时命题思想的实际侧重点仍然在"知识的考核"，命题的具体内容应"源于教材"是当时命题指导思想的真实反映。

1995年—1998年的"高考说明"对知识点的表述进行了大幅度的简化、合并和压缩。首先是压缩章、节、目，只保留三级纲目；其次是删减知识量，1995年取消了对世界古代史的考查。1998年知识考察范围的总量约为6820个字，比1995年的11117个字减少了约五分之二。改造后的命题范围逐渐淡化教学大纲和教材要点的色彩，为"以能力立意"命题新思路的发展开辟了广阔的空间。

1999年又对"考试内容"的组成作了重大变革，把原作为考试内容的"能力要求"分离出来，单列为一大部分。把过去作为附件的"考察的知识范围"和关于确定这些知识范围的依据的说明性文字合为一体，构成新意义上的"考试内容"，使"考试内容"的界定更加合理和科学，也使能力的考查摆脱了具体知识要点的束缚，为贯彻"今后高考要更加注重能力和素质考查"的指导思想创造了条件。

多年来"考试内容"的改革呈现出三个明显的特征，一是命题从"依纲"、"依本"到逐渐"脱纲"、"脱本"，二是对具体知识点的罗列由"细"变"粗"，三是考核能力的要求和考核知识的要求相分离。

2004年在总结2000年—2003年实行"文科综合"命题经验和考试情况的基础上正式颁布了文科综合能力测试考试大纲，其中涉及政治、历史、地理三科的考试内容，提出了2004年"文科综合"的考试目标，并对考试范围、试卷基本结构等作了调整和说明，同时还对各学科的题型示例作了相应的调整。其中"内容比例"规定"三科的内容比例与中学阶段课程计划规定的三个学科的总课时数比例大体相当"。在高考试卷中，三个学科的分值相等，都是100分，文综试卷总共300分。所考查的知识范围在过去单科《考试说明》所列的知识范围基础上做了小幅修改，基本上保持了原貌。这以后虽然每年都进行了修改，但是在原有的基础上进行一些小幅增删，直到2008年也没有什么实质性的变化，体现出我国高考近几年保持着一种稳定的特征。

目前我国高中阶段政治、历史和地理仍单独设课，各学科的教学大纲、教材、教学组织等均分别独立制定完成，学生在系统地学习各门知识的过程中，逐渐形成了各学科的知识结构、逻辑结构和带有学科特色的思维方法。文科综合能力测试内容并未脱离开高中学生已具有的文科各单学科知识体系，而是以学生所学的各学科知识内容作为载体或背景，或是在提供新情境的条件下，要求学生分别用各学科的知识解决问题。高考文科综合能力测试力图在各学科之间建立起联系，让学生根据事物及其发展的内在逻辑和规律，将知识重组、整合，构成有机整体，以期在知识的交融、各种思想方法相互碰撞的过程中，使学生拥有更深刻的思想。

2. 历史试卷结构的变化

历史试卷结构的变化反映了历史考试实践的真实状况，各历史时期题型、题量及考查内容的变化体现了相应时期真实的高考指导思想和实际的命题水平。题型的变化与考试性质有关，其变化的轨迹证明了历史高考改革走过的道路，统计数据反映了这一变化轨迹。

表 8-1　1952—1965 年全国历史高考题型和题量统计一览表①

题型 年份	填充题	改错题	解释题	问答题	列举题	简答题	合计
1952	8	8	5				21
1953	10			2			12
1954	14			3			17
1955	20			3			23
1956	20			4			24
1957	15	2	3	3			23
1958	10			3			13
1959	15	2		4			21
1960	15			4			19
1961	20			5			25
1962	20			3			23
1963	20			2	5		27
1964	18			2	4		24
1965	5			2		3	10

表 8-2　1978—1989 年全国历史高考题型和题量统计一览表②

题型 年份	填充题	写出事件	写出年代	写出古地名的现名	填图与识图	名词解释	选择搭配	单项选择题	多项选择题	列举题	排列题	史料分析	问答或简答题	合计
1978	15	10			1	5							3	34
1979	21		6	3	1	5							4	40
1980	28				2	5							3	38
1981	20				2	4		8					3	37
1982	18							14	6				3	41
1983	26				2	4		7	3				3	45
1984	30				2	4			4				3	43
1985	29				3		1	6					4	49
1986	25				3	2		20	4				3	57
1987	23				2	2	2	16	8				3	54
1988	18							20	6	3	4		3	54
1989	11							42	4	2		2	3	64

---

① 1949 年各高校自主招生,1950—1951 年全国多数高校联合招生,1966 年"文化大革命"爆发停止了高考。
② 1977 年"文化大革命"后恢复高考第一年各省自行命题,故没有这年的全国统一高考试题。

表 8-3　1990—2000 年全国历史高考题型和题量统计一览表①

年份＼题型	填充题	单选题	多选题	材料题	问答题	合　计
1990	10	20	15	2	3	50
1991	10	20	15	2	3	50
1992	10	20	15	2	3	50
1993	9/7	20/30	10/10	2/3	3/3	44/53
1994	7	20	10	3	3	43
1995	5	20	12	3	3	43
1996	5	28	10	3	2	48
1997	5	26	10	3	2	46
1998		34	10	3	2	49
1999		37		3	3	43
2000		37		3	3	43

上列统计数据反映了各时期试卷和试题的特点。

"文化大革命"以前是历史高考题型和题量最少的时期。十几年间只出现了六种题型，最多的年份也只有 4 种题型。平均题量每年只有 20.14 题，最少的年份只有 10 题。这一时期最主要的题型是填充题和问答题，有 8 年时间试卷只有这两种题型。

资料阅读

1952 年高考历史试题

一、填写下面句子里的空白：(以下八题共 20 分)

(1) 唐末农民大起义的主要领导人是　　　　，明末农民大起义的主要领导人是　　　　和　　　　。

(2) 孙中山在中国共产党帮助下，改组了国民党，确立了联俄、联共与　　　　的三大政策。

(3) 清政府 1842 年在与英国帝国主义签订的卖国的《南京条约》里，把　　　　割让给英国。

(4) 　　　　投靠帝国主义国家，从英、法、德、日、俄五国所组成的银行团接洽了善后大借款。

(5) 马克思与恩格斯在 1848 年联合发表了工人阶级极其伟大的著作　　　　。

(6) 人文主义在意大利所起的作用，是推倒　　　　的威权。

(7) 1871 年在法国工人阶级领导下建立的　　　　是世界上第一次苏维埃政权的萌芽。

(8) 18 世纪法国资产阶级著名的政治思想家有　　　　、　　　　、　　　　。

二、改正下面句子里的错误，把你认为错误的地方划去，把你改正的字写在括号里：(以下八题共 20 分)

(1) 商鞅变法是在秦始皇时代，王安石变法是在南宋时代；唐杨炎创立了租庸调，明时又有人创立了一条鞭法。(　　　　)(　　　　)(　　　　)

(2) 五卅反帝运动的怒潮，是由于上海英帝国主义纱厂的资本家枪杀反抗压迫的工人顾正红而掀起的。(　　　　)

(3) 严复领导了戊戌变法的改良运动。(　　　　)

---

① 1993 年后半部分数据为新高考统计数据。

(4) 天朝田亩制度是清政府企图解决农民土地问题的一套办法。（　　　）
(5) 中国史书上的大秦,是指波斯。（　　　）
(6) 十五六世纪从东方运到欧洲去的商品,主要是茶叶。（　　　）
(7) 圣西门、傅立叶、欧文是科学社会主义者。（　　　）
(8) 哥白尼首先发现新大陆,达尔文创造了万有引力的学说。（　　　）（　　　）

三、简单扼要地解释下列的任何两个名词,把你解释的话分别写在各名词的下面:（以下 5 题任答 2 题,每题 5 分,共 10 分）
(1) 伟大的十月社会主义革命
(2) 甲午战争
(3) 遵义会议
(4) 月氏
(5) 雅尔塔会议

1952 年高考历史试题答案

一、(1) 黄巢……李自成……张献忠　　(2) 扶助农工
(3) 香港岛　　(4) 袁世凯
(5)《共产党宣言》　　(6) 中世纪教会
(7) 巴黎公社　　(8) 伏尔泰、孟德斯鸠、卢梭

[说明] 2 至 7 题,每题 2 分,第 1、第 8 题,每题 4 分,填错一个扣 2 分,错两个扣 3 分。

二、(1)"秦始皇"（错）；"战国"或"秦孝公"（对）；"南宋"（错）；"北宋"（对）；"租庸调"（错）；"两税法"（对）。
(2)"英帝国主义"（错）；"日本帝国主义"（对）。
(3)"严复"（错）；"康有为"（对）。
(4)"清政府"（错）；"太平天国"（对）。
(5)"波斯"（错）；"罗马"（对）。
(6)"茶叶"（错）；"香料"（对）。
(7)"科学社会主义"（错）；"空想社会主义"（对）。
(8) 两个答案：① "哥白尼"（错）；"哥伦布"（对）；"达尔文"（错）；"牛顿"（对）。
② "新大陆"（错）；"地动说"（对）；"万有引力"（错）；"物竞天演"（对）。

[说明] 2 至 7 题,每题 2 分;第 1 题 6 分;第 8 题 2 分;只划对但没改对时无分。

三、(1) 1917 年 10 月 25 日（公历 11 月 7 日）在列宁和布尔什维克党的领导下,俄国工人阶级与革命军队、赤卫队在彼得格勒起义成功,国家政权转入苏维埃之手,实行无产阶级专政,建立了世界上第一个社会主义国家,从此工人阶级成了统治阶级,开人类历史上新纪元——即无产阶级革命的纪元。

(2) 甲午战争：1894 年中国和日本间的战争,中国打了败仗,清政府和日本签《马关条约》。

(3) 遵义会议：1935 年,中国共产党中央政治局在贵州遵义召开的会议,确立了以毛泽东同志为首的党中央的正确领导,并决定红军继续北上抗日。

(4) 月氏：纪元前在中央亚细亚建立的一个帝国,曾攻占了印度的西北境。

(5) 雅尔塔会议：当 1945 年 6 月,欧洲战争进入最后阶段,苏联行将全国胜利之际,英、美资产阶级曾阴谋制造一种反苏暗流,苏联为了巩固同盟,巩固对法西斯德国的胜利,乃与英、美在克里米亚的雅尔塔城召开会议,并成立了协定,协定规定：三强一致同意联合进攻德国心脏；战后四国共同占领和管制德国,解除德国法西斯武装,拆毁德国法西斯的工业,摧毁军国主义的纳粹制度,惩办法西斯战犯……并决定同年 10 月在旧金山召开联合国会议。总之,这个会议确定了解决苏、英、美三国间的分歧的民主原则,确立了三国间团结的基础。但打败希特勒德国之后,美、英帝国主义集团背弃了这个会议的一切合理原则,进行武装德国,破坏世界和平。

[说明] 以上 5 题,任答 2 题,每题 5 分,共 10 分。中外历史部分须共以 50 分为满分。

这是新中国成立以后的第一次全国统考历史试题。题型只有3种,题量只有21题,全部试题(不含答案)文字只有700多字,阅读量也很小。试题简单直白,考的是纯知识的记忆,反映了当时教学上的要求重视的是知识记忆。

 资料阅读

1965年高考历史试题

一、填充:(每题2分,5题共10分)

1. 秦统一后,统一了_____、_____和度量衡制度,通行全国。这种措施巩固了秦的统一。
2. _____领导的农民起义军,从山东、河南开始,转战在黄河流域、长江流域和珠江流域的广大地区,长期流动作战。虽然最后失败,但起义军的英勇斗争终于瓦解了唐政权。
3. 十七世纪,_____(人名)从台湾驱逐了荷兰殖民者。由于来自大陆的和当地_____族的劳动人民的共同努力,台湾农业生产有了很大的发展。
4. 第一次鸦片战争时期,广州附近_____(地名)人民自发地进行了抗击英国侵略者的斗争;战后,广州人民又结成了_____等组织,进行反对外国侵略者进入广州城的斗争。
5. 第三次国内革命战争时期,蒋介石实行内战卖国政策,于1946年11月签订了"_____友好通商航海条约",使国民党统治区变成_____帝国主义的殖民地。

二、简单解释:(每题10分,3题共30分)

1. 东汉末年黄巾起义前,张角是怎样组织农民的?黄巾军除打击汉政府军以外,还在全国各地和什么武装力量进行了长期的斗争?
2. 美国侵略者在1949年被赶出中国大陆时,曾恬不知耻地说,美国政府"从我们历史很早的时期起,就关心中国了"。试列举两件中国近代时期(1840—1919年)的历史事件加以驳斥。
3. 辛亥革命时期建立的南京临时政府是哪个阶级领导的?这个政权为什么会被袁世凯篡夺?

三、回答下列问题:(每题30分,2题共60分。只写题目号码,不要抄题。)

1. 从遵义会议前的形势、会议的决定和以后中国革命的发展,说明遵义会议在中国革命中的重大历史意义。
2. 用具体史实说明,在"一二·九"运动中革命知识青年表现了怎样的革命精神?他们走的是什么道路?今天我们应该怎样继承他们的革命传统?

1965年高考历史试题答案

一、填充:(每题2分,5题共10分。1题有两空,每空1分。)

1. 文字 货币
2. 黄巢
3. 郑成功 高山
4. 三元里 平社学(或社学)
5. 中美 美

二、简单解释:(每题10分,3题共30分。)

1. (1)宣传太平道教。把农民分成三十六方,每方有一个首领。提出"苍天已死,黄天当立"的起义口号。(7分)

   (2)与各地军阀、地主武装进行斗争。(3分)

2. 举出下列任何两件事件,并作简明扼要的解释。每一事件给5分。如能正确地答出教科书以外的美帝侵华事实,同样给分。如所答超过两件事实,可参酌内容正确与否合并给分,不加分。括号内年代供阅卷人参考,不要求回答。

(1) 中英《南京条约》签订后,美国强迫清政府签订中美《望厦条约》,得到和英国同等的特权和一些其他权利。(1844年)
(2) 第二次鸦片战争后(或太平天国革命时期),组织洋枪队(或"常胜军")镇压太平天国革命。
(3) 美、日联合侵略我国台湾。(1874年)
(4) 帝国主义企图瓜分中国时期,美国提出"门户开放"政策,企图与其他帝国主义国家分享侵华利益,并保留最后独占中国的权利。(1899年)
(5) 参加八国联军镇压义和团运动,强迫清政府签订《辛丑条约》,攫取特权,勒索巨额赔款。
(6) 日俄战后,提出"满洲铁路中立化计划",企图把势力侵入我国东北。(1909年)

3.(1) 资产阶级革命派(或资产阶级)领导。(3分)
(2) 由于资产阶级革命派本身的软弱,临时政府内立宪派和旧官僚、旧军阀的出卖,帝国主义的压迫,政权为袁世凯篡夺。(7分)

三、问答:(每题30分,两题共60分。)
1.(1) 形势:(6分)
"左"倾机会主义领导下的第五次反围攻失败,红军和革命根据地受到很大损失;在长征途中,"左"倾分子的逃跑主义继续给红军造成巨大损害。
(2) 决定:(10分)
甲、批判"左"倾机会主义的军事路线,肯定毛泽东同志正确的军事路线。
乙、改选中央书记处和中央革命军事委员会,撤换"左"倾机会主义分子的领导,确立毛泽东同志为首的党中央的新领导。
(3) 意义:(14分)
甲、会议结束了"左"倾机会主义在党中央的统治,树立了毛泽东同志在全党的领导地位,在革命的紧急关头挽救了党和红军,使长征走向胜利。
乙、会议是中国革命的转折点。会议前,脱离或排斥毛泽东同志的正确领导,革命就遭受挫折。会议后,树立了毛泽东同志的领导,革命就顺利发展,打败了日本帝国主义和美蒋反动派,建立了新中国。

2.(1) 革命精神:不畏强暴、敢于斗争。(5分)
1935年12月9日,在中国共产党领导下,北平学生举行示威游行,反对日本对华北的侵略,拯救民族危亡。徒手与用大刀、水龙镇压游行的军警搏斗。
(2) 道路:与工农群众相结合。(15分)
甲、党的指示:单纯的学生运动不能达到抗日救亡的目的,革命知识分子必须与工农结合,才能实现民族的彻底解放。
乙、事实:组织南下扩大宣传团,向工农群众宣传抗日救亡。组织"中华民族解放先锋队",展开抗日救亡工作。
(3) 继承传统。(10分)
甲、在现实革命斗争中,不畏强暴,敢于斗争;
乙、与工农相结合,长期地深入到工农群众中去,在阶级斗争和生产斗争中锻炼自己。

这是"文化大革命"前最后一次高考的历史试题,此后10年都没有高考了。这年高考试题,无论是题型、题量还是试题的阅读量都是比较少的。题量只有10题,是新中国有史以来全国统考中历史试题题量最少的。就阅读量来讲,不计算答案,仅试题的文字只有600多字,仅仅是近年来高考一道材料题的阅读量。

总体上,"文化大革命"前试题简单直白,考的是纯知识的记忆。题型、题量和阅读量都较小,反映了当时教学上的要求重视的是知识记忆,也反映了当时总体上历史教学水平不是很高。从所考的内容来讲,比较注重农民起义、革命斗争,对经济建设关注较少,反映了受长期革命战争的影响,历史教育为政治服务。

"文化大革命"以后,1977年各省自行命题,1978年是恢复全国统一高考的第一年,这年出现了五种题型和34道试题,是"文化大革命"以后题量最少的年份,但也已经超过了"文革"前。以后题量逐渐增加,题型不断翻新,先后使用了十几种题型。"变化和发展"是"文化大革命"后历史试卷最显著的特征,但数据表明这是一个渐进的过程。这一特征有利于改革持续而稳定的发展,也反映了对改革认识的不断深化。

第一,题型发展呈集中的趋势。众多分散的题型按其考查功能朝两大类靠拢。

一类是客观性命题,以选择题为典型题型。选择题的题型在1981年的历史考卷中开始出现,从1988年起呈明显加强并逐渐取代其他客观性题型的趋势。1993年后历史高考出现Ⅰ卷和Ⅱ卷两张卷子,Ⅰ卷全为选择题,多的年份达到40多题,被选项达170项以上。1998年,由于填充题从历史高考卷中退出,选择题一统客观性命题的天下。

另一类是主观性命题,以材料题和问答题为主要代表。材料题源于1985年试卷中的"引文解说",1989年以后正式出现在高考卷中。题量基本保持在3题左右,但是分值逐渐上升,1994年以后维持在30分以上,其中1996、1997、1998、1999年连续四年维持在36分的水平上,而且材料题呈方兴未艾的趋势。传统的问答题也基本保持3题的题量,1979年和1985年曾达到4题,但1996、1997、1998年连续三年只有2题。分值的比重在20世纪80年代后期和90年代初呈下降的趋势,90年代中期和90年代末期反弹至43分以上。1994年以后材料题和问答题分值的和约在68~76分之间,勉强与客观性命题"平分秋色"。

题型集中的结果是题型量的减少。1991年以后历史试卷基本的题型是五种;1998年后去掉填空题,只剩下四种;1999年再去掉多选题,只剩下三种题型,比80年代减少了一半多。题型量的集中也使试卷题型的变化逐渐趋于稳定。

第二,题量大幅度增加,试题的知识覆盖面也在扩大。20年中试题的数量翻了一番多。"文化大革命"以前年平均题量只有20.14题,而从1985年高考改革起到1989年的历史考试年平均题量达到57.5题,增长150.74%。试题量增加的直接结果是考查知识覆盖面的扩大,因为试题考查方向的侧重面仍然在知识方面。就这一点而言,现在中学生的历史知识比过去不是减少了而是极大地增加了,当然,这只是就考试的范围而言。

从20世纪90年代中期起,试题的量有所回落。1994年以后题量一般控制在50题以内,至2000年为止平均题量为45题,其中1994、1995年和1999、2000年各只有43题。这种现象说明,命题者的指导思想中已不再过分强调知识的覆盖面。这种变化与命题的侧重点开始朝能力和素质考查方面转移分不开,因为能力和素质的考查不需要过大的知识覆盖面的支持。可以预计,当命题的侧重点真正移到考查能力和素质方面来,并且历史高考的功能逐渐单一化时,历史试题的总量还会有所下降。

第三,新题型的开发使命题考查能力的功能加强,命题技巧逐渐成熟。考试的能力要求都是通过题型功能的发掘实现的,再好的想法如果没有理想的题型和优秀的命题技术作保证,都是难以完成的。考试的能力要求为题型功能的研究指出了方向,而题型的发展反映了对能力要求的认识水平。近二十年轮换过的题型中最值得注意的无疑是选择题、材料(史料)分析题和问答题。

选择题是近十几年来使用最为广泛的题型。其比重一般占全卷的60%~70%，直到现在的高考"文科综合能力测试"中，其分量仍然有将近一半。但是对选择题的实际功能和作用却评价不一。

选择题的长处主要有：第一，减少了书写过程，故而能增加题量，扩大试卷的覆盖面。第二，答案固定唯一，信度较高，评分无误差。第三，能够考核知识记忆目标，也能考核应用、分析综合等能力目标。

对选择题的批评意见主要有：第一，只看结果，不能揭示思维过程。第二，只能考查知识和技能，无法考查情感功能（思想教育）。第三，只书写符号，不利于检测语言表达能力。第四，存在猜测得分的可能。

选择题的实际作用不如命题者预想的那样"完美"，特别在能力考查方面。统计数据表明：20世纪80—90年代试题的量和覆盖面大幅度增加，但是能力考核的比重却只占35%左右，其余皆为考核书本知识和记忆能力。近年来，选择题的命题技巧有比较大的改进，以1997年的选择题为例，单纯考查知识记忆能力的试题分值只占14.6%。问题在于，不能片面地夸大选择题的功能，它考核能力的层次和深度是有限的。也不能过分突出选择题的某种长处（如其答案的固定和唯一），过分强调则可能扼杀历史思维的灵活性和活力。如何正确地把握和开发选择题的功能，把握它的"量"的度，提高命题的技能是今后历史高考试题改革所面临的问题。

材料题是"文化大革命"后兴起的历史试卷新题型，它以提供新材料，并要求学生分析、解答问题的方式考核对历史的理解及相应的各种能力。其题目的信度虽然不及选择题，但效度较好。因为材料题最具考核能力的潜质。材料题的功能能否实现，取材和设问是关键。目前材料题的出题方法主要有两种，一是材料与设问分离，即材料只是"引子"，引起学生思考，然后根据对教材学习内容的理解来回答问题。另一种是材料和提问结合，即提问从材料中推出，学生不仅要理解学习过的历史，而且必须运用在学习历史过程中得到的能力来回答问题。近几年在历史高考卷中出现的"结构式材料分析论证题"就属于这一种材料题的出题模式。

不过从总体看，目前的材料解析题尚嫌拘谨，在材料的引用、设问和参考答案上面放不开，还没有完全起到主体题型应有的作用。但是材料题有广阔的发展前景，第一，它能做到与教材"若即若离"，源于教材而又不拘泥于教材，完全避免了"死记硬背"。第二，它能做到"以能力立意"命题，在能力考核功能上发挥越来越多的作用。同问答题相比较，材料题又具有答案相对简易、客观、评分误差较小、信度相对较高的优点。第三，它能够典型地反映历史学科特点。因为材料题最易做到历史学科要求的"论从史出、史论结合"。

问答题是传统的主观性命题。它在大规模的选拔考试中具有其他题型不可替代的作用，好的问答题可以大大提高考试的有效性。但由于其主观性很强的"标准答案"和计点评分的方法，使得它在现行的高考中并没有发挥其应有的功能。因此，在高考进入"3+X"时代以来，其地位已大大削弱。目前它在现行高考的"文科综合能力测试"卷中几乎不再使用了。

如今，更多省份的高考科目已实行自主命题，高考试题的类型越来越多，题型结构也有所不同。但直到2008年全国大多数省实施的还是"3+文科综合/理科综合"方案。"文科综合"试卷是政、史、地三个学科共同组卷，三科的内容比例与中学阶段课程计划规定的三个学科的总课时数比例大体相当。大体上各占100分，总分300分。试题按题型、内容等进行排列，单纯的选择题在前，非选择题在后，同一题型中同一学科的试题相对集中，同一题型中不同题目尽量按由易到难的顺序排列。其中历史试题题型只有两种：选择题、非选择题（基本上是材料解析题），选择题12题左右，共48分；材料解析题共两大题，其中一题是单纯历史学科的，共32分，另一题与政治和地理共同组题，其中属于历史学科的是20分。在"3+文科综合"高考模式中，历史无论是题型还是题量都较历史单科组题要少得多,全卷属于历史学科的试题一般在14~15题。考查的知识点也大为减少,相对于现有的高中历史教材(五本书)根本就谈不上知识覆盖面问题。这充分显示了历史学科在高考评价中淡化知识而倾向能力考查的目标。

第三节 21世纪中学历史学业评价的新构想

历史学业评价的基本模式包括形成性评价、诊断性评价、终结性评价三个部分。然而现有的历史学业评价主要集中在终结性评价方面,而且在终结性评价中,又主要集中在中考和高考上。这种畸形发展的评价链不仅不能客观地评价学生的学业,而且迫使历史教学和学习朝着追求成绩的方向发展,从而导致教学和教育目标的背离。在以"升学"为"指挥棒"的教育模式中,升学率成为评价中小学教育质量的"硬杠子",学生的考分成为衡量一个学生是否优秀的唯一指标。考试由一种实现教育目的的手段(课程评价的主要功能是通过评价促进学生发展)异化为教学双方片面追求的目的,应试教育愈演愈烈。研究、创建区别于传统教学的学业评价体系,是历史学科实施素质教育亟待解决的课题。

一、突出评价的发展性功能是历史学业评价改革的核心

传统历史学业评价强调甄别、选拔、淘汰的功能,人们希望通过甄别、选拔类的考试,把学生按照所谓的"智力水平"层层筛选,这样的评价只是选择"适合教育的儿童",是以选拔为目的的。中小学历史评价与考试改革的根本目的是为了更好地促进学生的发展,改变评价过分强调甄别与选拔功能、忽视改进与激励功能的状况,突出评价的发展性功能是学生评价改革的核心。新课程主张进行发展性评价,以促进学生的全面、和谐、可持续的差异性发展为目的。每个学生都应该发展自己的特长和兴趣,充分挖掘自己的潜能,形成有个人特色的知识技能结构、能力结构、情感态度和价值观体系。突出评价的发展性功能集中体现了"一切为了学生发展"的教育理念。学生的发展需要目标,需要导向、需要激励。发展性评价为学生确定个体化的发展性目标,不断收集学生发展过程中的信息,根据学生的具体情况,判断学生存在的优势与不足,在此基础上提出具体的、有针对性的改进建议。发展性评价考虑学生的过去,重视学生的现在,更着眼于学生的未来,所追求的不是给学生下一个精确的结论,更不是给学生一个等级分数并与他人比较,而要更多地体现对学生的关注和关怀,不但要通过评价促进学生在原有水平上的提高,达到基础教育培养目标的要求,更要发现学生的潜能,发挥学生的特长,了解学生发展中的需求,帮助学生认识自我,建立自信。

学生历史学业评价是一个系统的过程,包含一系列环节,诸如确立评价目标和评价内容,设定评价标准,选择评价方法并收集数据和资料,达成和呈现评价结论以及评价的反馈等。评价的各个环节紧密联系,相互制约。明确的评价目标和内容是选择评价方法的基础,笼统或琐碎的评价标准不利于数据和资料的收集,而没有准确、有效的数据,就不可能达成正确的评价结论,从而影响对学生的反馈并提出合理的改进建议,不利于促进学生的发展。促进学生发展性的评价需要认真把握评价的每一个环节。

历史学业评价仅仅关注某个环节或采取某种方法是难以收到好的效果的,必须同时关注评价的每个环节和整个过程,对评价进行系统研究。例如,表现性评价是测查学生探究、创新和实践能力的好方法,但如果不顾评价内容一味推行这种方法,在评价学生基本历史知识点时也用这种方法就会事倍功半。再如,在给学生写评语时,有的学校历史教师只采用激励性语言,这往往使评语陷入空洞和教条,出现一味赞扬学生、回避恰当地指出学生不足的现象。

历史学业评价中的反馈环节对于发挥评价的激励和促进功能有着重要作用。通过评价反馈,学生能够了解自己目前的历史学习状态,看到自己的成长和进步以及存在的不足,还有可能得到教师、同学和家长对改进学习所提出的建议,这些都有助于促进学生的发展。

发挥评价的激励功能要建立在对学生学习历史的过程及其发展变化有深刻认识的基础上。无论是采用激励性的语言,还是别的什么奖励,如果没有明确的评价目标、准确的观察和资料收集、恰当的评价结论,随意的激励是无法对学生起到促进作用的,而且还有可能对学生产生消极影响,造成很多学生只能听表扬,不能听批评,认识不到自己的缺点和不足,盲目乐观。此外,随着学生认识自我的能力和愿望的提高,他们会对表面化、形式化的激励感到空洞和乏味。

激励不在于对学生一味表扬或"藏拙",只要教师与学生形成坦诚、关怀和相互尊重的关系,并用发展的和全面的眼光看待学生,逐步培养学生客观地认识自己的反省能力,不因存在某些不足而怀疑自我价值,这样即使教师指出学生的不足甚至是批评,学生所感受到的仍是教师对自己的关注和期望,并由此产生进步的动力。这样才真正能够通过评价反馈发挥历史学业评价的激励功能和促进学生发展的作用。

二、正确地对学生进行多方面的评价

新的历史课程标准强调培养目标和评价内容的多元化,评价不仅包括基础知识和基本技能,还包括情感、态度与价值观、学习过程与学习方法。学生在学习活动和未来的生活与工作中,其知识技能、情感、态度、价值观与学习的过程和方法是紧密联系的整体,它们之间没有主次之分,对任何一个方面的忽视都可能造成学生发展的偏颇。因此,依据教育教学目标,对学生进行多方面的评价是促进学生全面发展的必然要求。

在当前的历史教育实践中,仍然是教育教学围着考试转,而考试内容又围绕着高考和中考转。反映在历史学业评价上,表现为明显的评价形式单一,评价内容过于狭窄。评价形式上,基本是纸笔测试,其题型及题量也大多模仿高考或中考;在评价内容上,凡涉及中考和高考的教学内容,会得到应有的重视;而中考或者高考不考的教学内容常常无人问津。

虽然这种现象的存在与社会、家长或上级部门的压力有密切关系,但作为教育工作者,首先要坚持教育的追求和理想,把教育的公益性放在首位,坚持育人为本,一切为了学生发展的理念。历史教育不能只关注升学率,而应促进每个学生的生动、活泼、主动的发展。其次,要在观念上认识到,全面评价学生有助于学生健康、全面发展,符合学生的长远利益。即使是选拔性的考试,其考试目的和考试内容也在向素质教育靠拢。最后,要在教育教学实践中不断进行探索和实践,提高促进学生全面发展的教育教学能力,以事实证明知识技能、情感、态度、价值观与学习的过程和方法密不可分,相得益彰,全面发展不仅不会降低学生的学习成绩,还会激发学生学习的积极性和主动性,使他们成为爱学习、会学习、爱生活、会生活的人。

近年来,不少地方通过课程改革力图探索出适合素质教育要求的考试评价新体系、新方法,如广州市从1996年开始"初中历史学业成绩评价体系的研究",力图创建一种多维度、多层面的"评价项目多元化,评价方式多样化"的评价体系新构架,其评价项目多元化、评价方式多样化;以学生发展为目标,将评价作为教学活动的一部分,既关注结果更加重视过程。在考试研究方面,通过开放式考试的实施,多层面多维度地评价学生的学业成绩,以激发学生兴趣,提高学科素质,培养创新精神。

案例研究

广州市开放式考试的内容及评量要求[①]

一、历史材料收集整理	1. 围绕某一主题收集资料。 2. 要求题目明确具体，材料翔实，能解释材料与主题的关系。 3. 收集渠道不限（可以是新闻剪报、书籍复印资料或从网上获取的资料）。 4. 表现的形式不限（可以是以文字为主的表现形式，也可以是以图片或邮票复印件为主的表现形式）。 5. 注明资料出处。
二、家乡名胜古迹的考察	1. 要求写出考察报告、介绍文章，或者用书信的方式表现也可以（如向远方亲友介绍自己家乡的名胜古迹）。 2. 内容要翔实，能够反映自己在参观或考察后的真实感受（完全照抄别人的文字说明资料不予评分）。 3. 能提出宣传、开发、保护家乡名胜古迹建议的，酌情加分。 4. 配有详尽图片说明的，酌情加分。
三、历史题材作品观后感	1. 历史名著的读后感。对名著中的人物、事件谈出自己的看法、感想，评价有独到的见解，而且言之有理，或能"以古鉴今"，从中体现历史的借鉴价值，酌情加分。 2. 小说、影视作品的辨析（能指出有关题材中的历史事实、历史情节、历史材料的真伪虚假）。 3. 论证的材料要翔实，引用的资料要注明出处。
四、撰写历史小论文	1. 在一定的范围内，在教师的指导下，学生自己确定题目。 2. 可以评议历史事件，也可以评议历史人物。 3. 要求论点明确、论据充分、论从史出、史论结合。 4. 客观、科学、有新意的观点，并能自圆其说的，可酌情加分。 5. 体现质疑求真的探究精神的小论文，应鼓励，并加分。 6. 要注明资料出处。
五、口试	1. 能生动、完整地讲述历史小故事。 2. 能恰当地解释自己进行某一专题历史考察的原因或某一主题历史材料收集的原因。 3. 能清楚地表明自己撰写的小论文的观点，能就同学提出的质疑作出恰当的解释。 4. 能对同学的发言提出有水平的质疑或自己的见解，可酌情增加平时成绩。 5. 要求语言清晰，表述有序。
六、历史小报编制	1. 要求主题鲜明，反映历史学科的知识内容。 2. 内容丰富，形式生动，版面美观。 3. 统一规格制作（8或4开纸大小）。

[①] 引自广州教研网 www.guangztr.edu.cn。

续表

七、历史小制作	1. 注明模拟作品的名称。 2. 配有文字说明资料（如反映时代背景、功能的说明……）。 3. 制作较精美，外形相似。
八、历史小话剧演出	1. 人员不限，自编自演有关的历史剧。 2. 要求剧目情节完整。 3. 表演认真、投入。 4. 有简单的舞台背景或服饰道具的，酌情加分。

在这里，他们将能反映学生参与社会实践的考察报告，能反映学生质疑求真的探究精神的各种小论文和读后感、能反映学生动手能力和动口能力的历史小制作、历史小话剧编演……也列入了考试范围内。从目标角度看，开放式考试立足于学生素质的整体发展。它的能力要求侧重研究与创造、理论与实际的结合。其表现有别于那种凭记忆、主要是机械记忆和理解的考试方式，而更强调主动、积极的思维和想象、发现和创造的成分。它以学生自主活动、实践和探究为主；考试内容不局限于课本教材中，活动的时空有更多的自由。

正确地对学生进行多方面的评价是要通过评价学生在完成实际任务过程中特有的表现，对学生的历史知识应用能力、实践创新能力、学习的情感水平和价值观等做出评定。它关注的不是历史知识与技能的记忆和再现，而是学生对历史知识的应用能力和技能的实践能力，评价的是学生的思维水平、创造能力、情感态度和价值观的发展状况和趋向。在教师教学和学生学习的过程中，要求建立学生学业活动表现的档案袋，教师根据学生学业活动表现的档案及时激发学生主动学习和反思学习的行为，从而调整学习态度、学习动机、学习策略和学习方法。

正确地对学生进行多方面评价还须恰当地运用多种学业评价方法。

知识与技能，情感、态度、价值观与过程和方法的关注与整合，强调评价的过程性并且关注个体差异。这就要求改变将纸笔测验作为唯一或主要的评价手段的现象，运用多种的评价方法对学生进行评价，除了纸笔测验以外，还有访谈评价、问卷评价、运用核查表进行观察、历史小论文、成长记录袋评价和表现性评价等。例如，为了突出评价的过程性并关注个体差异，运用成长记录袋进行评价是必要的，它通过收集表现学生历史学业发展变化的资料，能够反映学生成长的轨迹，学生本人在成长记录内容的收集上有更大的主动权和决定权，能够充分体现个体差异。同样，表现性评价创设了真实的情境，通过学生活动或完成任务的过程不但能够评价学生知道了什么，还能评价学生能够做什么，还可以在学生的实际活动中评价学生的创新精神和实践能力，与他人的合作、交流与分享，评价学生的学习兴趣和学习习惯等。

需要注意的是，提倡新的评价方法并不是否定已有的评价方法如纸笔测验的作用，各种评价方法都是为一定的评价目标和评价内容服务的，必须根据不同的评价目标和评价内容选择恰当的评价方法，避免在评价方法中出现赶时髦和形式化的现象。例如，对于基础性的历史知识点，利用纸笔测验进行评价是恰当的，能够很好地保证评价的覆盖面和深入程度；而用纸笔测验可能就难以评价学生的探究、实践和创新能力。同样，用表现性评价评价学生的基本知识点不但费时费力，还不能保证覆盖面。每种评价方法都有自己的特点和优势，同时也存在不足，如成长记录和表现性评价存在着费时费力，管理难度大，对教师要求高，评价结论的一致性相对较差等困难和不足。因此，一方面要提高历史教师运用各种方法的能力，保证各种评价方法的科学性；另一方面，在具体的评价实践中要取长补短，根据不同的情境和要求运用不同的评价方法。

三、体现历史学业评价的过程性

发展性评价的核心是关注学生的发展、促进学生的发展,实现评价发展性功能的一个重要举措就是突出评价的过程性,即通过对学生发展过程的关注和引导,在一定的目标指引下通过学业评价改进教学,不断促进学生发展。

评价的过程性应具体体现在收集学生学习状况的数据和资料,根据一定的标准对其发展状况进行描述和判断,在一定的目标指导下,根据学生的基础和实际情况,给予学生反馈并提出具体的改进建议,而不只是简单地给学生下一个结论。例如,在一个单元的教学或完成某项作业后,根据历史课程标准和教育教学目标,对学生的学习态度、学习习惯、学习方法、知识和技能、探究与实践能力、合作、交流与分享等一个或几个方面进行描述,判断学生当前的学习状态,根据学生的基础,指出学生的发展变化及其优势和不足,在此基础上对历史教师的教学和学生的学习提出具体、合理的改进建议,就典型地体现了评价的过程性。

要真正体现历史学业评价的过程性,要求我们在实施评价的过程中保证历史学业评价资料的准确性和有效性。

历史学业评价资料是指学生的历史作业、历史小测验、问卷调查表、历史小论文、计划书、历史活动过程纪录等表明学生学习状况的原始资料,还包括对上述内容的评价,如分数、等级、评语及改进建议。

评价资料的准确性和有效性主要受到评价任务的制约,后者指的是与教学目标紧密联系的表现机会,如历史测验、历史探究活动、历史调查、课外考察、历史小论文、历史辩论等等。学生通过评价任务展示自己的知识、技能与能力,情感、态度、价值观和学习过程与方法。评价任务必须与评价目标高度一致,并且要对评价过程进行高质量的管理才能保证所获得的评价资料的准确性和有效性。例如,我们在评价学生野外考察时,如果没有对学生在完成表现性任务过程中的合作能力进行仔细观察和纪录,而是将学生本人的汇报或调查表的内容作为评价资料,就有可能出现不准确的问题。

强调"学业过程"的评价要求关注学业活动和过程本身,关注学生参加学习活动的主动性,关注"学生个体的内省标准",关注学生搜集信息、资料和分析运用信息、资料的活动过程及其表现,关注学生与同伴交流、合作过程中的表现。希望学生能够深入地介入自己的学习活动,体验作为生命绵延的学习活动,自动产生创造的生命冲动,增强他们的学习自信心,提高学习动机,促使学生以自己的"内省标准"对学习活动进行价值判断,确定个体的学习目标和学习计划。鼓励学生对自己负责,改善学习策略和方法,对学习活动进行自我管理。

需要注意的是,在过程性评价中,要将定期的正规评价,如历史小测验,表现性评价和即时的评价,如学生历史作业、课堂表现评价有机地结合起来,这两方面的评价对改进下一阶段教学和学习是同样重要的。过程性评价一定不要拘泥于形式,如硬性规定日常评价的时间间隔、字数、内容、形式等,只要教师对学生的观察和积累达到一定程度,觉得"有感要发",就可以对学生进行评价并记录下来。记录形式也是多种多样的,可以写在学生的作业本上,也可以放在学生的成长记录袋中,还可以是学习报告单。要把对学生的日常评价和重要的资料系统地保存下来,这样才能体现学生发展变化的轨迹,使教师能够对学生某个阶段的学习状况有清晰全面的把握,也有助于学生对自己的学习进行反思并改进自己的学习。

四、根据历史课程标准确定具有可操作性的评价内容

国家课程标准代表国家意志,是教材编写、教学、评估和考试命题的依据,是国家管理和评价课程的基础,体现了国家对不同阶段的学生在知识与技能、过程与方法、情感态度与价值观等方面的基本要求。历史课程标准与教学大纲不同,它不规定教师的具体教育教学行为,这一方面给教师和学生创设了更广阔的空间,另一方面也对教师把握和实现教育教学目标的能力提出了挑战。新的历史课程标准提出了很多具有时代特点,体现新的人才观、教育观和质量观的评价内容及评价标准。历史教师面对新的历史课程标准,必然也必须有一个摸索和尝试的过程,在这个过程中,历史教师要在深刻理解课程标准的基础上,将历史课程标准与教育教学实际相结合,提出明确的、具有可操作性的评价目标和评价内容,这样才有可能在历史教育教学中发挥评价目标的导向作用。因此,历史教师必须在一节课或一个单元的教学之前就根据历史课程标准和教学内容设立恰当的评价目标,并据此选择相应的评价方法和评价任务,在教学过程中不断收集各种信息,监控并反馈学生的学习状况,及时发现教学中存在的问题并进行改进。

从课程标准到评价目标再到评价内容是一个具体化的过程,体现了教师对历史课程标准、历史教材和教育教学目标的理解和把握能力。评价内容不能过于笼统,这样会削弱评价的可操作性并且有可能增加评价结论的不一致性。例如,对学生的历史小论文进行评价,可以分解为论证、格式、语言等三个方面,如果在评价论文的语言时还是感到笼统,还可以再将其进行分解为准确性和说服力等。对评价内容的恰当把握反映了教师对教学目标的深刻理解,有助于教师通过评价确定学生在某个方面存在的优势和不足,并提出有针对性的改进建议。需要注意的是,在对评价内容进行分解时,所提出的评价指标必须是全面、重要和有效的,否则就会削弱评价数据的合理性和有效性,如评价学生的学习态度时,将上课时的坐姿作为评价内容和关键指标可能是不恰当的。因此,教师必须在教学实践过程中不断摸索,将那些能够真实、恰当地体现评价目标和评价内容的重要指标归纳出来,以增强评价的操作性和导向性。

五、对学生的情感、态度、价值观和学习过程与方法的评价

历史课程标准强调了培养目标的三大领域,即基础知识和基本技能,情感、态度、价值观和学习过程与方法,与基础知识和基本技能相比,后者的评价有着较大的难度。比如《普通高中历史课程标准(实验)》就情感领域的课程目标是这样规定的:"通过历史学习,进一步了解中国国情,热爱和继承中华民族的优秀文化传统,弘扬和培育民族精神,激发对祖国历史与文化的自豪感,逐步形成对国家、民族的历史使命感和社会责任感,培养爱国主义情感,树立为祖国现代化建设、人类和平与进步事业作贡献的人生理想。"因为情感领域的目标和要求只是一些原则性的描述,不像认知领域、技能领域的目标那么具体,因而缺乏可操作性,其检测就是一大难题。在评价时,它受学生的"取悦心理""动机与行为的不统一"等多种因素的干扰,测量的效度、信度受到影响。

针对如何评价思想情感的教育,近几年,广州市初中历史统考命题着眼于培养学生的社会道德观、责任感、义务感等良好的公民素质。改变以往历史学科偏重知识、忽视情感教育的倾向,加强了非智力因素的发挥及知识的内化过程的检查。应该说考试题目(包括平时习题)中,就具备了一定的情感因素,有做人价值的思考,有正确价值观念的引导,能为学生提供一个良好的心理活动的机会。

对学生的情感、态度、价值观和学习过程与方法的评价要注意以下几点:

第一,评价的内容不能是笼统的甚至是不可捉摸的,如说一位学生"热爱祖国"、"热爱人民"就过于笼统、抽象。如果一个学生在热爱祖国方面被评为"中"或"差",其具体含义是什么?如果一个学生

上个月得到"优",这个月变为"良",其评判的依据又是什么?

其次,评价必须与历史学科教育目标和日常教学活动紧密结合,因为这些内容是培养目标的一部分,是必须关注的,同时它们也是历史学科教育教学活动的有机组成部分,如学生的历史学习兴趣和学习方法。要避免为了评价而评价的现象,人为"制造"某些情境或采用标准化的量表对学生进行评价是不值得提倡的。日常教育教学活动则为这类评价提供了平台和载体,如学生在小组合作学习时,教师就可以观察学生的历史学习兴趣,是否积极参加讨论,是否愿意帮助他人,是否认真倾听他人的发言,是否有合作精神等,这样才能将评价内容和评价标准落到实处。

第三,要处理好评价内容的模糊度和精确性之间的关系。如果经过一个阶段的摸索和实践,对于某一项评价内容有了深刻的理解,能够比较全面地概括出其中的关键与具体要素,就可以将该评价内容进行分解,提出评价的具体指标,以增强评价的可操作性、有效性和一致性。例如,对学习态度进行评价,可以分解为上课认真听讲,认真完成作业,及时纠正错误等。要注意关键指标的全面性和有效性。如果不能概括出评价内容的主要指标,宁可模糊一些,也不要将其固定化,以避免最终评价的片面性。

第四,在评价的呈现形式上,一般要避免给学生的评价一个等级甚至是分数。对情感、态度、价值观、学习过程与方法以及某些能力简单进行定量评价是困难的,进行权重也是不恰当的。如对学生合作精神和能力进行评价,简单地用68分、75分表示,可能是不准确的,而且无助于学生合作能力的培养。在评价中应提倡质性描述,在给学生下结论的时候应慎重,而且要有简洁的描述作为支持性的资料和证据。

六、实行多主体学业评价

学者观点

两种对立的学生学业评价观[①]

社会本位论者仅仅要把学生培养成为促进社会发展的工具,学生的个性在从属于有利于社会发展的准则和规范的要求中被湮没,学生的生命本性无疑在社会化的过程中受到压抑。

个人本位论者则认为学业只能从学生的本性出发,学业活动的目的就在于把学生培养成个性得到充分发展的人。这种观点蕴涵了对人的生命的肯定。柏格森把生命理解为"原始的生命动力"。他用"生命冲动"(vital impulse)和"绵延"(duration)来解释生命现象,认为生命冲动是宇宙的唯一实在,而实在只能靠直觉来把握和体验,体验是生命之流与生命之流的交流,是自由对自由的"同情"。他说:"至少有一种实在,是我们大家从内部通过直觉而不是通过单纯分析把握到的。这就是在时间历程中的我们自己。这就是我们的绵延着的自我。我们可以对别的东西没有理智的体验,但是对于我们自己,却是确有体验的。"教育的本质是它对能动的、向上的、活生生的、持续的、绵延的生命的呵护,并为它具有完整性、体验性、创造性、超越性、自由性和独特性等特征提供条件。

社会本位论者认为,社会是最为根本的,学业活动对社会的价值是绝对的,学业活动对个人的价值必须以社会进步和发展为前提。个人本位学业活动观强调,儿童不仅是学业活动的出发点,而且是学业活动的落脚点,它将学业活动的基础全部建筑在个人和儿童本能兴趣之上。当然,学业活动对个人的价值也必须以社会进步和发展为前提。社会本位学业活动观忽视了学生个人的需要和兴趣,过于强调学生学业的社会服务功能,

---

[①] 母小勇,薛菁.课程评价:从学业成就评价走向学业评价[J].教育理论与实践,2007(13).

这必然会导致把学生作为工具来训练,背离了教育的根本目的。按照卢梭在《爱弥儿》中所说的,就是没有达到"自然人"的教育目的。但是,个人本位学业活动观又忽视了人的社会性,忽视了个人时刻都生活在社会的大环境中和人不能脱离社会而单独存在这一特点。

发展性评价提倡改变单独由教师评价学生的状态,鼓励学生本人、同学、家长等参与到评价中,将评价变为多主体共同参与的活动。多主体评价对于学生的发展是有利的。首先,鼓励学生进行自我评价能够提高学生的学习积极性和主动性,更重要的是自我评价能够促进学生对自己的学习进行反思,有助于培养学生的独立性、自主性和自我发展、自我成长能力。其次,学生对他人评价的过程也是学习和交流的过程,由此能够更清楚地认识到自己的优势和不足。最后,多主体评价能够从不同的角度为学生提供有关自己学习、发展状况的信息,有助于学生更全面地认识自我。

在实行多主体评价时,要注意以下几点:

第一,要注意多主体评价的实效性。并不是所有的内容都要进行多主体评价,这样会造成费时费力,而且有可能出现形式主义。一般说来,多主体评价的目的是能够获得更多的信息,或者使评价的多个主体都能从评价中受益。如学生间相互评价促进学习和交流,家长评价学生使得家长对学生的学习有更多的了解,教师也能从家长那里得到更多有关学生学习的信息。

第二,多主体评价必须有明确的评价内容和评价标准。对不同的评价主体来说,其评价内容和评价标准往往是不同的。例如,家长对学生进行评价,可能主要是在家中的学习态度,如果让家长对学生具体的学科学习进行评价,家长可能感到无从下手,这样做还会造成家长感觉教师推卸责任,教师感觉家长不负责任。同样,学生之间互评也要有明确的评价内容和评价标准,引导学生关注他人的长处和优点,进而改进自己的学习。

第三,在多主体评价时,特别是学生互评中要淡化等级和分数,淡化学生之间的相互比较,强调对"作品"的描述和体察,强调关注同学的优点和长处,强调自我的反思。不要让学生的注意力集中在给对方打分数或划分等级上,这样不但无助于学生向他人学习,还往往会造成同学之间互不服气,只关注对方的缺点和不足,评价变成互相"挑错"和"指责"。

本章小结

本章第一节从中学历史学业评价的概念、中学历史学业评价的方法、中学历史学业评价应遵循的原则等方面,对有关中学历史学业评价的问题进行了探讨。我们目前实施的历史学业评价实际上是学生历史学业成就评价,以命题测验(考试)为主要手段,以掌握知识多少为目标,强调的是评价的甄别功能。第二节从中学历史教学大纲或课程标准关于学业评价要求的变化、高考科目设置的变革、高考历史试题的演变等方面展示了新中国中学历史学业评价发展的历史变迁。第三节针对21世纪如何研究、创建区别于传统的学业评价体系,提出了看法。我们认为,中学历史学业评价改革的根本目的是为了更好地促进学生的发展,因此我们应该改变过去学业评价过分强调甄别与选拔功能,忽视促进与激励功能的状况,要更加突出学业评价的发展性功能,这是改革学业评价体系的关键。

思考与讨论

- 对历史课程标准中的学业评价内容提出你的看法和建议。
- 以初中历史学科学习目标要求为主导,尝试命制一套期末历史试题。
- 以高中历史学科学习目标要求为主导,尝试命制一套期末历史试题。

● 讨论历史学科学业评价的主要形式及对学生历史学习的影响。

学习链接

相关阅读书目：

陈玉琨、沈玉顺、代蕊华、戚业国著:《课程改革与课程评价》,北京：教育科学出版社,2001年版。

[美] Ellen Weber 著:《有效的学生评价》,北京：中国轻工业出版社,2003年版。

[美] W. James Popham 著:《促进教学的课堂评价》,北京：中国轻工业出版社,2003年版。

王海芳主编:《学生发展性评价的操作与案例》,北京：中国轻工业出版社,2003年版。

黄牧航主编:《历史教学与学业评价》,广州：广东教育出版社,2005年版。

参 考 文 献

[1] 陈伟国等.历史教育测量与评价[M].北京：高等教育出版社,2003.

[2] 赵亚夫.中学历史教育学[M].北京：中国建材工业出版社,1997.

[3] 钟启泉,余伟民.历史教育展望[M].上海：华东师范大学出版社,2002.

[4] 聂幼犁.历史课程与教学论[M].杭州：浙江教育出版社,2003.

[5] 刘芃.历史教育测量研究[M].北京：人民教育出版社,1999.

[6] 黄光扬.新课程与学生学习评价[M].福州：福建教育出版社,2005.

第九章　中学历史教师的专业发展

学习目标

当你学完本章内容后,你可以:
- 了解中学历史教师应该具备的素质。
- 熟知中学历史教师的备课要领与程序。
- 掌握教育实习的要求和环节、内容和任务。
- 对中学历史教师的教学评价和教学研究提出个人的见解。

本章导引

事例1:某山区一所中学由于缺少师资,于是聘请一故事大王担任历史教师。其课堂深受学生欢迎,甚至连教师和校长也参与听课。但期末全区统考历史,该班倒数第一。

事例2:一历史学家1957年被打成右派,下放到农村,被当地一中学聘为历史教师。由于授课平淡无奇,学生一上课便昏昏欲睡。

事例3:一位历史教师去外地执教公开课,讲到唐朝灿烂的诗歌文化时,学生兴趣浓厚,老师也想适当放开一些,让学生在课堂上就李白及他的诗歌提问题。结果,学生提出了如下一些问题:李白究竟是哪里人?李白一生究竟写了多少首诗?他的诗歌有什么特点?李白的酒量有多大?李白有儿子吗?李白死在什么地方?在小学我们学过《早发白帝城》,听说是李白在流放的途中重获自由时写的,他为什么被流放?他又为什么获得自由?那个白帝城的名字怎么来的?是不是曾经住过一个白帝?为什么叫白帝?江陵现在叫什么?请老师给我们谈谈古体诗都有哪些特点好吗?李白那个时期还有哪些诗人?李白有个好朋友叫杜甫,能谈谈杜甫的诗歌特点吗?……

面对学生们连珠炮似的提问,这位老师根本没有心理准备,他没想到学生有这么高的素质,更想不到学生会提出这样的问题。老师课后——哭了……

上述事例促使我们思考:新时期教师到底应该具备怎样的素质?

第一节　中学历史教师的素质

教师素质是指教师履行职责,完成教育教学任务所必备的各种素养的质的要求,及将各种素养有机结合在一起的能力。没有好的教师就没有好的教育,教师的素质决定着教育的质量。教师素质结构体系是由思想品德、知识、智能(智力和能力)、身体四方面的素质组合而成的一个统一整体。中学历史教师的素质要求亦是如此。历史教师的素质即指历史教师在从事历史教育教学活动时应具备的素养。

一、思想道德素质

"无德无以为师"、"德高为范",广大教师担负着"人类灵魂工程师"的光荣职责。中学阶段是学生的世界观、人生观、价值观的形成时期,教师的行为对学生的成长有着潜移默化作用。而历史课程又是一门思想性、教育性很强的文化基础课,中学历史教师是学生的领路人,实际上肩负着建设社会主义精神文明、塑造青少年灵魂的崇高职责。这就要求中学历史教师首先要有坚定正确的政治方向,这是历史学科的基本任务所决定的。车尔尼雪夫斯基说过:"教师要把学生造成一种什么人,自己应当是这种人。"中学历史教师应自觉地认识到历史教学在中学教育和教学中的重要地位以及与社会主义物质文明和精神文明建设的关系,因而产生自豪感、荣誉感,无论何时何地、何种情况下,都能主动、自主、自觉地凭借隐藏在内心的意识活动而尽职尽责、旗帜鲜明地树立理想、讲信念,坚持正确的世界观、人生观、价值观,用高尚的人生追求影响教育青少年,坚持全面发展、教书育人的方向。在任何一所学校,教师不仅是学生知识的传授者,同时也是学生思想品质的塑造者,也就是说,其职责是既教书又育人。历史使人明智。历史教师要善于挖掘历史教育内容中的德育资源,结合学科特点和学生特征,因时制宜地对学生进行教育引导,以培养出健康成长的一代新人。

其次,中学历史教师要有爱岗敬业的精神和良好的职业道德。教师对教育事业的热爱,是搞好教育工作的前提,也是作为一个人民教师最基本的条件。爱岗敬业就是对自己的事业,对自己的工作极端负责,力求上进,刻苦钻研,不计较个人得失,乐于奉献,甘为人梯。教师的职业道德主要是有责任心、事业心、热爱教育、热爱学生、教书育人、为人师表等。俄国教育家乌申斯基说:"固然许多事有赖于学校的一般规章,但是重要的东西永远取决于跟学生面对面交往的教师的个性,教师的个性对年轻人的心灵影响所形成的那种教育力量,是无论靠教科书、靠道德说教、靠奖惩制度都无法取代的。"可见"身教重于言教"。教师只有在自己的一切行为举止中以身作则,才能说服学生。所以说,教师只有不断提高自身的职业道德和智能素养才能做好教育工作。

再次,历史教师还要具有良好的史德、高尚的情感。史德是史学工作者的良心。秉笔直书,客观公正地评价历史,说真话,讲真史,论从史出,是我国历史学家的优良传统。历史教师要具有太史公马迁那样"不虚美,不隐恶"的浩然正气,坚持史学的科学性,坚持实事求是,把历史的本来面目揭示给学生。历史教师还要具有丰富高尚的情感,历史教学要以感情为基础,教学过程要充满着感情,教师要爱憎分明,感情真挚,这样才能与学生产生共鸣,使学生受到教益。例如历史教师在讲秦始皇时,就应突出其横扫六合、一统天下的抱负;讲陈胜起义,就应突出其挥臂一呼、天下响应的气魄;讲屈原,就应油然发出"长太息以掩涕兮,哀民生之多艰"的叹息;讲诸葛亮时,心中会充满"出师未捷身先死,长使英雄泪满襟"的感慨;讲戊戌变法时,会为谭嗣同"有心杀贼,无力回天"结局而惋惜惆怅。从而使学生在精神上沟通昨天与今天,引起情感上的共鸣,爱其所爱,憎所该憎。①历史教师以本身高尚的情感和良好的史德为示范,于潜移默化中陶冶学生,培养学生热爱祖国、热爱社会主义、热爱中华民族的情感,以及由此升华的自豪感、责任感和人生理想;培养学生积极进取的人生态度和健全人格,求真、求实的科学精神和态度;培养学生开阔的国际视野和开放意识。

二、知识素质

作为中学历史教师,拥有广博、深厚、扎实的"知识"是基础,是其应有的基本素质。21世纪历史教师的知识素质包括三个层面:一是历史学科的专业知识,包括丰富的中国通史和世界通史、史学理论、断代史、国别史、专门史、宗教史等知识。历史学科的特点决定历史教师必须掌握系统的、渊博的、扎实的历史知识。历史教师不能仅仅满足于自己最后学历取得时的知识水平,而需要温故知新,要了解史学研究的新信息和新成果,及时"充电",丰富自己的专业学识。另外,历史作为反映人类活动内

---

① 马平.素质教育下的历史教师素质[EB/OL].新语文.www.XinYuWen.com.

容的一个总结性学科,其着眼点在"曾经如何",可是其关注点却应该是"现实怎样",并同时关注未来。所以历史不仅是"关于过去"的知识陈述,当然首先应建立在这样一种陈述上,再加上对曾经事实的合理解释和分析。这样,历史教师才能站在历史学科发展与史学研究的高度来深入浅出地分析历史教学内容,更好地发挥历史学的社会功能。二是其他相关学科知识。历史是贯通古今、包罗万象的一门学科,时空跨度大,知识内涵丰富。历史学科知识本身就要涉及文学、哲学、数学、物理、化学、天文、地理、生物、医药、军事、建筑等学科方面的知识。因此,历史教师的知识结构应该是深广型——T型:"I"是指知识的深度,"—"是指知识的广度。如果历史教师的知识结构太过褊狭,是难于胜任历史教学的要求的。历史教师不仅专业知识要精深,而且还应该广泛涉猎其他学科。因为只有博学的教师,才能生动教学。当今的历史教师不能再"隔行如隔山",对相关学科的基础知识一无所知。三是教育理论知识,主要是指教师的教育学、心理学知识,包括对教学过程规律性的认识,对教育对象的了解和对学生成绩评价的知识等。教育家马卡连柯曾说:"在我们许多学校里,某一位教师上课时,学生很安静地听,而另一位教师上课时情形就很糟糕,这绝不是因为一个教师有才能,另一个教师无才能,这是因为一个教师有教育上的技巧,而另一个教师没有教育上的技巧。"这里的"教育上的技巧"实际上就是"怎么教"的问题,也就是教师如何在实践中自觉地运用掌握的教育学基本理论,来实现教学的最佳效果。所以,历史教师应该围绕"学生需要学习什么?""我如何帮助学生有效地学习?"等问题有针对性地加强教育学、心理学、历史学科教学论等教育理论知识的学习,并使之内化为自身的知识结构,在充分了解历史教育教学规律以及学生的身心发展规律及心理活动特征的基础上,善于按照历史教育与教学的规律组织教学。丰富的教育科学知识的获得除阅有关教育理论专著外,更重要的是在实践中体会积累,从与其他优秀教师的交流中体会与汲取。

历史课程改革以来,在新课改背景下,中学历史教师应该给学生传什么道?授什么业?解什么惑?新课改要求历史教师应具有"专博结合、层次适中"的专业知识结构。如新的历史教材体现了许多史学研究的新成果,可一个历史教师如果故步自封,不求发展,就很容易陷入知识陈旧的泥潭。"半亩方塘一鉴开,天光云影共徘徊。问渠哪得清如许,为有源头活水来。"要让历史教学充满生机和活力,历史教师就必须在知识素质的这半亩方塘中不断吸纳、借鉴、反思、总结,更新知识,拓宽源头,注入活水,努力做到基础知识要厚,专业知识要精,相邻知识要广,教育知识要懂。这样,历史教学才能进一步给学生以愉悦,给学生以启迪。

三、能力素质

能力是指人顺利完成某一活动所必需的心理条件。能力总是和人完成的一定活动相联系在一起的。离开了具体活动,既不能表现人的能力,也不能发展人的能力。但是,我们不能认为凡是与活动有关的,并在活动中表现出来的所有心理特征都是能力。只有那些完成活动所必需的,直接影响活动效率的,并使活动能顺利进行的心理特征,才是能力。能力有一般能力和特殊能力。一般能力是指观察、记忆、思维、想象等能力,通常也叫智力。它是人们完成任何活动都不可缺少的,是能力中最主要又最一般的部分。特殊能力是指人们从事特殊职业或专业需要的能力。例如音乐中所需要的听觉表象能力。人们从事任何一项专业性活动既需要一般能力,也需要特殊能力。二者的发展也是相互促进的。我们认为中学历史教师的能力素质的构成主要包括:教育传导能力、教学组织能力、科研能力、计算机操作能力、自我反思与自我发展的能力。

1. 教育传导能力

所谓教育传导能力是指教师将处理过的信息向学生输出,使其作用于学生身心的本领。"历史教师不仅要有较深的专业造诣和求知若渴的精神,还应准确地掌握学生的情况。将'储存态'知识转换成'输送态'知识,并将'输送态'知识转化为'内化态'知识,将知识加入到学生的认知活动中去。"[①]也就是说,对于学生来说,能否最大限度地将老师传授的知识掌握下来,关键在于能否真正地听懂老师在课堂上所传授的知识并加以成功地吸收。教育传导能力的核心是语言能力,语言是教师面向学生传导影响的最主要的工具。教师的语言能力有正式语言能力和非正式语言能力。

正式语言能力即符号化的语言能力,包括口头语言能力和书面语言能力。历史的过去性和时序性决定了历史教学有很强的表述性特点,这要求历史教师具有较强的口头语言表达能力。历史教师对主要历史事件要叙述得鲜明、生动、形象,这都有赖于历史教师的口头表达能力。有的历史教师讲课深入浅出,丝丝入扣,使学生获得享受和启迪;有的历史教师虽然满腹经纶,却用枯燥呆板的公式演绎历史,使丰富多彩的历史成为年代、数字和概念的堆砌。教学实践表明,历史教师掌握、运用语言技艺水平的高低,直接影响着教学目的任务完成的质量。历史教师良好的语言素质能使学生清晰地了解和掌握史实,精心设计的、闪烁着智慧火花的教师语言,有利于启发学生去思索、探求,使学生的思维处于兴奋活跃的状态,大大提高学习的质量。因而,历史教师除了要有扎实的专业基础和理论水平外,还应具备较强的口头语言表达能力。历史教师的书面语言能力,主要表现在完成批改作业、课堂板书等活动中。历史教师的非正式语言能力即体势语言能力,包括面部表情和身体动作、空间和触摸、声音暗示、服装及其他装饰品等,是正式语言的补充。

2. 教学组织能力

教学组织能力是教师为达到教学目标,取得教学成效,在教学过程中表现出来的一种操作能力。它是教师业务素质的一个重要组成部分,对于保证教学工作有条理、有系统和实现教学目标有着重要的作用。在教学中,教师组织能力的强弱影响着课堂教学的成功与否,良好的组织能力,能把教学的各种因素、环节有机连接起来,从而使学生灵活而生动地学会知识,形成能力。要使教学过程"活"起来,关键在于有效的教学组织。教学组织能力分为教学内容的组织能力、教学活动的组织能力、学习活动的组织能力。心理学的研究表明,当教师的知识水平达到一定的临界值以后,教师教学水平的高低,就不单单取决于知识水平。不会是教师的知识水平越高,教学效果就越好。这时对教学效果产生最直接、最显著影响的是教师的教学组织能力,尤其是组织学生学习活动的能力。

历史教学是个动态过程,对于历史教师来说,要想达到教学的最优化,首先是要合理地安排教学内容。长期以来,按教材授课已成为历史教师的教学惯例。但是这样的教材知识的组织形式是否便于学生对知识的吸收、理解和运用?课本知识如何区分主次?是不是所有知识都是学生必须掌握的学科核心知识?对这些问题的思考和处理实际上反映了一个历史教师对教学内容的组织能力。其次,就具体的课堂教学而言,教学活动的组织包括两个方面的内容:一是教学活动的设计,一是教学活动的操作。它要求历史教师具备在一定的教学时间里,能从大量的教学法中选择对于教学内容和这些学生最适宜的教学方法来灵活运用,提高教学的艺术性,从而引导学生在生动活泼的氛围中学习的能力。再次,历史课程改革一个重要特征就是转变学习方式,引导学生从"学会"向"会学"转变。这要求历史教师要在了解学生历史学习心理活动特征的基础上,重视对学生历史学习活动的组织和管理。教师要从知识的传递者转变成学生学习活动的组织者、参与者和指导者。因此,组织学生学习活动的能力应该成为每一个历史教师教学组织能力的重要组成部分。

3. 科研能力

高素质的历史教师还要具有科研素质。历史教师的科研能力是指运用科学的理论和方法,有目的、有意识地对历史教学领域中的现象进行研究,以探索和认识历史教学规律的能力。当今社会要求

---

① 张晓刚. 历史教师业务素质刍议[EB/OL]. http://hist.cersp.com.

教师由知识型教师向学者型教师转变,教师不仅要有深厚的专业知识,还要有敏感的教学研究意识和过硬的教学研究能力。历史教师的教学研究能力,应该表现为主动地反思历史教学实践中的问题,在教学前、教学中和教学后分别进行具有前瞻性、监控性、批判性的反思;通过对历史教学活动的不断总结和探索,形成理性的、规律性的认识。中学历史教师的研究不应也不能向专业研究者的研究看齐,而应是对自身内部发展起来的改变教育教学的独特情景和事件的研究。

4. 计算机操作能力

中学历史教学展示给学生的是过去人们的社会生活。正因为历史是过去人们的社会生活,对于我们现代人来说,难免有陌生而抽象之感。传统教学手段不能生动而形象地展示过去社会生活的方方面面,但是现代教学手段如投影、音像、计算机等应用于历史教学,就能集图、形、声于一体,增加教学的直观和动感,丰富教学内容,同时也可以培养学生学习的兴趣。此外,历史课程资源丰富,它可以是文字资料,也可以是影视资料,还可以是文物资料以及历史遗迹。历史教师要善于开发和利用,重新组合成新的知识结构和信息系统,更好地为历史教学服务。

随着社会信息化和教学改革的深入,以往那种"一支粉笔、一块黑板、一本书"的传统教学方式受到了极大的挑战,现代化的多媒体教学和网络教学通过图文并茂、动静结合的方式和教学模拟技术,可以增强历史的生动性,使其形象具体,有助于学生形成历史表象,从而提高教学效率,保证教学质量。如何掌握现代信息技术来获取、分析、理解、应用网络信息资源,把现代信息技术手段与历史学科教学进行整合,是新课程标准对历史教师的一项基本要求。因此,作为历史教师,应具备熟练的操作现代化教学技术和设备的能力。首先是教学演示能力。这包括:借助于计算机及多媒体技术将文本的教材内容转换为更为直观生动的超文本形式的教学材料,如电子教案、Powerpoint 演示文稿;根据教学目的和内容开发相关历史教学课件、网上课程,等等。其次是网络课程资源的开发和利用的能力。互联网是世界上最大的信息库,新时代的历史教师必须具备最基本的信息意识和信息能力,善于从网络中不断地获取历史教学材料和信息,开发和利用网上的各种历史课程资源,扩充学生的视野,拓展历史课程的内容。在这一水平上,信息技术不再仅是演示的工具,而是学生学习历史的资源,是历史课程内容的重要组成部分。最后是构建交互式学习环境的能力。信息技术与历史课程整合的最高境界是综合运用各种信息技术重构历史课堂学习环境,如构建网上学习社区、网上论坛等新的历史教学平台等。在新的学习环境中,历史教师不再是唯一的历史教学信息源;历史课堂不再是唯一的历史教学场所;历史教学过程不再只是历史教师向学生的单向传授。新的学习环境渗透着一种信息的文化,它将充分展示现代信息技术的交互性、个性化的特点,并利用这些特点实现新课程要改变传统教学方式方法及课程整合的目标。构建这样的历史学习环境需要历史教师全面把握现代信息技术的特征和功能,善于寻找信息技术与历史课程的结合点和融合域,并能够综合运用多种信息技术。

5. 自我反思与自我发展的能力

教师的自我反思特指教师以现代教育思想和教育理念为基础,对自己的教学实践进行理性思考、质疑,评价自己教学的有效性,进而不断自我完善,自我建构。教师通过反思,不断研究、改进、优化教学行为的自我完善过程,是教师专业能力发展的最有效途径之一。反思能力对历史教师专业成长有着很重要的意义。

优秀历史教师应有自我发展能力。因为教育是超前的事业,21世纪是一个充满竞争的时代,历史教师不但要适应历史教育的今天,还要面对发展的未来。这就要求历史教师不但要对今天的社会变革与发展有适应力,还要为21世纪社会培养有竞争力的人才,要求历史教师必须以超前意识为基础,发展自己的获取处理使用信息、教育科研等多项能力。

总之,教师素质是一个历史范畴。"21世纪的教师素质要体现时代精神,要反映教育改革和发展的需求,为此,要有以人为本的对象观、以终身学习为理念的知识观、以价值关涉为核心的教学观、以交往为本位的能力观、以行动研究为主的专业发展观。"①

第二节 中学历史教师的备课

一、教学准备工作的意义和要求

充分、扎实的教学准备是课堂教学成功的保证。从某种意义上说,教师终身都在进行教学准备和知识储备。这里我们仅探讨每次课堂教学或课外活动指导之前的准备工作,也包括每次课堂教学和课外活动指导之后的教学后记和指导总结。在具体阐述这两方面的准备工作之前,必须了解做好教学准备工作的意义。

1. 教学准备工作的意义

(1) 教学准备是保证教学效果,提高教学质量的重要前提。

课前准备的重要性在理论上是人人皆知的真理,但是,在实际工作中各人的理解不甚相同。有的教师认为自己毕业于高师历史系,专业知识丰富,而中学教科书的内容不多,因而教学工作容易对付;有的教师认为自己教学多年,经验丰富,便认为无需再行备课;还有的教师认为,教学质量主要看课堂教学的临场表现,因而轻视对课前的准备。凡此种种,都影响着一部分教师的备课工作,在实践中大大影响了教学质量的提高。

中学历史课程涉及古今中外历史,知识面宽,凡有经验的历史教师都知道绝非易事。讲好一堂历史课,不仅要讲清历史的基本知识、讲透历史的概念、规律,讲明历史相关的原因、背景,而且要在讲课中通过丰富翔实的史料,使学生获得历史知识和技能,培养学生良好的品德和健全的人格。新教师无论专业知识多么优秀,如果不认真进行教学准备,在教学中也必然会有捉襟见肘、力不从心之感。老教师如果不能根据学生实际情况调整教学内容和方法,拿着一份发黄的讲稿,"以不变应万变",必然会故步自封,成为教学工作的落伍者。因为社会在发展,科学技术不断更新,史学理论、教育理念日新月异,教学活动又是双边活动,既有教师的教,也有学生的学,学生的年龄、思维各不相同,所以许多有成就的老教师,尽管经验丰富,仍始终把教学准备工作放在重要地位,几十年如一日。北京东直门中学的宋毓贞老师,教了四十余年的中学历史课,是大家公认的优秀历史教师。她总是十分恳切地对其他教师说:"要备课,要更好地备课,不备课我是不敢上讲台的。"这是经验之谈,科学的总结。因此,无论是青年教师,还是老教师,都需要做好教学准备工作,它是保证教学效果,提高教学质量的重要前提。

(2) 课前准备是提高教师业务和教学水平的重要途径。

课前准备是一个学习和提高自身业务水平的过程。教师通过熟悉教材,把书中的知识转化为自己的知识;通过钻研课程标准和教材,掌握教学目标和重点,从而转化为教师进行教学活动的指导思想;通过研究教学目标、教学内容和学生情况,找到使教学内容适应学生接受能力、促进学生发展的途径,从而转化为教师所掌握的教学方法。

教师提高教学能力必须要围绕"三个转化",一是书本知识转化为讲课的材料信息内容;二是教学目标和重点转化为教师进行教学活动的指导思想和理念;三是把学生的接受能力转化为寻找解决问题的途径和方法。只有实现三个转化,才能形成现实的教学能力,才能提高教学水平。

(3) 课前准备是衡量教师职业道德和责任心的标杆和尺度。

教师肩负着对学生进行良好品德教育和健全人格培养的任务,教师工作需要奉献精神和高度的

---

① 李延霞.21世纪教师素质刍议[J].辽宁师范大学学报(社会科学版),2001(2).

责任感,这种奉献和责任首先体现在课前的准备工作上。课前准备是完成好教学任务,提高教学质量的前提和基础。认真做好教学准备工作,制订出一个具有科学性、指导性、实用性的计划,是教学工作有条不紊地顺利进行的保证。临阵磨枪、敷衍塞责,上课信口开河泛泛空谈,是教学工作缺乏责任心的体现,是教师最大的失职。教师的职业道德要求每一个教师兢兢业业地工作,甘为人梯,乐于奉献。

2. 课前准备的"四大要求"

一是充分全面地进行教学准备。教师不只是备教材内容和教学方法,还要注意教具的制作,多媒体的演示,课堂提问练习和课外活动、作业的安排布置等一系列问题。只有课前全面周密计划每个教学环节,才能顺利地完成教学任务。

二是要有计划性。知识与能力、过程与方法、情感态度与价值观是中学历史教学的三大目标,它不可能在一堂课内完成,而要贯穿于整个中学历史的教学过程中。教师在备课时应加强计划性,把每节课的教学内容放在整个教学体系中去考虑,对学年、单元、每节课的不同目标和要求有计划地统筹安排,做到既有联系,又各有侧重。

三是要有创造性。教学准备是一项创造性活动,由于每个教师的文化素养和教学风格不尽相同,因而要根据自己的特长,发挥自己的创造性,形成自己的风格,那种上课照本宣科,依葫芦画瓢地照搬他人的教学方法只能适得其反。

案例展示

穿越历史时空的遨游

某位教师在带领学生学习《异彩纷呈的艺术成就》一课时,致力于学生创造与想象的培养。"我们都知道时光一去不复返,我们今天学习的历史就是过去的时光,古往今来,多少文人雅士梦想能回到那浩瀚的历史长河中,然而却做不到;多少科学家也冥思苦想要制造出一台时光机器帮助我们实现心中的梦想,却也无法成功。今天,让我们插上梦想的翅膀,一起飞回到那早已逝去了的遥远的古代社会。"接下来,教师帮助学生组成了穿越时空的遨游旅行社,带领同学到"三国两晋南北朝时期"去探访那时异彩纷呈的艺术成就。第一站:王羲之书法纪念馆;第二站:顾恺之名画陈列馆;第三站:云冈石窟和龙门石窟。教学过程中,导游词贯穿始终,并伴有学生的历史人物模拟表演、小品表演等。在这里,学生与历史进行了一次亲密的接触,教师的教学也更具有感召力。

四是要有针对性。教学准备必须针对学生实际情况,教师要了解学生的兴趣爱好、个性特征,要接触社会实际,对现实生活有很强的感悟,善于与同行磋商,这样才能取得好的教学效果。

案例研究

美国孩子的一节历史课

课题是《英国议会向殖民地强行征收印花税时人们的心情》。上课时,达塔宣布:"由于教学经费紧张,本来是免费提供的课堂用纸,今后5分钱一张。现在,大家拿钱来领纸,准备小测验。"教室里一片喧哗,孩子们纷纷嚷嚷:"这不太公平,为什么事先不通知我们?为什么要5分钱一张?商店里可不是这个价格啊!""我的钱,买了纸,就不够午饭了,怎么办?""怎么别的老师不收我们的钱?"看着学生的各种表情——沮丧、吃惊、生气、不知所措,有的甚至小脸都憋得通红……老师发了试卷,学生闷头解答。这时,孩子们才发现,试卷最后一道题:"关于花钱买纸的事,不是真的。请写出你当时的感受。"

二、历史教师的备课

备课就是教师课前所做的准备工作。教师备课的形式有多种,按照不同标准可以分为:个人备课和集体备课;常年备课、学期备课、单元备课和课时备课等。一般来说,我们从学期开学前的全面准备工作和课时前的具体准备工作两个方面来着手备课工作。

1. 学期前备课

学期前备课的工作一般包括:学习课程标准、浏览熟悉教科书,了解所教学生的情况,制订学期教学工作计划。

(1) 学习课程标准,浏览熟悉教科书。

教师备课首先面临的任务就是全面、系统地学习教育部最新颁布的《全日制义务教育历史课程标准(实验稿)》和《普通高中历史课程标准(实验)》,要站在全局的高度去理解课程标准提出的目标,认真体会解读课程目标的内容体系和基本精神,探寻课程目标反映了历史学科知识领域的哪些新成果、新发展,体现了怎样的教育理念和新时代人才素质的要求,展示了哪些不同的结构框架与特点等,将课程标准用来指导备课和上课。弄清楚"为什么教"、"教什么"和"怎样教"的问题。

学习课程标准还要和浏览、熟悉教科书结合起来。教科书可以帮助历史教师具体了解书中每段历史内容、各个历史问题的结构脉络,把握每课书在教科书中的位置。对教科书有一个全面的了解和通盘的考虑,在课时备课和实际教学中才会从全面到局部制订好每节课的教学目标。其次,要准确理解教科书中对各个历史现象、历史事件、历史人物的具体阐述和评论,认真研究领会教科书的编写意图。最后还要了解历史科学的新发现、新信息以及相关学科、乡土历史教材与教科书内容的联系。没有通读教科书,只是割裂地备一节课讲一节课,就很难做到前因后果的铺垫,就会把知识讲得支离破碎。例如要备好"新文化运动和五四爱国运动"一课的教学内容,教师就应该了解学生以前学过的与之有关的历史内容:中国民族资本主义的进一步发展,中国无产阶级力量的壮大,北洋军阀在政治上的黑暗统治,袁世凯复辟帝制、极力推行尊孔复古的反动政策等。后面几课与之有关的内容有:新文化运动和五四运动后马克思主义在中国广泛传播,各地共产主义小组纷纷建立,工人运动从自发斗争阶段发展到自觉斗争阶段,从而为中国共产党的诞生奠定了思想和组织上的基础。这些内容都是本课历史内容的纵向联系。而同一时期,从世界范围看,一方面第一次世界大战结束后,帝国主义列强召开了宰割战败国、重新瓜分殖民地的巴黎和会;另一方面,在俄国十月革命胜利的影响下,朝鲜爆发了"三一"运动,印度发生了非暴力不合作运动,土耳其爆发了凯末尔革命,德国发生了十一月革命,共产国际的成立,这些都是与本课内容有关的横向联系。历史教师要把这一时期纵横内容都联系在一起,这样备课才能做到前后呼应,突出重点。

(2) 了解所教班级学生的情况。

了解学生情况的目的是为了使教学能够符合学生的接受能力,补救学生以往知识中可能存在的缺陷,从而使自己将要进行的教学建立在有的放矢的基础上,把握好教学要求的难度,在一定程度上提高教学效率。了解学生必须是全面的而不是片面的,深刻的而不是肤浅的,本质的而不是现象的,客观的而不是主观的。了解学生必须弄清了解学生的主要内容和主要方法。

① 了解学生的主要内容

学生的基本情况:姓名、性别、年龄、籍贯、民族、兴趣爱好、家庭住址。

学生的智育情况:学习历史课的兴趣动机、主动性、积极性、自学能力、笔记能力、观察能力、思维能力、想象能力、语言表达能力、接受能力、创造能力、注意力、记忆力、完成作业情况、考试成绩等。

学生的身体情况:身高、体重、视力、听力、健康状况、生理缺陷、营养与发育状况以及病史等。

学生的个性心理特征：气质类型、性格类型、记忆类型、兴趣爱好等。

学生的其他情况：家庭环境状况、社交关系状况、同学关系状况等。

对上述内容教师要像医生填写病历表一样，做出准确的记录，不定期地进行分析，从而有效地调整自己的教学计划。

② 了解学生的主要方法

问卷法：是了解学生学习和思想的辅助手段，题目很重要，一是题量必须大，二是面必须广，三是多用选择题。

谈话法：找一些爱想问题、喜欢发表自己看法、思想活跃的同学一起讨论一个问题，在讨论和争论中了解学生对问题的认识水平、分析问题的能力以及思维能力。另外还可以找有代表性的同学长时间地多方面地交谈，对学生的家庭、社会交往、环境、兴趣有意识地了解，就会比较深入、全面。

听问法：每上完一节课后，经常会有同学利用课间休息时间问一些问题，这些问题往往有一定的深度，问的人次多了，也有一定广度。这些问题要及时收集，对改进教学很有价值。

观察法：教师应深入学生中间，力所能及地参与他们举行的各种课外活动，如郊游、晚会、各种比赛等，认真听取学生的意见，从中细心观察，了解学生志向、理想、思想状况等。

(3) 制订学期教学工作计划。

制订学期教学工作计划有利于教师有目的、有计划地按时完成一个学期的教学任务。学期教学工作计划包括的内容，可以根据各个学校不同的要求来制订，一般可由"说明"以及"教学进度表"两个部分组成。

案例展示

_____学年　_____学期　_____学科教学计划
_____年级　_____班级

① 说明

1. 本班学生的历史学习状况
2. 本学期的教学目标

② 教学进度计划表　　　　　填表人_____

周次	教学进度	教学内容	课堂类型及教学方式	拟用教具	备注
1					
2					
3					
4					
5					
6					
7					
8					
9					
10					

续表

周次	教学进度	教学内容	课堂类型及教学方式	拟用教具	备注
11					
12					
13					
14					
15					
16					
17					
18					
19					
20					
学期末小结					
教研组长意见					

在制订学期教学进度表时要注意如下几点：

一是根据校历和课表将所任课程教学进度依次填写清楚，包括全学期的授课时数、授课周数、讲新课时数、复习与考试所用时数等，要留有一定的机动时数，否则就打乱了教学计划，无法按时完成教学任务。

二是课程标准中对本学期的授课时数都有具体规定，教师制订进度表时，基本上应按课程标准，但也可以根据教科书内容的多少，并结合复习、考查、考试以及其他活动，进一步作具体调整。

三是进度表除章节题目外，不写具体教学内容。拟用教具，一般指学校现有的教学设备，不包括教科书中的插图；若需自己制作或添置的教具、课件应在备注中说明。

四是备注栏内，可记入需要总结的历史概念，需为学生准备的阅读材料等，同时，在每节课后成功的体会和不足的教训都可以写入此栏，以便为学期末总结时积累资料。

五是在学期末小结栏内，应根据全学期的教学工作进展情况，总结出：原定的学期教学目的是否恰当？完成情况如何？还有哪些问题？下次再教本年级本课程时应如何改进？本班学生在下学期的历史学习中应注意什么问题？

2. 课前备课

课前准备工作又称课前备课，简称备课，现在又称为教学设计。课前备课的直接结果就是写出课时教学计划，通常称作教案。教案是教师上课的蓝图，是备课工作中最为细致深入的一环，它差不多涉及历史教学的方方面面。教师的工作态度、专业水平、教学艺术等都可以在教案里集中反映出来。

备课的主要步骤和要求是：钻研教科书、确定教学目标、组织教材、编写教学计划。

(1) 钻研教科书。

① 历史教师钻研教科书一般要经过"少—多—少"的过程。开始钻研教科书时，教师对本课题的信息储备还处于较"少"的阶段。随着查阅各种参考资料、有关论著，开阔了视野，扩大了信息量，开拓了思维，解决了教学中的难疑问题，对教科书有了更深刻认识，这是信息量增"多"的过程。然后，教师要对补充的大量资料进行筛选，重新体会教材的实质，抓住教材的中心思想，再由多变为少，这时的"少"已经是教师经过自己消化后的教学内容。经过了这样一个由少到多，再由多到少的钻研过程，教

师就基本可以达到熟练掌握教科书内容的程度。

目前,我国中学历史教科书篇幅不大,内容却很丰富,文字通俗生动,言简意赅。有的地方短短几行字,就较为完整地反映了某个历史过程;有的地方字斟句酌,每个字每个词都有丰富的含义。例如,对北魏贾思勰《齐民要术》一书的评价是"我国现有最早最完备的农书",这几个定语背后深藏的内容,差不多就是对以前农业著作发展史的简要的概括。因为最早记载农业生产的三大文献资料是战国时期的《吕氏春秋》中的《上农》、《任地》、《辨土》、《审时》四篇,但《吕氏春秋》不是一部农业专著,也就无"完整"可谈。西汉时《氾胜之书》是我国最早的完整的农业专著,可惜原书没有保存下来。班固的《汉书·艺文志》中提到战国时农有九家,其中有《神农》二十篇、《野老》十七篇,后世也都失传。因此保存到现在的最完整的第一部农书当推《齐民要术》。如果教师对此一无所知,学生就很难理解这几个定语的科学含义。类似的例子在教科书里还有很多,有的可以在教学参考资料中找到说明,有的则没有,这就需要教师去钻研吃透教科书。不仅如此,还要吃透教学参考书、配套练习册、直观教具和多媒体课件等。

② 明确观点。钻研教科书的另一个重要方面是明确观点。历史教科书通篇都贯穿着史论结合的基本原则。但"论"的表达方式有时是深藏不露的。比如:"哪里有压迫,哪里就有反抗"这一阶级社会的普遍规律,是通过大量史实的精心选择和客观叙述来反映的。而属于史学界争论的问题,教科书中一般没有明确的定论,需要教师仔细琢磨,掌握分寸。有的观点,如农民政权的性质问题,根据中学生的理解水平,课堂上可以不做讲述。另外一些观点,如对岳飞的评价问题,学生从其他文化传媒渠道上了解得比较多,教师在讲述中就可以有针对性地介绍一下中国古代"忠君"与"爱国"的关系,帮助学生对此有比较正确的理解。再如教科书中评论孟子认识到人民的力量不可轻视说"民为贵,君为轻",是肯定这句话的进步性,如果望文生义说"民为贵"、"君为轻"含有宝贵的民主思想就不恰当了。

③ 弄清教科书内容的内在联系。历史知识的特点之一是历史知识之间存在着千丝万缕的联系。历史事件的发生、发展必然有前因后果,历史人物的活动都是在当时特定的政治、经济环境下进行的。在任何一个历史人物的身上都可以找到前人的影响,同样他们也影响着后人。因此,钻研教科书时,就需要教师将历史知识之间存在的内在联系理清楚。

弄清教科书内容的内在联系有两个方面的因素。一是研究一节课文内容在整个课题中的地位,在整册教科书乃至整个历史教学体系中的位置。这样做不仅可以避免片面性,而且还可以对加深历史知识内涵的理解。例如在讲述明朝封建主义中央集权制的加强时,可以联系秦汉专制主义中央集权制的建立和发展,隋唐三省六部制和科举制,宋代的杯酒释兵权等,再对照明代加强皇权的具体措施,不仅可以使学生有更深刻的体会,而且还会使课程讲授达到新的高度。联系古今,兼顾中外,纵观全局,前后照应。二是研究一课中要点之间的内在逻辑联系,理清脉络,弄清思想,居高临下掌握其实质。

④ 确定重点,解决难点。所谓重点是指课文的主要内容,是历史知识教学的重头戏,在实现教学目标、完成教学任务方面起主体作用。确定重点,需要将知识点分档排队,弄清它们的逻辑主次关系。确定重点的过程就是不断研究分析的过程。教学参考书虽然列出了每节课的重点,但它只能作为我们思考时的参考,不能替代我们自己独立钻研课文。重点确立后,要精选有利于学生领会的典型材料,在板书设计和直观教具的应用方面,做到重点安排。此外,围绕重点安排学生活动,将重点知识与能力培养有机结合起来,可以使学生更牢固地掌握重点知识。以《战国七雄》一课为例,商鞅变法的内容及作用是这一课的重点。因为要想说明战国时期是我国封建社会的形成时期,就得从当时多国的变法运动谈起,正是各国通过变法,确立了封建制度,才形成了封建社会。而其中以秦国的商鞅变法最为彻底,成效最为显著,对中国历史发展的影响也最为深远,所以将其列为重点。有重点就有一般,

在备课中既要突出重点,又要照顾一般。

教学难点是学生学习上阻力较大或难度较高的关节点,是头绪较多或较艰深的内容,也就是学生难于理解而有待于教师启发解惑的教学内容。另外,教学难点也是教师难以讲清楚的内容。中学历史教学难点有以下几种类型:一是理论性难点,如:资本主义萌芽。二是史料性难点,如:古埃及金字塔的建筑之谜。三是历史发展进程的难点,如:奴隶社会取代原始社会的进步性。四是事件行进过程的难点,如:法国维护共和制的斗争等。

教科书中难点有一个特点:或抽象或复杂。解决的方法是使抽象的东西形象化,复杂的东西条理化。教学的重点与难点,既有区别又有联系,有时二者是统一的。例:"秦始皇统一六国"一课中,"封建专制主义中央集权制度的建立"一目既是教学重点,也是教学难点。

⑤钻研课本插图和课文后面的复习思考题。课本插图,包括历史地图、文物、遗址的图片等,都是编者精心考虑后选入教科书的,插图对课文是一个很好的补充。教师教学中恰当地运用地图能帮助学生形成空间地理概念。其他插图,教师应了解它们所展示的具体内容、某些细节、插图的来源、作者等相关知识,在课堂教学中适当地讲述,能帮助学生再现历史形象,加深学生对历史知识的理解。

课本上列出的思考题,大多是本节教材的重点,需要教师着重讲述,也需要学生牢固掌握。教师在备课时,注意一下思考题,对于了解教材编者的意图,掌握重点,以及明确对于学生复习、作业的要求,都有很大的益处。

(2)确定教学目标。

教学目标主要是依据我国历史课程标准的要求、历史本课程教材内容和教学任务及学生的心理特点而制定出来的。教学目标一经确定就反过来指导教师的教学实践,对教学起到指导和约束作用。需要特别注意的是,每一课的教学目标都应该从教材的实际出发,不能离开教材而定什么思想、能力要求。

新的课程标准要求历史课的教学目标包括三个方面:知识与能力,过程与方法,情感态度与价值观。因此,在确定教学目标时应从这三个角度充分挖掘教科书中的内容,思考哪些内容可以为这三项领域的目标服务。例:人教版高一教材"戊戌变法"一课,其基本知识点有:维新思想的内容、特色及主要代表人、代表作;维新派同封建顽固势力的论战;百日维新、戊戌政变、戊戌变法的性质、意义及失败原因。我们可以从这些知识内容中,挖掘出下列能力培养目标:①通过对康有为、梁启超的新思想和维新运动的分析,培养学生应用辩证唯物主义观点分析历史现象的能力及在特定的历史条件下分析历史任务的能力。②通过引导学生分析变法内容中理想与现实的差异和原因,训练学生"论从史出"的历史思维方法和分析能力;通过引导学生从多方面多角度分析戊戌变法失败的原因,培养学生全面辩证地分析历史问题的能力及对历史规律的探究能力;通过对戊戌变法的科学评价,对历史发展趋势的必然性与具体进程曲折性的分析,培养学生用辩证唯物主义观点评价历史事件的能力。③在情感、态度和价值观领域,我们可以挖掘的目标有:通过分析并体验以康有为、梁启超、谭嗣同为代表的维新派与顽固派势力面对民族危亡的不同态度和选择,形成对比,让学生认识维新变法运动在社会上起到了思想启蒙的作用,是中国历史发展进程中的巨大进步,培养学生以天下为己任的正确人生观;通过反思评价戊戌变法的结局,认识变法虽然失败,但在历史长河中,康、梁、谭及其领导的维新运动却英名长存,培养学生正确的价值取向。

确定教学目标上有一定的技术和要求。有的教师在制定课时教学目标时常常出现两种倾向,一是用宽泛的教育目的代替具体的教学目标,目标表述比较含混;二是缺乏概括,目标表达比较琐碎。这两种倾向都会直接影响到教学要求。因此,目标的编写必须科学、规范。要编写设计出科学、规范的教学目标,首先要弄清教学目标的两类陈述方式。第一类采用结果性目标方式,即告诉人们学生的学习结果,要求明确、具体、可测量、可评价;第二类采用体验性或表现性目标方式,或描述学生的心理感受和体验,或明确安排学生的表现机会,注重过程与方法、情感态度与价值观,要求真实、爱憎分明,可感知、可操作。例:"收集自己喜欢的成语典故"、"自己动手制作一件水利工具"、"描述自己对历史人物的感受"等。

确定教学目标时,应该注意遵循如下要求:

第一,整体性要求。教学目标是一个由若干具体目标组成的整体,具体教学目标之间构成了一个有机的系统。

第二,适应性要求。教学目标要求科学合理,而且层次分明,连续递增,遵循从易到难、从简到繁的规律,一级一级向上发展。编制目标最好定位在"最近发展区"内,学生通过一定的努力就可以达到的程度。教学目标可以分为三个层次:最低要求、基本要求、最高要求。

第三,灵活性要求。由于学生是有差别的,教学内容是丰富多彩的,教师每个人对教学的价值追求也是有差异的,所以确定教学目标,应遵循灵活性的要求,切忌生搬硬套他人编写的教学目标。

在现行的中学历史教学参考书中,每节课的教学目标都已经编制好了,一些教师为了省事,就照抄下来,但这样做的结果是不能很好地达到教学要求的。教学目标要渗透教师自己对教材的理解和提炼。

(3) 组织教材。

教师在钻研教材、确定教学目标并考虑了学生的实际情况后,就要考虑如何把自己理解、掌握的教材内容教给学生,也就是考虑如何组织教材了。

组织教材就是对教材的内容进行加工处理,主要包括取舍、增补、校正、拓展、调序等做法。主要考虑的因素是:如何使教学内容更加具体、丰富、生动,怎样提高学生的学习兴趣,如何强化教学重点,突出教学难点,如何在教学中借助语言、板书、教具等多种手段传递信息,扩大学生感知度,提高感知质量。

组织教材还要考虑把复杂的课堂教学内容讲述得有条有理,有声有色,就必须选择恰当的教学方法。教学方法是教师组织和引导学生进行学习活动,共同解决教学问题,达到教学目标而采取的方式、手段、程序等的综合。选择教学方式方法,应该考虑五大因素。

① 教学方法要为教学内容和目的服务。
② 从学生的实际出发,充分考虑学生的年龄特征和心理特征。
③ 要考虑教材内容性质的特点。
④ 考虑教师本人的特点。
⑤ 要考虑教学时间、学校设备条件等因素的制约。

组织教材,教师还应该综合考虑电教媒体的技术特征,在充分利用教科书的基础上,适度地将录音、录像、幻灯片、多媒体课件等辅助教学媒体有机地组合起来,达到教学最优化的效果。例如在学习"楚汉战争"的内容时,为加强教学效果,教师可以用录音机录播《十面埋伏》古曲,以表现项羽被韩信包围、双方血战的历史场景,从而帮助学生理解当时战争的激烈程度。

(4) 备课信息的输出——教案的编写。

教案的编写是教师备课最后一道工序,也是备课信息经过思维加工后输出的过程。一份优秀的教案是教师教育思想、智慧、动机、知识、经验、个性和教学艺术性的综合体现。

能否编写出一份好的教案,取决于教师多方面的因素,如对课程标准的把握准确度、对教材内容的熟悉度、领会的深刻度、驾驭的自由度、对学生情况的了解程度以及教育理论修养的高度等。教案编写的内容包括以下几大项:

① 课题(说明本课名称)

② 课型（说明是讲授新课,还是复习课或是活动课等）、课时（说明所用的课时）
③ 教学目标（说明本课要完成的教学任务）
④ 教学重点（本课所必须解决的关键问题）
⑤ 教学难点（说明本课学习学生容易产生的困难和认识障碍）
⑥ 教学过程（说明教学的环节、步骤、时间分配等）
⑦ 教具（说明所使用的辅助教学手段）
⑧ 作业处理（说明如何布置处理作业）
⑨ 板书设计（呈现完整的板书设计）
⑩ 课后记（对本课教学效果的分析和反思）

教案的种类有详细和简略之分。详细的教案类似于讲稿,简略的教案类似于讲课提纲,重点放在教学过程这一环节上。

案例展示

雅典城邦的民主政治（岳麓版）[①]

教材分析

本课内容在《课程标准》中的要求是"知道雅典民主政治的主要内容,认识民主政治对人类文明发展的重要意义"。

本课第一目"从君主制到民主制",主要介绍古代雅典政治民主化进程中,各个阶段的民主内容。第二目"人民主权与轮番而治",讲述了雅典民主政治全面繁荣时期,民主政治的内容及特点。第三目"雅典民主的得失",是对雅典民主政治利弊得失的评价。

本课第一、二目体现《课程标准》要求之"知道雅典民主政治的主要内容",第三目通过评价雅典民主政治利弊得失体现《课程标准》要求之"认识民主政治对人类文明发展的重要意义"。

学生分析

本课教学位于模块开头之处,学生对政治文明的内涵还不甚明了,对古代西方的历史更是陌生,加上本课涉及内容繁多,知识深奥难懂,从高一学生的认知水平出发,达到课标要求确有难度。教师应力求将知识化繁为简,化难为易,以灵活多变的教学形式将知识深入浅出地传授给学生。另外,本课涉及的民主政治话题可能会使部分学生产生片面理解或是偏激言论,这时就需要教师的正确疏导,帮助他们形成健康向上的世界观。

教学目标

一、基础知识

古代雅典民主政治的特定含义;古代雅典政治民主化进程中,各个阶段的民主内容;雅典民主政治全面繁荣时期,民主政治的内容及其特点;雅典民主政治利弊得失的评价。

二、能力与方法

1. 了解古代雅典民主政治的特定含义。
2. 学会分析雅典民主政治的内容及其特点。
3. 学会评价雅典民主政治利弊得失。

三、情感、态度与价值观

1. 通过分析雅典民主政治的内容及其特点,培养学生的人文精神,提高学生的公民意识。

---

① 该教学设计来源于深圳市宝安中学唐云波老师。

2.通过评价雅典民主政治利弊得失,培养学生用正确的方法分析理解历史现象,认识奴隶制下的雅典民主虽然有难以克服的弊端,但为人类政治文明的演进做出了巨大的贡献。

教学重点与难点
重点:古代雅典民主政治的内容及其特点;雅典民主政治利弊得失的评价。
难点:古代雅典民主政治的特定含义;雅典民主政治利弊得失的评价。

教学方式
采用探究式学习的方式,教师巧妙设置情景与问题,学生自主探究知识。

教学用具
采用制作Powerpoint课件的方式辅助教学。

教学过程
(一)课前探究
要求学生提前预习本课;建议他们阅读探讨雅典民主政治利弊得失的文章,并初步形成自己的观点。

(二)导入新课
(导入新课)播放2004年雅典奥运会片花。
提问一:片花告诉我们什么信息?(回答:2004年奥运会在希腊雅典举行。)
提问二:2004年雅典奥运会同往届奥运会相比,除了同样强调更高、更快、更强的奥运精神,还有什么特别之处?(回答:奥运会回到自己的故乡——希腊。)两三千年前,古希腊人创造出各种体育竞技项目并把它们发展为奥运会。(在背景为现代运动员的幻灯片上显示古希腊运动员掷铁饼图)
提问三:大家观察古今中外运动员,他们处于运动状态时,有种什么美?(回答:力量美。)古希腊人当时创造奥运会的一个主要目的就是追求力量美。
提问四:古希腊人为什么会追求力量美?请大家结合上节课学过的相关知识思考这个问题。(回答:古希腊的特点是小国寡民,城邦林立,战乱频繁,要求人们有强健的体魄从事战争,统治被征服的地区。)
提问五:上一问中的"人们"是指全体希腊人吗?幻灯片显示古希腊人成分比例图。(回答:仅指希腊公民。)
(略)

(三)师生互动
(教学过渡)
提问一:究竟什么是民主?(回答:主权在民,人民当家作主。)
提问二:在雅典实行民主政治之前,主权在谁的手中?(回答:在君主一个人手中。)
提问三:一人独掌大权的君王,又如何肯将权力分给他人?(幻灯片显示该问题)可以想见,这个分散、下移权力的过程,必然是一个艰难曲折、充满斗争的历程。首先,请大家根据幻灯片上的关键词将这个过程中几个标志性的事件找出来。(幻灯片显示答案:提供条件——贵族共和制;引上轨道——梭伦改革;最终确立——克里斯提尼改革;全面繁荣——伯里克利时期。)
(略)

(四)课堂总结
(略)

(五)教学后记
(略)

3.新的备课方式——电脑备课
从20世纪80年代后期开始,计算机在中国的各行各业迅速普及,许多学者使用计算机写作,给人文学科的研究带来极大的影响。人们开始认识到,计算机能够像处理英文信息一样处理中文信息,可以作为人文学科研究和教学的强大工具。在现代教育教学中,一种新型的备课方式——电脑备课正在悄然兴起。

(1)电脑备课的优点。

一是查询资料快捷。如果你用的电脑上了网,通过网络可以很快查到你上课需要的来自于全世界的最新历史资料。如果你电脑里已储存有一些资料,那么在备课时只需"复制"过来。

二是便于交流。通过网络可借鉴全国著名历史学家的有关文献或知名教师的优秀教案,也可将自己的历史教案发布出去,进行资源共享。

三是可以克服设备的不足对备课的质量和历史教学效果的影响。使用电脑多媒体教学,特别适合知识更新和随时在教学中增补学术前沿的内容。现在全国有几个著名的大公司专门聘请了一些全国知名的专家教授和优秀教师共同开发了许多多媒体教学光盘,根据教材的需要可以把它们引用到你的教案中,如动画、视频、音频,让教案形象生动。

总之,用电脑备课,备课的质量能得到提高,有利于教学现代化发展,培养高素质的人才。但是又增加了备课的难度,对教师综合素质要求更高。

(2)电脑备课的基本要求。

一是必须有先进的教育思想指导。先进的教学媒体只有为先进的教育思想服务,它才具有目标和出发点,具有自由广阔的创作天地,具有活的灵魂。如果承袭落后的教学思想,沿用陈旧的教学方法,简单地进行媒体替换,则只能是从"人灌知识"到"电灌知识","新瓶装旧酒",难以摆脱低层次的徘徊。可以说,在历史教师都掌握了多媒体的一般技术以后,多媒体备课水平的高低,应用价值的大小,取决于历史教师的现代教育理论的修养和综合素质。

二是必须转变教学方式。要促使传统的以教师为中心、以课堂为中心、以书本为中心的教育方式转变为以学生学习为中心、以强化个体实践为中心、以信息交流为中心,变被动教育为主动教育,变应试教育为素质教育,变知识教育为智能教育。这是进行多媒体电脑备课的基本思路和重点,也是进行教学改革的创新点和突破口。

三是备课要根据不同的教学内容要求,采取不同的多媒体教学手段。要将传统教学手段无法表述清楚的历史知识点借助多媒体的优势表达清楚,如:"时"、"空"概念等;要体现培养学生学习历史能力的要求,即历史学习中发现问题、分析问题、解决问题的能力;要努力创造一种培养学生创新意识的氛围,留有余地让学生发挥其想象力;鼓励学生在正确运用历史资料和方法的前提下,得出不同的结论。不是每节课都需要用多媒体软件,对一节课而言也不是从头至尾都需要用软件来帮助教学。什么时候、什么地方要用,必须依据历史教学大纲(或历史课程标准)和教学实际需要而定。否则易造成为多媒体教学而教学,形成教师、学生围着软件转的被动局面。

电脑备课要在创新上下工夫,要充分发挥多媒体的特性,了解最新理论和技术研究成果,努力使用教学中第一手的实验资料和新的理论认识,积极探索精品制作与教学创新点相对应的良性循环路子。

第三节 历史专业师范生的教育实习

一、教育实习的意义和要求

教育实习是指师范生在毕业之前集中一段时间到实习学校参加综合性的教育实践课程,它是师范院校教学工作的必要环节,是联系教学理论和实践的纽带,是师范生专业化的关键。杜威在《教育理论与实践的关系》一文中强调:"对于教师合适的专业指导不只是纯理论的,而且应包括一定量的实际工作。首要的问题是后者正是前者要达到的目的。"

在师范院校教育中,教育实习的意义是多方面的。

1. 教育实习是培养合格师资的重要途径

首先,教育实习能使实习生在认真学习中学会全面贯彻党的教育方针和努力提高教育教学质量的技术和经验,进一步巩固专业思想,热爱教师工作,增加从事教育事业的光荣感和责任感。未从事教育实习以前,对这些内容缺乏实际体会,往往把在校时的行为表现与未来教师职业道德的培养割裂开来。一旦参加教育实习,会领悟职业道德对自己的极端重要性。实践证明,许多原来不愿意投身教育事业的学生,通过教育实习,思想感情发生了很大变化。

其次,教育实习是师范生学习教学经验、提高教学能力的锻炼机会。从事教学工作的新手通过实习,才能把他所学的教学理论和方法,运用到教学实践中去。虽然在院校进行过教学模拟、微格教学、小课堂试讲等,但都比不上实习期间的教学经验那么逼真。有人很形象地将教育实习比喻为"真枪实弹的演习"。师范生通过教育实习,不仅加深了对所学历史专业知识和教育科学理论的理解和巩固,又学到了许多在书本上所学不到的教学经验,提高了从事教学工作的能力。

再次,教育实习是培养师范生教育能力的重要手段。师范生通过班主任工作、第二课堂教学管理和教育调查等工作的实习,实际锻炼了组织管理能力和独立工作能力。尤其是班主任的实习,师范生以临时班主任身份,根据教育目的和教育任务,协调各方面对学生的要求,有计划地组织全班学生的教育活动,做好学生的思想工作,对学生的学习劳动、课外活动和课余生活给予指导。这些活动实习对师范生教育管理能力、自我教育能力、独立工作能力、认识现实社会能力的培养,都起到重要作用。

最后,教育实习是对师范生的全面检查。教育实习对师范生来说是反映他们思想品德修养的一面镜子,是检验他们知识水平和实际能力的一次预演。教育实习能客观反映师范院校的教学管理质量,是衡量和评估一所师范院校办学质量的重要指标。

2. 教育实习是师范院校教学计划的重要组成部分

我国师范院校的教学计划中,教育实习是学校专业技能课程的一部分。师范院校所设置的课程有公共基础理论课、专业课、教育理论课、专业技能课等。这些课程的设置是从事教师工作所必备的相关知识与技能。教育实习是师范院校独具特色的一门综合实践必修课,是一门教学经验、教学技能的学习课程。它在形成师范生合理的知识结构、培养他们的教育教学工作能力、提高职业素质等方面,具有其他理论课程所不可替代的作用。要把已知的理论知识应用于教育和教学实践,就必须有一个实习实践训练的环节。

3. 教育实习的要求

(1) 对院系指导教师的要求。

在教育实习过程中,院系指导教师要以身作则,认真贯彻党的教育方针,模范地遵守院系和实习学校的各项规定,努力学习教育理论和规律,切实指导好教育实习。① 要制定好本组的实习计划,加强与实习中学的密切联系;② 争取实习学校领导、教师的配合,依靠全组实习生搞好实习工作;③ 做好实习生的政治思想、生活管理、组织纪律等方面的工作;④ 实习结束时,认真听取实习学校的反映和意见,认真做好本实习小组的书面总结;⑤ 抓好实习生个人总结和教育调查报告,根据实习生的综合表现评定成绩。

(2) 对实习学校的要求。

每个实习学校应指定一位负责同志来具体负责教育实习工作。该负责同志要按照院系的实习工作计划的要求,会同院系指导教师,安排实习生在实习期间的各项事宜,包括落实实习计划的各项内容,解决实习中的生活和工作条件问题。此外,还要向实习生介绍学校的全面情况,组织实习生听课,安排有经验的教师和班主任担任专业指导教师和指导班主任,参加实习生的活动,对实习工作予以指导和提出建议。

实习学校的专业指导教师须向实习生介绍自己的教学情况和经验,指导实习生备课,审查实习生教案并签字,听实习生试讲和讲课,为被指导的实习生进行评议,并给实习生的工作表现写出评语。

实习学校的指导班主任要向实习生介绍班级学生各方面的情况和自己的工作计划,安排实习生与学生见面;给实习生分配具体工作任务;指导实习生在进校一周内,制订出班主任工作计划;向实习生介绍自己的工作经验和方法;指导实习生开展班主任日常工作和主题班会活动;实习结束,对实习生的综合表现写出评语。

(3) 对实习生的要求。

为了确保教育实习的圆满完成,每位实习生必须严格要求自己,努力做到以下要求:第一,转换角色,为人师表。实习就是学当教师,实习生在实习的时候,要由学生角色转变为准教师角色,这是一个教师职业生涯中的重要转变阶段。实习生必须以教师的道德标准严格要求自己,处处为人师表,注意衣冠整齐大方,言行庄重文雅,待人礼貌热情,处事公正严明,工作积极负责,思想健康上进,特别要注意与中学生建立正常的师生关系,不允许做出违反教师师德规范的事情。第二,虚心好学,不断进步。实习过程是一个极好的学习过程,教学和教育工作永无止境,一定要抱着虚怀若谷的态度虚心地学习。历史教学内容丰富,涵盖面广,要上好历史课是很不容易的。要认真听取专业指导教师的意见,主动请教。第三,遵守纪律,加强团结。为了保障实习工作的顺利进行,各师范院校都制定了有关的实习生守则或实习须知,对实习的纪律要求也都有明确的规定,每位实习生要严格遵守,并切实执行。在实习过程中,还要求正确处理各种各样的关系,如与实习学校的领导、教师和学生的关系,与本校院系所派指导教师的关系,与其他系科实习生的关系,实习小组学生间的关系,加强团结。特别要注意尊重实习学校的领导和教师,对实习学校的内部事务不要妄加评价,更不能随意介入。

二、教育实习的任务及内容

教育实习的任务包括三大方面:教学工作实习、班主任工作实习、教育调查实习。

1. 教学工作实习

师范生教学实习任务有三个主要方面:引导学生掌握科学文化知识和基本技能;发展学生的智力、创造能力;培养学生的品质和审美情趣,奠定科学的世界观基础。教学工作实习由一系列教学环节所构成,即课前观摩、备课、编写教案、试讲、课堂讲授、辅导答疑、批改作业、组织考试、评定成绩等。实习生要对这些环节的具体任务了解清楚,对各环节的运用方法娴熟掌握,才能保证教学过程的顺利进行,保证课堂教学实习任务的圆满完成。

2. 班主任工作实习

班主任是学校教育教学工作的基础组织,学校一切教学活动都必须由班级来实施,班主任实习是教育实习的重要组成部分。

班主任实习工作的主要内容包括:了解学生情况,制订班级建设的工作计划,组织一次主题活动,做个别学生的转化工作,参与班级的常规管理。

3. 教育调查与研究实习

教育实习中增加教育调查与研究,是时代对中学教师素质新要求的反映,它有利于实习生深入了解现实的教育问题,增强对将来所从事职业的理性认识,也有利于培养未来历史教师的教育调研能力,为实习生日后从事教育科学研究打下基础。师范生在实习期间要利用一切机会进行教育调研,结合历史专业的特征,调研的题目可做以下选择:中学教育改革的现状及发展趋势;中学教学管理与普及义务教育;实习中学师资现状调查;高等师范专业设置是否适合中学实际;中学生学习历史存在的主要困难与原因;中学教师知识结构特点;地方民俗及历史古迹;当地名人研究等等。对调研的资料应进行科学整理,形成专题报告。

三、教育实习的总结

近几年来,在教师专业化的研究中,反思能力被作为教师专业成长的重要促进因素,培养反思型教师也成为国内外教育界形成的共识。英国学者研究总结出了一个教师成长的公式:经验+反思=成长。我国学者也认识到:使教师成长为一个优秀教师的,主要不是其知识和方法的多少,而是教师对学生、对自己、对教育的目的意图和任务的信念,是教师在教育实践中所表现出来的教育机智和批判反思能力。作为教师专业成长的起点,教育实习在教会实习生掌握教学技能的同时,还必须培养实习生对教学的研究态度和能力,使他们探讨自己的教学实践,反思自己的角色和社会责任,做出批判性的分析和解释,由此生成对教育教学新的理解和认识,为其今后的自我发展奠定良好的基础。教育实习的总结,恰好为培养实习生的批判反思意识和能力,提供了很好的时机和平台。

在教育实习的总结阶段,引导实习生进行反思主要通过实习生的个人总结和小组总结方式。反思的主要内容有:第一,反思自己的形象和角色。实习期间实习生所扮演的角色是:教学的助手,准教师,学生的朋友、对话者。需要反思的是:是否以合适的身份从指导教师身上获得了一般常规教学的感知、分析和体验,以及在复杂多变的教学情景中应对突发事件的机智?是否如学生期待的那样,以平等、民主、开放的态度来对待他们,参与他们的活动,乐于面对学生的质疑?等等。

第二,反思自己的学科知识与能力基础。实习期间,对所教学科内容的熟悉程度和掌握水平往往是学生评价教师的一把尺子,也是实习教师能否胜任教师的关键。在教育实习中,作为实习生需要反思的,不仅仅是自己的学科知识的储备,更为重要的是相关知识的整合。如在进行教学设计和备课时,是怎样按照教学目标和学生的认识特点,对教学内容进行整合的?

第三,反思教学的技能技巧。在实习期间,实习生除了在指导教师的帮助下,对教学的一般过程和教学情景进行认知和体验之外,还要充分利用实习这一难得的实践环节,对每一种教学技能、技巧进行历练和揣摩。比如与指导教师和实习小组成员一起,对自己教学中有关体态语和教学语言的毛病分析原因,寻找方法,在此基础上进一步探索和掌握一般常规教学的技能与策略。

第四,反思自己的教育观念。在实习中,实习生应重点反思:自己的教学行为是否符合现代的教育理念?是否做到了以学生为主体?是否把构建师生民主关系的理念带进了课堂?是否把培养学生自主学习的方法带进了课堂?是否有意识地培养了学生的创新精神和实践能力?

在实习总结中,应该重视发挥实习小组的作用。实习小组建立起来的平等的人际关系,能为反思教学提供不可多得的机会。

第四节 中学历史教师的教育研究

一、中学历史教师从事教育研究的必要性

1. 是历史教育自身发展规律的需要

规律是事物发展过程中的本质联系和必然趋势。科学研究就是以寻求各种事物之间的必然联

系、揭示隐藏于现象背后的本质为自己的任务,不仅揭示事物的本质和规律,而且还将其准确客观地陈述出来。历史教育发展也有其自身的规律,这些规律也同样需要人们去发现和认识,并在理论上加以概括;而且那些已有的反映历史教育规律的原理(学说)也需要不断进行检验和论证,需要考察其在新的条件新的情境下存在和起作用的真实性,从而使人们对历史教育规律的认识更准确,对其本质的刻画更深入。

2. 是改善历史教育实践的需要

实践表明,学校教学研究工作的状况与学校的教育质量与效益水平之间具有密切的关系。正是基于这种需求,我们的教学研究机构才有了存在和发展的价值空间。中学历史教师具备教育、教学研究能力,既是现代教育改革和发展的需要,又是现代教师职业素质的要求。"随着时代的发展和素质教育的不断推进,现代教育和传统教育的矛盾不断地涌现,涉及教育观念、教育方法、教材编写、教育技术、教学模式等教育的各个方面。处于教育第一线的教师既应该是教育者,又应该是研究者。掌握一些科学的教育、教学理论,具备一些基本的教育、教学科研能力,就在面对诸多教育问题,特别是和教学密切相关的具体问题时,能有的放矢地指导自己的行为。与此同时,还能通过大量实践活动,验证相关教育理论的正确性和可操作性,全面有效地提高教育、教学质量,进而通过提炼、总结行之有效的解决方法,由个性而共性,由具体到抽象地发展、完善教育理论,从而形成自己在中学历史教学、教研方面的特色。"[1]

3. 是提高自身素质的需要

教师劳动本身是一种创造性劳动,但在表面上又显出年复一年日复一日的重复,容易滋生匠气和惰性。只有坚持科学理论的指导,保持探究的精神和革新意识,才能在平凡中品尝出不平凡,从教育科研成就中发现自身价值,进而激发起继续开拓创新的愿望。

二、中学历史教师教育研究的方法

(一) 中学历史教师教育研究课题的选择

选择和确定研究课题是进行教育研究的第一步,并且是关键性的一步,它不仅决定研究者现在和今后科研工作的主攻方向、目标与内容,而且在一定程度上规定了科学研究应采取的方法与途径。确定一个有创见性、有意义的问题,对教育科学的发展也将起到积极的作用。

1. 研究课题的特点

(1) 必须有价值。

衡量课题有无价值及价值的大小,主要是看两个基本方面。一是所选择的研究课题是否符合社会发展、教育事业发展的需要,是否有利于提高教育质量,促进青少年全面发展。这方面强调的是课题要具有重要的应用价值,要从当前教育发展的实际出发,选取有代表性的、被普遍关注、争论较大的亟须解决的问题。二是所选择的研究课题是否符合教育科学本身发展的需要,是否是检验、修正、创新和发展教育理论,建立科学的教育理论体系的需要。这方面强调的是课题要具有重要的学术价值,在理论上要有所突破和建树,或有重要的补充和完善。教育研究的实际课题,有的强调应用价值,有的强调学术价值,有的二者兼而有之。

(2) 必须有科学性。

研究课题的科学性,首先表现在要有一定的事实依据,这是研究课题的实践基础。研究课题应当是从实践中产生的,具有很强的针对性;实践经验同时又为课题的形成提供一定的确定的依据。研究

---

[1] 聂幼犁.历史课程与教学论[M].杭州:浙江教育出版社,2003:189.

课题的科学性,还表现在以教育科学基本原理为依据,这是研究课题的理论基础。教育科学理论将对研究课题起到定向、规范、选择和解释作用。没有一定的科学理论依据,选定的课题必然起点低、盲目性大。应该看到,研究课题的实践基础和理论基础制约着课题研究的全过程,影响着课题研究的方向和水平。

(3) 必须具体明确。

选定的课题一定要具体化,界限清,范围小,不能太笼统。那种大而空、笼统模糊、针对性不强的课题往往科学性差。

(4) 要新颖,有独创性。

选定的课题应是前人未曾解决或尚未完全解决的问题,通过研究应有所创新,有新意和时代感。要做到选题新颖,就要把研究课题的选择放在总结和发展过去有关学科领域的实践成果和理论思想的主要遗产的基础上,没有这个基础,任何新发展、新突破都是不可能的。应该看到,科学上的任何重大成果,几乎都是科学工作者在前人工作成就基础上一步步取得的,即使是被人认为非常新的、第一次开辟的新领域,也仍然是由前人的工作提供了条件。因此,要通过广泛深入地查阅文献资料和调查,搞清所要研究的课题在当前国内外已达到的水平和已取得的成果,要了解是否有人已经或者正在研究类似的问题。如果要选择与他人相同的问题作为研究课题,就要对已有工作进行认真审视,从理论本身的完备性,从研究方法的科学性高度进行评判性分析,在此基础上,重新确定自己研究的着眼点。只有在原有研究成果基础上有所突破和创新,才具有研究的意义。

(5) 要有可行性。

所谓可行性,指的是问题是能被研究的,存在现实可能性。具体分析,可行性包含以下三个方面的条件:

一是客观条件。除必要的资料、设备、时间、经费、技术、人力、理论准备等条件外,还有科学上的可能性。有的选题看起来似乎是从教育发展的需要出发,但由于不符合现实生活实际,违背了基本的科学原理,也就没有实现的可能。如1958年有人提出的"关于中国十五年内普及高等教育的对策研究",这样的选题不仅徒劳,并且常常会导致实践的盲目性。

二是主观条件。指研究者本人原有知识、能力、基础、经验、专长,所掌握的有关这个课题的材料以及对此课题的兴趣。要权衡自己的条件寻找结合点,选择能发挥自己优势特长的课题。有的人擅长实践操作,就不一定要选理论研究课题;反过来,有的人擅长理论思维,就不一定要选择实验研究课题。而在一个课题协作研究组当中,不同特长的人优势互补,能真正发挥出整体研究效益。刚起步的年轻人,最好选择那些本人考虑长久、兴趣最大的课题。而在教育第一线从事实践工作的教师,选题最好小而实。自己通过周密思考提出的研究问题,更容易激发信心和责任感,更容易发挥创造性。总之,扬长避短,才能尽快出成果。

三是时机问题。选题必须抓住关键性时期,什么时候提出该研究课题要看有关理论、研究工具及条件的发展成熟程度。提出过早,问题会攻不下来。如前几年有人曾尝试从生理学角度,通过对脑电图的研究来考察人的认识规律,由于各方面条件还不具备而不得不调整。提出过晚,又会被认为是亦步亦趋,毫无新意。这里有一个胆识问题,善于抓住新课题,又要注意时机。

在教育科学研究中经常出现以下选题不当的情况:一是范围太大、无从下手;二是主攻目标不十分清楚;三是问题太小,范围太窄,意义不大;四是在现有的条件下课题太难,资料缺乏;五是属经验感想之谈,不是科研题目。正确选题并非一蹴而就,它要求研究者不仅要有科学的教育理论指导,还要坚持唯物主义观点,从实际出发,通过对事实材料的分析比较,发现和抓住重要问题;不仅要把握该领域理论研究的全局,而且要对教育实际有深入的了解;不仅要有问题意识,而且要了解和掌握选题的有关知识和方法,不断提高自己的选题能力和创新、判断、评价等综合能力。

2. 研究课题的主要来源

教育研究课题的主要来源,可以概括为以下几个方面:

(1) 从社会发展需要出发提出课题。

这是指当前社会实践中迫切需要解决的重大问题、教育事业发展急切需要解决的问题。如:关于我国教育发展战略的目标研究;我国教育层次结构、类别结构、形式结构、区域结构的研究;基础教育质量规格的指标体系、基本要求与地区差别研究;农科教结合与区域经济社会发展关系的研究;围绕基础教育课程改革的系列研究,等等。特别是要紧紧围绕建设有中国特色的社会主义这一主题,多层次、多方面、多角度地研究它所涉及的经济、政治、文化、社会方面与教育发展有关的重大理论问题和实际问题。

(2) 把握历史学科建设中需要解决的问题。

这往往是从教育理论发展方面提出的课题,不仅要揭示已有理论同经验事实的矛盾,而且要揭示理论内部的逻辑矛盾;不仅包括学科系统规划建设中的若干未知的研究课题,而且包括对已有教育理论传统观念和结论的批判怀疑,以及学术争论中提出的问题。以历史学科研究性学习研究为例,围绕研究性学习本质与功能问题,可以形成一系列研究问题。如:历史学科研究性学习概念的界定;历史学科研究性学习与历史科学研究的区别;历史学科研究性学习实施的途径;历史学科研究性学习的评价;信息技术与历史学科研究性学习,等等。

(3) 抓住历史教育实践中提出的实际问题,尤其是在教育改革中反映出来的种种矛盾。

一是要寻找丰富的教育教学经验事实之间的内在联系,揭示其内在的规律性;二是从争论中发现问题。例如:如何实现信息技术与历史学科课程整合问题;中学历史教师科研发展问题;对中学历史教师的评价问题;中学历史课堂教学方式转变问题;学生历史学习方式转变问题等等。

(4) 从日常观察中发现问题。

对于广大的大中小学历史教师来说,这是提出研究课题的一个重要途径。例如,在当前课程改革实验教学中,历史大量开放性问题的使用,充分发挥了学生的主体作用,活跃了课堂气氛,也使课堂教学中出现"偶发"情况的概率大大增加,学生讨论出来的各种结论很难全面把握,这样就加大了历史教师对学生评价的难度,对教师提出了更高的要求。于是有历史教师就根据自己在实验课堂中的观察,提出了"观察·指导·应对·调整"作为深化历史课堂教学改革的探索课题,拟订出"教师适当利用学生讨论的时间,进行实地观察了解,根据实际情况及时制订点评、提示方案,以保证课堂教学能够按照自己的计划顺利进行",以此为假设进行教改实验。

(5) 从不同学科之间的交接点找问题。

在现代科学大综合发展的趋势下,各学科之间的交叉领域涌现出大量的值得开拓的新问题,仅以历史学为例,历史科学与哲学、社会科学、教育学、自然科学等领域渗透交叉、进行多向综合而产生的诸如历史哲学、教育发展史、社会科学史、自然科学发展史、历史教育学等多学科研究领域,以历史作为共同的研究对象,运用多学科的理论和方法,使研究得到了有效的深化。

(6) 从当前国内外教育信息的分析总结中提出课题。

包括对世界教育科学发展潮流及趋势的分析以及引进国外先进的教育思想和理论。既可以有对某学派理论的系统研究,如杜威、皮亚杰、布鲁纳、奥斯贝尔、斯金纳以及赞可夫、巴班斯基等人的教学理论,也有对西方课程理论、伦理学理论、社会学理论等不同观点及研究方法的评价分析。

除以上几个主要途径外,还可以从国家领导机关制定的课题指南或规划中选题,如全国教育科学规划领导小组提出的全国教育科学规划课题指南。该课题指南根据今后十年和五年计划期间教育科学发展的基本方针、目标和任务,经过充分讨论后形成了 14 个学科或门类的一百多个课题。还有全国社会科学规划办公室提出的《哲学社会科学国家重点课题规划》,国家重点课题涉及 18 个学科或门类,共二百多个课题。这些都是属国家资助的研究课题,需报有关部门审核批准。

  3. 对选定的课题进行论证

  课题论证是对选定问题进行分析、预测和评价,目的在于避免选题的盲目性。进行这种课题论证,本身也是一种研究,它必须依据翔实的资料,以齐全的参考文献和精细的分析来支持自己关于课题的主张。通过课题论证,能进一步完善课题方案,创设落实的条件。

  课题论证主要回答下列问题:

  (1) 研究问题的性质和类型。

  (2) 本课题研究的迫切性和针对性,具有的理论价值和实践意义。

  (3) 该课题以往研究的水平和动向。包括前人及其他人有关研究的基础,研究已有的结论及争论等,进而说明该课题研究将在哪几方面有所创新和突破。

  (4) 本课题理论、事实的依据及限制,研究的可能性,研究的基本条件(包括人员结构、任务分配、物资设备及经费预算等)及能否取得实质性进展。

  (5) 课题研究策略步骤及成果形式。

  应在系统的分析综合基础上写出简洁、明确具体、概括的论证报告,一般约五六百字。课题论证报告不仅用于申报研究项目,而且也用于论文的开篇。对于重大课题,常常必须写出开题报告,并经过同行专家的审议。

(二) 教育研究计划的制订

  1. 教育研究计划概述

  制订教育研究计划,是教育研究中的一个重要步骤。教育研究计划的内涵有两种解释。第一种解释是教育研究的具体的研究设计方案。根据这种解释,各种不同的教育研究方法就有不同形式的研究计划。例如采用调查法进行研究就要制定具体的调查计划(设计方案);采用观察法进行研究就要制定具体的观察计划(设计方案);采用实验法进行研究就要制定具体的实验计划(设计方案)等等。另一种解释是教育研究计划是如何进行课题研究的具体设想,是开始进行课题研究的工作框架。按照这种解释,有了教育研究计划,课题研究如何进行就有了基本思路。这里按教育研究计划的第二种解释进行阐述。

  2. 教育研究计划的基本结构

  尽管教育研究的课题众多,所用的具体研究方法也有所不同,但是课题研究计划的基本结构大体是一致的。教育研究计划的基本结构是:

  (1) 课题的界定与表述;

  (2) 研究的目的、意义;

  (3) 研究范围和内容;

  (4) 研究的方法、途径;

  (5) 研究对象;

  (6) 进展的步骤(阶段任务、目标)、进度;

  (7) 成果形式;

  (8) 课题组成员分工;

  (9) 经费预算等。

3. 教育研究计划制订的步骤和方法

(1) 课题的明确表述。

课题的名称必须明确表述所要研究的问题。目前教育研究中,在课题名称的表述方面存在以下问题:第一,课题需要解决的问题不明确;第二,课题名称外延太大,研究对象的表述含混不清;第三,课题名称表述中研究的范围不清楚。

(2) 阐述研究的目的、意义和背景。

① 研究目的、意义的论述

首先要阐述课题研究的背景,即根据什么、受什么启发而搞这项研究的。因为任何课题研究都不是凭空来的,都有一定的背景和思路。其次,要阐述此项研究的目的和意义,即为什么要研究,研究的价值是什么,解决什么问题。

② 本课题国内外研究的历史和现状,以及本课题研究的特色或突破点

阐述这部分内容,要认真、仔细地查阅与本课题有关的文献资料,了解前人或他人对本课题或相关问题做过哪些研究及其研究的指导思想、研究范围、方法、成果等。把已有研究成果作为自己的研究起点,并从中发现以往研究的不足。确认自己的创意,从而确定自己研究的特色或突破点。这样,既可以更加突出本课题研究的价值、意义,也可以使自己开阔眼界,受到启发。

(3) 研究范围和内容。

① 研究范围的限定

任何教育科研课题,都应该有一定的研究范围。否则,课题研究就无法进行。

A. 研究对象的界定

对研究对象进行界定,包括两个方面:一是对研究对象总体范围进行界定;二是对一些研究对象的模糊概念进行界定。这既关系到研究对象如何选取,也关系到研究成果的适用范围。

a. 对研究对象总体范围进行界定。如果研究对象的总体不同,那么同一个研究课题所得到的结论就很可能不同。例如研究青年历史教师的素质,以经济发达地区青年历史教师为研究对象总体和以欠发达地区青年历史教师为研究对象总体,所得到的结论就可能会不一样。因此,对研究对象总体的范围进行界定就非常重要。

b. 对一些研究对象的模糊概念进行界定。有不少课题中研究对象的概念模糊,外延不确定,如"差生"、"青年教师"、"品德不良学生"等等,没有统一和明确的定义。因此,必须给予界定,以确定研究对象总体的范围,正确选取研究对象的样本。一般来说,对这些模糊概念下定义,应尽可能使用有参考依据的、比较权威的、被大多数人所认可的说法。

B. 一些关键概念的界定

对研究课题中的一些关键概念必须下比较明确的定义。这一方面可以使该课题研究在确定的范围内开展,使课题思路明确清晰,具有可操作性,使研究课题成为一个有确切含义的问题,具有科学性;另一方面也便于别人按照研究者规定的范围来理解研究结果和评价该研究的合理性。因为在教育科学的研究和实践中,许多概念说法不一,所以不下明确定义就无法显示研究目标。

② 研究的内容

研究范围限定以后,就要着手考虑具体的研究内容。研究课题要通过研究内容来体现。研究内容的多少与课题的大小有直接关系。如果研究课题很大,那么研究的内容必定很多;如果研究课题较小,那么研究的内容也就比较少。研究内容必须准确体现研究课题。

目前,教育研究在这方面存在的主要问题是:第一,只有课题而无具体研究内容;第二,研究内容与课题不吻合;第三,课题很大而研究内容却很少。比较简单的研究课题也要考虑具体的研究内容。

有了具体的研究内容,才可以依据研究内容设计更为具体的研究方案。

(4) 研究方法。

任何科学研究,除了要应用哲学方法和一般科学方法之外,都还要有具体的研究方法。教育研究的每一项题目一定要有相对应的教育研究方法。例如,对青年历史教师的素质现状进行研究,必然离不开调查法;研究如何对青年历史教师进行培养,一般总要用到经验总结法;探讨一种新的教学方法是否优于原有的教学方法,则宜采用实验法。

在教育研究中,仅用单一的方法进行研究不大容易得出科学研究结果。每一种方法都有其优点与局限性,采用单一的方法,往往只能获取部分信息,而遗漏许多其他有用信息,难以得出全面准确的结论。因此提倡使用综合的方法,或几种方法并用,或以一种方法为主,其他方法为辅。例如,我们进行历史课程改革教学实验研究时,当然主要采用实验法,但也要使用测量法对实验效果进行比较(如进行测验);也可以用调查法对实验效果进行比较(如了解学生的反应)。再如进行某项调查研究,主要采用问卷调查以得到大量数据,但也要辅之以访谈调查,以使结论更加可靠,材料更加丰富。

除了要叙述清楚使用什么方法进行研究之外,还要尽可能写得细致一些。如用调查法,可写明调查方式是问卷还是访谈。如果用问卷调查,最好能将设计好的问卷附上;如果是访谈调查,尽可能附上访谈提纲。若采用实验法,最好将实验方案附上。若采用经验总结法,可以把预计总结经验的内容项目、实践方案及用何方式积累材料、预计积累哪些资料写出。

当前在教育研究方法中,存在着几个问题:第一,大多数使用的仅仅是工作经验总结;第二,对调查法的重视很不够;第三,在实验法的使用上有滥用的情况,不了解实验法的科学含义和特殊要求,随便在研究中冠以"实验"二字;第四,定性分析多,定量分析少。有的虽然用了定量分析,但由于对统计方法不熟悉、不了解,因此分析方法不当,所得结论不科学。

(5) 研究对象。

在研究计划中,还需要充分考虑课题对研究对象代表性和典型性提出的要求,选定具体研究的对象,以保证研究结果可以说明某一个地区、某一类情景或某一类对象的一般规律性,使研究的结果具有普遍的指导意义。确定研究对象的方式有总体研究和抽样研究。如果是总体研究,对总体范围要有具体说明;如果是抽样研究,则要说明抽样方法和样本容量。这部分内容可写在研究计划中,也可以根据实际情况写在研究方案中。

(6) 研究程序。

设计研究程序,就是设计研究实施步骤、时间规划。研究的每一步骤、每一阶段的工作任务和要求,每个阶段需要的工作时间,不仅要胸中有数,还要落实到书面计划中。这样,研究者可以严格按步骤和时间要求进行研究,自己督促自己,自我检查计划的完成情况,从而保证课题研究按时保质完成。课题研究的管理者也可依据此研究程序对课题研究进行检查、督促与管理。

(7) 成果形式。

在研究计划中,还要设计好研究成果的形式,即最后的研究结论、研究成果用什么形式来表现。研究报告和论文是教育研究成果最主要的两种表现形式,还可以将研究成果写成专著、教材、手册等。比较小的课题写成最终成果形式即可;比较大的课题,除了要有最终成果形式,还应该有阶段成果形式,最后将阶段成果综合并发展成最终成果。或者将比较大的课题分解为若干子课题,分别有各子课题的成果形式和总课题的成果形式。

在研究计划中设计出成果形式,从研究者角度来说,可以明确将来用什么表现研究成果,从一开始就可以着手向这方面努力,积累材料,构思框架,进行分工,以利于研究成果的顺利问世。从课题研究的管理者角度来说,可以据此进行检查验收。

（8）课题组成员。

在研究计划中，将课题研究组负责人、成员名单及分工情况写出，目的是为了增强课题研究组成员的责任感，以利于计划的落实。

（9）经费预算及设备条件的需要。

任何科研都需要一定的研究经费和研究用品，教育研究也不例外。例如，研究中查阅文献资料，不论研究资料是购买、租借还是复印，都需要一定的资料费；进行调查，就需要一定的调查费；印制问卷需要纸张和印刷费用；访谈调查有时需要录音设备；进行实验要有实验设备和器材，要有实验费；最后的研究数据需要计算器和计算机进行统计处理，需要有计算器或统计上机费；有些较大的科研项目，还要开会研讨，这就需要会议费。进行经费预算，不能多多益善。要认真计划，不仅要有具体数目，还要写清用途。从课题管理角度来说，对此要审批，还要监督使用情况，如果发现有使用不当的情况，或者研究任务因研究者主观原因未能完成，要有惩罚措施。

4. 教育研究计划制订的要求

（1）认真细致。

认真细致是教育研究最重要的作风。认真细致地查阅资料，认真细致地进行思考，认真细致地讨论修改，教育研究计划才能制订出来。研究计划马马虎虎，敷衍了事，对课题研究毫无帮助。

（2）明确具体。

制订教育研究计划，必须明确具体，越明确具体越能起到研究计划应起的作用。无论研究课题是大是小，研究计划结构中的大多数项目都是必要的。如研究课题较小，研究人员少，最后两项，即"课题组成员"和"经费预算及设备条件的需要"可以省略。研究计划中不应该有套话、废话，不应该有不必要的修饰词。

（3）科学性。

研究计划的制订一定要讲究科学性，要符合教育研究方法的要求，要在掌握一定理论和事实材料的基础上进行。研究计划的制订又要切实可行，充分考虑自己的研究能力和研究条件。如果制订出的研究计划看似水平很高，但实际上不能实施，这个计划也是无用的。

在具体执行计划过程中，也许会发现原订计划某些地方不符合当前的实际情况，这就需要对原订计划进行某些调整和修改，把计划性和灵活性有机地结合起来。但必须说明修改理由，并保留原件作为附件。

（三）教育研究成果的表述

一项教育研究课题的研究工作按计划完成后，需要对整个过程及其结果进行分析、总结，用文字记载下来，即形成一份课题研究的书面材料。这种对教育研究成果进行文字加工的过程，是教育研究的重要环节，也是显示教育研究成果的重要形式。

教育研究成果，是针对某种教育现象、某一教育课题或某种教育理论进行调查研究、实验或论证后所得出的新的教育观点、新的教育思想、新的教育方法或新的教育理论。表述教育研究成果的目的意义，不仅是为了科学地总结自己的研究工作，更重要的是向教育界以至社会提供教育研究信息，以丰富教育理论宝库和推动教育实际工作。

1. 教育研究成果的表述类型

教育研究成果的表述形式是多种多样的，研究的任务不同，研究成果的表述形式也不一样。一般说来，教育研究成果的表述形式有两类：一类是教育研究报告，另一类是教育论文。

（1）教育研究报告。

教育研究报告是描述教育研究工作的结果或进展的文件，是报告情况、建议、新发现和新成果的文献。它是教育研究工作者广泛使用的一种文体。因教育研究的内容与方法的不同,研究报告也有不同的种类。

A. 实证性研究的报告

即用实证性方法进行研究、描述研究结果或进展的报告,如对某个教育问题进行调查研究写成的调查报告,对某种教育现象进行科学实验后写成的实验报告,对某个学校的教育教学经验进行总结后写成的经验总结报告等。这类报告都是以直接研究所得到的材料为基础,对研究的方法和过程加以分析,找出规律性的东西,提出经验、办法、建议及存在问题,得出应有的结论。

B. 文献性研究的报告

即用文献法进行研究的报告,如历史研究中的文献考证报告。这类研究报告以对文献的分析、比较、综合为主要内容,并展示文献的考证过程,说明文献的来源与可靠程度。

(2) 教育科研论文。

教育科研论文是教育科研工作者对某些教育现象、教育问题进行比较系统、专门的研究和探讨,提出新观点,得出新结论,或站在新的角度做出新的解释和论证的一种理论性文章。

教育科研论文通常有多种分类方法。按写作要求可分为投稿论文和学位论文;按篇幅数量和规模可分为单篇论文和系列论文;按研究的特点、层次和水平又可分为经验性论文(教育教学工作经验的理论总结)、研讨型论文(针对教育实践和理论中问题,进行专题总结、分析、研究)、评述性论文(对问题进行专项综述和评析)、学术型论文(对教育问题进行专门、系统的研究,总结规律,揭示本质,进行论证和证明)等。

应该指出,研究报告和论文在内容要求和表述形式上是有区别的。一般说来,论文比较简洁精炼,它仅仅突出表达一项研究、工作中最主要、最精彩和具有创造性的内容,有创新的见解,形成某种新解释、新论点或新理论,不包括同行一般都知道的东西和一般的研究过程的叙述,也不包括过多的具体材料。研究报告则不限于新的或创造性的内容,整个研究工作的重要过程、方法和环节都可以包括进去。论文的内容中包含着较多的推理成分,而研究报告则要凭数据说话。当然,研究报告与论文之间并不存在截然划分的界线。就性质和作用说,它们都是科研工作结果的记录和总结。

2. 教育研究成果表述的基本要求

一份研究报告或论文是否有意义,取决于它的质量。为了保证教育研究成果表述的质量,研究者必须遵循以下基本要求:

(1) 科学性。

科学性是科学研究成果的生命所在。教育研究成果的表述必须观点正确、材料可靠,论证要以事实为依据,推理要合乎逻辑,不可无根据地臆断。

(2) 创造性。

创造性是衡量教育研究成果质量水平高低的重要依据。别人没有提出过的理论、概念、教育教学新方案,新的实验方法,别人没有观察到的现象,在实验和调查中第一次获得的新的数据等,都是创造性的研究成果。

(3) 规范性。

教育研究成果的表述虽无定法,但有常规可循。在撰写教育研究成果时,要按照一定的格式,不能忽视最基本的规范要求。写作之前要有明确的计划和提纲,要根据研究的结构特点和逻辑顺序、研究课题的任务和内容,来考虑表达的形式和表述的方式。

(4) 可读性。

为了便于传播和交流,教育研究成果的表述应具有可读性。研究成果的语言阐述必须精确、通俗,在不损害规范性的前提下,尽可能使用简洁的语言。专门的名词术语可以用,但不要故弄玄虚。

文字切忌带个人色彩,一般不采用比喻、拟人、夸张等修辞手法;不可把日常概念当做科学概念,不宜采用工作经验总结式的文字。一篇高质量的论文,不仅要有创见,也要讲究辞章,达到科学与文学、科学与美学的最佳结合。

三、中学历史教师教育研究的现状及改进

教师应该是教育教学的研究者。这既是时代对教师的要求,也是教师作为学生学习促进者的前提条件。教师以研究者的精神不断发现问题、思考问题、解决问题,其教育教学质量就会随之提高,教师自身专业素质也能得到发展。然而,遗憾的是,在中学,研究型的教师为数实在太少,即便是中学优秀教师,其教育科研能力"与其他能力相比,优秀教师们具备的普遍性程度较低,反映出当前中学优秀教师在这方面的能力相对薄弱"[①]。

(一)制约中学历史教师研究教育科学的主要因素

1. 客观方面

(1)文化传统。从长期的教育实践看,在高等教育中,历史系教师一直保持着教学和科研双肩挑的传统,而且科研的内容与教学的内容有内在的联系,而在中学,从未有历史教师必须承担双重任务的传统。在世俗的眼中,中学历史教师就是上课教书,去搞科研,便有逾位之嫌;而中国传统文化讲究的是,各人"安其份,守其责"。这种影响虽然是潜意识的、隐性的,但同时它又是力量巨大,持续时间长久的。

(2)教育制度。我国的中学历史教师大部分都是通过四年的师范教育培养出来的。师范生的课程设置共分为三类:政治理论课、历史专业课及教育理论课,其中又以前二类为重点。据研究表明,师范生历史学科专业知识水平较高,但基础知识(尤其是"人"学知识)不够宽厚,教育教学能力没有明显优于其他院校毕业生的表现。这就派生出两个问题:广大中学教师实践着教育却可能不研究教育学;而教授教育科学的高校教师及其培养的高层次学生研究教育学却不实践教育。

从事教育研究是一项比课堂教学活动复杂、艰苦得多的劳动,但就学校的分配制度来说,收益却是不成比例的。多上课,绝对能多收益,多补贴,多奖励,但是做科研,一般是只有在获得奖项的时候,才能获得一些奖励。这对积极从事教育研究的历史教师来说,存在着一个价值低估的问题,就劳动的创造性和复杂性来说,是一种分配不公。其实,研究和教学一样都应该计入办学成本。只有当研究成为广大教师的日常行为,而不再是一种标志、一种办学层次的象征,理论和实践的脱节才会在最普遍的层面得到解决。

2. 主观方面

(1)历史教师自身的习惯。有些历史教师已习惯或者说是沉醉于平常的教育教学行为,愿意以工具性主体行为来掩饰其真正主体性成长的单薄。这话或许听上去有点尖刻,但是在工作实践中,这样的事实却令人痛心地存在于我国的各级各类学校。作为有时代精神的历史教师,应当在其服务社会的教育劳动中同时获得主体自我的价值实现。

(2)历史教师的知识结构。历史教师自身的知识结构不合理、不完善,不具备从事教育科学研究的必要条件,也制约着他们参与教育研究。现在,能够胜任教育研究的历史教师数量远远低于教育发展的要求。以湖北省为例,历史教育研究工作虽然开展得已很普遍,从事历史教育研究的教师数量上也较可观,但是从研究的内容看,绝大部分课题都是局部的个别问题。更严重的是,由于缺乏对课

---

① 王邦佐,陆文龙主编.中学优秀教师的成长与高师教改之探索[M].北京:人民教育出版社,1994:43—44.

题的宏观把握,历史教师对自己研究的项目在整个教育系统中的意义、今后的走向等一系列问题缺乏深刻的认识,容易出现为研究而研究的倾向。

(二) 促进中学历史教师教育研究发展的措施

1. 历史教师应具有教育研究的意识

面对飞速发展的社会,可以大胆预测,在未来社会,中学教师和大学教授之间不会有等级差别。为了让人类发展得更充分、更美好,对人类的各个阶段的学习乃至生活进行研究都显得非常必要。

2. 建立鼓励历史教育研究的学校工作制度

如在师范生的课程设置方面,提高教育研究知识在课程设置中的比重,重视教育研究在历史教师职前培养和职后培训中的作用。学校作为教育研究最直接的受益场所,更应为从事教育研究的历史教师订立公正合理的分配奖惩制度,使中学借教育研究之东风,走上快速发展的道路。

3. 专业教育研究人员应与一线历史教师有效沟通

专业教育研究人员要更多地关注教育,而不是只关注教育学,要提倡平实质朴的文风,而不是以华丽的词汇来掩盖内容的空虚。专业研究人员如果放下架子,真实地面对教育,真诚地面对历史教师,二者的沟通就会有效得多。在这里,基层教育研究工作人员有着特殊的作用,他们既比较了解一线教师的鲜活实践,又能够较为从容地进入教育科学话语体系中去,可以较为经常地、有针对性地将二者联系起来,或者将鲜活的实践加以提升,加以推广,或者将先进的理论介绍给急需的一线教师。各级教研机构及其研究人员应该以教师专业化发展促进者、现代社会终身学习实践者以及行动研究者的角色定位来提升自己的社会价值,并以自身不断创新的工作实绩为高质量的教育事业作出更多贡献。

4. 弘扬学校历史教师的主体性

在普遍重视弘扬人的主体性的现今时代,人自身的发展越来越趋向于主体的自我建构。教育研究本身是一项创造性的复杂劳动,没有对主体自身价值的追求,没有自主的觉悟与觉醒,就不会产生巨大的内驱力去支持它完成这一复杂过程。只有对教师这一概念进行时代的重建,才能意识到教师不只是燃烧自己照亮别人的蜡烛,也能升华自我、完善自我,有着丰富的创造力和生命活力。教师这一概念绝不应被平庸填塞,而应与高尚、创造、探究为伍。教育的劳动性质并非简单、枯燥,教育是复杂、有意义的劳动,充满了发现的喜悦和探究的乐趣。历史教师应将教育研究作为提高自身专业化层次的必要手段,结合实施新课程方案,积极学习新理念,实践新方法,交流新情况,研究他人经验,总结探索心得,分享改革成果。

本章小结

在教育发展的诸多因素中,教师的地位非常关键。历史教师专业发展对提高历史学科的教学水平起着非常重要的作用,是我们必须探讨的重要议题。历史教师专业发展主要是指历史教师的专业成长过程,主要包括以下两个方面:一是教育专业发展,一是教学专业发展。本章首先从教育专业发展的角度,论述了历史教师素质构成的内容和要求。历史教师的专业思想、专业知识、专业能力等素质的高低会对历史教学效果和质量产生直接的影响。其次是从教学专业发展的角度,探讨了历史教师的备课和历史教师的教育研究等问题。历史教师的备课是保证教学效果,提高历史教学质量的重要环节。充分、扎实的教学准备是课堂教学活动成功的保证。本章从学期开学前的全面准备工作和上课前的具体准备工作两个方面阐述了历史教师的备课工作。而教师是否具有较强的教育研究能力,是区分一个教师是专业教师还是非专业教师的根本标志。本章对教育研究的必要性、教育研究的方法、教育研究的改进策略等方面进行了探讨。另外,在历史教师专业发展中,教育实习是教师专业发展的实践基础。因此,本章还专门讨论了历史师范专业教育实习的意义、要求、任务、内容、对策等。历史师范专业的教育实习是培养合格的中学历史教育师资不可缺少的环节。

思考与讨论

- 以"未来需要什么样的历史教师"为题展开讨论,撰写个人心得。
- 根据中国近现代史的某一个教学单元的内容设计一份你比较满意的教案。
- 有人认为"实习是走过场",是工作前的"镀金",你如何看待这个问题?请设计一份相关的调查问卷。
- 试根据中学历史教师教育研究的内容拟定几个研究课题和具体的研究步骤。

参 考 文 献

[1] 余伟民主编.历史教育展望[M].上海:华东师范大学出版社,2002.

[2] 白月桥.历史教学问题探讨[M].北京:教育科学出版社,1997.

[3] 于友西.历史学科教育学[M].北京:首都师范大学出版社,1999.

[4] 张保华主编.中学历史教学研究[M].北京:高等教育出版社,2001.

[5] 朱慕菊主编.走进新课程——与课程实施者对话[M].北京:北京师范大学出版社,2002.

[6] 朱汉国,王斯德主编.历史课程标准解读[M].北京:北京师范大学出版社,2002.

[7] 翟宝清主编.教育实习概论[M].西安:陕西科学技术出版社,2000.

[8] 刘伟正.培养反思型教师:从教育实习开始[A].第十届全国学科教育学术会议论文汇编[C].北京:首都师范大学出版社,2002.

[9] 赵克礼主编.历史教学论[M].西安:陕西师大出版社,2003.

[10] 于友西主编.中学历史教学法(第二版)[M].北京:高等教育出版社,2003.

[11] 夏子贤,吴幼雄.中学历史教学法[M].上海:华东师大出版社,1996.

[12] 徐世贵.怎样听课评课[M].沈阳:辽宁民族出版社,2000.

第二版修订后记

本书对中学历史教育教学的重要问题进行了系统的研究，从课程、教材、教学和学习等方面，对中学历史课程与教育目标、历史教材、历史教学、历史学习、学生学业评价等问题进行探讨。为了体现本书既注重理论学习，又强调实用性与可操作性的特点，各部分的学习内容又具体分为"学习目标""基本理论概述""案例研究""思考与讨论"等板块。每章开篇设置问题情景，导入学习内容，在相关基本理论的基础上，突出案例的作用及学习应用，从而使全书呈现出崭新的结构体系。

本书出版后得到了同行的认可及好评。在征询使用者意见的基础上，我们对书中的部分内容进行了修订，希望通过这样的修订，使本书内容更科学、严谨，紧跟时代发展，有助于历史教育工作者拓展学科视野，提升学术水平，树立现代教育理念，改进历史教育教学方法。

本书在修订过程中参阅和借鉴了国内外有关的研究成果、有关专家的文章著作，并得到北京大学出版社的大力支持，在此一并表示衷心的感谢。

由于编者经验和水平的局限，本书虽经修订，仍难免有疏漏和不当之处，欢迎读者及各位同仁批评指正。

编者
2013 年 7 月